教育部哲学社会科学系列发展报告
MOE Serial Reports on Developments in Humanities and Social Sciences

中国制造业发展研究报告2014

A Research Report on the Development of China's Manufacturing Industry 2014

主　编　李廉水
副主编　周彩红　刘　军

北京大学出版社
PEKING UNIVERSITY PRESS

图书在版编目（CIP）数据

中国制造业发展研究报告.2014/李廉水主编.—北京：北京大学出版社，2015.5
（教育部哲学社会科学系列发展报告）
ISBN 978-7-301-25740-1

Ⅰ.①中… Ⅱ.①李… Ⅲ.①制造工业—经济发展—研究报告—中国—2014 Ⅳ.①F426.4

中国版本图书馆 CIP 数据核字（2015）第 084501 号

书　　　　名	中国制造业发展研究报告 2014
著作责任者	李廉水　主编　周彩红　刘军　副主编
责 任 编 辑	黄炜婷
标 准 书 号	ISBN 978-7-301-25740-1
出 版 发 行	北京大学出版社
地　　　　址	北京市海淀区成府路 205 号　100871
网　　　　址	http://www.pup.cn
电 子 信 箱	em@pup.cn　　　QQ:552063295
新 浪 微 博	@北京大学出版社　@北京大学出版社经管图书
电　　　　话	邮购部 62752015　发行部 62750672　编辑部 62752926
印 刷 者	北京宏伟双华印刷有限公司
经 销 者	新华书店
	730 毫米×980 毫米　16 开本　26.25 印张　486 千字
	2015 年 5 月第 1 版　2015 年 5 月第 1 次印刷
定　　　　价	69.00 元

未经许可，不得以任何方式复制或抄袭本书之部分或全部内容。
版权所有，侵权必究
举报电话：010-62752024　电子信箱：fd@pup.pku.edu.cn
图书如有印装质量问题，请与出版部联系，电话：010-62756370

编委会

主要编写人员（以姓氏笔画为序）：

王常凯　巩在武　吕　红　刘　军
孙　薇　李廉水　吴敏洁　余菜花
张丽杰　张泓波　张慧明　陈玉林
季良玉　周飞雪　周彩红　郑　伟
钟　念　徐常萍　盛济川　程中华
谢宏佐　蔡银寅

基 金 资 助

2013年度教育部哲学社会科学发展报告建设项目（13JBG004）

江苏高校哲学社会科学重点研究基地"中国制造业发展研究院"项目（2010JDXM028）

教育部人文社会科学重点研究基地"清华大学技术创新研究中心"

国家自然科学基金项目（71173116）

江苏高校优势学科建设工程项目

总　序

　　哲学社会科学的发展水平,体现着一个国家和民族的思维能力、精神状态和文明素质,反映了一个国家的综合国力和国际竞争力。在社会发展历史进程中,哲学社会科学往往是社会变革、制度创新的理论先导,特别是在社会发展的关键时期,哲学社会科学的地位和作用就更加突出。在我国从大国走向强国的过程中,繁荣发展哲学社会科学,不仅关系到我国经济、政治、文化、社会建设以及生态文明建设的全面协调发展,而且关系到社会主义核心价值体系的构建,关系到全民族的思想道德素质和科学文化素质的提高,关系到国家文化软实力的增强。

　　党的十六大以来,以胡锦涛同志为总书记的党中央高度重视哲学社会科学,从中国特色社会主义发展全局的战略高度,把繁荣发展哲学社会科学作为重大而紧迫的任务进行谋划部署。2004 年,中共中央下发《关于进一步繁荣发展哲学社会科学的意见》,明确了新世纪繁荣发展哲学社会科学的指导方针、总体目标和主要任务。党的十七大报告明确指出:"繁荣发展哲学社会科学,推进学科体系、学术观点、科研方法创新,鼓励哲学社会科学界为党和人民事业发挥思想库作用,推动我国哲学社会科学优秀成果和优秀人才走向世界。"2011 年,党的十七届六中全会审议通过的《中共中央关于深化文化体制改革、推动社会主义文化大发展大繁荣若干重大问题的决定》,把繁荣发展哲学社会科学作为推动社会主义文化大发展大繁荣、建设社会主义文化强国的一项重要内容,深刻阐述了繁荣发展哲学社会科学一系列带有方向性、根本性、战略性的问题。这些重要思想和论断,集中体现了我们党对哲学社会科学工作的高度重视,为哲学社会科学繁荣发展指明了方向,提供了根本保证和强大动力。

　　为学习贯彻党的十七届六中全会精神,教育部于 2011 年 11 月 17 日在北京召开全国高等学校哲学社会科学工作会议。中共中央办公厅、国务院办公厅转发《教育部关于深入推进高等学校哲学社会科学繁荣发展的意见》,明确提出到 2020年基本建成高校哲学社会科学创新体系的奋斗目标。教育部、财政部联合印发《高等学校哲学社会科学繁荣计划(2011—2020 年)》,教育部下发《关于进一步改进高等学校哲学社会科学研究评价的意见》《高等学校哲学社会科学"走出去"计划》《高等学校人文社会科学重点研究基地建设计划》等系列文件,启动了新一轮"高校哲学社会科学繁荣计划"。未来十年,高校哲学社会科学将着力构建九大体系,即学科和教材体系、创新平台体系、科研项目体系、社会服务体系、条件支撑体系、人才队伍体系、现代科研管理体系和学风建设工作体系等,同时,大力实施高校哲学社会科学"走出去"计划,提升国际学术影响力和话语权。

当今世界正处在大发展大变革大调整时期,我国已进入全面建设小康社会的关键时期和深化改革开放、加快转变经济发展方式的攻坚时期。站在新的历史起点上,高校哲学社会科学面临着难得的发展机遇和有利的发展条件。高等学校作为我国哲学社会科学事业的主力军,必须充分发挥人才密集、力量雄厚、学科齐全等优势,坚持马克思主义立场观点方法,以重大理论和实际问题为主攻方向,立足中国特色社会主义伟大实践进行新的理论创造,形成中国方案和中国建议,为国家发展提供战略性、前瞻性、全局性的政策咨询、理论依据和精神动力。

自2010年始,教育部启动哲学社会科学研究发展报告资助项目。发展报告项目以服务国家战略、满足社会需求为导向,以数据库建设为支撑,以推进协同创新为手段,通过组建跨学科研究团队,与各级政府部门、企事业单位、校内外科研机构等建立学术战略联盟,围绕改革开放和社会主义现代化建设的重点领域和重大问题开展长期跟踪研究,努力推出一批具有重要咨询作用的对策性、前瞻性研究成果。发展报告必须扎根社会实践、立足实际问题,对所研究对象的发展状况、发展趋势等进行持续研究,强化数据采集分析,重视定量研究,力求有总结、有分析、有预测。发展报告按照"统一标识、统一封面、统一版式、统一标准"纳入"教育部哲学社会科学发展报告文库"集中出版。计划经过五年左右,最终稳定支持百余种发展报告,有力支撑"高校哲学社会科学社会服务体系"建设。

展望未来,夺取全面建设小康社会新胜利、谱写人民美好生活新篇章的宏伟目标和崇高使命,呼唤着每一位高校哲学社会科学工作者的热情和智慧。我们要不断增强使命感和责任感,立足新实践,适应新要求,以建设具有中国特色、中国风格、中国气派的哲学社会科学为根本任务,大力推进学科体系、学术观点、科研方法创新,加快建设高校哲学社会科学创新体系,更好地发挥哲学社会科学认识世界、传承文明、创新理论、咨政育人、服务社会的重要功能,为全面建设小康社会、推进社会主义现代化、实现中华民族伟大复兴作出新的更大的贡献。

教育部社会科学司

前　言

　　2013年,《中国制造业发展研究报告》获得教育部哲学社会科学发展报告建设项目立项,这是对我们十年不懈努力的认可与肯定。从《中国制造业发展研究报告2004》开始,我们的研究始终贯穿"新型制造业"的理念,不断探索科技支撑和引领中国制造业发展的路径和方式。我们的报告已经连续出版了十辑(2009年既有中文版,也有英文版),在此过程中,我们深切地感受到中国制造业的快速发展,见证了中国制造业经济创造能力、科技创新能力、能源和环境保护能力等的快速提升。我们希望这份研究报告能够在建设创新型国家、推进自主创新的进程中,成为准确反映中国制造业自主创新能力提升轨迹的报告,成为助推中国制造业升级转型、创新驱动的报告。

　　《中国制造业发展研究报告2014》,以江苏高校哲学社会科学重点研究基地"中国制造业发展研究院"和教育部人文社会科学重点研究基地"清华大学技术创新研究中心"的研究人员为主体进行研究并编写,继续贯穿科技创新引领中国制造业发展的主线,倡导新型制造业的发展路径,既延续了前十辑的风格,保持了规范研究的内容(包括总体评价、区域研究、产业研究、企业研究和学术动态综述等),同时还对当前热点问题进行了专题研究,加大了每一部分内容的深度,力求体现更高的学术价值。2014年研究报告的特色和创新之处主要体现在以下几个方面:

　　学术动态部分。深度解析了发达国家和国际组织关于制造业发展的政策和报告,分析了2013年国内外制造业研究动态,推荐了若干份政府和机构的研究报告,以及部分影响力较大的学术论文。

　　综合评价部分。重新界定了制造业"新型化"的内涵,将"新型化"评价指标体系扩展为经济创造能力、科技创新能力、能源集约能力、环境保护能力和社会贡献能力五个维度,并在此基础上对中国制造业"新型化"的总体状况进行评价。

　　区域研究部分。比较了东部、东北部、中部和西部四大地区制造业发展历史数据,归纳了"制造业增长速度放缓,整体利润增速下降""制造业区域转移加快,区域协调性增强""制造业污染物排放有所抑制,中西部成为污染重灾区"三大特征;运用"新型化"五维指标评价体系,评价出中国制造业"十大强省"和"十大强市"。

产业研究部分。全面分析了不同行业制造业的经济创造能力、科技创新能力、能源集约能力、环境保护能力和社会贡献能力,着重研究了制造业总产值影响因素、产值增幅影响因素、科技创新能力影响因素、能源集约能力影响因素、环境保护能力影响因素及社会贡献能力影响因素等核心要素。

企业研究部分。解析了中国制造业上市企业发展总体特征,重新构建了最应受尊敬的中国制造业上市企业评选体系,并以此评价出最应受尊敬的50家企业。

专题研究部分。主要围绕中国制造业发展的热点话题展开,研究生态文明下中国制造业发展的污染防控,解析"再工业化"对中国制造业的影响,探究跨太平洋伙伴关系协议(TPP)及其影响,分析全球竞争日趋激烈背景下的中国制造业企业的强盛之路。

我们愿与更多关注中国制造业发展的朋友们共同研究、探索中国制造业发展的轨迹和路径,为中国制造业涌现更多"中国创造"而努力奋斗。由于水平所限,本研究报告难免会出现错误或不当之处,敬请各位专家和读者批评指正。

编 者
2015 年 2 月

目 录

第一部分 学术动态篇

第1章 政府及研究机构报告解析 ……………………………………（3）
  1.1 国际制造业发展趋势 ……………………………………（3）
  1.2 美国制造业发展政策 ……………………………………（6）
  1.3 德国制造业发展政策 ……………………………………（8）
  1.4 日本制造业发展政策 ……………………………………（11）

第2章 国外学术研究动态解析 ……………………………………（16）
  2.1 制造业创新研究动态 ……………………………………（16）
  2.2 制造业能源与环境研究动态 ……………………………（17）
  2.3 制造业企业研究动态 ……………………………………（19）
  2.4 制造业国际贸易研究动态 ………………………………（22）
  2.5 发展中国家制造业研究动态 ……………………………（23）

第3章 国内学术研究动态解析 ……………………………………（29）
  3.1 制造业总体研究动态 ……………………………………（29）
  3.2 区域制造业研究动态 ……………………………………（31）
  3.3 制造业产业研究动态 ……………………………………（32）
  3.4 制造业企业研究动态 ……………………………………（34）

3.5　制造业低碳经济研究动态……………………………………（37）
　　3.6　2013年制造业中文研究文献特征趋势………………………（37）

第4章　重点推荐阅读的优秀文献 ………………………………………（42）
　　4.1　国外学术文献……………………………………………………（42）
　　4.2　国内学术论著……………………………………………………（47）

第二部分　发展评价篇

第5章　中国制造业发展综合评价 ………………………………………（59）
　　5.1　"新型制造业"的现实内涵………………………………………（59）
　　5.2　中国制造业评价"五维五量"指标体系…………………………（61）
　　5.3　中国制造业发展的综合"新型化"评价…………………………（67）
　　5.4　本章小结…………………………………………………………（98）

第6章　中国制造业发展：区域研究 ……………………………………（101）
　　6.1　区域制造业发展总体评价………………………………………（101）
　　6.2　中国制造业"十大强省"…………………………………………（104）
　　6.3　中国制造业"十大强市"…………………………………………（152）
　　6.4　本章小结…………………………………………………………（183）

第7章　中国制造业发展：产业研究 ……………………………………（187）
　　7.1　制造业发展状况…………………………………………………（187）
　　7.2　制造业总产值影响因素分析……………………………………（227）
　　7.3　制造业产值增幅影响因素分析…………………………………（234）
　　7.4　制造业科技创新能力影响因素分析……………………………（242）
　　7.5　制造业能源集约能力影响因素分析……………………………（257）
　　7.6　制造业环境保护能力影响因素分析……………………………（263）
　　7.7　制造业社会贡献能力影响因素分析……………………………（270）
　　7.8　本章小结…………………………………………………………（280）

第8章　中国制造业发展：企业研究 ……………………………………（290）
　　8.1　中国制造业上市企业发展的总体特征…………………………（290）

8.2 最应受到尊敬的企业评价指标 …………………………………… (313)
8.3 最应受到尊敬的50家优秀企业 ………………………………… (320)
8.4 本章小结 …………………………………………………………… (334)

第三部分 专题研究篇

第9章 生态文明:中国制造业发展的污染防控 ……………………… (339)
 9.1 制造业污染治理的国际经验比较 ………………………………… (339)
 9.2 中国制造业的污染防控政策及成效 ……………………………… (350)
 9.3 本章小结 …………………………………………………………… (357)

第10章 欧美"再工业化"对中国制造业战略布局的影响 …………… (359)
 10.1 欧美"再工业化"的来龙去脉 …………………………………… (359)
 10.2 欧美"再工业化"的内涵、目标和内容 ………………………… (361)
 10.3 欧美"再工业化"对中国制造业战略布局的影响 ……………… (369)
 10.4 主要结论与政策建议 …………………………………………… (375)

第11章 跨太平洋伙伴关系协议(TPP)
   ——中国制造业的机遇与挑战 ………………………………… (379)
 11.1 TPP概述 ………………………………………………………… (379)
 11.2 区域性深度贸易制度安排 ……………………………………… (380)
 11.3 TPP对中国的影响 ……………………………………………… (382)
 11.4 中国制造业的机遇与挑战 ……………………………………… (385)
 11.5 结论 ……………………………………………………………… (388)

第12章 全球竞争:中国制造业企业的强盛之路
   ——基于华为的案例研究 ……………………………………… (391)
 12.1 引言 ……………………………………………………………… (391)
 12.2 文献回顾 ………………………………………………………… (392)
 12.3 研究方法 ………………………………………………………… (398)
 12.4 研究发现 ………………………………………………………… (399)
 12.5 结论与讨论 ……………………………………………………… (404)

第一部分
学术动态篇

第 1 章　政府及研究机构报告解析

2010 年,中国制造业总产值首次超越美国,成为全球制造业第一大国,从而结束了自 1895 年美国在世界制造业长达 114 年的第一位置。但与此同时,中国制造业进一步发展面临的问题与困境也很多,在新的历史条件下,中国制造业应该如何把握机遇、应对挑战？这是一个极难回答的问题,而其他国家和研究机构的报告可以为我们解决这一问题提供参考。

1.1　国际制造业发展趋势

世界银行集团是联合国系统下的多边发展机构,拥有 185 个成员国,其宗旨是通过向发展中国家提供中长期资金和智力的支持,帮助发展中国家实现长期、稳定的经济发展。世界银行集团每年都会发布大量报告,这些报告大部分针对发展中国家。以 Manufacturing Industry 为关键词,在宏观经济和经济增长领域进行精确索引,共搜索到英文相关报告 28 篇,这些报告主要讨论制造业国际贸易、创新和生产性服务业等。由于这些报告大多描述某些国家制造业的一些状况,因此本报告并未过多采用;本报告采用的是世界银行集团下属的国际复兴开发银行(简称"世界银行")2013 年发布的《全球发展地平线——未来的资本:相互依存的世界中的储蓄与投资》一书中的内容,该书是世界银行的热点报告,对制造业未来趋势的描述可以归纳为以下几点:

第一,发展中国家的投资和储蓄逐步增长,发展中国家与发达国家的发展趋同。在 20 世纪的大部分时间内,发展中国家与发达国家之间的趋同都难以被证实,但是教育和医疗的逐渐完善、管理水平的提高、经济与金融的持续全球化、信息与通信技术的迅速推广等都表明这种趋同的存在。时下全球经济正在进行的结构转型,在接下来的几十年将会给各国经济带来机遇。2012 年发展中国家的投资占其国内生产总值的 33.0% 左右,与 1970 年相比增长了 22.0%。正是由于这些比率的不断增长和经济的加速扩张,发展中国家的储蓄在全球储蓄中的份额达到 46.0%,几乎是其 20 世纪 60 年代中期的 2.0 倍。

第二,资本逐步向制造业转移,特别是中低收入国家。自 2000 年以来,资本逐渐由农业部门向制造业转移,而作为全球固定投资一部分的制造业,其投资规模扩大了 2.0 倍,由 2000 年的 11.0% 增长至 2007 年的 22.0%;而全球的农业投资相对停滞,约占全球固定投资的 9.0%。制造业投资的重要性增加,在过去二十年,一个相对稳定的特征是全球制造业的投资分布仍然集中在中低收入国家(见图 1-1a)。在世界银行设计的发展中国家与发达国家未来渐进趋同的情境中,到 2030 年,中国制造业投资将占到全球投资的 30.0%,中国和印度将占据全球制造业投资的 50.0% 左右;但当印度和越南(见图 1-1b)等其他中低收入国家通过更多的投资逐步建立起工业基础,中国占全球制造业投资的份额将会下降;不过,如果撒哈拉以南非洲地区的低收入国家能够保持其强劲的经济增长势头,非洲大陆占制造业投资的份额同样也会增加。

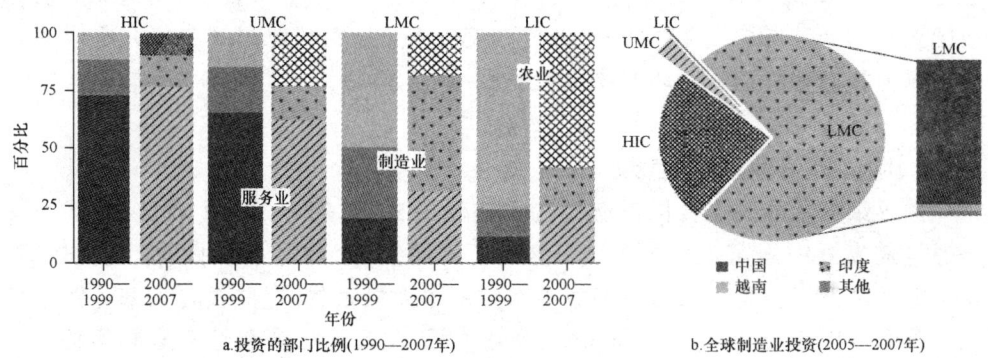

图 1-1　全球制造业投资向中低收入国家聚集(a) 中国目前占投资的很大部分(b)
　　注:HIC 为高收入国家,UMC 为中高收入国家,LMC 为中低收入国家,LIC 为低收入国家。a 图中的比例是每个收入组年度数据的未加权平均值,经过投资加权的结果的定性分析与此相似,但由于中国所占的巨大权重,过高估计了 2000—2007 年 LMC 组的比例。LMC 组 2000—2007 年的全球制造业数据平均值只包含了印度在 2005 年的数据(该国只在这一年有数据);LIC 组 1990—1999 年的全球农业数据平均值只包含了塔吉克斯坦 1995 年的数据(该国在余后年份的份额出现异常)。
　　资料来源:世界银行根据联合国工业发展组织(UNIDO)工业统计数据库、联合国粮食与农业组织(FAO)、粮农组织统计数据库(FAOSTAT),以及世界银行世界发展指标数据库中的数据进行的计算。

　　第三,中国制造业的投资回报率较低。中国的增长过分依赖投资的做法曾遭受质疑,特别是考虑到中国制造业相对较低的附加值这一特征。在中国,每增加单位资本配置(资本边际产出,MPK)将使整体经济的产出变化比率达到 22.0%。这一比率与印度、印度尼西亚和墨西哥接近,但是远低于土耳其的 MPK(高于俄罗斯的 MPK),这意味着在整体经济范围内,在土耳其投资更有效率(在俄罗斯效率较低)。如果这些测量以面值计算,中国和印度尼西亚制造业部门的 MPK 水平较低(相对于其他经济并在各自经济体中进行比较),在 10.0% 左右,表明在这些国家中,制造业中的投资配置效率低于农业及服务业。对中国来说,这一发现的一种可能解释是,其世界一流的装配厂的建设需要高额的资本形成,最终却以较低附加值的产出作为回报;在印度尼西亚,管理中存在的问题降低了投资效率,特别是涉及公共部门的项目。

第四,发展中国家将继续成为世界的制造业工厂。总体来讲,到2030年,发展中国家投资在制造业上的数额将几乎两倍于发达国家,而2010年的这个数字是80.0%。表1-1显示,在目前的中低收入经济体中,制造业投资在未来二十年会稳定增长。例如,印度和印度尼西亚制造业的投资年均分别增长约7.0%和5.1%;撒哈拉以南非洲地区作为一个整体,投资的增长率稍低于5.0%;东亚其他小型经济体(如菲律宾和越南),同样对全球制造业有所贡献,特别是考虑到其地理位置靠近东亚的制造业网络;亚洲其他发展中国家的制造业将会以年均约4.0%的速度增长。在一些高收入国家中,制造业投资将有明显下降。例如,日本的制造业投资每年都在缩水,到2030年将占到全部投资的15.0%;或许有些令人感到意外的是,尽管制造业在其投资账单中的比例将下降(均为2.0%,日本的下降比例是它的2.0倍),但欧洲和美国的制造业投资将有小幅的年均增长率。

表1-1 发展中国家和发达国家制造业投资份额的变化趋势 单位:%

产业 地区	农业		制造业		服务业	
	投资占比	投资增长率	投资占比	投资增长率	投资占比	投资增长率
发展中国家和地区						
东亚和太平洋地区	11.0	6.4	34.0	7.1	56.0	8.0
中国	10.0	7.4	35.0	7.7	56.0	8.6
印度尼西亚	22.0	4.5	24.0	5.1	54.0	6.2
东欧和中亚	12.0	1.8	18.0	2.8	70.0	3.8
俄罗斯	17.0	1.7	11.0	3.1	73.0	3.9
拉丁美洲和加勒比地区	10.0	3.0	19.0	3.0	71.0	4.1
巴西	11.0	3.4	16.0	2.9	74.0	4.3
墨西哥	4.0	2.8	20.0	3.1	76.0	3.4
中东和北非	39.0	3.1	16.0	3.9	46.0	5.0
南亚	14.0	5.1	17.0	6.5	69.0	8.1
印度	13.0	5.4	17.0	7.0	70.0	8.6
撒哈拉以南非洲地区	26.0	5.4	17.0	4.6	57.0	5.8
南非	4.0	1.6	21.0	2.1	75.0	3.3

(续表)

产业 地区	农业		制造业		服务业	
	投资占比	投资增长率	投资占比	投资增长率	投资占比	投资增长率
高收入国家和地区						
欧洲	3.0	-0.9	16.0	0.9	82.0	1.8
日本	1.0	-1.2	15.0	-0.1	84.0	1.1
美国	3.0	-0.8	13.0	1.1	84.0	2.3

注：投资份额的计算为2030年每个行业的投资占总投资额的比例；投资增长率的计算为每个行业在2010—2030年的投资额的复合年增长率，以不变价格计算。农业定义包括自然资源，制造业定义包括资本品，服务业定义包括基础设施和建设。表中的预测以渐进趋同情境为假设，在此情境下，未来二十年的世界年经济增长率为2.6%，其中发展中国家和高收入国家的年均增长率分别为5.0%和1.0%。

资料来源：世界银行的预测。

第五，制造业和服务业融合是未来发展的主要趋势。除了在未来几十年中以发展中国家为代表的全球制造业投资比例将增长，制成品的性质也将发生改变。工业制成品在未来将会嵌入更多的服务成分，更加具有技术复杂性、便携性和转换性，而不仅仅是单纯的质量提高。技术的复杂性将通过加强设备间的交互连接（如家用设备将通过中央电脑或者手机设备而进行无障碍互动）来实现，还可以通过低价、环保的产品（如高效率的运输工具、依靠固体氧化物燃料电池运行的空调、生物燃料或电子原料等）来实现。例如，3D打印将能够针对需求进行具有高度物理复杂性的定制化生产，这种制造具有降低特定产品线价格的潜在能力；又如，个人使用的医疗设备，如果采用传统的制造工艺，人们将无处购买这种产品，价格也会超过可承受的范围（在低收入国家更是如此）。而3D打印技术能突破这种障碍并潜在地鼓励了那些多集中于低收入国家的终端产品的发展。

1.2 美国制造业发展政策

美国先进制造业的领先优势已经受到一定的冲击，国际贸易影响着美国的制造业乃至整个经济，甚至影响到美国未来的创新发展（Executive Office of the President President's Council of Advisors on Science and Technology,2012）。2012年Report to the President on Capturing Domestic Competitive Advantage in Advanced Manufacturing 指出，国家的研究和创新生态系统高度依赖于制造业基地，因为它能根据出现的问题和挑战不断提供反馈。当制造业与知识相结合并且能控制生产过程时，产品创新才是最有效的。产品设计过程本身涉及制造过程，这两个过程是不可分割的。技术总是在进步，关键是要识别对美国经济增长和竞争力影响最大的先进制造业技术。从历史上看,美国已经是一个充满活力的制造业基地,在这里基础研究和应用研究非常活跃,美国研究活动的最大特点是规模大、广度宽和投资活力强。美国的优势在于灵活性和独创性及研究基础(如研究型大学及私人或国家实验室),但这要求联邦政府、工业界和学术界的合作,因此必须创建一个可持续发展的战略,培养和创新新技术,推动制造业在美国获得成功。

1.2.1 增加跨领域技术的研发投入

跨领域技术能解决国家的关键需要(如国防、能源效率、食品安全、国土安全和卫生保健等)在推动美国制造业竞争力方面发挥着至关重要的作用。大学、国家实验室、技术学院、研究机构以及社区学院需要与企业携手合作来支持研究、开发和部署这些技术,并制定研究人才梯队。优先发展的跨领域技术包括先进的传感、测量和过程控制(包括网络物理系统),先进材料的设计、合成和加工,可视化、信息化和数字化制造技术,可持续制造业,纳米制造,柔性电子制造,生物制造和生物信息学,添加剂制造,先进装备制造和检测设备制造,工业机器人,先进的成型和焊接技术,等等。

1.2.2 建立制造业创新研究院

美国很长一段时间以来都是研发的领导者,这些成果已经由卓越的研究型大学和国家实验室所启用,但是许多研究没有被转化为制造业产品,很多技术无法商业化,因为私人部门特别是中小企业,往往没有足够的技术资源,不能够在早期进行充足的投资。事实上,在业务发展当中,研究与生产之间的阶段是危险期,被称为"死亡之谷"。这就需要制造业企业有针对性、系统地设计开发和推广,以期能实现高产量、高质量、低成本和高收益。

为了缩短基础研究与制造业的距离,可以在以下几方面作出努力:由联邦、州和本地政府实施工业界和大学之间的长期合作伙伴关系,识别具有变革性影响的关键新兴技术以及将这些技术转化为产品和市场的能力;集结工业界和学术界的多个学科的专家来解决疑难问题;研究型大学和应用型院校要培养熟悉研究应用、新技术和产品系统的高端人才;在多地区提供技能培训来帮助中小企业解决技术问题,帮助社区学校开发和提供制造技术课程。

为了使美国能成功地将制造业发明转化成产品或者应用,报告建议建立制造业创新研究院,以此弥补大学、国家实验室所进行的基础研究和中小企业创新的差距。创新研究院作为技术进步、教育和劳动力培训的中心,应该做到以下几方面:持续关注美国经济的某个区域或有潜力的新兴技术;由行业协会或大学或国家实验室主办,可以申请政府的配套资金;由企业代表、学术界代表组成董事会进行管理;具有灵活的独立的运作模式;研发的专利技术要具有较强的知识产权协议;在每个地区建立分布式制造业支持中心,协助中小企业获取新技术;给社区级学院提供技术援助;与高校企业实现合作,给学生提供学习和实习机会;提供各种商务服务,如设计、数字化制造、样机、测试服务,以及员工培训等。

1.2.3 加强企业与大学在先进制造业方面的合作

企业和大学之间强大的科研合作伙伴关系是美国的一支强有力的力量。在新技术全球竞争的刺激下,跨学科研究模型的需求以及基础研究和学术研究距离的缩短,要求美国必须加强企业和大学在研究和商业化方面的合作。先进制造业伙伴关系指导委员会已经确定的战略是:需要加强工业界和大学的合作,并在国家的顶尖大学投入更多的资源。全球竞争不断变化的状况迫切需要更快速地拓展项目开发协议,更专注于独家权利及许可安排。消除政策壁垒以加强伙伴关系的发展,报告建议美国采取行动结束这种阻碍企业和大学的研究合作和伙伴关系的限制性税收政策;支持应用研究计划与潜在的新技术转化;支持设计方法的创造和传播,扩大企业家设计产品和流程的能力;投资于共享的技术基础设施,这将有助于美国公司提高生产能力。

1.2.4 建立全球先进制造业门户

中小企业是美国制造业的重要组成部分,它们的成长对于经济的持续繁荣有着重要的影响。由于中小企业往往无法获取技术援助或信息,发展受到阻碍,因此要建立全国制造业门户网站,使公司、组织和个人可以自由获取它们的需求。中小企业可以利用网站或数据库来制订短期或中长期的研发计划,获得技术援助或者关于先进制造业的有用信息。美国先进制造业门户网站将会提供及时更新的、种类繁多的科研信息,中小企业可以根据自己的需要获取科技资源或有针对性的技术。

其他政策还包括纠正人们对于制造业枯燥、肮脏、危险、没有机会向上流动的误解;建立退伍军人人才库;投资社区学院教育,提供技能认证;改善税收政策,增强美国的激励机制,鼓励投资,吸引国际投资;简化监管政策,监管人士和监管机构在制定最终规则之前,必须与企业进行对话,征求它们的意见;适当调整贸易政策,帮助本国企业进入国外市场并提高其国际竞争力,这些政策的重点集中在非关税壁垒和出口管制等方面;更新能源政策,美国的能源政策必须充分考虑制造商的生产成本,之后再过渡到可持续发展的能源未来。

1.3 德国制造业发展政策

在进入发达国家行列以后,德国是世界上少有的、制造业仍然保持了很高比重的国家,德国产品质量享誉世界,成为其保持强劲国际竞争力的保障(王岳平,2012)。辛渐(2013)认为,德国一直极大地受益于其在资本商品、豪华汽车及化学品方面的历史优势,这些方面正好与迅速增长的新兴市场的需求相匹配。由于新

兴市场经济增长放缓,导致德国商品的海外需求下滑;同时,德国也存在基础投资不足、劳动力老化等问题,导致德国制造业以单位劳动时间产出衡量的生产率的现有水平大致与2007年持平。德国政府在2013年9月发布了《德国可持续发展报告》,其中包括有关制造业方面的政策和建议。

1.3.1 制造业创新政策及其实现途径

第一,制定先进制造业发展战略,努力实现工业转型。此规划的主要目标是:① 推进制造业的发展,确保和增加就业机会;② 确保德国的制造业研发水平;③ 确保和提高德国在国际制造业竞争中的地位;④ 提高制造业对市场的快速适应能力;⑤ 利用信息和通信技术促进制造业的现代化;⑥ 采用充分考虑人的需求和能力的生产方式;⑦ 清洁制造,改善制造业对环境的负面影响;⑧ 促进和改善中小企业的竞争能力。

该规划的研究重点是:① 产品开发方法和制造方法,特别要研究如何缩短产品开发和产品制造的周期,以便对新的市场需求作出快速响应;② 产品制造过程中的经济学,即开发可重复利用的材料并制定新材料的标准,开发能进行清洁制造的生产过程;③ 面向制造的后勤学,尤其是研究加速产品制造过程和减少运输费用的方法,同时也应考虑减少对环境的负面影响;④ 面向制造业的信息技术,特别要研究通信技术,开发面向制造业的高效的、可控的信息系统;⑤ 在动荡环境中的生产,即研究开放的、具有学习能力的生产组织方式,提高对市场变化的响应速度;⑥ 其他热门课题,如全球制造、企业协作和与其有关的标准。

第二,注重可持续发展的相关研究。在任何发达的社会中,研发都是推动可持续发展的主要动力之一。在提供可持续发展的知识、创新和解决方案时,不管是基础研究还是应用研究都发挥着重要作用,包括研究方案的设计、沟通和实施。德国有雄厚的工业和科学技术作为基础,应确保资金集中用于研发领域。提高德国可持续发展解决方案的质量将有助于德国的全球市场竞争力,建议增加对可持续发展的研发支出;在主流研究之外还可以资助一些新想法,只要它能推动土地利用和城市发展相结合,加强资源的有效使用和再利用,并能可靠地预测气候及其对适应性策略的影响。另外,应该建立可持续发展的转型知识的标准,这样可以方便资助和评估。能源系统的集成问题和所有的与能源相关的话题,包括能源生产、可持续流动、可持续建设、资源生产与回收、可持续食物策略、有机农业、可持续农业和生活方式等,都应该被提上议程。

建议在研究资源问题时要有一个系统的方法,更好地考虑自然与人类之间的联系,这就需要鼓励跨学科的方法,打破传统的各自学科单打独斗的发展理念。因此,协同设计应该成为学术研究的目的和目标,产品和生产过程的创新对于企业来说是至关重要的,不管是公共部门还是私营部门,都应该进一步鼓励创新。

信息和通信技术是德国企业成功的关键基础,而目前最有前途的发展是云计算,它可以使公司在互联网上获得软件、计算能力和存储空间。

第三,政府和商业在战略实施上合作。政府应深入地评估经济发展,并在必要时修改经济措施,取代那些不可持续发展的项目,使经济主体更快地移动、更果断地走向可持续性发展。政府应鼓励更多的部门参与可持续发展战略,鼓励分支明确的战略,在可续发展的问题上,为不同利益相关者设计共同开发的解决方案,构建新的有效的空间创意平台,这将有利于企业与政府进行密切的交流。建立可持续发展委员会,推进利益相关者的合作;政府和联邦各州在可持续发展上都发挥了重要作用,在很多情况下,它们在各自的可持续发展问题上取得了良好进展,然而,在诸如减少土地消耗、提高资源生产率、调整公共采购、资源过度使用等方面,有必要采取更为一致的行动和新的合作方式。

1.3.2 建立多方共赢的制造业人才保障体系

在许多发达国家,人口变化特别是人口老龄化可能都很严重,在未来几年,这对国家的公共预算、卫生、社会保障、基础设施和发展都提出了挑战。德国的劳动力在未来几年也将大幅削减,因此应该利用其他国家的经验来进行分析和研究。建议视员工的工作能力适当地延长其工作时间,欢迎来自世界各地的专业人士到德国工作。在教育方面,要想保持德国在全球的竞争力,必须投资各种类型的教育和终身教育,建立各个层面的可持续发展教育。新的思路和方法都来自学校或机构,鼓励学校修订教学方案来适应可持续发展战略。国内生产总值(GDP)的增加很重要,但国民幸福生活的质量更重要,政府必须加强协作以提高人们的生活质量,这对于经济可持续发展也是至关重要的。

1.3.3 构建一个可持续和有发展能力的框架体系

政府应该从一开始就致力于可持续发展和气候保护的总体目标。在国内,政府通过可持续发展战略和政府机构的可持续性来加强实施;在欧洲,应当按照德国和其他国家的可持续发展战略来共同实施;在全球,也应该发挥可持续战略在国际事务中的领导作用。德国督促达成共识,譬如关于能源过度使用,得让每个人都知道能源过度使用会给他们的生活或工作带来什么样的改变,这样,人们就会节约能源,建设可持续发展社会。政府必须尽快建立国家可持续发展战略,这样才能有足够的时间整合所需要的资源。这个战略应该加入一些新的元素,包括共同设计、合作、报告和分析等,充分体现大家所要求的设计,充分利用每个州所提供的可持续发展报告。政府应该建立一个可持续发展部门,要把能源和气候部门整合进来;同时,公开部门所作的汇报,让公众了解可持续发展的具体内容。

能源是一个大项目,吸引了欧洲和全球的关注,不管是学术界,还是各政府部门,都应积极地参与能源项目。能源转型需要规划,德国要发展能源项目,必须借鉴可持续发展战略,汇集管理技术、工程技术、研发技术来促进可替代能源解决方案的形成。政府应该考虑现有的规章制度和财政措施能否进一步发展能源转型市场,优先发展能源消耗低的新兴产业,全面考虑化石能源和可持续能源的使用;保证可再生能源的价格不断下降,使每个消费者能够分享,同时确保能源市场的功能有效发挥。如果处理不好能源市场与电网的联系,会带来很多问题,因此必须减少化石燃料的发电。科研经费应优先用于提高能源效率以及新兴能源上;同时,为了实现减排目标,政府必须确保能源的消耗,想办法在实现低碳经济的同时促进经济增长。

1.4 日本制造业发展政策

日本自20世纪60年代成为世界第二大经济体以来,其制造业在世界经济中一直占据着举足轻重的地位。日本的汽车制造、通用设备制造、电气设备制造、化工制造等产业都具有世界一流的实力和竞争力;但是,近年来,随着日本国内要素状况的改变和以新兴国家为主的其他经济体实力的提升,日本制造业的生存与发展也面临日益严峻的挑战(常思纯,2013)。日本在2013年6月颁布了《日本复兴战略——日本回归》政府工作报告,该文首先对日本经济增长战略进行了全新的认识,然后提出了经济发展的蓝图以及经济增长的实现路径,最后具体阐述了三个行动计划,即工业复兴计划、市场创造计划和全球拓展计划。下面是关于制造业发展的措施。

1.4.1 促进科学技术创新,特别是中小企业创新

最近这些年,日本的创新研发项目没有发挥实际作用,日本制造业的国际竞争力逐渐失去了优势,而日本的技术优势也被逐渐削弱,很有必要投资创新研发项目来重振日本在科学技术上的竞争力。因此,政府将恢复创新研发项目推动体系,将科技进步应用到实际当中。加强科学技术委员会的带头功能,制订各政府部门的科技预算。为了能够加速解决问题,政府将会在结果评估和分析的基础上推动科研项目。建立创新研发支持计划,加强国家科研机构的职能,建立世界上最好的研究机构系统。政府将会加大对研究型大学的资助,确保研究人员能够专注研究,实现目标,努力将研究成果转化为实际应用。

通过全国的努力,重振日本成为一个技术驱动型的民族和具有知识产权的国家,通过技术进步来带动社会的发展,争取五年内使创新专利名列世界第一;加强科学技术委员会的职能,日本虽然具有技术优势,但许多技术没有转化为最终产品,政府、大学、企业之间还存在着不协调,这就要求科学技术委员会加强协调作用,处理好它们之间的关系;为了创造新兴市场,必须掌握核心技术,包括基础研究和应用研究及其商业化;大力资助世界领先的科技创新,增强技术创新,提高国

家竞争力;进军新兴国家,尽可能地发展经济伙伴关系,在2020年之前,使中小企业的出口量增加一倍;通过公关部门和私营部门的努力来获取更多的全球基础设施市场,2020年之前,在新兴国家建立10所日本中心医院;推动全球化,增加外国到日本旅游的人数,鼓励外商到日本投资。

加快产业结构转型,促进风险投资,争取在未来三年内使资本投资回到金融危机前的水平;创造新的产业领域,确保业务的启动率超过结业率,在传统产业部门,确保公司开展新的业务,增加对风险投资的资金支持;重新修订目前的个人保障体系,避免因投资方的失败而导致借款人或担保人破产;审查企业管理和公共资金的使用情况;建立和发展良好的健康长寿产业,扩大制药、医疗器械和可再生医疗行业的市场;努力使农业、林业和渔业进入增长行业;发展能源产业并积极争取全球份额;利用私人资金和技术来建立、管理和升级社会基础设施;利用IT技术进行创新;充分释放中小企业的活力,促进制造业在全球竞争中取得成功;通过更新设备、加速风险投资、实施监管、改革机构、开放政府企业等来创造高增值的服务行业。

中小企业对于日本制造业的复苏起到关键作用,中小企业的创新会激活区域经济和增强全球竞争力,因此政府将在政策、财政、税收上支持中小企业。每个地区都有很多的人力资源和市场资源没有被利用,政府将扩大对各地区资源的管理,建立区域资源的商品化和市场化,进一步将它们有机地结合起来。政府将建立从创业到知识管理的一站式服务,充分利用区域资源促进企业创业,帮助企业利用区域资源、开展业务。政府将提供全面的政治资源支持企业(包括中小企业)利用当地的行业和企业资源,创建新的集群中心区;政府将提供多样化的资金支持中小企业的发展,加快中小规模的企业重组,加速中小企业的转型和结构调整;政府将大力发展区域金融服务体系,积极履行职能和提供咨询,切实为中小企业的发展提供支持,促进企业的私人融资和商业项目的开发贷款,修改个人担保制度,支持业务的继承和收购;政府将审查有利于中小企业发展的22项核心技术,促使中小企业直接进入这些技术的研发领域(如医疗保健和环境能源等),这将会降低研发成本,缩短项目的研发期;政府将提升大公司和各行业的配套服务,建立门户网站和展览,促进中小企业和大公司之间的交流。为了进一步促进中小企业的海外扩张,政府将按照从点到面的方式来提高和深化对中小企业的援助,评估和加强操作支持系统,利用日本对外贸易组织和公司的退休工人的先进国际业务经验,支持有潜力的中小企业向海外发展;促进新产业的海外发展,发展海外支持平台。

1.4.2 改革用工制度,确保人才供给

培养有能力进行全球竞争的人力资源。人力资源是日本拥有的最大最重要

的资源,但现在面临着老龄化和少子化的困境,解决人力资源匮乏的好办法就是充分发挥妇女和老年人的能力。因此,要为妇女营建良好的工作环境,恢复社会的活力,充分利用女性的力量,增加女性的雇佣率,让更多的女性投入到工作当中;青年人和老人也可以凭借自身的优势以饱满的热情投入工作,将劳动力从成熟部门转移到增长发展部门;进行大学改革,释放大学的全部潜力,努力使更多大学在未来十年进入全球100名以内;培养具有全球竞争力的人力资源,到2020年之前争取使出国留学的学生人数增加一倍。为了实现日本经济的高速增长,青少年的培养至关重要,因为他们是日本经济增长的重要源泉,政府将制定政策来保证就业人数和增加劳动力数量。

政府将大力支持劳动者素质的提高,大幅度增加预算以支持就业,检查就业保险系统来支持年轻人的再教育;政府将检查就业保险制度,促进劳工的就业培训,通过日本的工业就业中心来加强人员临时转移或转让功能;大大提高中介的作用,提高职业咨询服务,开发支持计划来回应个人问题,实施讲座和在职培训等。

利用私营部门的人力资源来提升匹配功能,提供更多的工作或就业的相关信息,政府将公开发布私营部门的招聘信息。为了促进就业和完善财政奖励制度,政府将扩大财政的适用范围以鼓励毕业生积极就业。为了促进私营部门更好地进行人力资源业务,政府给他们提供就业咨询、就业培训和更多的实习岗位。

改变工作方式,审查有关工作时间的政策,组织研究人员讨论有关劳动合同法的问题,审查工人调度系统,推动出台多元化的工作方式,提高最低工资,保持经济的持续增长;推动妇女积极参与工作,提供平衡的工作生活和家庭生活,根据妇女的生活方式来支持积极就业,为男女双方营造一个在工作和育儿之间取得平衡的环境;扩大妇女在公共部门的就业,推动年轻人和老年人积极参与工作,促进青年取得成功,给学生提供更多的实习机会,鼓励学校和社区企业合作;推动老年人重新就业,支持中小企业雇佣更多的老年人。

通过全球化的教育方式形成世界顶级大学,在科学和技术方面增强创新能力和促进发展;通过个人工资体系改革,给年轻人和外国研究人员提供更多的机会。加强人员进行全球经营活动的能力,利用托福等考试体系为国家公共考试和大学入学考试服务,给有想法和能力的学生提供更多到海外学习的机会,形成高效团队来应对全球化,在小学和初中加强英语教学。为了应对工业对高层次劳动力的需求,充分利用好海外的高科技人才,政府将审查移民优惠政策,对高技能的外国专业人士提供一系列的优惠措施,改善环境,鼓励海外人士积极参与日本的发展。

1.4.3 改善投资环境,促进产业转型升级

为了使日本的商业环境变得更加完善,很有必要提高工业基础设施。政府将

实行国家战略特别区计划,制定特别区的发展框架。开放公共设施经营权等给私营部门,扩大特许权制度的适用范围,利用各种方法,为促进私人融资放宽条件。改善基础设施(如机场、港口和码头),提高城市竞争力和居住环境,努力成为一个有影响力的国际城市。振兴金融资本市场,重新考虑振兴金融资本市场的措施,加强对公共和准公共资金的管理。通过改革电力系统来克服环境和能源的约束,在确保安全的前提下,利用好核设施,引进更有效率的火力发电,降低液化天然气的采购成本,抑制电价,维持和改善石油、天然气的供应,引入联合开发机制等。

(1) 政府将研究企业税收优惠等刺激政策,大力鼓励用高生产率和高能源效率的最先进设备来替代旧设备;为了赢得全球竞争优势,政府将考虑采取措施以加速资本投资于先进的医疗设备、3D打印机等高新技术产业。政府将采取财税政策等支持中小企业的发展,提供长期的技术支持。政府将努力维持和提高创新研发项目及制造业项目,集中支持制造业的产业转型和升级。政府将制定一揽子政策,建立一个让风险投资者无后顾之忧的系统。为了能够创造新兴产业和新技术,政府将在公司领域建立一套测试体系,安排有技术能力的公司对新产品和新技术进行实地测试,确保新兴产业的安全性;优先发展具有优良动机和技术能力的企业,帮助它们创造新兴产业或新技术;充分利用海外资源、大公司、科研院所来创造风险投资和新兴产业,提供多元化的资金筹集方式,修改个人担保体系,鼓励私营部门投资于风险企业。

(2) 为了应对技术和商业竞争,政府将通过创新来恢复制造业,推动商业重组和重构,提高它们的盈利能力。政府将采用税收政策和财政政策来促进产业转型和升级,并将采取必要的措施来加强实行。政府将建立一个框架体系,在供给过剩的领域进行企业重组,同时采取必要的措施转移剩余劳动力。为了加强经营管理和可持续发展,政府鼓励利用外部董事,建立公司的发展框架和守则;鼓励日本的证券交易所加强管理,支持业务的收购和继承,努力给企业接班人减轻负担,促进贷款系统的个人豁免或放宽条件。

(3) 推动旨在成为全球领先的公司开展海外业务,政府将促进有财务能力和人力资源能力的公司进军国际市场,通过并购、业务重组或其他方式成为全球领先的大公司;政府支持跨国公司进入国际市场并减少海外业务的运营风险,推进海外并购和海外扩张活动;政府将采取必要的措施(包括立法措施),集中资金支持有竞争力的中小企业进军海外市场;政府将改革贸易保险系统,增强贸易保险体系的功能以降低海外投资的风险,最大程度地保护本国公司的利益。

参 考 文 献

［1］ Executive Office of the President's Council of Advisors on Science and Technology. Report to the President on Capturing Domestic Competitive Advantage in Advanced Manufacturing［R］. July 2012.
［2］ Japan Revitalization Strategy-Japan is Back，July 2013.
［3］ The Second Review by a Group of International Peers，Commissioned by the German Federal Chancellery，Berlin. Sustainability-made in Germany［R］. September 2013.
［4］ 常思纯. 日本制造业产业安全评价与启示［J］. 日本研究，2013(04)：9—16.
［5］ 王岳平. 德国提升制造业产品质量的做法及对我国的启示与借鉴［J］. 经济研究参考，2012(51)：33—37.
［6］ 辛渐. 德国奇迹摇摇欲坠［J］. 经济导刊，2013(11)：32—33.

撰稿：张丽杰　程中华
统稿：张丽杰

第 2 章　国外学术研究动态解析

为了了解国外制造业领域的研究动态,本报告搜索了 Elsevier 和 Springer 数据库中 SCI 和 SSCI 检索的期刊论文,从中选择出与本报告主题密切相关的 50 篇左右的研究论文,分别从制造业创新、制造业能源与环境、制造业企业、制造业国际贸易、发展中国家制造业五个角度进行评析,为国内的制造业研究提供启示。

2.1　制造业创新研究动态

Xie 和 Li(2013)借鉴组织学习文化理论,认为通过出口导致研发强度的降低有三种情形:① 新兴经济体的出口商强烈地激发了吸收国外知识的兴趣;② 国外的知识资源更加容易获得;③ 本土的技术产出比较差。一项基于中国 2005—2007 年的 5 592 个汽车零部件和电子制造商的研究支持了这一观点。为了增强海外市场竞争力,中国企业的研究与开发(R&D)强度随出口强度的降低而增加。当出口强度超过某一阈值时,企业的 R&D 强度开始降低,原因是密集的出口刺激了企业从海外资源获取知识的动机;当替代性的外国知识资源(如外国的知识溢出)在本土工业中占一定比重时,企业的 R&D 强度由于受到出口刺激将进一步降低。研究还发现,更好的本土技术供应可以提高 R&D 强度。

Bos 等(2013)的实证研究发现了一些关于产业生命周期创新的规律:① 年轻产业和成熟产业比低端产业的创新度高;② 产品创新随着产业成熟度而降低,但是生产过程创新却随着产业成熟度而增加。这些规律的影响深远,但迄今为止,基于大量案例的证据仍很难一概而论地得出相应的政策结论。该文采用一种灵活的方式测定成熟度,并构建一种新的模型方法来研究 21 个欧洲制造业的创新模式;其研究结果强烈支持上面两种结论,并对以产业生命周期为基础开展研发的政策提供了支持。

Geylani 和 Stefanou(2013)采用人口普查局的企业级数据,研究美国食品制造业生产率增长和投资高峰之间的关系。总体而言,不同食品制造业子行业的生产率增长和投资高峰的模式存在差异。该文通过一些案例,支持了"边干边学假说"。投资峰值对全要素生产率的增长呈现随时间变化的 U 形关系,然而,效率和学习与投资的相关峰值在不同行业各不相同。最明显的是,投资时间对生产率增长的影响(肉类产品为5.3%、奶制品为4%、所有食品制造企业为2.8%)在第五年发生飙升。因此,在一般情况下,某个企业要提高生产率常常需要五年的技术学习期才能实现。

Yang 等(2013)基于中国电子企业 2005—2007 年的面板数据,计算出的 Ellison-Glaeser(EG)指数表明,生产和 R&D 活动在空间上是高度集聚的;最重要的是,生产集聚与企业生产率呈正相关关系,尤其是对小公司而言;相反,R&D 集聚看起来与生产率呈负相关关系。这意味着拥挤效应和"免费搭便车"问题可能侵蚀了知识溢出效益。

Roll(2013)使用聚类分析法对企业进行分类,然后修改影子成本模型,研究技术和效率对企业的影响。研究结论为,如果考虑技术和效率对公司的长期影响,那么企业异质性产品选择的行为和快速变化的生产力是必要的,因为企业不可能估计每个时间段的自由度的问题。

Davis(2013)研究区域一体化的生产和外包的选择对经济增长的影响。研究结果显示,分散的资产和配置异质工人及创新决定相对市场的规模。在贸易成本和知识分散高(低)的情况下,该地区的资产富裕(匮乏),拥有较大的市场和创新能力,可以制造更高的产量;对于低交易成本的中间层次,即创新和制造外包流向市场和创新能力较集中的区域,在贸易成本和知识分散高的情况下,离岸外包将从资产规模较大的富裕地区流向资产规模较小的贫困地区。

Cruz-Cázaresa 等(2013)提出一种新的方法来解决创新与绩效之间混合的和不确定的关系问题。该研究采用西班牙 1992—2005 年制造业公司数据进行实证分析,结果支持该文提出的观点,即技术创新结果的最佳测量是他们开发的方法;此外,该文测试了技术强度水平的调试效应和基于效率与绩效关系的公司规模。

Schuberta 等(2013)使用半导体制造领域的数据,探讨技术和组织变革是如何通过相互监督和共同协调发展来达成调节的。普遍的做法是监控和协调,借此生成动力,稳定或重新定向组织所在领域的技术路径。半导体制造技术创新实践的实证分析表明,最重要的驱动力管理方法是会议、研发联盟、影响力和新技术转换的发展,以及组织内的社会关系领域。

2.2 制造业能源与环境研究动态

Burtraw 等(2013)指出,美国针对电力行业的二氧化硫、氮氧化物和汞所实施的新环境规制已经引起了人们对系统可靠性的担忧。来自国家电力市场模拟的结果表明,新环境规制对发电能力几乎没有影响,不太可能对系统产生冲击,但导致电力行业的汞和二氧化硫排放大幅减少;大部分的污染控制投资被可交易排放补贴所抵消;在联合效应的作用下,全国平均零售电价仅上涨了1.0%。

Ambec等(2013)提出,大约二十年前,哈佛商学院的经济学家迈克尔·波特(Michael Porter)教授挑战环境规制对商业影响的传统思维,声称设计良好的环境规制可以提高竞争力。那个时候,几乎所有经济学家所持的传统环境规制观点认为,要求企业减少诸如污染排放等外部事务,会使企业的选择受限,而且确实减少了企业的利益。通常情况下,人们误解了波特假说,或者不知道波特假说到底是什么。该文解释波特假说的理论基础,并给出实证检验,讨论波特假说在环境管制中的应用,给出未来环境管制、创新和竞争力研究的方向。

Long等(2013)研究了中国加入世界贸易组织后,环境政策对中国环境的影响。该文分别在弱环境政策和强环境政策假设之下估计环境技术效率,并用不同的方法来计算污染减排成本(PAC);进而对几个解释变量进行Tobit回归分析,包括对不同时间段和地区的假设。该文的研究结果显示,尽管采取了较强的法规以满足更高的标准,中国加入世界贸易组织并没有保证更好的环境状况,特别是东部地区似乎并没有被严格规范。这些有趣的结果或许可以部分说明中国需要吸引外国投资,也或许代表了制度法规在实践中并不总是起作用的一种情况。

Telle(2013)根据挪威环境保护局主持运作的一个小型自然领域实验,测度了三个基本要素(自我审查、审计频率和特定阻碍)的大部分的检验和实施方案。该文发现,企业进行自我审查会出现更多的违规行为,大多数违规企业是通过现场审查而不是自我审查被发现的,企业自我审查存在漏报行为。虽然企业宣称审计频率的增加对企业遵从没有影响,但是审计后,企业的遵从率会大幅地提高。

Taylor等(2013)认为,好的监管是在减少相关因素负担的情况下,扩展现有政策和监管的结果;单一的干预活动不会产生所有的环境效果,目前缺乏关于起因、时间和关系人等因素对环境监管影响的证据。该文选择了33个关于政策制定者如何选择政策和监管手段的样本进行案例研究。英国政策制定者有非常广泛的决定权,并正在设法寻找非政府资源的影响,以鼓励良好的环境保护行为。研究结果表明,风险不同则影响因素之间的相关性就不同,政策范围内的产业间特征也会变化。直接监管在很多领域被认为是必要的,它可以提高人们减少环境风险的信心,追踪不良环境行为;不确定性合作的联合监管为处理紧急政策突发事件发挥了重要作用。

Yang等(2013)构建了一个新颖的全要素生产率指标(TFP),并评估2004—2013年中国30个省份TFP的变化。结果显示,考虑到中国能源存量和污染排放逐年减少,十年内,中国TFP将从下降趋势变为上升趋势,这很大程度上归功于东部地区TFP的提高;但是直到2013年,技术的贡献都没有出现,这可能是能源与环境的投资不足。文章最后提出了如何提高中国TFP的政策建议。

Xu 和 Ang(2013)指出,在 1991 年,指数分解分析(IDA)方法首次从运用于能源消耗的研究扩展到与能源相关的 CO_2 排放的研究上;此后,许多专家学者用此方法对不同国家和排放部门进行了大量的研究;然而,与对能源消耗的研究不同,在现有研究中还没有一份专门关注 CO_2 排放的全面的文献回顾。该文试图通过回顾 1991—2012 年的 80 篇出现在同行评审期刊上的相关文献来填补这一空白。文章对研究人员使用的 IDA 方法、范围,以及他们的研究重点的发展进行回顾;对排放部门提出调查研究报告的实证结果进行分析、整合,以期为国家和排放部门提供碳排放影响因素的变化特征。该文的研究结果有助于理解 IDA 方法在碳排放应用研究领域的发展,以及碳排放强度在过去及未来的发展的主要驱动力。

Finger 和 Gamper-Rabindran(2013)研究有关强制污染披露是否减少工人对化学物质的接触。该文使用美国化工制造业 1984—2009 年 1 333 个工厂的数据。研究结果显示,强制污染披露可以使工人对化学物质接触比例下降 11.0%。

Sanchez-Vargas 等(2013)使用家庭成员的指数耿贝尔分布(Exponential Gumbel Distributions),研究环境规制与制造业生产率之间的潜在非线性关系。研究结果表明,两者关系确实是非线性的;同时,在众多的制造业行业变量中存在一个渐减的均衡变量。对小公司而言,均衡变量的作用很大;但对大公司而言,均衡变量的作用几乎可以忽略不计。因此该文认为,环境规制与制造业生产率之间的关系一直存在不同争论,究其原因是行业的非均质性。这个结果对致力于提高环保性能的政策设计者可能是有用的。

2.3 制造业企业研究动态

Daunfeldt 等(2013)使用 2000—2004 年瑞典批发业 13 471 家有限责任公司的数据来确定产生初创企业和在迁移公司的决定因素。一所大学、许多受过教育的工人、低的地方税等因素都和更多的初创企业和在迁移公司有关。

Sönmez 等(2013)提出,能源在制造业和服务业中起着根本性的作用,天然气正迅速成为世界各地的主要能源来源。不断扩大的远洋运输网络促进了这种现象的出现,也使天然气的供应和需求在全球范围内匹配。通过运输液化天然气,并在最终目的地进行再气化来实现全球范围内的分配。到目前为止,只有一种类型的技术已用于运输和再气化液化天然气,即传统的液化天然气船加上陆上液化天然气的再气化;但是在特殊的液化天然气船的核载上运输和再气化液化天然气已经成为可能的事情。例如,Excelerate Energy 公司目前正在开发基于这种新技术的液化天然气供应链。在该事态发展的推动下,与 Excelerate Energy 公司的高管交流相关的战略性技术选择,对各地的科技配置选择、传统和新兴技术的兼容性进行调查。

Steinker 和 Hoberg(2013)探讨 1991—2010 年的库存动态和美国制造业公司的长期股票收益之间的关系。该文提出两种库存动态量化指标：一是评估年内季度库存的波动，二是量化相对库存的同比增长。研究结果表明，年度库存波动（IV）和异常库存同比增长（ABI）与股票超常报酬相关联，这两个指标不能完全解释常见的危险因素。研究发现，有着高库存波动和低异常库存同比增长的公司的长期股票回报最好，而有着高异常库存同比增长的公司的长期股票回报表现出单调减少。

Thomas 等(2013)通过评估生产力环境政策的静态和动态效果来测试波特假说。根据波特假说，严格的环保法规对企业绩效有正面的影响，这些影响最终产生的利润将抵消适应成本。该文使用瑞典制造业环保投资方面独有的数据作为支撑来验证该假说。这些数据能够把环境保护投资分成污染预防和污染控制。这种划分是非常重要的，因为波特假说认为污染预防投资对公司绩效有正向的积极效果。为了检验这一假设，采用一个随机生产前沿模型，其中公司的生产绩效是环保投资的函数；研究的时间框架不支持波特假说，这表明环保法规导致生产效率的损失。这个结果在受到严厉调控的制浆造纸行业表现得更加明显和突出。

Hasan 等(2013)使用制造业的跨国面板数据，研究要素市场的不完善对确定行业资本强度水平的作用。研究发现，劳动法规所产生的劳动力市场不完善对资本密集度的影响高于信贷市场的不完善。在制造业中，限制较少的劳动法规与较低的资本密集度相关；尤其是在中等收入国家、发展中经济体中需要更频繁地调整劳动力或是需要更多的非熟练劳动力密集型的行业。这表明，严格的劳动力法规能够影响用工成本，从而限制了从基于丰度因素驱动的、具有比较优势的贸易中得到的收益。

Esteve-Perez 和 Rodriguez(2013)指出，越来越多的文献研究企业出口和研发活动。但大多数的研究只讨论了出口，同时将研发作为解释变量的很少，反之亦然。该文的贡献在于通过采用西班牙制造业在 1990—2006 年期间有代表性的中小型企业样本数据来探索出口和研发之间的联合动态。研究结果证实了出口和研发活动之间存在很强的相互依存关系。实际上，从事出口（或研发）将增加一个公司从事研发（或出口）的机会。这个结果在使用国际化的替代措施（进口）和创新活动（产品和工艺创新）方面很稳健。

Loa 等(2013)探讨在企业层面（技术密集、劳动生产率和劳动强度）和工业级（产业效率水平、产业竞争力、行业销售收入增速和行业 ISO 9000 的采用）水平的各种情境因素，这些因素潜在地影响了 ISO 9000 的采纳效用。基于 438 家美国制造业企业的客观财务数据，该文开展了分层线性模型（HLM）分析。结果表明，低技术含量、低劳动生产率和高劳动强度的企业从 ISO 9000 的采用中获得更多的好处,而低效率水平、高竞争、高销售增长和低 ISO 9000 采用水平的公司也获得更多的收益。该研究为采用 ISO 9000 的提议提供了支持性证据。鉴于显著成本及其涉及的资源,运营经理在着手实施之前评估 ISO 9000 可能使他们的业绩受益,这是至关重要的。

Tsou 等(2013)使用一个独特的、将雇主与雇员进行匹配的台湾地区制造业数据集,考察外国直接投资对中国大陆就业调整控制、工人异质性,以及潜在内生性的影响。研究结果表明,相对于投资为零或低水平投资企业的工人,高水平投资企业的工人更有可能离开公司。因此,外国在华扩张减少了工人,尤其是低技能工人在其母公司就业的安全;雇主和雇员的就业转换调整和工资损失以及与在行业之间转移就业的低技能工人的最强工资效应有着高度的联系;此外,没有证据表明外国直接在华投资对母公司的技术升级有贡献。

Wu 等(2013)指出,大多数关于故障恢复的研究都集中于服务业,而对制造业故障恢复的研究相对较少。因此,文章探讨一个制造业企业如何通过实现故障恢复来提高客户的满意度和回购意愿。该研究的目的有两方面:一是了解故障归因和故障类型是如何影响客户满意度的;二是建立可以被纳入纸张供应商标准作业流程的一般故障恢复和补偿策略模型。对 37 名专家进行深入访谈的结果显示,在造纸行业中最常见的故障与员工行为(如采用错误的故障恢复程序)或运输系统(如没有按时交付、交付方式错误和交付数量不足)有关。在补偿策略方面,研究证明内在报酬(如道歉并提供合理的解释)和经济补偿(如提供产品折扣或退款)比更换产品更有效。基于这些结果,该研究提出一种用来确定纸张供应商最佳故障恢复策略的理论解释方案。

Barlet 等(2013)研究了法国服务业和制造业的区位模式,开发了考虑空间连续定位的一项新测试。该研究改善了测试方法,使得测试不受偏见的影响。这一属性对法国的情况至关重要,因为法国服务业和制造业的工业密度大不相同。通过这种基于距离的测试方法,服务行业特有的一些区位特征目前尚未找到相关文献。① 服务行业的分歧在随机性上往往比制造业更频繁;② 多数发散的服务业被定位在非常短的距离(小于 4 公里),而多数制造业被定位在更长的距离,甚至是分散的;③ 在大多数服务行业中,最大的工厂的定位比其他工厂的定位距离更短。

Bikfalvi 等(2013)运用聚类分析确定四种类型的厂商来代表服务化的不同阶段,通过多因素回归分析,对企业服务网络化的影响进行了研究。研究表明,服务化与提高制造企业的服务网络活动有着正向联系。这一发现意味着,实现服务网络化过程中所存在的问题不会阻止制造商间建立合作。然而,结果表明,仅仅有服务网络还不能保证服务的成功。

2.4 制造业国际贸易研究动态

Miguel 等(2013)认为,出口的自主选择和学习是出口企业生产率提高的主要解释。但是,尽管大部分的自主选择的证据是无可争议的,但出口学习结果好坏参半、远离定论。该研究以西班牙的出口生产企业为样本。研究结果表明,生产率的年平均收益至少有四年达到3.0%左右。

Finicelli 等(2013)分析了李嘉图模型中的贸易和平均生产力关系的基础。在工业生产率自给自足并广泛分布的假设下,贸易开放度提高了平均生产率。该研究推导出一个基于模型的测量方法,只需要生产和贸易数据。在41个国家的样本中,11%的制造业的平均增长高于2005年的自给自足水平。

Lampel 和 Giachetti (2013)提出,虽然一系列的研究已突出地论证过制造业跨国公司多元化战略的重要性,然而对于跨国经营的制造业战略传播的绩效影响方面还缺乏研究。事实上,迄今为止,大部分有关国际制造业的研究都是基于整个产业链的国际多元化的检验,而不是具体地观察分散生产经营的绩效影响。研究发现,财务绩效与制造业国际多元化之间的关系是倒U形的;同时,生产多元化与同一地理市场的制造和销售的趋同呈正相关关系。该研究把制造业国际多元化的发展进程放在资源基础观和运输成本经济性的背景下,应用生产基地分布于15个国家的38家企业2002—2008年的汽车和轻型卡车在45个国家的生产活动的数据对假说进行了验证。

Damijan 等(2013)证明,在企业层面,很大一部分的贸易流量是由相同产品同时进口和出口所组成的,在八位数的产品分类中被狭义地定义为传递贸易(POT)。该研究使用公司的进口和出口数据以及在1994—2008年斯洛文尼亚制造业企业产品质量,证明了从平均角度而言,70%的出口企业从事传递贸易;这与超过50%的出口产品相对应。因此,由同一企业再次出口的进口产品是斯洛文尼亚制造企业的贸易统计规律。该研究采用文献证明,传递贸易的使用在公司规模、产品多样性、跨国地位和企业生产率方面都在增加。这从经验上提供和探索了传递贸易的一些解释。在可能的解释中,研究发现了企业跨国网络和企业自身与传递贸易产品存在需求互补性的重要证据。后者证实的携带贸易(CAT)的理论性解释,是由 Bernard 等(2012)在最近工作中发展起来的。

Auer 等(2013)讨论来自亚洲和全球其他地区的劳动密集型产品出口到德国、法国、意大利、瑞典和英国,是否有一个统一的生产者价格。研究结果表明,若中国和其他亚洲出口商捕获1%的欧洲市场,将减少约3%的生产者价格指数。进口竞争对生产者价格指数有明显的影响,平均劳动生产率和工资对其只有微弱的影响。

Kasahara 等(2013)以异构的最终产品生产商是否同时选择出口,是否使用进口中间体为变量,开发了一个开放经济模型。这些实验表明,伴随着总生产率的大幅提高,出口带来可观的收益,贸易同时带来福利。此外,由于进出口的差距,抑制外国中间体进口的政策可以对最终产品出口产生严重的不利影响。

Wagner(2013)采用德国制造业的数据,研究出口和双向贸易对于高度发达国家的企业生存起到的作用。结果表明,企业的生存不仅与进口有着很强的正相关关系,同时与双向贸易也有着明显的正相关性,而出口与是否退出市场没有多大关系。

2.5 发展中国家制造业研究动态

Setiawan 等(2013)采用结构—行为—绩效(SCP)范式来研究印尼食品和饮料行业中的产业集中度、价格刚性、技术效率与价格—成本费用利润率之间的同步关系。该研究通过包括价格刚性和技术效率作为附加的关键变量扩展了 SCP 框架,结果表明,在产业集中度和价格、成本费用、利润率存在着一种正双向关系时,产业集中度、价格刚性、技术效率和价格、成本费用利润率之间存在一个同步关系。这些研究暗示了在高度集中的行业,管理者的适当行动能够降低产业集中度,降低产业集中度是为了从长远增加竞争、降低价格上的灵活性、提高技术效率。

Zhang(2013)指出,1998—2008 年,东欧和中亚地区的总生产能耗强度已经下降了 35%,这项研究揭示了能源收敛的强有力的证据:效率较低的国家提高得更快,在能源效率方面各国的差距随着时间的推移在缩小。指数分解分析表明,能源强度急剧下降,主要是因为利用了更有效的能源,而不是从能源密集型产业转移到能源不够密集的制造活动。收入增长和能源价格增长是收敛的主要推动力,它们主宰贸易的影响,从而导致能源密集型产业专业化。

Oberfield(2013)认为,金融危机期间测得的全要素生产率往往会急剧下降。1982 年,智利制造业产出遭遇了严重的萎缩,其中大部分萎缩可以由一个下降的索洛残差来加以说明。该研究采用智利制造业普查建立的数据来探究全要素生产率下降的原因。纵观整个技术指标,业内资源配置效率要么保持不变,要么在 1982 年有所改善,而在产业之间,资源配置效率降低导致全要素生产率下降约三分之一。对国内需求更敏感的行业(耐用消费品和出口较低的产业)所测量的全要素生产率降幅较大。这一发现与调整成本大和投入使用不足是一致的。

Kasahara 和 Lapham(2013)以异构的最终产品生产商是否同时选择出口他们的输出和是否使用进口中间体,开发了一个开放经济模型。利用理论模型和智利的工厂数据,开发和评估了包括生产率的异质性、运输成本的一组制造业的其他成本结构的实证模型。估计的模型中,与数据有关的生产率、出口和进口等许多关键特征一致。该研究进行各种反事实的实验,定量评估其正向性对没有终结的进口和出口市场的贸易壁垒的影响。这些实验表明,伴随着总生产率的大幅提高,带来可观的收益以及由贸易带来的福利。此外,由于进出口补充的差距,抑制外国中间体进口的政策可以对最终产品出口产生严重的不利影响。

Li 和 Li(2013)的研究提出了交通基础设施对经济的因果影响的新证据。在中国,库存已经在最近的几十年里有所下降,中国的公路基础设施正迅速扩大。在现有文献的基础上,该研究引入新的方法,包括根据远距离供应商不同的需求,以确定道路投资和库存下降之间的因果关系。分析中国制造商 1998—2007 年一个大的面板数据集,该研究发现道路支出一美元可以节省大约两分钱的库存成本。这种效果不及 20 世纪 70 年代的美国。

Zhu 等(2013)指出,绿色供应链管理(GSCM)是至少研究了 20 年的发展主题。在这段时间,已经明显地观察到管理的复杂性。无论从实践和理论研究的角度,都有必要简化和理解这些复杂性。鉴于这种情况,为进一步理解主题及一般情况下的供应链管理,该文构建相关模型,并实证检验了不同类型因素驱动制造业企业追求绿色供应链管理的做法和绩效相称的结果。该研究采用 396 家中国制造商作为研究样本,采用路径分析评估许多结构性的链接。统计结果表明,制度因素驱动了采用涉及外部绿色供应链管理实践的制造商的内部绿色供应链管理。统计结果还表明,绿色供应链管理的做法并不直接影响经济表现,但可以提高其间接影响。这项研究有助于为企业制定环保措施提供理论依据。该研究结果为经理人寻求绿色供应链管理实践提供有益的见解。为进一步推动绿色供应链管理,该结论也提供了专业机构、监管者和立法者的政策见解。

Utar 等(2013)分析了北方市场(美国)南二地区(墨西哥和中国)之间竞争的影响。基于 1990—2006 年覆盖墨西哥出口加工工厂(组装厂)的面板数据,采用工具变量,即随着中国加入 WTO 中国进口总额的外生集约化,实证研究结果表明,中国竞争力对边境加工厂有显著影响。特别是,来自中国的竞争对就业和产业发展在深度与广度方面有负面显著影响。因为对技术含量低的劳动密集型产业的负面影响更强,这引发了显著的行业再分配。相应的,对具有中国竞争力的边境加工厂的产业升级提供了一些启发性的建议。除此之外,还相应地提出了采用低工资竞争方式的产业演进模式的建议。

Helen 等(2013)探讨了关键公司治理因素对新兴经济公司(EE)的国际化决策的影响。通过整合资源基础观和代理理论,研究了控股股东的身份、非控股股东的股权,以及这些与首席执行官权力的相互作用的影响,以揭示其对新兴经济公司(EE)对外直接投资(OFDI)倾向的单独和联合作用。该文对 224 个中国上市公司的实证研究发现,国内机构投资者和外国公司的所有权对公司对外直接投资倾向有积极影响,公司对外直接投资倾向被这些公司的首席执行官们的权力所缓解。

Zhu 等(2013)基于奥地利制造业企业的数据,探讨智力资本和不同产品创新战略的关系。数据来自 1995 年和 2003 年的 91 个小型和中小型制造业企业调查问卷,两次调查问卷使用相同的调查问题。研究结果显示,人力资本和产品创新之间存在正相关关系。此外,人力和结构资本实力强的企业有较高的创新可能性。此外,研究表明,传统的 R&D 经费支出在区分创新度高低方面具有较强的解释力。

Yang 等(2013)采用实证分析法,分析了生产和 R&D 集聚以及它们对中国电子行业企业生产率的影响。研究结果表明:① 产品和 R&D 活动是高度集中的,并且 R&D 集聚比产业集聚具有更高的水平。② 相关分析表明,产品集聚和 R&D 集聚之间没有显著的关系。③ 产业集聚对企业级的全要素生产率具有显著的正向影响。具体而言,在其他条件不变的情况下,产业集聚带来的提高生产率的影响对大中型企业中规模较小的公司影响更强,即在降低交易成本方面,小企业产业集聚效益具有更积极的外部效应。④ R&D 集聚对生产率具有显著的负的溢出效应,同时表明 R&D 活动的空间集聚在中国电子行业是拥挤的,会导致集群的不经济现象。⑤ 人力资本和生产力所有权对中国的电子工业生产率都有影响。在职培训支出与工资之比较高的企业具有更高的生产率,因为在职培训支出可以有助于提高人力资本的质量,导致更高的生产效率;外商独资企业比私营企业具有更高的生产率,并且受益于其先进的技术和管理知识;国有企业的生产率较低是由于缺乏一个激励方案和复杂的管理层次。

参 考 文 献

[1] Ambec S, Cohen MA, Elgie S, et al. The Porter hypothesis at 20: Can environmental regulation enhance innovation and competitiveness? [J]. *Review of Environmental Economics and Policy*, 2013: res016.

[2] Auer RA, Degen K, Fischer AM. Low-wage import competition, inflationary pressure, and industry dynamics in Europe [J]. *European Economic Review*, 2013, 59(5): 457—469.

[3] Barlet M, Briant A, Crusson L. Location patterns of service industries in France: A distance-based approach [J]. *Regional Science and Urban Economics*, 2013, 43(3): 424—443.

[4] Bikfalvi A, Lay G, Maloca S, Waser BR. Servitization and networking: large-scale survey findings on product-related services [J]. *Serv Bus*, 2013 (7): 61—82.

[5] Bos JWB, Economidou C, Sanders MWJL. Innovation over the industry life-cycle: Evidence from

EU manufacturing [J]. *Journal of Economic Behavior & Organization*, 2013, 86(C): 78—91.

[6] Broberg T, Marklund PO, Samakovlis E, Hammar H. Testing the Porter hypothesis: The effects of environmental investments on efficiency in Swedish industry [J]. *J Prod Anal*, 2013(40): 43—56.

[7] Burtraw D, Palmer K, Paul A, et al. Reliability in the U.S. electricity industry under new environmental regulations [J]. *Energy Policy*, 2013, 62(0): 1078—1091.

[8] Cruz-Cázaresa C, Bayona-Sáezb C, García-Marcob T. You can't manage right what you can't measure well: Technological innovation efficiency [J]. *Research Policy*, 2013(42): 1239—1250.

[9] Damijan JP, Konings J, Polanec S. Pass-on trade: Why do firms simultaneously engage in two-way trade in the same varieties? [J]. *Rev World Econ*, 2013, 139(5): 739—750.

[10] Daunfeldt SO, Elert N, Rudholm N. Start-ups and firm in-migration: evidence from the Swedish wholesale industry [J]. *Ann Reg Sci*, 2013(51): 479—494.

[11] Davis C. Regional integration and innovation offshoring with occupational choice and endogenous growth [J]. *Journal of Economics*, 2013, 108(1): 57—79.

[12] Esteve-Perez S, Rodriguez D. The dynamics of exports and R&D in SMEs [J]. *Small Bus Econ*, 2013(41): 219—240.

[13] Finger SR., Gamper-Rabindran S. Testing the effects of self-regulation on industrial Accidents [J]. *Regul Econ*, 2013(43): 115—146.

[14] Finicelli A, Pagano P, Sbracia M. Ricardian selection [J]. *Journal of International Economics*. 2013(89): 96—109.

[15] Geylani PC, Stefanou SE. Linking investment spikes and productivity growth [R]. Working papers. 08—36 Center for Economic Studies, U.S. Census Bureau.

[16] Hasan R, Mitra D, Sundaram A. The determinants of capital intensity in manufacturing: The role of factor market imperfections [J]. *World Development*, 2013(51): 91—103.

[17] Hu HW, Cui L. Outward foreign direct investment of publicly listed firms from China: A corporate governance perspective [J]. *International Business Review*, 2013, 147(1): 169—193.

[18] Kasahara H, Lapham B. Productivity and the decision to import and export: Theory and evidence [J]. *Journal of International Economics*, 2013(89): 297—316.

[19] Kastalli IV, Looy BV. Servitization: Disentangling the impact of service business model innovation on manufacturing firm performance [J]. *Journal of Operations Management*, 2013(31): 169—180.

[20] Lampel J, Giachetti C. International diversification of manufacturing operations: Performance implications and moderating forces [J]. *Journal of Operations Management*, 2013(31): 86—96.

[21] Li H, Li ZG. Road investments and inventory reduction: Firm level evidence from China [J]. *Journal of Urban Economics*, 2013(76): 43—52.

[22] Loa CKY, Wiengartenb F, Humphreysc P, Yeungd ACL, Cheng TCE. The impact of contextual factors on the efficacy of ISO 9000 adoption[J]. *Journal of Operations Management*, 2013(31): 229—235.

[23] Long X, Oh K, Cheng G. Are stronger environmental regulations effective in practice? The case of China's accession to the WTO [J]. *Journal of Cleaner Production*, 2013, 39 (10): 161—167.

[24] Manjón Miguel, Mánèz JA, Rochina-Barrachina ME., Sanchis-Llopis JA. Reconsidering learning by exporting [J]. *Rev World Econ*, 2013(149):5—22.

[25] Oberfield E. Productivity and misallocation during a crisis: Evidence from the Chilean crisis of 1982[J]. *Review of Economic Dynamics*, 2013(16) :100—119.

[26] Roll KH. Measuring performance, development and growth when restricting flexibility [J]. *Journal of Productivity Analysis*, 2013, 32(4): 278—291.

[27] Sanchez-Vargas A, Mansilla-Sanchez R, Aguilar-Ibarra A. An empirical analysis of the nonlinear relationship between environmental regulation and manufacturing productivity[J]. *Journal of Applied Economics*, 2013,16 (2): 357—72.

[28] Schuberta C, Sydowb J, Windelera A. The means of managing momentum: Bridging technological paths and organisational fields[J]. *Research Policy*, 2013(42):1389—1405.

[29] Setiawan M, Emvalomatis G, Lansink AO. Structure, conduct, and performance: evidence from the Indonesian food and beverages industry[J]. *Empir Econ*, 2013(45):1149—1165.

[30] Sönmez E, Kekre S, Scheller-Wolf AN. Strategic analysis of technology and capacity investments in the liquefied natural gas industry [J]. *European Journal of Operational Research*, 2013 (226):100—114.

[31] Steinker S, Hoberg K. The impact of inventory dynamics on long-term stock returns: An empirical investigation of U.S. manufacturing companies[J]. *Journal of Operations Management*, 2013(31):250—261.

[32] Taylor CM, Pollard SJT, Angus AJ, et al. Better by design: Rethinking interventions for better environmental regulation[J]. *Sci Total Environ*, 2013,447 (0): 488—99.

[33] Telle K. Monitoring and enforcement of environmental regulations: Lessons from a natural field experiment in Norway[J]. *Journal of Public Economics*, 2013,99 (0): 24—34.

[34] Tsou MW, Liu JT, Hammitt JK, Chang CF. The impact of foreign direct investment in China on employment adjustments in Taiwan evidence from matched employer-employee data[J]. *Japan and the World Economy*, 2013(25—26) :68—79.

[35] Utar H, Torres Ruiz LB. International competition and industrial evolution: Evidence from the impact of Chinese competition on Mexican maquiladoras[J]. *Journal of Development Economics*, 2013,105(7—8): 1037—1060.

[36] Wagner J. Exports, imports and firm survival: First evidence for manufacturing enterprises in

Germany[J]. *Review of World Economics*, 2013, 149(1): 113—130.
[37] Wu WY, Hou YC, Fu CSb, Chang CY. Identifying failure recovery strategies for paper industrial suppliers[J]. *Industrial Marketing Management*, 2013, 42(4): 443—460.
[38] Xie ZZ, Li JT. Internationalization and indigenous technological efforts of emerging economy firms: The effect of multiple knowledge sources [J]. *Journal of International Management*, 2013, 19(1): 247—259.
[39] Xu XY, Ang BW. Index decomposition analysis applied to CO_2 emission studies[J]. *Ecological Economics*, 2013, 93(5): 58—71.
[40] Yang CH, Lin HL, Li HY. Influences of production and R&D agglomeration on productivity: Evidence from Chinese electronics firms [J]. *China Economic Review*, 2013, 27(1): 162—178.
[41] Yang F, Yang M, Nie H. Productivity trends of Chinese regions: A perspective from energy saving and environmental regulations[J]. *Appl Energy*, 2013, 110 (0): 82—89.
[42] Zhang F. The energy transition of the transition economies: An empirical analysis[J]. *Energy Economics*, 2013(40): 679—686.
[43] Zhu QH, Sarkis J, Lai KH. Institutional-based antecedents and performance outcomes of internal and external green supply chain management practices [J]. *Journal of Purchasing & Supply Management*, 2013, 19(3—4): 263—273.

撰稿：张泓波　余菜花　季良玉　吴敏洁
统稿：张丽杰　谢宏佐

第3章 国内学术研究动态解析

为了全面表述国内制造业在2013年的研究动态,本章采用从整体到局部、纵横结合、兼顾热点的梳理模式,分别对制造业总体、区域制造业、制造业产业、制造业企业、低碳经济的研究文献进行归纳整理,力图呈现2013年国内制造业研究的整体情况,但由于篇幅有限,部分研究并没有被引入。

3.1 制造业总体研究动态

中国制造业的发展受到诸多因素的影响(如全球经济一体化、制造业聚集和科技环境等),各种因素以不同方式影响制造业的发展,其影响机制、作用方式、影响结果都不尽相同。

3.1.1 全球化对制造业的影响研究

中国制造业生产的许多产品都出口世界各地,经济全球化对我国制造业的发展既带来了机遇也带来了挑战,不同学者从不同角度分析了经济全球化对中国制造业的影响。张艳等(2013)分析了服务贸易自由化对制造业企业生产率的影响。研究发现,服务贸易自由化促进了制造业企业生产率的提高,但对制造业企业生产率的影响不均匀。薛澜等(2013)分析了美国、欧盟各国、日本、韩国、巴西、印度、俄罗斯等主要国家的产业发展状况,归纳总结了各国在产业发展过程中所制定的国家战略、发展目标和针对性政策。王艳梅和简泽(2013)提出了中国制造业参与国际分工的两种模式,即被动吸纳型和主动参与型。实证分析结果显示,无论是进口还是"干中学",对企业技术进步的贡献力度,主动参与型模式都优于被动吸纳型模式;在被动吸纳型模式下,进口技术溢出效应小于"干中学"效应,而在主动参与型模式下,进口技术溢出效应是"干中学"效应的2.0倍以上。

3.1.2 制造业集聚对制造业发展的影响

制造业集聚对制造业发展的影响历来是学者关注的重要研究视角,2013年这方面的文献丰富,既有研究传统的集聚影响因素,如FDI对产业集聚的影响、产业集聚对区域创新的影响,也有新颖的研究视角,如产业集聚与企业养老保险的关系。张公嵬等(2013)将FDI、产业集聚与TFP放在统一的框架下进行分析,研究发现,制造业 TFP 年均增长 9.6%,其中 80% 以上是技术进步贡献的;行业间的技术进步差距较小、技术效率变化差异较大,而后者是造成 TFP 增长差异的主要原因。吴明琴等(2013)从产业集聚的角度来分析企业缴纳养老保险的差异,研究发现,产业集聚程度高的地区,企业需要通过提高福利等措施来吸引人才、增加竞争力。徐敏燕和左和平(2013)基于不同行业具有不同环境污染强度的事实,分别研究了重度、中度及轻度污染产业的环境规制与产业集聚、产业竞争力之间的关系,对波特假说进行了再检验。研究发现,环境规制降低产业集聚的结论不成立;不同污染产业的环境规制使企业竞争力和产业集聚效应有着显著的差异。樊秀峰和康晓琴(2013)采用区位熵和空间基尼系数测算陕西省制造业的集聚度。研究发现,集聚度高的行业多数是资源依赖性的,且这些行业的产业集聚度整体呈下降趋势。姜明辉和贾晓辉(2013)以产业集群的识别为研究起点,对其生命周期的阶段特征进行详细描述,并结合产业集群对区域创新能力的影响机理,分别构建了以门限自回归理论为基础的生命周期划分模型和以生产函数原理为基础的产业集群对区域创新能力的影响模型,提出了促进区域创新的对策。

3.1.3 科技创新与制造业发展

科技创新与制造业发展是近年来我国制造业研究的热点和重点,研究文献非常丰富,2013 年主要关注企业创新绩效影响因素的理论和实证研究、技术创新对产业进化的影响机制的研究,以及后发国家企业创新影响因素的研究,等等。严焰和池仁勇(2013)分析了 R&D 投入、技术来源和企业创新绩效的关系,研究发现,企业 R&D 投入与创新绩效显著正相关。其中,以自主研发作为企业的主要技术来源,以及以购买技术资料或专利作为引进国外技术的主要方式,对企业 R&D 投入与创新绩效的关系起正向调节作用;以合作研发作为企业的主要技术来源,以及以购买设备、购买样品、聘请国外技术人员等作为引进国外技术的主要方式,对企业 R&D 投入与创新绩效的关系起反向调节作用。龚轶等(2013)从技术创新的角度研究了产业进化的动力和过程,研究发现,技术创新导致的劳动生产力的提高及企业物质资本成本的节约共同作用并推动了中国产业结构的进化,且物质资本节约型创新对产业进化起着关键的作用。张宗庆和郑江淮(2013)在技术无限供给的条件下提出一个后发国家企业创新的规模异质性假说,揭示了后发国家尤其是中国的企业创新行为特征依赖于企业生产所面临的产品需求的价格弹性。

3.1.4 制造业生产力研究

2013 年制造业生产力方面的研究较为广泛和全面,分别从产品替代性、企业出口状态、不同企业类型,以及企业进入与退出特征等几个方面来研究我国制造业生产率的特征及其影响因素,文献学术水平较高,涵盖了该主题的理论、实证、应用等不同类型的研究。孙浦阳等(2013)从产品市场的需求角度提出产品替代性影响企业生产率分布的理论假说,利用中国制造业企业数据检验了产品替代性对企业生产率离散程度的影响。研究发现,产品替代性会显著影响行业生产率的分布与水平,产品替代性降低将导致生产率离散化程度扩大与生产率水平降低,从而加剧了资源错配。胡翠等(2013)基于产业总生产率变化分解的研究思路,分别考察了不同状态企业间资源的重新配置,以及各出口状态企业生产率的增长对制造业总生产率的贡献。研究表明,除开始出口企业外,资源在其他三种出口状态企业间的重新配置都降低了制造业总生产率,即存在资源误置现象。范剑勇和冯猛(2013)应用LP方法估算了内销企业与出口企业、四类不同出口密度企业的TFP,其结论否认了出口企业存在生产率悖论现象,证实出口企业的TFP高于内销企业。毛其淋和盛斌(2013)采用中国制造业企业微观数据对企业进入与退出的特征及其与TFP动态演化的关系进行了系统的实证研究。研究发现,中国制造业企业具有很高的进入率与退出率,并且均随着企业规模的增大而下降;新进入企业是各年份企业的主要构成来源,但新进入企业的持续期较短;同时,进入与退出企业的规模相对都较小。

3.2 区域制造业研究动态

中国制造业具有明显的区域特征。目前,区域制造业的不同发展状况,以及不同区域制造业的比较研究已成为区域制造业研究的重点问题之一。历年来,区域制造业研究的文献充盈,2013年该主题的研究文献除保持往年的数量优势之外,文献发表的刊物级别也有所提高,本节选取了较高级别的文献进行分析。

3.2.1 区域制造业理论问题研究

区域制造业理论研究文献的数量较往年少,2013年聚焦了流通成本变动影响制造业空间集聚的机制问题和装备制造业聚集区体制的机制创新两个研究主题。程艳和叶徵(2013)在融合双边市场理论和中心—外围模型的基础上,通过数值模拟方法,从理论上说明流通成本变动影响制造业空间集聚的机制。研究计量结果显示,在控制了物价变量和运输条件变量之后,市场分割指数和空间溢出指标对制造业集聚保持显著的正向影响。张志元和郑吉友(2013)通过对铁西装备制造业聚集区演进历程的回顾及对制约铁西装备制造业聚集区体制的机制创新因素的分析,得出需要从政府管理模式创新、企业制度创新、企业运作机制创新三个层面推进铁西装备制造业聚集区体制的机制创新的结论。

3.2.2 典型区域制造业研究

2013年典型区域制造业研究主要关注了江苏省、江西省、江苏省昆山市、武汉市等四个地区制造业的发展。武汉市处于中部区域,近年来随着中部崛起战略的实施,制造业综合能力的排名一直处于进步之中,刘慧岭(2013)结合武汉市制造业的发展历程与现状,建立了由制造业投入能力、研发能力、产出能力三个方面组成的因子分析模型,对武汉市制造业行业进行因子评分,得出武汉市制造业创新能力的行业排名。谢品等(2013)实证分析了产业集聚、地区专业化与经济增长的关系。结果表明,产业集聚、地区专业化与经济增长之间的关系并不是简单的线性关系,而是呈现倒U形的关系;并运用新地理经济学的相关理论,分析拐点出现的原因。蒋伏心等(2013)实证分析了环境规制对技术创新的直接效应和间接效应。结果表明,环境规制与企业技术创新之间呈现先下降后上升的U形动态特征,随着环境规制强度由弱变强,影响效应由抵消效应转变为补偿效应;FDI和企业规模对技术创新具有显著的促进作用。戴翔和张雨(2013)以昆山本土制造业企业为样本,从微观层面实证研究了开放条件下我国本土企业升级能力的主要影响因素。经验研究表明,出口因素对本土企业升级能力的提升具有显著作用,从而证实了"出口中学习"效应的存在;产业集聚效应同样对我国本土企业升级能力的提升具有显著影响。

3.2.3 典型区域制造业比较研究

历年来,许多学者热衷于典型区域的比较研究,2013年关于此方面的文献主要关注了制造业集聚及差异研究、苏鲁两省产业竞争力研究以及江浙沪地区与日本东海地区产业分工与收入差距等问题的研究。韩峰和柯善咨(2013)综合传统比较优势和外部性因素,在新经济地理框架下建立了理论和计量模型,研究了我国284个地级市制造业集聚的影响机制及地区差异。结果表明,传统比较优势仍是影响制造业区位分布的重要因素;城市之间存在明显的要素供给与市场需求的空间关联性,且已超过传统比较优势而成为制造业集聚的主要缘由。孙东琪(2013)对苏鲁两省产业竞争力的模式类型、模式结构进行了比较研究。研究表明,苏鲁两省均属于强势产业竞争力模式,苏鲁产业竞争力的模式类型及模式结构具有雷同性;在产业结构竞争力和工业竞争力方面,江苏总体低于山东;在农业竞争力和企业竞争力方面,两省基本持平;在服务业竞争力和高新技术产业竞争力方面,江苏依旧高于山东。吴迎新(2013)比较研究了二十年来中国江浙沪地区和日本东海地区产业分工与收入差距的现状和特征。研究结果显示,产业同构系数与收入差距变化之间的关系并不确定,调节产业同构现象的措施对于缩小收入差距未必有确定的、显著的作用,解决收入差距应主要运用收入分配政策。

3.3 制造业产业研究动态

根据中国统计年鉴的划分标准,制造业包含了30个门类的细分产业,每个产业均有相应的研究,2013年制造业产业研究主要集中在装备制造业、食品制造业、电子设备制造业及医药制造业四个方面。

3.3.1 装备制造业研究

装备制造业研究是历年制造业产业研究的重头戏,每年的产业研究中,有关装备制造业研究的文献是最多的,由此可见学者对装备制造业的重视程度。楚明钦(2013)比较分析了装备制造业和生产性服务业。结果表明,我国装备制造业和生产性服务业的比重总体上还很低;其中,生产性服务业比重在下降,而装备制造业比重在上升,但增加值率在大幅下降。商小虎(2013)检验讨论了企业创新投入、创新产出、创新绩效之间的关系。结果发现,企业销售毛利率水平与企业研发强度存在显著的正相关关系。侯祥鹏(2013)认为,长三角地区是中国重要的装备制造业基地之一,但近年来由于商务成本高涨,以及高外资参与度和高民资参与度的制度红利趋于衰减,同时面临国内外竞争的夹击,其比较优势正受到经营绩效相对劣势的蚕食,在全国的地位有所松动;长三角地区应充分运用倒逼机制,以全球视野瞄准高端装备制造业,抢占行业制高点。王世明和杨皎平(2013)指出,装备制造业因开展集成创新而面临着模式选择的问题,其基于技术依存度和模块化程度两个维度,提出了架构设计型、模块更替型、内部一体化型和许可改进型四种产品集成创新模式。胡小娟和唐天雷(2013)指出,中日装备制造业贸易总体上看,中国呈逆差状态;中日装备制造业贸易结构中,资本品比重不断下降,中间产品比重不断上升。李坤等(2013)基于高端装备制造业成长视角,将国内外这一研究领域的文献进行梳理后发现,高端装备制造业与经济发展之间关系紧密,不仅具有引领经济和带动相关产业发展的主导作用,还具有显著的集聚和扩散效应。

3.3.2 食品制造业研究

食品制造业的相关研究近年来在比较好的期刊上少见发表,2013年出现了相对较好的文献,分别从外资影响和消费者对食品制造业社会责任的认知两个视角进行了理论和实证研究。黄建康等(2013)采用外资市场控制度、外资股权控制度、外资技术控制度、外资总资产控制度和外资固定资产控制度五个指标,对我国食品制造业的外资控制状况进行了实证研究。研究发现,当下外资对该产业的控制度存在过高现象,使得该产业的安全及其可持续发展存在威胁。赵越春和王怀明(2013)在对江苏省消费者进行问卷调查的基础上,研究了消费者对食品制造业社会责任的认知水平及其影响因素。结果显示,绝大多数消费者对食品制造业社会责任问题比较关注,但对社会责任的认知水平有待提高;在食品制造业的各项社会责任内容中,消费者最为看重的是食品质量与安全责任,而对社会捐赠责任的认同度最低。

3.3.3 电子及通信设备制造业研究

电子及通信设备制造业的研究较往年相比变化不大,值得关注的是,任声策(2013)首次将通信设备产业和医药产业作为比较研究的对象,填补了以前对这两个产业进行比较研究的空白。其认为,通信设备产业和医药产业都是中国重点支持发展的高新技术产业,但两个产业的差异显而易见;通信设备产业具备较强的创新能力,从最初的毫无国际影响发展到处于国际领先水平。李晓钟和王倩倩(2013)对我国电子及通信设备制造业6个子行业内外资企业的研发效率、技术效率和规模效率进行估算,并对效率较高的3个子行业内外资企业的研发效率进行比较及原因剖析,揭示了研发投入规模、研发投入结构和技术获得途径是影响内外资企业效率差异的主要原因。邹文杰和张文刚(2013)分析了市场结构、企业规模、政府扶持力度和技术改造能力对我国电子及通信设备制造业研发转化效率的影响。研究表明,我国电子及通信设备制造业的研发转化效率呈稳步增长趋势,但总体水平仍较低;市场结构、企业规模及技术改造能力对研发转化效率的影响显著,而政府扶持力度对研发转化效率的作用不明显。

3.3.4 医药制造业研究

医药制造业研究的文献数量近年来保持稳定,2013年主要关注了医药制造业创新效率以及生物医药产业创新绩效两个方面的研究文献。刘秉镰等(2013)基于全要素框架构建了研发资本效率和研发人员效率的评价方法,并用Metafrontier和DEA模型定量评价了医药制造业的创新效率,对医药制造业创新要素效率进行解构。研究发现,中国医药制造业创新活动的综合技术效率逐渐改善,但仍处于较低水平,规模无效率是主要成因。黄淑芳(2013)在现有基于科学的创新绩效影响机制模型的基础上,考虑产业的具体特性,并结合现阶段产业创新实践中的突出问题,针对性地提出生物医药组织创新绩效的影响因素模型。研究表明,科学对于产业和企业发展的意义随着科技和经济社会的不断发展而显得更加突出,生物医药业是一个强烈依赖于基础科学研究的产业。

3.4 制造业企业研究动态

通过对制造业企业发展现状的研究,可以勾勒出中国制造业发展的现状和趋势。本节从R&D投入与技术创新、企业竞争力、生产管理、企业绩效四个角度对相关研究动态进行了归纳。

3.4.1 R&D投入与技术创新

R&D投入与技术创新在制造业研究的相关主题中占有重要的地位,历年是学者关注的研究焦点。2013年R&D投入与技术创新的相关研究文献里,重点关注了研发投入强度对企业绩效的影响、政府R&D补贴对研发产出的影响、公共R&D在制造业部门间的生产率差异、航空航天器制造业技术创新系统协同发展水平等热点问题。戴小勇和成力为(2013)研究了研发投入强度对企业绩效的非线性影响。结果表明,研发投入强度只有达到第一门槛值时,才能对企业绩效产生显著的促进作用;而超过第二门槛值时,对企业绩效的作用则变得不明显。高艳慧和万迪昉(2013)分析了政府 R&D 补贴对研发产出的影响。结果发现,政府 R&D 补贴对国有企业科技人员的工资水平有更显著的正向影响;在国有企业中,政府 R&D 补贴对专利、薪酬敏感性有显著的正向影响;在三资企业中,政府 R&D 补贴对新品销售收入、薪酬敏感性有显著的正向影响。伏玉林和苏畅(2013)实证分析了公共 R&D 在制造业部门间的生产率差异。研究发现,样本期内公共 R&D 资本对制造业部门生产率有显著的促进作用;公共 R&D 的效果具有部门偏向性,即公共 R&D 资本在高技术行业的生产率弹性远高于在非高技术行业,高技术产业生产率的提高主要依赖于 R&D 活动,而中低技术产业生产率的提高更多依赖于物质资本的积累。舒谦和陈治亚(2013)重点研究了 2008 全球金融危机前后影响中国制造型企业研发投入的治理结构因素。结果表明,在危机前,第一大股东持股比例、股权的制衡程度(Z 指数)与研发投入的关系不显著;但是在危机后,大股东持股比例与研发投入呈 U 形非线性关系,Z 指数与研发投入负相关。贾军等(2013)基于二象对偶理论对航空航天器制造业的技术创新系统进行协同度测量及分析。结果表明,我国航空航天器制造业技术创新系统的协同发展水平总体不高,提升工艺创新资源的协同水平将成为未来航空航天器制造业技术创新系统协调发展的重要任务。冯志军和陈伟(2013)测算了我国区域大中型工业企业的研发创新 TFP 及其分解的技术效率和技术进步,并运用面板数据模型对技术来源的四种渠道与研发创新 TFP 增长的关系进行了检验。张赤东(2013)运用客体法对国家级创新型企业完成的突出技术创新项目进行全样本调查。调查结果表明,创新型企业作为一批产业创新领头企业已经呈现出一些新的技术创新特征和倾向。

3.4.2 企业竞争力

历年来,制造业企业竞争力研究的文献较多,2013 年制造业企业竞争力的研究文献里重点列出企业技术竞争力、出口竞争力、中小企业竞争力培育路径等热点问题。谢言和高山行(2013)将企业技术竞争力细化为三个方面,即技术研发、技术整合和技术独占,并探讨了战略导向、技术竞争力和企业地位间的路径关系。结果表明,技术竞争力的三个方面均促进了企业地位的提升;企业家导向有助于技术研发和技术整合,而市场导向有助于技术整合和技术占用。葛顺奇和罗伟(2013)考察了母公司竞争优势对外向型企业对外直接投资(OFDI)决策的影响程度。研究发现,体现出母公司竞争优势的因素对企业 OFDI 具有促进作用,而体现出母公司竞争劣势的债务利息率则阻碍了企业 OFDI。刘海云和田敏(2013)研究了不同类型企业的科研创新投入、生产率与其出口竞争力的关系。研究结果表明,中国境内的外资和港澳台资企业的研发投入转化为出口竞争力的效率明显高于内资企业;私营企业的研发投入转化为出口竞争力的效率又高于国有企业。赵杰等(2013)认为,竞争优势的影响因素呈现二元制结构,即外生要素与内生要素交互影响企业的竞争结果;外生要素具有不可控性,而培育内生要素是企业获得内生竞争优势的路径。黄山等(2013)基于生产的外部效应和战略选择理论的视角,系统解释了中国制造企业缺乏低碳成长主动性与创造性的原因,深入分析了战略环境的转变以及制造企业低碳竞争力的来源。

3.4.3 生产管理

2013年制造业生产管理研究关注了创建自主品牌的影响因素、光伏产业国际化现象、组织文化等方面的主题。王朝辉等(2013)探讨了企业创建自主品牌的影响因素的变化规律,阐述了各阶段创建自主品牌的关键影响因素的内在机理,深化了理论架构的内容和管理意涵。研究发现,企业在创建自主品牌的过程中,其关键影响因素存在动态演化的特征。苏敬勤和曹慧玲(2013)采用探索性的多案例研究方法对我国9家光伏企业的国际化扎根行为进行研究,归纳出我国光伏企业天生国际化的特征,并分析影响其天生国际化行为的关键因素。胡杨成和邓丽明(2013)验证了西方学者提出的企业社会责任(CSR)四维模型在中国制造业环境下的有效性,并借鉴竞争性文化价值模型,发展了组织文化评价量表。研究表明,企业的主导文化类型是市场型文化和层级型文化,但在柔性文化方面表现不足;企业能够较好地履行经济责任、法律责任和道德责任,但是普遍缺失慈善责任;组织文化各维度对CSR总体及各维度的影响存在较大差异,其中柔性文化对CSR总体的影响最明显。李青原和王红建(2013)分别从不同的投资机会与公司现金流组合的角度研究资产可抵押性与现金流对公司投资的作用关系。结果发现,当公司面临较好的投资机会且现金流较充足时,资产可抵押性与现金流对公司投资表现为一种替代关系;而当公司面临较好的投资机会但现金流不足时,资产可抵押性与现金流对公司投资表现为一种互补关系;当公司面临较好的投资机会但现金流不足时,紧缩货币政策会提高资产可抵押性与现金流对公司投资的互补关系。

3.4.4 企业绩效

2013年制造业企业绩效的研究中,学者们侧重于运用实际调研数据来说明企业绩效问题。杨典(2013)基于676家上市公司的面板数据,以及对上市公司高管、独立董事、基金经理和证券分析师等的深度访谈资料,分析了公司治理和企业绩效之间的关系,揭示了在中国制度背景下与代理理论的预测颇为不同的公司治理与企业绩效的关系模式。齐旭高等(2013)构建了影响产品创新团队绩效的跨层次概念模型,并运用多层线性模型进行了跨层次分析。研究发现,组织结构特征各维度均对产品创新团队绩效产生跨层次影响;团队的知识整合能力在组织结构集权化程度、柔性化程度与产品创新团队绩效之间具有部分中介效应,在组织结构扁平化程度与产品创新团队绩效之间具有完全中介效应,在组织规范化程度与产品创新团队绩效之间的中介效应不显著。姚净等(2013)运用实地调研数据,实证检验了相关研究假设。结果发现,营销资源对新产品开发风险没有明显的影响,但对新产品市场绩效有正向边际递减的影响;技术资源对新产品开发风险有负向边际递减的影响,而对新产品市场绩效有正向边际递减的影响;营销资源与技术资源的交互效应对新产品开发风险有负向边际递减的影响,但对新产品市场绩效没有显著的影响。

3.5 制造业低碳经济研究动态

中国制造业的飞速发展,使得我国的碳排放居高不下。尽管没有确凿的证据表明碳排放确实使得气候变暖,但迫于国际的压力、石油燃料的短缺,我国有必要进行节能减排。2013 年制造业低碳经济研究文献的质量比 2012 年明显提高,研究的广度和深度被进一步扩展;在国内社科类知名期刊保持一定数量的制造业碳减排方面的文献,已经形成一种常态。段文斌等(2013)从节能减排效率来分析如何实现节能减排。其将节能减排效率细分为节能效率与减排效率,将工业行业划分为劳动密集型、资本密集型和资源密集型三种类型,论证了异质性产业在不同技术选择中产生的节能、减排的差异化效果,并总结出异质性产业节能减排的最优技术路径及比较优势。孟彦菊等(2013)从碳排放系数的视角推导了总量变化的产出结构分析分解方法(SDA)分解模型,从社会经济发展的视角构建了对数平均迪氏指数法(LMDI)分解公式,并讨论不同时期碳排放量变化的影响因素。李斌和彭星(2013)从制度软约束的角度分析其对资本体现式技术进步及中国工业低碳转型的影响。研究结果表明,制度的软化是导致资本体现式技术进步水平不断降低的格兰杰原因,同时也是省际工业碳排放增加的格兰杰原因。范体军等(2013)从碳排放因素出发,分析影响二氧化碳排放的关键因素。研究结果表明,经济活动和能耗强度下降是影响中国化学工业 1996—2007 年二氧化碳排放的两个最重要的因素,能耗强度的下降明显导致二氧化碳排放的减少,但仍无法抵消经济增长导致的二氧化碳排放的增加。曹柬等(2013)基于演化博弈理论,探讨市场机制作用下制造企业运营模式的演化过程,分析政府在模式扩散中的作用。研究表明,纯粹市场机制难以推动发展中国家制造企业的绿色运营模式的演化,政府规制十分重要。

3.6 2013 年制造业中文研究文献特征趋势

2013 年以制造业为研究主题的中文文献数量较 2012 年更加充盈,选题更加广泛和深入,文献发表质量明显提升。与前几年一样,制造业区域发展相关研究文献的数量最多,继续保持充盈的篇幅,表明此专题的研究一直受到学界的重点关注。产业方面,装备制造业与往年一样是最受学者关注的产业研究热点;其中,电子与通信设备制造业是热点中的热点,航空航天设备制造业文献较往年明显增多,个别制造业(如医药制造业、汽车制造业)更是被单列出来进行研究。企业研究与往年相比,文献的质量和数量相差不大;值得关注的是,低碳制造业研究文献的质量比2012年继续明显提高,研究的广度和深度被进一步扩展,可以看出学者们对碳排放、污染排放与制造业发展关系的研究的关注和重视已经成为一种习惯。

参 考 文 献

[1] 曹柬,吴晓波,周根贵.制造企业绿色运营模式演化及政府作用分析[J].科研管理,2013(1):108—115.

[2] 程艳,叶徵.流动成本变动与制造业空间集聚——基于地方保护政策的理论和实践分析[J].中国工业经济,2013(4):146—157.

[3] 楚明钦.装备制造业与生产性服务业产业关联研究——基于中国投入产出表的比较分析[J].中国经济问题,2013(3):79—88.

[4] 戴翔,张雨.开放条件下我国本土企业升级能力的影响因素研究——基于昆山制造业企业问卷的分析[J].经济学(季刊),2013(4):1387—1411.

[5] 戴小勇,成力为.研发投入强度对企业绩效影响的门槛效应研究[J].科学学研究,2013(11):1708—1716.

[6] 段文斌,刘大勇,余泳泽.异质性产业节能减排的技术路径与比较优势——理论模型与实证检验[J].中国工业经济,2013(4):69—81.

[7] 樊秀峰,康晓琴.陕西省制造业产业集聚度测算及其影响因素实证分析[J].经济地理,2013(9):115—119.

[8] 范剑勇,冯猛.中国制造业出口企业生产率悖论之谜:基于出口密度差别上的检验[J].管理世界,2013(8):16—29.

[9] 范体军,骆瑞林,范耀东等.我国化学工业二氧化碳排放影响因素研究[J].中国软科学,2013(3):166—174.

[10] 冯志军,陈伟.技术来源与研发创新全要素生产率增长——基于中国区域大中型工业企业的实证研究[J].科学学与科学技术管理,2013(3):33—41.

[11] 伏玉林,苏畅.公共R&D投资在制造业部门生产率差异——部门技术水平重新划分的视角[J].科学学研究,2013(9):1321—1329.

[12] 高艳慧,万迪昉.政府R&D补贴与科技人员薪酬激励——基于我国高技术产业面板数据的分析[J].科学学与科学技术管理,2013(2):112—118.

[13] 葛顺奇,罗伟.中国制造企业对外直接投资和母公司竞争优势[J].管理世界,2013(6):

28—41.

[14] 龚轶,顾高翔,刘昌新等. 技术差距如何影响 FDI 技术溢出效应?——基于中国制造业面板数据的实证分析[J]. 科学学研究,2013(8):1252—1259.

[15] 韩峰,柯善咨. 空间外部性、比较优势与制造业集聚——基于中国地级市面板数据的实证分析[J]. 数量经济技术经济研究,2013(1):22—38.

[16] 胡翠,符大海,许召元. 中国制造业生产率的变化:资源重置效应还是自增长效应?[J]. 南开经济研究,2013(5):83—94.

[17] 胡小娟,唐天雷. 中日装备制造业贸易规模与结构的主要特征研究[J]. 山东社会科学,2013(6):164—169.

[18] 胡杨成,邓丽明. 以制造业企业为视角的组织文化与企业社会责任间的关系研究[J]. 管理学报,2013(11):1596—1602.

[19] 黄建康,徐晖,杨峻. 我国食品制造业外资控制状况及对策[J]. 现代经济探讨,2013(8):28—32.

[20] 黄山,宗其俊,吴小节. 制造企业低碳竞争力的再认知与实践[J]. 中国科技论坛,2013(5):97—102.

[21] 黄淑芳. 我国生物医药创新绩效影响因素研究——科学创新视角[J]. 科学学与科学技术管理,2013(6):8—13.

[22] 贾军,张卓,张伟. 中国高技术产业技术创新系统协同发展实证分析——以航空航天器制造业为例[J]. 科研管理,2013(4):9—15.

[23] 姜明辉,贾晓辉. 基于 C-D 生产函数的产业集群对区域创新能力影响机制及实证研究[J]. 中国软科学,2013(6):154—161.

[24] 蒋伏心,王竹君,白俊红. 环境规制对技术创新影响的双重效应——基于江苏制造业动态面板数据的实证研究[J]. 中国工业经济,2013(7):44—54.

[25] 李斌,彭星. 制度软约束对中国工业低碳转型的影响研究——基于资本体现式技术进步视角的实证分析[J]. 科学学研究,2013(6):847—855.

[26] 李坤,于渤,李清均. 高端装备制造业的成长:一个框架性的研究综述[J]. 黑龙江社会科学,2013(6):66—69.

[27] 李青原,王红建. 货币政策、资产可抵押性、现金流与公司投资——来自中国制造业上市公司的经验证据[J]. 金融研究,2013(6):31—45.

[28] 李晓钟,王倩倩. 我国电子及通信设备制造业内外资企业研发效率比较[J]. 软科学,2013(9):19—23.

[29] 刘秉镰,徐锋,李兰冰. 中国医药制造业创新效率评价与要素效率解构[J]. 管理世界,2013(2):169—171.

[30] 刘海云,田敏. 研发投入、生产率及企业出口竞争力[J]. 中国科技论坛,2013(4):54—58.

[31] 刘慧岭 武汉制造业创新能力评价与提升对策研究[J]. 科研管理,2013(专刊):88—94.

[32] 毛其淋,盛斌. 中国制造业企业的进入退出与生产率动态演化[J]. 经济研究,2013(4):16—28.

[33] 孟彦菊,成蓉华,黑韶敏.碳排放的结构影响与效应分解[J].统计研究,2013(4):76—82.
[34] 齐旭高,齐二石,周斌.组织结构特征对产品创新团队绩效的跨层次影响——基于中国制造企业的实证研究[J].科学学与科学技术管理,2013(3):162—169.
[35] 任声策.中国通信设备与制药产业创新系统比较研究[J].科研管理,2013(4):34—42.
[36] 商小虎.我国装备制造业技术创新绩效影响因素研究——来自上市公司的实证分析[J].上海经济研究,2013(9):71—79.
[37] 舒谦,陈治亚.影响中国制造型企业研发投入的治理结构因素[J].科学学与科学技术管理,2013(9):97—106.
[38] 苏敬勤,曹慧玲.光伏企业天生国际化行为的关键影响因素研究[J].科学学与科学技术管理,2013(1):97—108.
[39] 孙东琪.苏鲁两省产业竞争力模式比较及其竞争路径研究[J].经济地理,2013(2):128—134.
[40] 孙浦阳,蒋为,张龑.产品替代与生产率分布——基于中国制造业企业数据的实证[J].经济研究,2013(5):30—41.
[41] 王朝辉,陈洁光,黄霆等.企业创建自主品牌关键影响因素动态演化的实地研究——基于广州12家企业个案现场访谈数据的质性分析[J].管理世界,2013(6):111—127.
[42] 吴明琴,陆毅,陈斌.产业集聚与企业养老保险:基于中国制造业的证据[J].南开经济研究,2013(3):83—94.
[43] 吴迎新.制造业同构现象与收入变动的国际比较研究——基于中国长三角地区与日本东海地区的比较[J].东岳论丛,2013(4):13—20.
[44] 谢品,李良智,赵立昌.江西省制造业产业集聚、地区专业化与经济增长实证研究[J].经济地理,2013(6):103—108.
[45] 谢言,高山行.基于自主创新的企业技术竞争力研究[J].科学学与科学技术管理,2013(1):87—96.
[46] 薛澜,林泽梁,梁正等.世界战略性新兴产业的发展趋势对我国的启示[J].中国软科学,2013(5):18—26.
[47] 严焰,迟仁勇.R&D投入、技术获取模式与企业创新绩效——基于浙江省高技术企业的实证[J].科研管理,2013(5):48—55.
[48] 杨典.公司治理与企业绩效——基于中国经验的社会性分析[J].中国社会科学,2013(1):72—94.
[49] 姚铮,马超群,杨智等.制造业企业开放式创新中关键资源对新产品开发风险与市场绩效的影响机理研究[J].中国软科学,2013(6):111—118.
[50] 张赤东.中国企业技术创新现状调查:特征、倾向与对策[J].科研管理,2013(2):10—18.
[51] 张公嵬,陈翔,李赞.FDI、产业集聚与全要素生产率增长——基于制造业行业的实证分析[J].科研管理,2013(9):114—122.
[52] 张艳,唐宜红,周默涵.服务贸易自由化是否提高了制造业企业生产效率[J].世界经济,

2013(11):51—71.

[53] 张志元,郑吉友. 推进装备制造业聚集区体制机制创新的路径选择——以沈阳市铁西区为例[J]. 管理学刊,2013(2):45—48.

[54] 张宗庆,郑江淮. 技术无限供给条件下企业创新行为——基于中国工业企业创新调查的实证分析[J]. 管理世界,2013(1):115—131.

[55] 赵杰,丁云龙,许鑫. 制造业中小企业内生优势生成路径分析——一个典型案例透视[J]. 管理世界,2013(4):1—7.

[56] 赵越春,王怀明. 消费者对制造业企业社会责任的认知及影响因素研究——江苏食品制造业案例[J]. 产业经济研究,2013(3):101—109.

[57] 邹文杰,张文刚. 我国电子及通信设备制造业内外资企业研发效率比较[J]. 技术经济,2013(1):31—34.

撰稿:谢宏佐
统稿:张丽杰

第4章 重点推荐阅读的优秀文献

4.1 国外学术文献

国际制造业研究围绕创新、能源、企业、区域等方面进行,成果非常丰富。经过专家推荐、文献筛选等多个环节,本章重点推荐10篇国外学术文献,内容如下:

1. Environmental management control systems: The role of contextual and strategic factors

中文名:环境管理控制系统:环境和战略因素的作用

作者:Pondeville S, Swaen V, De Rongé Y

出处:Management Accounting Research,2013, 24(4):317—332

推荐理由:① 研究具备创新性。该文填补了环境管理和管理控制两个研究领域的空白,并相应地揭示了将环境因素纳入组织管理的一些关键管理问题,从而可以保证更好地控制企业的环保目标,为我国制造业环境管理、环保控制提供借鉴意义。② 研究内容全面。该文使用256家比利时制造企业的调查数据来确认环境战略和环境管理控制系统之间的联系,并引入感知生态环境的不确定性、企业环保积极性、利益相关方压力等因素。

内容简介:该文研究了环境和战略因素在制造业企业环境管理控制系统开发中的作用,测试了感知生态环境的不确定性、感知利益相关者的压力,以及企业环保积极性程度对环境管理控制系统开发的作用。该文根据256家制造业企业的调查结果得出以下结论:感知更大的生态环境不确定性的公司都不太愿意提出一个主动的环境战略、开发环境信息系统,或正式的环境管理控制系统;市场、社会和利益相关者都会刺激环境管理控制系统的开发,而监管利益相关者只会鼓励环境信息系统的开发。

2. Exports, imports and firm survival: First evidence for manufacturing enterprises in Germany

中文名:出口、进口与企业的生存:德国制造业的首要证据

作者:Wagner J

出处:Review of World Economics,2013, 149(1):113—130

推荐理由:① 意义重大。德国是世界公认的制造业强国,该文选取德国制造业为研究对象,研究德国企业的生存与国际贸易活动之间的关系,对我国制造业有一定借鉴意义。② 数据选取全面科学。该文使用统计部门和行政部门的数据,并进行合并,形成制造业独特且具代表性的数据。③ 研究内容全面。该文分别就进口、出口双向贸易对制造业企业生存的作用展开研究,更加全面和科学。

内容简介:该文采用德国制造业的独特的代表数据,为出口和双向贸易对于企业在高度发达国家的生存所起到的作用提供了有力证据。结果表明,企业的生存不仅与进口有着很强的正相关关系,而且与双向贸易也有着明显的正相关性,而出口对于企业是否退出市场没有多大关系。

3. Influences of production and R&D agglomeration on productivity: Evidence from Chinese electronics firms

中文名:生产和研发产业集聚对生产率的影响:来自中国电子企业的证据

作者:Chih-Hai YANG, Hui-Lin LIN, Hsiao-Yun LI

出处:China Economic Review,2013,27(1):162—178

推荐理由:① 研究意义重大。产品的空间集聚与 R&D 的地理集聚具有较高还是较低的关联?R&D 集聚对企业绩效有何种程度的影响?在 R&D 密集和技术驱动的工业企业中,R&D 集聚是否及如何影响企业的生产率?澄清这些问题对中国 R&D 政策的制定是至关重要的。② 研究方法创新。首先,采用 Ellison 和 Glaeser 开发的 EG 指数来测量电子行业在生产和 R&D 方面的空间集聚和扩散的程度和趋势。其次,研究产业集聚和 R&D 集聚的关系。再次,使用中国电子公司在 2005—2007 年不平衡的面板数据建立计量模型,量化生产和 R&D 集聚效应对企业生产率的影响;并使用固定效应向量分解技术(FEVD),即通过在面板数据中很少改变的变量来处理时间不变性问题。最后,为了获得可靠的估计,采用两种策略来重新进行相关分析和计量经济学估计,一是把城市作为一个地区,计算生产和 R&D 集聚指标;二是采用滞后一年的生产和 R&D 集聚指标作为代理,处理在区位选择上可能的内生性问题。

内容简介:该文采用实证分析法,分析了生产和 R&D 集聚及其对中国电子行业企业生产率的影响。研究结果表明:产品和 R&D 活动是高度集中的,并且 R&D 集聚比产业集聚具有更高的水平;产品集聚和 R&D 集聚之间没有显著的关系;产业集聚对企业级的全要素生产率具有显著的正向影响。具体而言,在其他条件不变的情况下,产业集聚带来的生产率的提高对大中型企业中规模较小的公司影响更强,即在降低交易成本方面,小企业产业集聚效益具有更积极的外部效应。R&D 集聚对生产率具有显著的负的溢出效应,表明 R&D 活动的空间集聚在中国电子行业是拥挤的,会导致集群的不经济现象。此外,人力资本和生产力所有权对中国电子工业的生产率都有影响。具体而言,在职培训支出与工资之比较高的企业具有更高的生产率,因为在职培训支出可以提高人力资本的质量,导致更好的生产效率;外商独资企业比私营企业具有更高的生产率,并且受益于其先进的技术和管理知识;国有企业的生产率较低是由于缺乏激励方案和复杂的管理层次。

4. The impact of inventory dynamics on long-term stock returns—An empirical investigation of U. S. manufacturing companies

中文名:库存动态对长期股票收益的影响——美国制造业企业的实证调查

作者:Sebastian Steinker, Kai Hoberg

出处:Journal of Operations Management,2013(31):250—261

推荐理由:① 研究意义重大。该文探讨的是1991—2010年库存动态和美国制造业公司长期股票收益之间的关系。② 研究视角新颖。该文提出库存动态的两个指标,第一个指标是评估年内季度库存的波动,第二个指标是量化相对库存的同比增长。③ 分析方法得当。该文使用Fama-Macbeth回归分析,分析方法恰当。

内容简介:该文探讨1991—2010年库存动态和美国制造业公司长期股票收益之间的关系,并提出库存动态的两个指标,即评估年内季度库存的波动和量化相对库存的同比增长。研究结果表明,年度库存波动(IV)和异常库存同比增长(ABI)与股票的超常报酬相关联,这两个指标不能完全解释常见的危险因素。该文发现,有着高库存波动和低异常库存同比增长的公司有最好的长期股票回报;而有着高异常库存同比增长的公司的股价表现单调减少。因此,库存水平的变化可以为公司面临的风险和机遇提供有价值的参考。

5. An empirical analysis of the nonlinear relationship between environmental regulation and manufacturing productivity

中文名:环境规制与制造业生产率非线性关系的实证研究

作者:Sanchez-Vargas A, Mansilla-Sanchez R, Aguilar-Ibarra A

出处:Journal of Applied Economics,2013

推荐理由:① 文章数据丰富。研究样本为工厂层面的微观数据,数据客观可靠,并且能反映所研究的主要内容。② 研究视角新颖。目前关于环境规制与生产率关系的研究文献很多,但基本是讨论两者的线性关系,该文首次尝试证明两者存在非线性关系,研究切入点独特新颖。

内容简介:该文研究环境规制与制造业生产率之间的潜在的非线性关系。研究结果表明,两者之间的联系确实是非线性的;同时,在众多的制造业行业变量中存在一个渐减的均衡变量。对小公司而言,这个均衡变量的作用很大;但对大公司而言,该均衡变量几乎可以忽略不计。因此,该文认为大部分关于环境规制与制造业生产率之间的关系的争论,其原因是行业的非均质性。这个结果对设计政策具有参考价值。

6. Reconciling quantile autoregressions of firm size and variance—size scaling

中文名:调和分位数回归和方差—企业规模的大小缩放

作者:Marco Capasso,Elena Cefis,Alessandro Sapio

出处:Small Bus Econ,2013(41):609—632

推荐理由:① 数据应用合理。该文采用公开的和机密的数据,数据更加详实、具体、参考意义更大。② 分析问题全面。该文分析了稳定动态企业、小型企业和大型企业的问题,使研究结论更具应用价值。

内容简介:文章的研究结论是,经济机制可能引起比例效应定律,从而使得快速增长和萎缩的公司破产。该文首先进行了理论分析,然后使用调和分位回归方法和方差分析方法,对1994—2004年荷兰制造业企业进行实证分析,最后的实证分析结果支持比例效应定律。

7. Project-ending competence in premature project closures

中文名:收尾项目在过早关闭项目中的竞争力

作者:Virpi Havila,Christopher J. Medlin,Asta Salmi

出处:International Journal of Project Management,2013(31):90—99

推荐理由:① 研究意义重大。该文讨论制造业企业项目生命周期的一个重要阶段——项目的终止,该类文献较少;此外,该文重点讨论了过早关闭的项目,并且给出了连续重整方法,可以为我国相关公司提供参考。② 数据应用合理。该文使用的是公开的和机密的数据,使得数据更加详实、具体、参考意义更大。

内容简介:项目管理的文献往往侧重于项目的早期阶段,讨论通用的项目管理能力,如计划、进度、预算、资源配置和激励等;只有一小部分文献专门讨论项目的结束阶段,特别是提前终止的项目。该文通过分析汽车业和飞机制造业的两个案例,目的在于了解项目结束所需的能力,而这种能力可以防止提前终止项目。研究结果表明,项目过早关闭的管理挑战包括,需要高级人员和项目经理的参与,需要了解内部和外部项目利益相关者经常改变所带来的影响,以及需要了解早产项目关闭导致的其他影响。

8. Strategic analysis of technology and capacity investments in the liquefied natural gas industry

中文名:液化天然气行业的技术和产能投资的战略分析

作者：Erkut Sönmez, Sunder Kekre, Alan Scheller-Wolf, Nicola Secomandi
出处：European Journal of Operational Research, 2013(226):100—114
推荐理由：① 选题新颖。能源在制造业和服务业中起着根本性的作用,且天然气正迅速成为世界各地的主要能源来源。远洋船只不断扩大的运输网络促进了这种现象的出现,也使天然气供应和需求在全球范围内匹配。这是通过液化天然气的运输并在最终目的地再气化来实现全球范围内的分配。到目前为止,只有一种类型的技术已用于运输和再气化液化天然气,即传统的液化天然气船加上陆上液化天然气再气化;但是,在特殊的液化天然气船的板载上运输和再气化液化天然气已经成为可能的事情。② 数据应用合理。与 Excelerate Energy 公司的高管交流相关的战略性技术选择的问题,并对各地的科技配置选择、老牌和新兴技术的兼容性进行调查。③ 文章图文并茂,对于图的解释非常到位。

内容简介：通过与 Excelerate Energy 公司的高管约好来促进相关的战略性技术选择的问题以及各地的科技配置选择、老牌和新兴技术的兼容性进行调查。结果分析通过有关如何部署各种技术选项以及如何配置度量大小的能力的决策模型揭示了管理原则划定替代液化天然气的影响。该文的研究结果超出了行业的具体分析的额外潜在关联。

9. Decentralization and contracting out: A new pattern for internal and external boundaries of the firm

中文名：分权与外包:公司内部和外部边界的新格局

作者：Chanson G, Quélin B V

出处：European Management Journal, 2013, 31(6): 602—612

推荐理由：① 研究视角新颖。将公司的核心活动和内外部边界问题相结合,分析了大企业的行为模式。② 结论可靠。在提出理论框架的基础上,通过详细的文献分析得出结论。

内容简介：该文通过权力下放和合同外包两个标准,探讨大公司之间的行为模式,目标是确定是否存在划分公司内部和外部边界的重要决定因素。该文通过分析公司内部结构和组织的相关文献,研究如何分配母公司和子公司的功能,关注公司的边界问题和公司的核心活动。研究发现,企业的核心业务和创造效益的主要功能被集中化和内部化,那些非核心业务或非程序化的功能则主要由分公司和合同外包完成。

10. Servitization: Disentangling the impact service business model innovation on manufacturing firm performance

中文名：服务化:理清服务商业模式创新对制造业企业绩效的影响

作者：Ivanka Visnjic Kastalli，Bart Van Looy
出处：Journal of Operations Management，2013(31)：169—180
推荐理由：① 选题新颖，题目研究意义重大。随着制造业企业的经营竞争日益激烈，产品易被商品化且以创新为核心的产品添加服务已经在全球经济发展中被逐渐普及。与人们期望的经济利益相反，最近的调查结果显示，战略的实施障碍导致潜在的企业绩效的下降，即所谓的服务化悖论。这对企业以后进行创新所面临的问题具有指导意义。② 数据比较全面。作者使用了2001—2007年全球转为产品服务化提供者的位于44个国家的子公司的价值创造和价值分配来分析这个悖论。

内容简介：该文通过分解2001—2007年全球转为产品服务化提供者的位于44个国家的子公司的价值创造和价值分配，得到的研究结果显示，所研究的公司能够通过成功的服务超越产品的内在替代和制定销售互补，而且劳动密集型企业的服务往往更加容易贴近顾客，产品销量得以进一步地提升；同时揭示了服务活动的规模和收益之间存在正相关的非线性关系，即初始服务水平导致盈利能力的急剧增加；在服务规模和盈利能力之间的正相关关系重新出现之前，有一段相对衰落的时间。研究结果表明了最初短期收益和盈利障碍的存在；在服务能力的投资转化为规模效益时，盈利增长才是可行的；通过服务化，制造业企业可以实现可持续增长。

4.2 国内学术论著

关于中国制造业的文献浩如烟海，从这些文献中挑选高质量、有特色、有代表性的论文是极其困难的工作。为了保证工作质量，采用如下过程进行筛选：第一，按照总体、区域、产业、企业、低碳经济分成五个小组，分别检索文献。第二，每个小组从文献中选取三十篇文献进行重点阅读，并从文献的创新程度、贡献度、规范度等几个维度对文献进行打分。第三，每个小组从三十篇文献中选择十篇进行集中讨论。第四，为了防止遗漏重要文献，还邀请专家特别推荐一些备选文献。第五，从这些文献中选择值得阅读的十篇学术论文。这样，希望能够准确地反映2013年国内制造业的研究动态，并给予研究者一定的引导和启示。

1. 公司治理与企业绩效——基于中国经验的社会学分析

英文名：Corporate Governance and Enterprise Performance：Based on Sociological Analysis of China's Experience

作者：杨典

出处：《中国社会科学》，2013年第1期

推荐理由：① 研究意义重大。机构投资者在提高上市公司绩效方面究竟发挥

了怎样的作用？股东导向型的董事会结构是否真的对企业绩效尤其是企业的股市表现起到了促进作用？我国的国有企业改革在多大程度上获得了成功？这些问题的解答，对于我国的企业改制和公司治理改革优化具有重大作用。② 研究视角新颖。该研究试图对公司治理这一经典问题进行社会学分析，提供一种除经济学和管理学之外的、审视公司治理和企业业绩之间关系的第三种视角。③ 研究结论具有指导价值。研究发现，所谓的最佳做法对企业绩效的影响或者是负面的、或者是不显著的，因此代理理论在公司治理方面的解释力是有局限的。

内容简介：基于 676 家上市公司 1997—2007 年的面板数据及对上市公司高管、独立董事、基金经理和证券分析师等的深度访谈资料，分析公司治理和企业绩效之间的关系，揭示在中国制度背景下与代理理论的预测颇为不同的公司治理与企业绩效的关系模式。而所谓的最佳公司治理做法是在特定社会、政治、文化等制度环境下，各种复杂社会力量和利益群体进行建构的结果，其作用的发挥很大程度上取决于是否契合所在的制度环境，并不存在普适的最佳公司治理模式。基于中国经验的社会学实证研究，为解构这一世界性公司治理迷题提供了新视角和证据。

2. 中国企业技术创新现状调查：特征、倾向与对策

英文名：A Status Survey on Technology Innovation of Firms in China: Characteristics, Tendencies, and Countermeasures

作者：张赤东

出处：《科研管理》，2013 年第 2 期

推荐理由：① 研究意义重大。经验表明，创新型企业的科技创新活动代表了产业未来发展的方向，其形成的技术进步是推动国家创新发展、实现跨越的根本动力。因此，对创新型企业进行系统、全面的创新调查，分析企业技术创新的特征、倾向及发展对策，不仅对国家创新政策的制定至关重要，更是对政策理论研究的丰富。② 文章结构严谨。在给出详细的文献综述并指出前人研究的不足之后，该文利用大量详细的国家级创新型企业调研数据，分析了创新型企业呈现出的一些新的技术创新特征和倾向；并进一步指出出现这些特征和倾向的机理原因；最后提出相应的政策建议。③ 研究结论富有价值。研究结果表明，创新型企业作为一批产业创新领头企业已经呈现出一些新的技术创新特征和倾向。

内容简介：运用客体法，对国家级创新型企业完成的突出技术创新项目进行全样本调查。从企业技术创新动机、创新类型、创新新颖度、创新经费支出、创新影响与效果等方面分析创新型企业技术创新的特征和倾向。调查结果表明，创新型企业作为一批产业创新领头企业，已经呈现出一些新的技术创新特征和倾向（如以市场需求驱动为主、创新类型以产品创新为主、以开发出新产品为第一目

标、多数企业的创新新颖度达到国际市场新标准等),以及不同创新类型项目费用额度的分布特点。同时还发现,一些行业的企业对创新政策较不敏感,而其他一些却对创新政策较敏感等现象。基于此,提出了对创新政策制定与调整的几点启示。

3. 产业集聚与企业养老保险——基于中国制造业的证据

英文名:Industrial Agglomeration and Pension Provision:Evidence from Manufacturing Firms in China

作者:吴明琴,陆毅,陈斌

出处:《南开经济研究》,2013年第3期

推荐理由:① 研究视角新颖。从产业集聚的角度来解释企业缴纳养老保险的差异。所要回答的问题是,产业集聚和养老保险之间存在什么样的关系?如果二者之间是正相关关系,那么产业集聚是否是导致养老保险差异的原因呢?如果产业集聚和企业的养老保险存在因果关系,那么产业集聚对企业缴纳养老保险的影响机制是怎样的?② 分析问题全面。先进行研究设计,结合产业集聚和企业养老保险的研究提出研究假设并构建理论模型,进行数据收集和数据分析;再用工具变量法验证了产业集聚和企业养老保险之间的因果关系控制产业集聚的内生性,研究结论的稳健性高。③ 研究结论具有指导价值。文章第一次从产业集聚的角度来分析企业的养老保险的差异性,揭示产业集聚对养老保险的影响,并挖掘二者之间的因果关系,这进一步丰富了产业集聚的实证文献;深入分析产业集聚对于养老保险的影响机制,研究结果充实了养老保险的相关文献。

内容简介:在中国,不同地区的企业缴纳养老保险的比例和数量是显著不同的,尽管国家规定了统一的养老保险缴纳比例。文章从产业集聚的角度来分析企业缴纳养老保险的差异,通过考察2001—2007年中国制造业企业,发现产业集聚和企业养老保险之间存在正相关关系。为了控制产业集聚的内生性,文章采用工具变量法验证了产业集聚和企业养老保险之间的因果关系。也就是说产业集聚程度高的地区,企业需要采用提高福利等措施来吸引人才以增加竞争力。同时,检验的结果表明该文的发现是相当稳健的,这一发现对于中国的养老保险改革有重要的借鉴意义。

4. 服务业与制造业对华FDI区位选择的差异——基于存量调整模型的实证研究

英文名:Differences in Service and Manufacturing Industry of FDI Location Factors to China:An Empirical Study based on Stock Adjustment Model

作者:陈艳莹,董旭

出处:《世界经济研究》,2013 年第 3 期

推荐理由:① 研究视角新颖。在经济服务化的背景下,FDI 从制造业转向服务业已经成为全球发展的趋势,服务业吸引外资的能力在一定程度上反映了一个国家的发达程度。那么,什么原因导致我国服务业 FDI 比例偏低?是政府政策、市场环境还是文化差异?服务业 FDI 在对华投资区位选择问题上要考虑的因素与制造业有哪些不同?要提高服务业 FDI 比重,政府需要采取哪些措施?该文给出了一定的解释。② 研究结论具有现实指导价值。与经济发达国家不同,在处于转轨阶段的中国,由于政府对经济的过度干预,制造业 FDI 存量调整到均衡水平的速度要快于服务业。服务业和制造业跨国公司在中国进行投资时,服务业 FDI 看重的是市场规模和基础设施水平,受集聚因素的影响不显著;制造业 FDI 则看重市场规模和劳动力成本,为追求关联企业带来的外部经济效应,倾向于投资到产业集聚度高的地区。此外,由于政府优惠政策向制造业的招商引资方面倾斜,因而地方政府控制力越大的地区越有利于吸引制造业 FDI,而越不利于吸引服务业 FDI。

内容简介:选取我国省级细分行业面板数据,利用存量调整模型,对服务业与制造业的对华 FDI 区位选择的差异进行了研究。结果表明,与经济发达国家不同,处于转轨阶段的中国制造业 FDI 存量调整到均衡水平的速度要快于服务业。服务业和制造业跨国公司在中国投资时,服务业 FDI 看重市场规模和基础设施水平,受集聚因素的影响不显著;制造业 FDI 则看重市场规模和劳动力成本,倾向于投资到产业集聚度高的地区。此外,由于政府优惠政策向制造业倾斜,因而地方政府控制力越大越有利于吸引制造业 FDI,而越不利于吸引服务业 FDI。

5. 基于 C-D 生产函数的产业集群对区域创新能力影响机制及实证研究

英文名:The Mechanism on Industrial Clusters' Impact on Regional Innovation Capacity Based on C-D Production Function: An Empirical Study

作者:姜明辉,贾晓辉

出处:《中国软科学》,2013 年第 6 期

推荐理由:① 研究具有创新价值。传统的研究多从定性的角度进行影响效果分析,缺乏细致的阶段研究和准确的定量测算,且鲜见实证分析。文章从产业集群的识别入手,在生命周期阶段划分的基础上,研究不同生命周期阶段下产业集群对区域创新能力的影响效果。② 研究结论具有现实指导意义。第一,技术创新因素应成为集群识别的一个重要因素,其效果适用性得到验证。第二,以门限自回归理论为基础的生命周期划分模型具有实用价值。利用该模型对长三角地区通用设备制造业产业集群的生命周期阶段进行划分,得到了符合实际发展情况的结果。第三,产业集群不同生命周期阶段对区域创新能力的影响效果不同。通过

影响机理探究和定量模型分析,表明产业集群对区域创新能力的影响随着生命周期的演进而呈现出先增强再减弱的周期性变化过程。

内容简介:以产业集群的识别为研究起点,对其生命周期阶段特征进行详细描述,并结合产业集群对区域创新能力的影响机理,分别构建了以门限自回归理论为基础的生命周期划分模型和以生产函数原理为基础的产业集群对区域创新能力影响模型。文章通过集群识别,选取长三角地区通用设备制造业作为实证对象,提出了促进长三角区域创新的对策。

6. 开放条件下我国本土企业升级能力的影响因素研究——基于昆山制造业企业问卷的分析

英文名:Study on Key Factors Affecting Local Manufacturing Enterprises' Upgrading under Open Economy: Evidence from Manufacturing Enterprises in Kunshan

作者:戴翔,张羽

出处:《经济学(季刊)》,2013年第4期

推荐理由:① 研究意义重大。研究开放条件下我国本土制造业企业升级能力的影响因素。从微观角度来看,这关系到制造业企业自身竞争能力的提升及可持续发展;从宏观角度来看,这关系到国家经济的可持续增长。因此,该研究已然成为具有中国实践意义和政策含义的大课题。② 文章结构安排合理。从文献回顾、方法模型介绍到实证分析及结论与政策含义解释等形成了完整的体系。③ 研究结论富有价值。研究发现,出口因素对本土企业升级能力的提升具有显著作用,从而证实了"出口中学习"效应的存在;为外资企业提供外向配套,有利于本土企业升级能力的提升;产业集聚效应对我国本土企业升级能力的提升具有显著影响。

内容简介:在大量调研问卷的基础上,以昆山本土制造业企业为样本,从微观层面实证研究了开放条件下我国本土企业升级能力的主要影响因素。经验研究表明,在有效控制企业创新活动、企业人力资本及企业规模相关变量后,出口因素对本土企业升级能力的提升具有显著作用,从而证实了"出口中学习"效应的存在;为外资企业提供外向配套,不仅为本土企业技术创新提供了激励和可能,也为吸收跨国公司的消极型和积极型的技术外溢提供了重要机会,从而有利于本土企业升级能力的提升;产业集聚效应同样对我国本土企业升级能力的提升具有显著影响,说明在开放条件下形成的产业集聚在现阶段所带来的技术扩散和外溢效应是显著的。该结论为理解开放条件下本土企业升级能力的影响因素提供了中国昆山地区的实践经验,具有重要启示。

7. 产品替代性与生产率分布——基于中国制造业企业数据的实证

英文名：Product Substitutability and Productivity Distribution: Evidence from Chinese Manufacturing Industry

作者：孙浦阳，蒋为等

出处：《经济研究》，2013年第4期

推荐理由：① 文章结构合理。文章首先利用一个简单的理论框架提出研究假说，并且对计量模型的构建与数据进行说明；然后计量检验结果，并对基本回归结果进行分析；再进一步从中国市场环境与生产率离散程度方面报告了稳健性回归结果并进行分析；最后是结论与政策建议。② 研究结论有政策指导价值。该文的发现有助于解释造成企业生产率分散的影响因素与作用机制，同时对理解行业资源配置也有着重要的政策含义。产品替代性的差异性导致了各行业生产率离散程度的差异性，即具有较低产品替代性的行业往往具有更大的生产率离散程度；市场竞争机制无法有效地在产业内配置生产资源，从而导致了行业内均衡效率的损失。

内容简介：从产品的市场需求角度提出产品替代性影响企业生产率分布的理论假说；并利用1998—2007年中国制造业企业数据，刻画了我国工业行业生产率的分散程度，检验了产品替代性对企业生产率离散程度的影响。研究结果发现，产品替代性会显著影响行业生产率的分布与水平，产品替代性降低将会导致生产率离散化程度扩大与生产率水平降低，从而加剧了资源错配。这一结果在使用不同产品替代性指标、不同生产率和离散程度指标后均保持稳健；同时，在考虑企业沉没成本、市场化水平及所有制环境等因素后，结论仍然是稳健的。

8. 制造业中小企业内生优势生成路径分析——一个典型案例透视

英文名：Analysis of the Generated Path of Small and Medium-sized Enterprises of Manufacturing Industry's Endogenous Advantage

作者：赵杰，丁云龙，许鑫

出处：《管理世界》，2013年第4期

推荐理由：① 研究角度新颖。把研究对象聚焦到制造业中小企业，挖掘制造业中小企业经历了怎样的发展过程，有哪些有效的实践经验可以总结推荐。这解释了在外生竞争要素趋劣的条件下，制造业中小企业是如何获得竞争优势的。它对于推动我国制造业中小企业摆脱困境，提升企业动态竞争能力具有一般性的指导意义。② 研究结论有现实意义。森鹰公司自我完善的学习过程与竞争优势的培育过程不是一个线性的知识积累过程。在充满创新精神的管理层的领导下，历经多年的不懈奋斗，森鹰公司实现了可贵的组织蜕变。这些蜕变培育了森鹰公司的竞争优势，它来自：追求卓越坚毅前行的组织文化，一意孤行成为行业引领者；

坚持持续性投入,突破性提升管理者与工人的行为准则与技术诀窍,培育内生要素,形成自我成长能力;凭借凝结互补构筑战略联盟,进而整合供应链。尽管这个锐意进取的企业在发展中面临诸多障碍和诱惑,但最终成为中国木窗行业的引领者。

内容简介:传统研究过于关注大型企业的组织转型、战略变革和创新管理问题,在时下中国的特定情境中,制造业中小企业如何在外生要素趋劣时赢取竞争优势,显然是一个不容回避的问题。竞争优势的影响因素呈现二元制结构,即外生要素与内生要素交互影响企业的竞争结果。外生要素具有不可控性,而以组织文化、动态组织能力、互补资产为基础培育内生要素,是企业获得内生竞争优势的路径。具体表现为:锤炼组织文化,实施长远战略,统和企业价值观;提炼隐性知识和组织惯例,打造动态组织能力,动态组织能力是企业独特的核心竞争力;凝结互补资产,构建产业战略同盟。

9. 异质性产业节能减排的技术路径与比较优势——理论模型及实证检验

英文名:Technology Path Choices and Comparative Advantages of Heterogeneous Industries for Energy Saving & Emission Reduction Theoretical Model and Empirical Evidence

作者:段文斌,刘大勇,余泳泽

出处:《中国工业经济》,2013年第4期

推荐理由:① 研究视角新颖。第一,对节能和减排进行了区分,即分别考虑技术进步对降低能耗与减少排污的影响;第二,对具体的技术进步路径进行了分辨,进而分析不同技术手段对节能减排的影响;第三,对异质性产业的类型进行了划分,从而有针对性地考虑不同产业的技术选择。② 研究结论意义重大。第一,技术进步可以显著提升节能减排的效率,而不同的技术进步路径产生的降低能耗、减少排污的效果会有很大差异,这取决于技术进步的内在机制与能源使用的具体特征;第二,劳动密集型、资本密集型和资源密集型产业为了实现其节能减排的目标,分别拥有不同的最优技术路径;第三,异质性的产业通过不同的技术路径选择可以形成属于某一产业节能减排的比较优势,具体表现为每种产业都有其相对擅长完成的节能目标或减排目标,即可以相对高效率地控制某一种污染物的排放量或能耗强度。

内容简介:该文基于节能减排的内在特质与不同产业的生产要素使用特征,将节能减排效率细分为节能效率与减排效率,并将工业行业划分为劳动密集型、资本密集型和资源密集型;同时,根据随机前沿生产模型将技术进步分解为狭义技术进步、技术效率和规模效率三种技术路径,结合异质性产业的理论分析与中国工业行业的实证检验,论证了异质性产业在不同技术选择中节能、减排的差异

化效果,并总结出异质性产业节能减排的最优技术路径及比较优势。研究指出,各类产业应当选择合理的技术手段来提升其节能减排效率;同时,政府差异化、动态化的指标分配应与区际、企业间配额的市场调节相结合,实现中央、地方、企业三个层面的激励相容,在完成节能减排指标的同时推动中国产业的健康发展。

10. 长三角地区生产性服务业与制造业互动关系的实证研究——基于联立方程模型的 GMM 方法

英文名:An Empirical Study of Producer Services and Manufacturing interaction between the Yangtze River Delta region

作者:席艳乐,李芊蕾

出处:《宏观经济研究》,2013 年第 1 期

推荐理由:① 研究方法独特创新。一方面,目前关于生产性服务业和制造业关系的实证分析主要集中于国家层面,由于数据的可获得性原因,鲜有基于省际层面的研究;另一方面,已有的研究几乎都是单方程模型的估计,即只分析了生产性服务业对制造业的影响,忽略了两者间的相互作用。该文通过构建联立方程模型,系统地刻画各变量间的双向乃至多向的相互作用关系,以期对长三角地区生产性服务业的发展和制造业产业结构的调整升级提供相应的政策参考。② 研究结论有价值。长三角地区生产性服务业与制造业间存在着相互作用、相互影响、共同发展的互动关系,但这种互动关系目前还比较微弱,还需进一步增强。因此,未来必须调整长三角地区的产业发展思路,在引进加工贸易型外资发展制造业的同时,采取措施发展长三角地区的生产性服务业。

内容简介:该文基于 1997 年、2002 年和 2007 年的投入产出表,结合影响力系数和感应度系数的测算指标,初步考察了长三角地区生产性服务业与制造业间的互动关系。在此基础上,基于 1989—2010 年的时间序列数据,该文构建了联立方程模型,实证分析了该地区两者间的互动程度。研究表明,生产性服务业与制造业间存在双向因果关系,但上海、江苏和浙江三个省份的生产性服务业与制造业间的互动程度有所不同。长三角地区必须充分重视并发挥生产性服务业与制造业间的互动机制,促进生产性服务业与制造业实现良性的协调发展。

参 考 文 献

[1] Chanson G, Quélin B V. Decentralization and contracting out: A new pattern for internal and external boundaries of the firm[J]. European Management Journal. 2013, 31(6): 602—612.

[2] Chih-Hai YANG, Hui-Lin LIN, Hsiao-Yun LI. Influences of production and R&D agglomeration on productivity: Evidence from Chinese electronics firms[J]. China Economic Review, 2013, 27

(2):162—178.

[3] Erkut Sönmez, Sunder Kekre, Alan Scheller-Wolf, Nicola. Strategic analysis of technology and capacity investments in the liquefied natural gas industry[J]. *European Journal of Operational Research*,2013(226):100—114.

[4] Ivanka Visnjic Kastalli, Bart Van Looy. Servitization: Disentangling the impact of service business model innovation on manufacturing firm performance[J]. *Journal of Operations Management*, 2013(31):169—180.

[5] Marco Capasso, Elena Cefis, Alessandro Sapio. Reconciling quantile autoregressions of firm size and variance—size scaling[J]. *Small Bus Econ*,2013(41):609—632.

[6] Ponde ville S, Swaen V, De Ronge Y. Environmental management control systems: The role of contextual and strategic factors[J]. *Management Accounting Research*, 2013, 24(4):317—332.

[7] Sanchez-Vargas A, Mansilla-Sanchez R, Aguilar-Ibarra A. An empirical analysis of the nonlinear relationship between environmental regulation and manufacturing productivity[J]. *Journal of Applied Economics*,2013,16(2):357—372.

[8] Sebastian Steinker, Kai Hoberg. The impact of inventory dynamics on long-term stock returns—An empirical investigation of U.S. manufacturing companies. *Journal of Operations Management*, 2013(31):250—261.

[9] Virpi Havila, Christopher J. Medlin, Asta Salmi. Project-ending competence in premature project closures[J]. *International Journal of Project Management*,2013(31):90—99.

[10] Wagner J. Exports, imports and firm survival: First evidence for manufacturing enterprises in Germany[J]. *Review of World Economics*, 2013, 149(1):113—130.

[11] 陈艳莹,董旭.服务业与制造业对华FDI区位选择的差异——基于存量调整模型的实证研究[J].世界经济研究,2013(3):53—58.

[12] 戴翔,张雨.开放条件下我国本土企业升级能力的影响因素研究——基于昆山制造业企业问卷的分析[J].经济学(季刊),2013(4):1387—1411.

[13] 段文斌,刘大勇,余泳泽.异质性产业节能减排的技术路径与比较优势——理论模型及实证检验[J].中国工业经济,2013(4):69—82.

[14] 姜明辉,贾晓辉.基于C-D生产函数的产业集群对区域创新能力影响机制及实证研究[J].中国软科学,2013(06):154—161,183.

[15] 孙浦阳,蒋为等.产品替代与生产率分布——基于中国制造业企业数据的实证[J].经济研究,2013(5):30—41.

[16] 吴明琴,陆毅,陈斌.产业集聚与企业养老保险:基于中国制造业的证据[J].南开经济研究,2013(3):83—94.

[17] 席艳乐,李芊蕾.长三角地区生产性服务业与制造业互动关系的实证研究——基于联立方程模型的GMM方法[J].宏观经济研究,2013(1):91—99.

[18] 杨典.公司治理与企业绩效——基于中国经验的社会学分析[J].中国社会科学,2013(1):72—94,206.

[19] 张赤东. 中国企业技术创新现状调查:特征、倾向与对策[J]. 科研管理,2013(2):10—18.
[20] 赵杰,丁云龙,许鑫. 制造业中小企业内生优势生成路径分析——一个典型案例透视[J]. 管理世界,2013(4):1—7.

撰稿:谢宏佐　张泓波　余菜花　季良玉　吴敏洁
统稿:张丽杰

第二部分
发展评价篇

第5章 中国制造业发展综合评价

本章分别从经济创造能力、科技创新能力、能源集约能力、环境保护能力和社会贡献能力五个方面界定制造业"新型化"的内涵;根据制造业"新型化"内涵,构建由5个主指标、31个子指标构成的制造业"新型化"评价指标体系;运用制造业"新型化"评价指标体系对中国制造业的发展状况进行总体评价。

5.1 "新型制造业"的现实内涵
5.1.1 "新型制造业"研究现状

关于制造业"新型化"的内涵及其评价的研究主要集中在国内。李廉水和杜占元(2004)首次界定了"新型制造业"的概念。他们提出,新型制造业是指依靠科技创新、降低能源消耗、减少环境污染、增加就业、提高经济效益、提升竞争能力、能够实现可持续发展的制造业。制造业"新型化"评价指标体系是基于"新型制造业"的概念提出的,主要包括经济创造能力、科技竞争能力和资源环境保护能力3个主指标,以及20个子指标。李廉水和周勇(2005)根据制造业"新型化"评价指标体系,采用主成分分析方法从经济创造能力、科技竞争能力和资源环境保护能力三方面对中国30个地区制造业的"新型化"程度进行了比较分析和聚类分析,归纳了各类地区的制造业发展特征。李廉水和臧志彭(2008)基于新型制造业理念,采用新型制造业的三维时序方法,从经济创造、科技创新、资源环境保护三大维度对中国与世界主要发达国家的制造业进行了比较研究。研究发现,中国制造业产值与美国、日本相比仍然有较大差距,科技创新投入和产出方面都远低于发达国家水平,带有明显的高能耗、高污染的发展特点,对于污染治理的投入明显不足;然而在增长速度、产品产量、吸纳就业、劳动力成本等方面却具有一定的相对优势。徐晓春(2010)基于环境保护的视角,构建了基于低能耗、低污染、低排放的三维制造业"新型化"程度评价指标体系,并分析了江苏省制造业的"新型化"程度。

还有学者以特定产业为研究样本,构建了制造业"新型化"评价指标体系,并对特定产业进行评价。例如,刘佳(2006)提出了新型装备制造业的概念和内涵,并构建了新型装备制造业竞争力评价体系。其分别从产业科技竞争力、产业经济效益竞争力、产业人力资源竞争力、区域科技竞争力4个维度,运用数理统计方法对辽宁省新型装备制造业竞争力进行定量分析。袁长跃(2007)构建了辽宁省装备制造业新型化评价指标体系,包括装备制造业信息化、资源利用、科技含量、经济效益、环境保护、人力资源利用、开放性7个主指标,以及20个子指标;应用层次分析法,构建了装备制造业新型化综合评价模型。王子龙(2007)从经济效益、科技潜力和环境和谐3个维度对装备制造业的演化水平进行系统评价,通过经济指标反映装备制造业对国民经济的贡献,科技指标反映装备制造业未来的竞争能力,环境指标反映装备制造业的持续发展能力和长期效益。张静(2009)对电子及通信设备制造业的技术创新能力进行了评价研究,将电子及通信设备制造业技术创新能力划分为创新环境指标、创新潜在资源指标、创新投入能力指标、创新产出能力指标4个一级指标,以及15个二级指标,对中国电子及通信设备制造业的技术创新能力进行综合评价。郑宝华(2010)从中国医药制造业产业安全的角度建立了由医药制造业的自主创新能力、发展环境、国际竞争力、产业控制力和对外依存度5个因素层指标构成的评价体系。

上述关于制造业"新型化"内涵及其评价的研究,取得了较为丰富的研究成果,具有较高的理论价值和较强的现实意义。其评价指标主要集中在经济创造能力、科技创新能力和资源环境保护能力等方面,但对就业和税收等社会贡献能力考虑较少,随着公众对企业吸纳就业、纳税等社会责任方面评价的重视,重新界定制造业的"新型化"内涵成为必要。

5.1.2 制造业"新型化"内涵的新界定

本研究认为,制造业"新型化"的内涵不仅应包括经济创造能力、科技创新能力、能源集约能力和环境保护能力,还应该包括社会贡献能力。由此,新型制造业可以重新界定为依靠科技创新、降低能源消耗、减少环境污染、提高经济效益、增加就业和税收贡献能力,能够实现可持续发展的制造业。

1. 经济创造能力

经济创造能力是制造业"新型化"的重要组成部分,是衡量制造业"新型化"程度的重要维度。对于尚处于工业化发展阶段的国家来说,经济创造能力尤为重要;只有创造经济效益,中国制造业才会有持续发展的动力,才能为发展科技、提高效率、增加就业、提高纳税能力、保护环境等提供物质支持。

2. 科技创新能力

科技创新能力也是制造业"新型化"的重要组成部分。从粗放型的传统制造业向集约型的新型制造业转变的过程中,科学技术的作用至关重要。只有充分利用现代科学技术、依靠科技创新、依赖人力资本,才能提高效率、增加效益、降低污染,才能实现传统制造业的转型升级,才有可能发展高新技术产业,才能实现"中国制造"向"中国创造"的转变。

3. 能源集约能力

当前,传统制造业低效益、高消耗、高污染的粗放型生产造成中国资源严重匮乏、生态急剧恶化。本研究的资源主要指与制造业发展相关的自然资源以及其他作为工业原料的生物资源。这些资源是制造业生产活动的物质基础,很多资源具有不可再生性。不合理的资源利用会造成资源浪费和环境恶化;合理利用资源,提高资源利用效率对经济社会的可持续发展越来越重要。

4. 环境保护能力

环境保护能力是制造业生产活动过程中解决现实或潜在的污染问题,协调经济活动与环境的关系,保障经济社会可持续发展的综合能力。环境和生态保护是实现经济社会可持续发展的前提,依靠技术进步、保护环境对制造业的发展越来越重要。

5. 社会贡献能力

社会贡献能力是制造业发展过程中以促进就业、贡献税收等形式来满足社会需求的综合能力。经济发展的根本目标在于改善居民的福利水平,而居民福利水平表现在收入水平、就业机会、基本公共服务等多个方面。中国是制造业大国,制造业就业为居民提供了稳定的收入,也促进了国家的和谐稳定。基本公共服务是居民福利水平的另一个重要方面,基本公共服务一般由政府投资,而政府投资主要来源于税收。因此,促进就业和贡献税收是制造业社会贡献能力的重要方面。

5.2 中国制造业评价"五维五量"指标体系

针对上文对制造业"新型化"内涵的重新认识与界定,在此基础上,本年度报告对历年《中国制造业发展研究报告》采用的三维"新型化"评价指标体系进行拓展,扩充为新的"五维五量"制造业"新型化"评价指标体系,使之更符合新时期制造业发展的需求。

5.2.1 指标体系设计原则

制造业"新型化"内涵是构建制造业"新型化"评价指标体系的指导思想。制造业"新型化"内涵包括经济创造能力、科技创新能力、能源集约能力、环境保护能力和社会贡献能力五个主要方面,每一方面又涉及多项内容。因此,必须在科学原则的指导下才能设计出合理的评价指标体系,才能系统、准确地反映制造业"新型化"的程度。本研究认为,构建制造业"新型化"评价指标体系,要遵循科学性原则、系统性原则、可比性原则、可操作性原则。

1. 科学性原则

制造业"新型化"评价的结果是否准确、合理，在很大程度上取决于评价指标的选取、评价标准的设置，以及评价方法的选取是否科学。制造业"新型化"评价指标体系的科学性原则主要包括准确性和完整性两个方面。准确性要求指标的概念要准确、涵义要明晰，尽可能地避免和减少主观臆断；指标体系的层次和结构应合理，且各指标之间应协调统一地为整个评价体系服务。完整性要求指标体系应围绕评价目的，全面完整地反映评价对象；突出重点、兼顾全面，不遗漏重要方面。

2. 系统性原则

制造业"新型化"内涵涉及多个方面，每个方面有一些相应的指标表征，这要求指标的选取不但要具有足够的覆盖面，还要具有一定的代表性；要涵盖制造业"新型化"的主要内涵、特征，反映其现状和发展，还应体现制造业"新型化"内涵中各个方面的内在联系，并具有清晰的层次。系统性原则要求评价指评体系不是一些指标的简单堆积，而应是一个统一的有机整体。

3. 可比性原则

统计指标在不同制造业之间存在一些差异。制造业"新型化"评价指标的选取应充分考虑不同制造业统计指标的差异，应尽量保证指标涵义、统计口径和范围的一致性，以保证指标的可比性；另外，还要考虑到各省份之间统计标准和统计口径的差异。选取评价指标时，要综合考虑制造业产业间、区域间统计指标和统计口径的一致性，使得指标体系和评价标准在产业间和区域间具有一定的可比性。

4. 可操作性原则

构建制造业"新型化"评价指标体系，除了要遵循科学性、系统性、可比性原则之外，还要遵循可操作性原则，即指标体系所需数据应易于收集、易于处理、便于操作，而且评价结果也易于利用，能够用于指导制造业的发展实践。

5.2.2 制造业"新型化"评价指标体系

基于制造业"新型化"的内涵，制造业"新型化"评价指标体系通过科技指标反映制造业的未来竞争能力，通过能源指标反映制造业发展与能源消耗的依赖程度，通过环境指标反映制造业对环境的影响和损害程度，通过社会贡献指标反映制造业回报社会的能力。据此本报告构建了由5个主指标、31个子指标构成的制造业"新型化"评价指标体系，具体见表5-1。

表 5-1　制造业"新型化"评价指标体系

总指标	序号	主指标	序号		子指标
制造业"新型化"指标体系	A	经济指标	A1	产值	制造业总产值（亿元）
			A2		制造业总产值占工业总产值比重（%）
			A3	利润	制造业企业利润总额（亿元）
			A4		制造业就业人员人均利润（元/人）
			A5	效率	制造业就业人员劳动生产率（万元/人）
			A6	市场	制造业产品销售率（%）
	B	科技指标	B1	R&D	制造业 R&D 经费支出（万元）
			B2		制造业 R&D 人员全时当量（人年）
			B3		制造业 R&D 投入强度（%）
			B4		制造业 R&D 人员占就业人员人数比重（%）
			B5	产品开发	制造业新产品开发项目数（项）
			B6		制造业新产品开发经费（万元）
			B7	专利	制造业专利申请数（项）
			B8		制造业专利拥有数（项）
			B9	技术转化	制造业新产品产值（万元）
			B10		制造业新产品产值率（%）
			B11		制造业技术创新投入产出系数
	C	能源指标	C1	总量消耗	制造业能源消耗量（万吨标准煤）
			C2		制造业单位产值能源消耗量（万吨标准煤/亿元）
			C3	电力消耗	制造业电力消耗量（亿千瓦时）
	D	环境指标	D1	废水	制造业污染排放量（废水）（万吨）
			D2		制造业单位产值污染排放量（废水）（万吨/亿元）
			D3	废气	制造业污染排放量（废气）（亿标立方米）
			D4		制造业单位产值污染排放量（废气）（亿标立方米/亿元）
			D5	固体废物	制造业污染排放量（固体废物）（吨）
			D6		制造业单位产值污染排放量（固体废物）（吨/亿元）
			D7	综合	"三废"综合利用产品产值（万元）
	E	社会贡献指标	E1	就业	制造业就业人员人数（万人）
			E2		制造业就业人员人数占总就业人数比重（%）
			E3	税收	制造业企业利税总额（亿元）
			E4		制造业就业人员人均利税率（万元/人）

1. 经济指标

经济创造能力主要从产值、利润、效率和市场等方面来衡量。在表 5-1 中，

A1、A2 为产值指标,用来反映制造业的产出水平和对国民经济的贡献;A3、A4 为利润指标,用来反映制造业企业的利润总量和人均利润;A5 为效率指标,用来反映制造业企业的劳动生产效率;A6 为市场指标,用来反映制造业产品已实现的销售情况,以及制造业产品满足社会需要的程度。各项指标说明及计算方法如下:

① 制造业总产值 $= \sum_{j=1}^{30} \text{TVP}_j$。其中,$\text{TVP}_j$ 表示第 j 个制造业行业工业总产值,$j=1,2,\cdots,30$;制造业的行业分类依据国家统计局的国民经济行业分类与代码(GB/T4754-2002)。

② 制造业总产值占工业总产值比重 $= \dfrac{\sum_{j=1}^{30} \text{TVP}_j}{\text{TP}} \times 100\%$。其中,$\sum_{j=1}^{30} \text{TVP}_j$ 表示制造业总产值,TP 表示工业总产值。

③ 制造业企业利润总额是所有制造业企业利润之和,由 30 个两位数制造业行业利润加总得出,用字母 S 表示。

④ 制造业就业人员人均利润率 $= \dfrac{S \times 10\,000}{L}$。其中,$S$ 表示制造业企业利润总额(亿元),L 表示制造业企业就业人员人数(万人)。

⑤ 制造业就业人员劳动生产率 $= \dfrac{\sum_{j=1}^{30} \text{TVP}_j}{L}$

⑥ 制造业产品销售率 $= \dfrac{\sum_{k=1}^{30} \text{SR}_k}{\sum_{j=1}^{30} \text{TVP}_j} \times 100\%$。其中,$\text{SP}_k$ 表示第 k 个制造业行业产品销售收入,$k=1,2,\cdots,30$;TVP_j 表示第 j 个制造业行业工业总产值,$j=1,2,\cdots,30$。

2. 科技指标

科技创新能力主要从 R&D、产品开发、专利和技术转化等方面来衡量。在表 5-1 中,B1、B2、B3、B4 为制造业 R&D 指标,用来反映制造业企业研发活动的总支出和支出强度;B5、B6 为产品开发指标,用来反映制造业企业在新产品开发上的投入和力度;B7、B8 为专利指标,用来反映了制造业企业科技创新活动的活跃性程度和产出情况;B9、B10、B11 为技术转化指标,用来反映制造业企业技术转化及技术应用能力。这 11 项指标分别从研发投入、新产品开发、科技产出和技术转化与应用等几个方面反映制造业的科技创新能力。各项指标的说明及计算方法如下：

① 制造业 R&D 经费支出，是所有制造业的 R&D 经费支出。

② 制造业 R&D 人员全时当量，是所有制造业 R&D 人员全时当量。

③ 制造业 R&D 投入强度 = $\dfrac{\text{R\&D}}{\text{GDP}} \times 100\%$。其中，R&D 是制造业 R&D 经费支出，GDP 是国内生产总值。

④ 制造业 R&D 人员占就业人员人数比重 = $\dfrac{L'}{L} \times 100\%$。其中，$L'$ 是制造业 R&D 人员数，L 是制造业就业人员人数。

⑤ 制造业新产品开发项目数，是所有制造业新产品开发项目的数量。

⑥ 制造业新产品开发经费，是所有制造业新产品开发经费。

⑦ 制造业专利申请数，是所有制造业专利申请数。

⑧ 制造业专利拥有数，是所有制造业专利拥有数。

⑨ 制造业新产品产值，是所有制造业新产品产值。

⑩ 制造业新产品产值率 = $\dfrac{\text{NPV}}{\sum_{j=1}^{30} \text{TVP}_j} \times 100\%$。其中，NPV 是制造业新产品产值（亿元）；$\text{TVP}_j$ 是第 j 个制造业行业工业总产值（亿元），$j = 1, 2, \cdots, 30$。

⑪ 制造业技术创新投入产出系数 = $\dfrac{\text{NPV}}{\text{NPR}} \times 10\,000$。其中，NPV 是制造业新产品产值（亿元），NPR 是制造业新产品开发经费（万元）。

3. 能源指标

能源集约能力主要从能源总消费和电力消费两个方面来衡量。在表 5-1 中，C1、C2 为能源总消费指标，用来反映制造业能源消费总量和能源强度；C3 为电力消费指标，用来反映制造业发展对电力的依赖程度。这 3 项指标综合反映了制造业发展与能源消费的依赖与脱钩关系，是制造业能源集约能力的综合体现。各项指标的说明及计算方法如下：

① 制造业能源消耗量，是所有 C 类制造业能源消耗量，以 CC 表示。

② 制造业单位产值能源消耗量 = $\dfrac{\text{CC}}{\sum_{j=1}^{30} \text{TVP}_j}$。其中，CC 是制造业能源消耗量。

③ 电力消耗量（亿千瓦时）

4. 环境指标

环境保护能力主要从废水、废气、固体废物排放和"三废"综合利用 4 个维度来综合衡量。D1、D2 为废水排放指标，用来反映废水排放总量和废水排放强度；

D3、D4 为废气排放指标,用来反映废气排放总量和废气排放强度;D5、D6 为固体废物排放总量和固体废物排放强度;D7 为"三废"综合利用产品产值,用来反映制造业循环经济。这 7 项指标从不同方面反映制造业的环境保护能力,各项指标的说明及计算方法如下:

① 制造业污染排放量(废水),是所有 C 类制造业废水排放量。

② 制造业单位产值污染排放量(废水) = $\dfrac{WWD}{\sum_{j=1}^{30} TVP_j}$。其中,WWD 是报告期制造业废水排放达量。

③ 制造业污染排放量(废气),是所有 C 类制造业废气排放量。

④ 制造业单位产值污染排放量(废气) = $\dfrac{WGD}{\sum_{j=1}^{30} TVP_j}$。其中,WGD 是报告期制造业废气排放量。

⑤ 制造业污染排放量(固体废物),是所有 C 类制造业固体废物排放量。

⑥ 制造业单位产值污染排放量(固体废物) = $\dfrac{WSD}{\sum_{j=1}^{30} TVP_j}$。其中,WSD 是报告期制造业固体废弃物排放量。

⑦ "三废"综合利用产品产值,是所有 C 类制造业"三废"综合利用产品产值。

5. 社会贡献指标

社会贡献主要从就业、税收等方面来衡量。在表 5-1 中,E1 为就业总量指标,反映制造业企业吸纳就业的能力;E2 为就业相对指标,反映制造业就业人员人数占总就业人数比重;E3、E4 为税收指标,反映制造业企业对国家的税收贡献。各项指标的说明及计算方法如下:

① 制造业企业就业人员人数,以字母 L 表示。

② 制造业就业人员人数占区域就业人员人数比重 = $\dfrac{L}{L_q} \times 100\%$。其中,$L$ 是制造业企业就业人员人数,L_q 是区域就业人员人数。

③ 制造业企业利税总额,以字母 T 表示。

④ 制造业就业人员人均利税率 = $\dfrac{T \times 10\,000}{L}$。其中,$T$ 是制造业企业利税总额(亿元),L 是制造业企业就业人员人数(万人)。

5.3 中国制造业发展的综合"新型化"评价

本节利用制造业经济、科技、能源、环境与社会贡献等指标的相关数据,运用多指标离差最大化决策方法;先对制造业经济创新能力、科技创新能力、能源集约能力、环境保护能力与社会贡献能力进行评估与排序;然后综合这5个维度,对制造业"新型化"发展进行综合评价。

对中国制造业的综合发展进行评估和排序涉及多个指标,因此这是一个多属性决策问题。多属性也称多准则决策,其核心是指标权重的确定,本节采用离差最大化决策方法确定权重。该方法是一种完全客观的评价方法,消除了主观评价方法中人为因素的影响;而且这种方法概念清楚、涵义明确且算法简单,因此在实践中得到了广泛的应用。

令 $A = \{A_1, A_2, \cdots, A_n\}$ 表示多指标评价问题的方案集,$G = \{G_1, G_2, \cdots, G_m\}$ 表示指标集,$y_{ij}(i = 1,2,\cdots,n; j = 1,2,\cdots,m)$ 表示 A_i 方案对 G_j 指标的指标值,$Y = (y_{ij})_{n \times m}$ 矩阵表示 A 方案集对 G 指标集的属性矩阵,即评价矩阵。

通常,根据指标的性质,指标可以分为效益型、成本型、固定型和区间型四类指标。因为评价指标不同,量纲和量纲单位也会不同,所以我们将评价指标进行无量纲化处理,即规范化处理,从而解决了量纲和量纲单位不同造成的不可公度性问题。本节指标仅涉及效益型和成本型两类,效益型指标的指标值越大越好,成本型指标的指标值越小越好,其规范化处理方法如下:

针对成本型指标,令

$$Z_{ij} = \frac{y^{max} - y_{ij}}{y^{max} - y^{min}}, \quad i = 1,2,\cdots,n; j = 1,2,\cdots,m \tag{5-1}$$

针对效益型指标,令

$$Z_{ij} = \frac{y_{ij} - y^{min}}{y^{max} - y^{min}}, \quad i = 1,2,\cdots,n; j = 1,2,\cdots,m \tag{5-2}$$

其中,y_j^{min}、y_j^{max} 分别表示指标 G_j 的最小值、最大值。

以 $Z = (Z_{ij})_{n \times m}$ 表示无量纲化处理后所得到的评价矩阵,很明显,Z_{ij} 总是越大越好。令 $w = (w_1, w_2, \cdots, w_m)^T > 0$ 表示评价指标的加权向量,同时,还需满足单位化约束条件:

$$\sum_{j=1}^{m} w_j^2 = 1 \tag{5-3}$$

在求得加权向量 w 之后,构造如下所示的评价矩阵:

$$C = \begin{array}{c} \\ A_1 \\ A_2 \\ \vdots \\ A_n \end{array} \begin{array}{cccc} G_1 & G_2 & \cdots & G_m \\ \left[\begin{array}{cccc} w_1 z_{11} & w_2 z_{12} & \cdots & w_m z_{1m} \\ w_1 z_{21} & w_2 z_{22} & \cdots & w_m z_{2m} \\ \vdots & \vdots & \vdots & \vdots \\ w_1 z_{n1} & w_2 z_{n2} & \cdots & w_m z_{nm} \end{array} \right] \end{array} \quad (5\text{-}4)$$

再由简单加权法,得到 A_i 方案的多指标综合评价值,如公式(5-5)所示:

$$D_i(w) = \sum_{j=1}^{m} z_{ij} w_j, \quad i = 1, 2, \cdots, n \quad (5\text{-}5)$$

同样,$D_i(w)$ 总是越大越好,$D_i(w)$ 越大表明 A_i 方案越优。因此,当权向量 w 已知时,根据公式(5-1)—(5-5)可以对各方案 A_i 进行评价并排序。

接着,我们进一步分析确定权向量 w。如果某一指标 G_j 对决策方案 A_i 的最终评价值和排序没有影响,那么,可以令 G_j 的权重取 0;相反,如果某一指标 G_j 可以让决策方案 A_i 的最终评价值和排序有很大变化,可以令 G_j 取得较大的权重。针对 G_j 指标,用 $v_{ij}(w)$ 表示 A_i 方案与其他决策方案的离差,则有:

$$v_{ij}(w) = \sum_{k=1}^{n} \left| w_j z_{ij} - w_j z_{kj} \right|, \quad i = 1, 2, \cdots, n; j = 1, 2, \cdots, m \quad (5\text{-}6)$$

令

$$v_j(w) = \sum_{i=1}^{n} v_{ij}(w) = \sum_{i=1}^{n} \sum_{k=1}^{n} \left| z_{ij} - z_{kj} \right| w_j, \quad j = 1, 2, \cdots, m \quad (5\text{-}7)$$

那么,$v_j(w)$ 表示在 G_j 指标下,所有方案 A_i 与其他方案的离差之和。因为选择的加权向量 w 应使得所有指标对所有方案的离差之和取得最大值,所以构造如下目标函数:

$$\max F(w) = \sum_{j=1}^{m} v_j(w) = \sum_{j=1}^{m} \sum_{i=1}^{n} \sum_{k=1}^{n} \left| z_{ij} - z_{kj} \right| w_j \quad (5\text{-}8)$$

于是,求权向量 w 的问题等价于求非线性规划问题:

$$\begin{cases} \max F(w) = \sum_{j=1}^{m} v_j(w) = \sum_{j=1}^{m} \sum_{i=1}^{n} \sum_{k=1}^{n} \left| z_{ij} - z_{kj} \right| w_j \\ \text{s. t.} \quad \sum_{j=1}^{m} w_j^2 = 1 \end{cases} \quad (5\text{-}9)$$

解此非线性规划问题,并将 w^* 作归一化处理,得:

$$w_j^* = \frac{\sum_{i=1}^{n} \sum_{k=1}^{n} \left| z_{ij} - z_{kj} \right|}{\sum_{j=1}^{m} \sum_{i=1}^{n} \sum_{k=1}^{n} \left| z_{ij} - z_{kj} \right|}, \quad j = 1, 2, \cdots, m \quad (5\text{-}10)$$

综上,采用离差最大化方法对多指标问题进行评价与排序的步骤可概括为三步:

① 将评价指标进行处理得到规范化评价矩阵 $Z = (Z_{ij})_{n \times m}$;

② 采用离差最大化方法求出最优的权向量 $w^* = (w_1^*, w_2^*, \cdots, w_m^*)^T$,然后根据权向量求出各方案 A_i 的综合评价值 $D_i(w)$,$i = 1, 2, \cdots, n$;

③ 根据步骤(2)中各评价方案的综合评价值大小,对多指标问题作出合理评价并排序分析。

5.3.1 经济创造能力综合评价

通过查阅《中国统计年鉴》2006—2012 年中国制造业经济数据,得到经济创造能力指标 A1—A6 的指标值;采用离差最大化方法计算出各指标的权重,并结合各指标的规范化数值得到 2006—2012 年中国制造业经济指标综合评价(见图 5-1)。

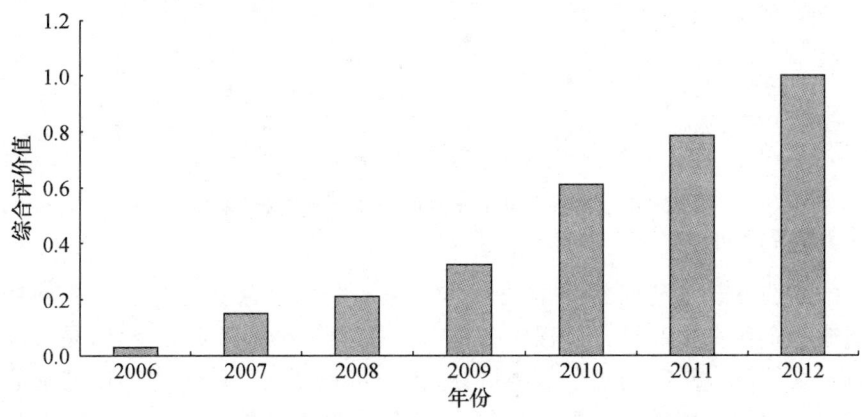

图 5-1　2006—2012 年中国制造业经济指标综合评价

资料来源:2007—2013 年《中国统计年鉴》。

1. 制造业经济创造能力综合指标评价

制造业 2006—2012 年经济创造能力的综合评价值逐年增加。从图 5-1 可看出,中国制造业经济创造能力综合评价值从 2006 年的 0.0272 逐渐增加至 2012 年的 1.0000,说明制造业的经济创造综合水平逐年提高。2006—2012 年中国制造业经济创造能力的综合评价表明,中国制造业经济创造能力不仅逐年提升,而且整体的增长幅度也明显加快。2009—2010 年,制造业经济创造能力的增长幅度最大,综合评价值从 0.3260 增加至 0.6096;2010—2012 年,制造业经济创造能力的增长幅度趋缓。

2. 制造业经济创造能力单项指标分析

制造业总产值急剧增加,2009—2011 年的增幅最大。就总产值而言,在整个七年间,制造业总产值呈现上升趋势,在一定程度上反映了中国制造业的发展趋势。衡量2006—2012年制造业所涉及的4项指标中,制造业总产值指标所占权重为0.2602。制造业总产值反映国家制造业的发展情况。从图5-2所示的制造业总产值统计图中可以看到,制造业总产值在2006—2012年呈稳步上升趋势,在2009—2011年该指标的变化幅度最大,从479 199.72亿元增加至733 984.01亿元。

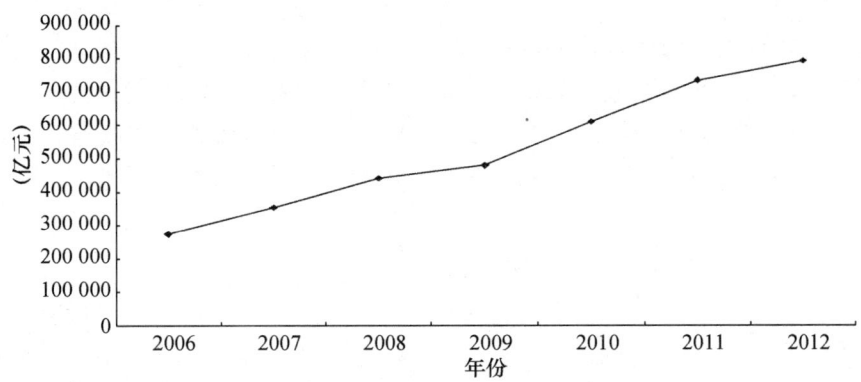

图5-2 2006—2012年中国制造业制造业总产值
资料来源:2007—2013年《中国统计年鉴》。

中国制造业经济利润额等呈现总体增速放缓的迹象。制造业企业利润总额作为制造业企业在生产经营过程中各种收入扣除各种耗费后的盈余,是反映在报告期内实现的盈亏总额的一个经济指标,在一定程度上反映了中国制造业企业在盈利能力方面的一些情况。衡量2006—2012年制造业利润所涉及的4项指标中,制造业企业利润总额所占权重最高,达到了0.2803。图5-3显示,制造业企业利润总额在总体上呈现递增的趋势,说明中国制造业企业利润总额的盈利值逐年增加;尤其是2009—2010年,其利润总额的增长呈现了迅猛发展的势头。可以看出,在全球经济危机以来这一段时间内,国内制造业受到的影响不大;但是欧洲债务危机持续三年之久,特别是2012年欧债问题的阴云依然困扰着欧洲经济的发展,美日等世界主要经济体经济复苏的乏力以及新兴经济体经济增速的放缓,使世界实体经济受到了严重冲击。在外部市场需求不旺,国内经济下行压力增大的大环境下,2012年中国制造业经济利润额等呈现总体增速放缓的迹象。

制造业就业人员劳动生产率整体呈现上升趋势,2010年之后就业人员劳动生产率增幅较大。如图5-4,在整个2006—2012年的生产制造过程中,制造业就业人员劳动生产率整体呈现上升趋势,在一定程度上反映了制造业发展的良好局势。其中在2006—2009年,劳动生产率的增长率基本保持在同一水平,在2009—

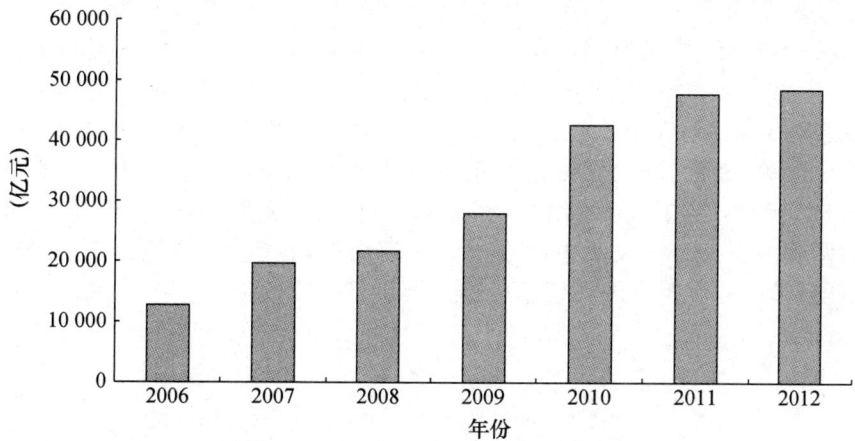

图 5-3　2006—2012 年中国制造业制造业企业利润总额
资料来源：2007—2013 年《中国统计年鉴》。

2012 年，由图中折线的斜率可以解读出在这一时期内劳动生产率的增长率较前期有所增加。劳动生产率主要体现了生产的技术和科技水平，因此制造业劳动生产率的提升某种程度上反映中国制造业科技创新能力的提升。

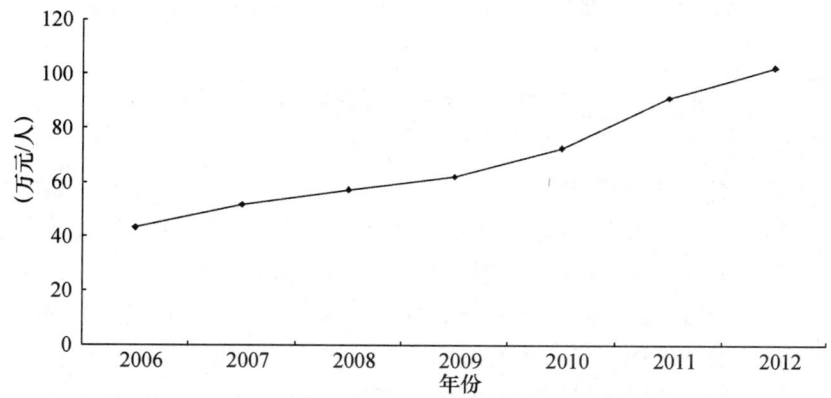

图 5-4　2006—2012 年中国制造业制造业就业人员劳动生产率
资料来源：2007—2013 年《中国统计年鉴》。

中国制造业产品的销售还处于摸索阶段，整体的销售方式仍需创新。制造业产品销售率用报告期制造业产品销售与同期制造业行业总产值之比，作为反映制造业产品已实现销售的程度、分析制造业产销的衔接情况、研究制造业产品满足社会需求程度的指标，可以十分直观地体现该产品的销售状况。如图 5-5 所示，产品销售率在 2006—2012 年呈波浪式变化、减增交替。其中，2006—2008 年的产品销售率呈现下降的趋势，但在 2008 年反弹。衡量 2006—2012 年制造业所涉及的

4项指标中,制造业产品销售率所占权重仅为0.2099,为4项中最低。相关资料显示,2002—2006年,中国对美国的出口一直保持高速增长,根据中国海关的统计数,对美出口增长率均在24.9%以上;但2007年8月以来,中国对美国的出口增长速度急剧下降,2007年12月单月对美出口增长速度为6.8%(中方数据)。次贷危机导致的美国经济疲软可能是中国制造业销售率下降的原因。制造业销售率在2009—2010年有小幅的增长,在2011年有较小幅度的回落,但在2012年又有较大幅度的增长。这表明中国在这一时期内的制造业产品的销售还处于初期摸索阶段,多次的波折发展体现了整体需要销售方式的创新。

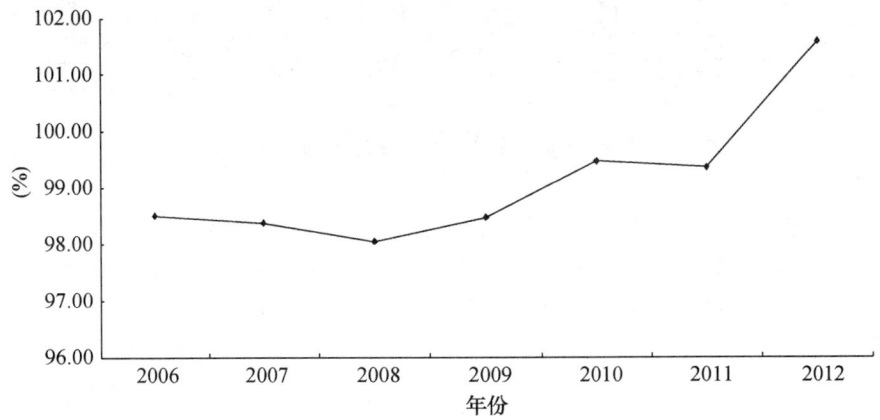

图5-5　2006—2012年中国制造业制造业产品销售率
资料来源:2007—2013年《中国统计年鉴》。

5.3.2　科技创新能力综合评价

中国虽在2010年获得制造业产值世界第一的荣誉,但制造业科技创新能力总体偏弱,已经成为制约制造业转型的重要障碍。通过客观评价中国制造业科技创新能力,找出阻碍中国科技创新能力的关键因素,加快实现制造业科技创新能力提升的新跨越,推动制造业向技术密集型产业转变,已成为迫切需要解决的问题。

根据中国制造业科技创新方面的数据(2006—2012年的《中国统计年鉴》《中国科技统计年鉴》),构建科技创新指标B1—B11的指标值;采用离差最大化方法计算出各指标的权重,将各指标规范化,综合计算得到2006—2012年中国制造业科技创新能力评价值,并对科技创新能力作出评价。中国制造业科技创新能力各项评价指标的原数据如表5-2所示。

根据公式(5-1)、(5-2)无量纲化方法,构造中国制造业2006—2012年各项科技指标规范化数据,如表5-3所示。

计算中国制造业2006—2012年各项科技指标权重,综合评价中国制造业各年度科技创新能力,如表5-4所示。

表 5-2 2006—2012 年中国制造业科技指标数据

年份	R&D经费支出(万元)	R&D人员全时当量(人年)	R&D投入强度(%)	R&D人员占就业人员比重(%)	新产品开发项目数(项)	新产品开发经费(万元)	专利申请数(项)	发明专利拥有数(项)	新产品产值(万元)	新产品产值率(%)	技术创新投入产出系数
2006	15 513 883.9000	621 991.3300	0.7172	0.9800	98 040.0000	18 335 256.0000	67 227.0000	28 168.0000	318 862 362.0000	11.6131	17.3907
2007	20 095 640.5000	777 570.0000	0.7560	1.1342	109 305.0000	24 025 786.0000	93 576.0000	4 455.0000	422 591 301.0000	11.9501	17.5891
2008	25 463 701.8000	922 832.8900	0.8108	1.1936	116 679.0000	30 284 884.2000	118 048.0000	54 223.0000	510 857 359.4000	11.5747	16.8684
2009	30 142 350.8000	1 207 549.7000	0.8842	1.5643	147 778.0000	35 503 978.8000	162 694.0000	78 905.0000	578 707 859.3000	12.0765	16.2998
2010	37 713 266.9000	1 275 445.3180	0.9393	1.5199	155 072.0000	43 240 022.2000	192 661.0000	109 721.0000	729 658 232.1000	11.9703	16.8746
2011	56 923 791.5000	1 823 783.3000	1.2032	2.2645	261 564.0000	67 234 362.1000	374 112.0000	196 521.0000	988 687 652.3000	13.4702	14.7051
2012	68 408 380.5000	2 126 589.1000	1.3182	2.7511	316 883.0000	78 372 872.8000	468 831.0000	270 841.0000	1 085 763 794.0000	13.7052	13.8538

资料来源:2007—2013 年《中国科技统计年鉴》。

表 5-3 2006—2012 年中国制造业科技指标规范化数据

年份	R&D经费支出	R&D人员全时当量	R&D投入强度	R&D人员占就业人员比重	新产品开发项目数	新产品开发经费	专利申请数	发明专利拥有数	新产品产值	新产品产值率	技术创新投入产出系数
2006	0.0000	0.0000	0.0000	0.0000	0.0000	0.0000	0.0000	0.0000	0.0000	0.0180	0.9469
2007	0.0866	0.1034	0.0646	0.0871	0.0515	0.0948	0.0656	0.0589	0.1353	0.1762	1.0000
2008	0.1881	0.1999	0.1558	0.1206	0.0852	0.1990	0.1265	0.1074	0.2504	0.0000	0.8071
2009	0.2766	0.3892	0.2779	0.3299	0.2273	0.2860	0.2377	0.2091	0.3388	0.2356	0.6548
2010	0.4197	0.4343	0.3695	0.3049	0.2606	0.4148	0.3123	0.3361	0.5357	0.1857	0.8087
2011	0.7829	0.7987	0.8086	0.7252	0.7472	0.8145	0.7641	0.6937	0.8734	0.8897	0.2279
2012	1.0000	1.0000	1.0000	1.0000	1.0000	1.0000	1.0000	1.0000	1.0000	1.0000	0.0000

表 5-4　2006—2012 年中国制造业科技创新能力综合评价

权重\指标\年份	R&D经费支出(万元) 0.0909	R&D人员全时当量(人年) 0.0909	R&D投入强度(%) 0.0924	R&D人员占就业人员比重(%) 0.0881	新产品开发项目数(项) 0.0897	新产品开发经费(万元) 0.0915	专利申请数(项) 0.0900	发明专利拥有数(项) 0.0884	新产品产值(万元) 0.0936	新产品产值率(%) 0.0944	技术创新投入产出系数 0.0902	评价值 $D_i(w)$	排序号
2006	0.0000	0.0000	0.0000	0.0000	0.0000	0.0000	0.0000	0.0000	0.0000	0.0180	0.9469	0.0871	7
2007	0.0866	0.1034	0.0646	0.0871	0.0515	0.0948	0.0656	0.0589	0.1353	0.1762	1.0000	0.1748	6
2008	0.1881	0.1999	0.1558	0.1206	0.0852	0.1990	0.1265	0.1074	0.2504	0.0000	0.8071	0.2032	5
2009	0.2766	0.3892	0.2779	0.3299	0.2273	0.2860	0.2377	0.2091	0.3388	0.2356	0.6548	0.3147	4
2010	0.4197	0.4343	0.3695	0.3049	0.2606	0.4148	0.3123	0.3361	0.5357	0.1857	0.8087	0.3984	3
2011	0.7829	0.7987	0.8086	0.7252	0.7472	0.8145	0.7641	0.6937	0.8734	0.8897	0.2279	0.7402	2
2012	1.0000	1.0000	1.0000	1.0000	1.0000	1.0000	1.0000	1.0000	1.0000	1.0000	0.0000	0.9098	1

1. 中国制造业科技创新能力整体评价

从表 5-4 可看出,制造业 2006—2012 年科技创新能力综合评价值逐年增加,从 2006 年的 0.0871 逐渐增加至 2012 年的 0.9098,说明制造业科技创新水平逐年提高,且 2012 年的科技创新水平较 2006 年大幅提升。

结合图 5-6 可看出,除技术创新投入产出系数外,其余 10 项指标在 2011 年的增长幅度与其他年份相比异常大。中国 2010 年制造业产值达到 1.955 万亿美元,位居制造业产值世界第一;但经济研究和咨询公司在 2011 年的 IHS Global Insight 报告中指出,就劳动生产效率来说,中国制造业人均产值仅为美国的 1/8,这说明"中国制造"只是在数量上超过"美国制造"。在保住中国制造业产值世界第一的同时,增强制造业科技创新能力在一定程度上激励中国制造业在 2011 年给予 R&D、新产品开发和专利方面更大的重视与投入。因此,2011 年中国制造业在科技创新方面表现出巨大的增长幅度是可以理解的。另外,中国规模以上高科技制造业在 2011 年创造了 9.2 万亿元的总产值,产值规模在世界排名第二,这也充分说明继 2010 年中国成为制造业产值世界第一后,制造业更加注重科技实力的提升。

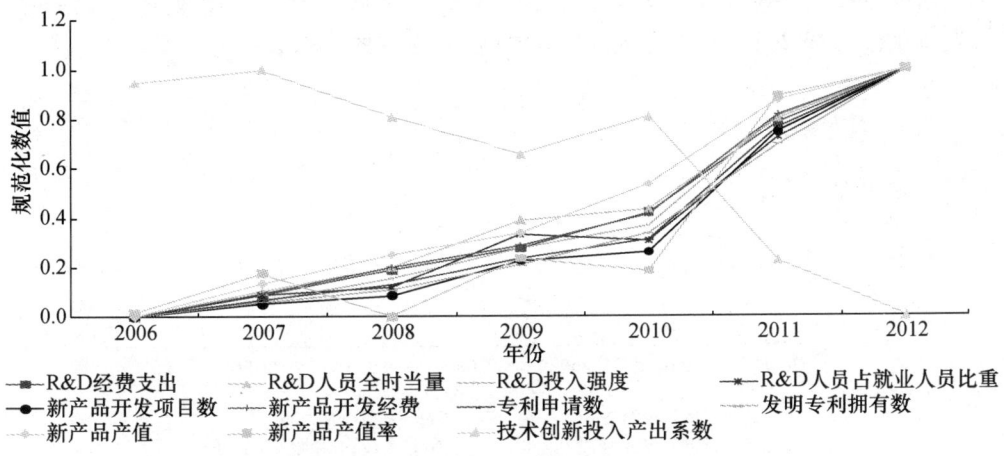

图 5-6　2006—2012 年中国制造业各项科技指标变化趋势

资料来源:2007—2013 年《中国科技统计年鉴》。

2. 中国制造业科技创新能力单项指标评价

下面分别从 R&D、新产品开发、专利、新产品效益 4 个方面对中国制造业科技创新能力进行评价。

(1) R&D 能力分析

R&D 的 4 项指标值逐年增加,且增长幅度相似。R&D 活动的规模及强度可以反映一个企业、行业甚至国家的科技创新水平和核心竞争力。图5-7表明,除2010年制造业R&D人员占就业人员人数比重与2009年相比略微下降之外,R&D 4项指标值在2006—2012年逐年增加,且增长幅度相似。这既体现出企业R&D经费支出与R&D人员投入的正向关系,还表明R&D对制造业发展的作用得到加强。

R&D投入强度是国际上广受关注的指标。虽然制造业对R&D的投入和强度在不断增加,但中国制造业R&D投入强度在七年内仅从2006年的0.7172%增长到2012年的1.3182%,七年内只增长0.6010%,增长趋势缓慢。尽管R&D经费支出受中国GDP增速快的影响很大,但这一指标在短期内很难跟上GDP的增速。另外,除2011年外,近几年制造业R&D投入强度的增长率维持在5%—10%,平均增长率为10.9334%;在2011年该指标增长率显著增大,达到28.0980%的水平。制造业R&D投入强度在2011年出现较高的增长率可能与中国在"十一五"期间(2006—2010年)制定的R&D/GDP比例达到2%的目标有关。事实上,温家宝总理在2011年指出:R&D/GDP这一指标比GDP更加重要;《国民经济和社会发展第十二个五年规划纲要》中又制定了2015年R&D/GDP比例达到2.2%的目标。这验证了政府对R&D投入强度的高度重视以及制定的相关政策与规划,在一定程度上促成2011年中国制造业R&D投入强度的高增长率。

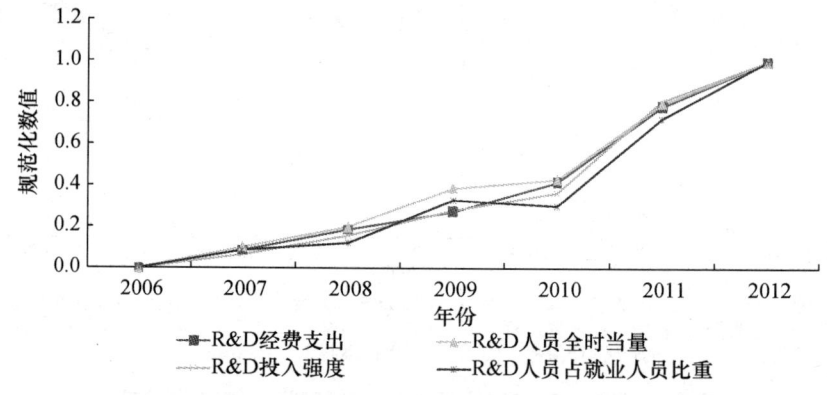

图5-7 2006—2012年中国制造业R&D投入变化趋势
资料来源:2007—2013年《中国科技统计年鉴》。

R&D人员占就业人员比重的增长幅度较小。从表5-4可知,R&D人员占就业人员比重在11项指标中权重最低。R&D人员占就业人员比重虽然在近七年内呈上升态势,但2006—2010年制造业R&D人员占就业人员比重的增长幅度很小,仅在0.9800%—1.5643%变动,且只在2011年和2012年出现明显的上升。这说明近七年内制造业对R&D人员的投入量相对总的就业人数而言,虽然比重在增加,但幅度较小。

(2) 新产品开发情况分析

新产品开发项目的增幅较大,新产品开发经费的增幅较高。从新产品开发项目数来看,中国制造业企业新产品立项从 2006 年的不到 10 万,发展到 2012 年的 31 万,如此大的增长幅度充分说明中国制造业企业对新产品开发的高度重视。

新产品开发离不开经费的支持,随着开发项目的增多,新产品开发经费也从 2006 年的 18 335 256 万元增长到 2012 年的 67 234 326 万元。这表明产品生命周期的短暂导致企业的运营成本和风险越来越大,试图通过推出新产品来抢占市场和开拓经营领域的企业,不得不投入越来越多的资金进行新产品开发。

(3) 专利情况分析

中国制造业专利产出增长巨大,制造业发明专利拥有数的年均增幅超过 30%。从专利申请数来看,中国制造业专利申请数从 2006 年的 67 227 项增加至 2012 年的 468 831 项,专利产出增长巨大。专利数量的增加与政府对专利等知识产权的管理和保护密不可分。在 2007 年党的十七大报告中,胡锦涛总书记明确地提出实施"知识产权战略",并在 2008 年顺利实施《国家知识产权战略纲要》。自"十一五"开始,中国多次对专利方面的法律法规进行修订,法律法规的完善对专利的发明创造提供了有力保障,间接促进中国制造业对专利研发热情的高涨。

发明专利是最能反映科技创新程度高低的专利类型,体现了原始创新能力的差异。中国制造业发明专利拥有数在 2006 年为 28 168 项,2012 年增加至 270 841 项,总量上升迅速,表明中国制造业企业在科技创新活动方面表现得越来越活跃,产出也随之增大。在增长率方面,除 2011 年外,近几年制造业发明专利拥有数的增长率维持在 27%—57%;2011 年该指标增长率达到 79% 的水平,比 2010 年增加了 40%;另外,2011 年年底中国有效发明专利拥有数高达 351 288 项,首次超越外国在中国的发明专利拥有数,中国内地每万人口发明专利拥有数也高达 2.37 项。这些成果与中国在 2011 年首次将每万人口发明专利拥有量 3.3 件这一指标纳入国家"十二五"规划纲要,以及各地区在 2011 年出台的相关举措密切相关。

(4) 新产品效益情况分析

制造业新产品产值呈逐年上升趋势,新产品产值率变化不稳定,技术创新投入产出系数的变化趋势比较异常。结合图 5-8 的规范化数据可知,新产品效益中的 3 项指标在 2006—2012 年的变化趋势的差异较大。新产品产值呈逐年上升趋势,表明制造业新产品开发的效益可观;新产品产值率虽然在 2008 年和 2010 年出现下降现象,但并不影响该指标在 2012 年达到七年内的最高值。从表 5-4 可知,制造业新产品产值率在 11 项指标中的权重最大,说明近七年制造业新产品产值率是 11 项指标中变化最大且最不稳定的指标,也表明制造业新产品产值对工业总产值的贡献较不稳定。

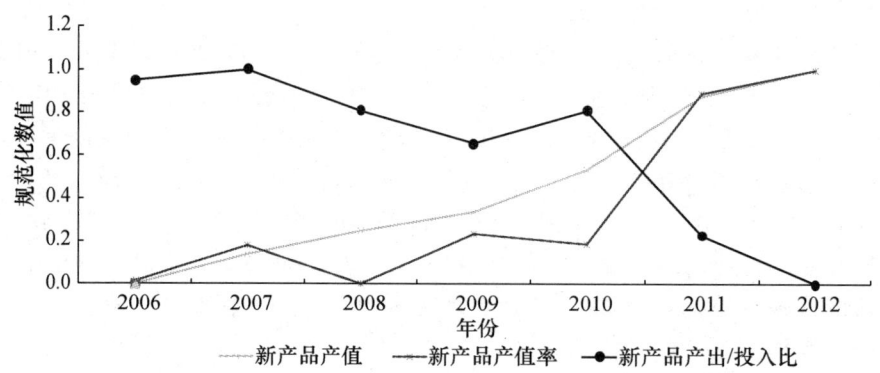

图 5-8 2006—2012 年中国制造业新产品效益变化趋势
资料来源:2007—2013 年《中国科技统计年鉴》。

需要特别指出的是,技术创新投入产出系数的变化趋势比较异常。该指标值在 2006—2007 年较大,以后几年均低于这两年的水平,并在 2012 年降至七年内的最低水平。虽然 2012 年制造业科技创新能力的综合评价值在七年内最高,但 2012 年技术创新投入产出系数较 2006 年 17.3907 的水平降低了 3.5369。技术创新投入产出系数反映制造业科技创新项目收益与成本之比,该指标值近乎逐年下降的趋势说明,随着科技的日益发展,制造业通过科技创新获取收益变得越来越困难,即投入相同的经费,并不能取得和以往相同的收益;也表明科技创新需要更多的经费支撑;从另一角度看,这一情况体现了中国制造业经费投入的经济效益较低。

3. 中国制造业科技创新能力评价小结与建议

中国制造业科技创新投入力度在 2006—2012 年有显著的提升,产出也随之增加,除个别指标(如技术创新投入产出系数)较不理想外,中国制造业科技创新实力已达到新的水平,且进一步提升的空间很大。根据上文对中国制造业科技创新能力的分析,提出如下建议:

持续加大 R&D 经费、新产品开发经费等投入。中国制造业投入在科技创新方面的经费逐年增加,在专利数和新产品产值等方面也不断取得新的成果;但中国 R&D 经费投入不高仍是事实,尤其是 R&D/GDP 指标与发达国家 2%—3% 的水平差距更大。为进一步提升中国制造业科技创新能力,加大 R&D 经费投入是必然的要求。

大力增强创新型人员的投入和队伍建设。研发人员是科技创新的主力军,是提升中国制造业科技水平的关键力量。从文中分析可见,近几年中国制造业的研发人员数和研发人员投入强度在不断增强,但企业研发人员投入强度依然偏低。人才投入与队伍建设是避免研发经费被浪费的关键力量,为此,必须坚决加大研发人员的投入、建设高质量的研发队伍,从而促进制造业向技术密集型产业结构转变。

加强科技转化能力,促进科技研发与市场应用有效接轨。中国制造业在专利申请数、发明专利拥有数、新产品产值等方面已得到很大的提升,但技术创新投入产出系数在近几年呈逐年下降的趋势。这与中国片面强调R&D投入、专利拥有数、量化论文等评价科技创新能力的体系有重大关联。转化为有竞争力的创新才是真正意义上的创新,因此必须面向市场进行研发创新,促进科技转化为生产力,从而使庞大的"中国制造"向"中国智造"转变。

5.3.3 能源集约能力综合评价

随着我国工业化的发展,从2002年开始,我国的能源消耗与供应之间的矛盾越演越烈,煤炭、电力和石油等主要的能源供应面临告急,能源的缺乏已经成为影响我国国民经济可持续发展的重大约束。制造业作为我国国民经济的支柱产业,也是能耗最大的产业,其能源消耗总量的降低是全国能耗总量下降的关键。因此,评价我国制造业能源消耗的情况就显得尤为重要。

本节主要针对制造业2006—2012年能源消耗的主要指标,采用离差最大化方法,计算各指标的权重,综合评价中国制造业能源消耗的发展趋势。

2006—2012年中国制造业能源消耗具体数据、能源消耗规范化数据、能源消耗水平综合评价分别见表5-5、表5-6、表5-7。

表5-5　2006—2012年中国制造业能源指标数据

年份	制造业能源消耗量 (万吨标准煤)	制造业单位产值能源消耗量 (万吨标准煤/亿元)	制造业电力消耗量 (亿千瓦时)
2006	143 051.4696	0.5210	15 371.5421
2007	156 218.8050	0.4418	18 105.5270
2008	172 106.5200	0.3899	18 588.8771
2009	180 595.9660	0.3769	19 685.9780
2010	188 497.8500	0.3092	22 870.0000
2011	200 403.3700	0.2730	25 526.8444
2012	205 667.6900	0.2596	26 822.4600

资料来源:2007—2013年《中国能源统计年鉴》。

表 5-6 2006—2012 年中国制造业能源消耗规范化数据

年份	制造业能源消耗量	制造业单位产值能源消耗量	制造业电力消耗量
2006	1.0000	0.0000	1.0000
2007	0.7897	0.3032	0.7612
2008	0.5360	0.5014	0.7190
2009	0.4004	0.5511	0.6232
2010	0.2742	0.8101	0.3452
2011	0.0841	0.9486	0.1131
2012	0.0000	1.0000	0.0000

根据制造业 2006—2012 年各项能源消耗规范化数据表,建立直线分布趋势折线表,如图 5-9 所示。

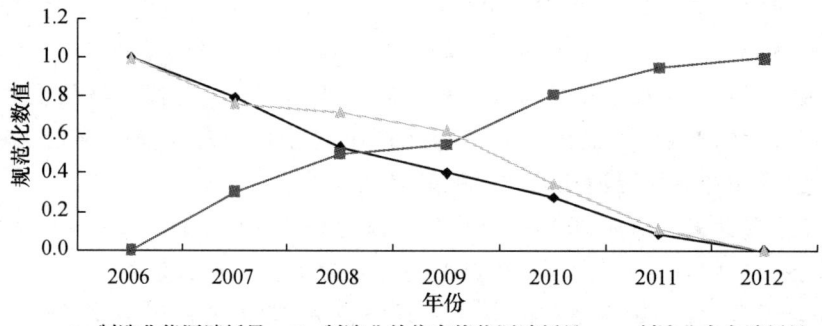

图 5-9 2006—2012 年中国制造业能源消耗数据规范化趋势

资料来源:2007—2013 年《中国能源统计年鉴》。

表 5-7 2006—2012 年中国制造业能源集约能力综合评价

权重	0.3352	0.3299	0.3349		
指标 年份	制造业能源消耗量 (万吨标准煤)	制造业单位产值 能源消耗量 (万吨标准煤/亿元)	制造业电力 消耗量 (亿千瓦时)	评价值 $D_i(w)$	排序号
2006	1.0000	0.0000	1.0000	0.6701	1
2007	0.7897	0.3032	0.7612	0.6197	2
2008	0.5360	0.5014	0.7190	0.5859	3
2009	0.4004	0.5511	0.6232	0.5248	4
2010	0.2742	0.8101	0.3452	0.4748	5
2011	0.0841	0.9486	0.1131	0.3790	6
2012	0.0000	1.0000	0.0000	0.3299	7

1. 中国制造业能源消耗水平综合评价

中国制造业 2006—2012 年能源消耗综合评价值逐年降低。从表 5-7 可以看出,制造业能源消耗评价值由 2006 年的 0.6701 逐年降低到 2012 年的 0.3299,表明在能源巨额消耗和可持续发展的双重压力不断增大之下,制造业通过产业结构的调整和能源使用效率的提高等使得制造业能源消耗的强度不断降低。

2. 中国制造业能源消耗水平的单项指标评价

从能源消耗量、电力消耗量、单位产值能源消耗量三个方面对能源消耗水平进行评价:

中国制造业能源消耗量逐年增多。从表 5-5、图 5-9 可以看出,制造业能源消耗量逐年递增,从 2006 年的 143 051 万吨标准煤增加到 2012 年的 205 668 万吨标准煤,表明制造业中的大多数行业对能源具有高消耗、高依赖性的特点。中国制造业要在未来相当长的时期内实现可持续发展、增强自身的竞争实力,必须采取各种有效的方法降低能源消耗。

中国制造业的电力消耗量呈递增趋势。从表 5-5、图 5-9 可以看出,电力消耗量从 2006 年的 15 372 亿千瓦时增加到 2012 年的 26 822 亿千瓦时,表明制造业行业对电力资源具有较强的依赖性,并且随着制造业总量的迅速发展,对电力的依赖越来越大(见图 5-10)。因此,制造业为提高自身的竞争力,必须降低电力资源消耗的水平。

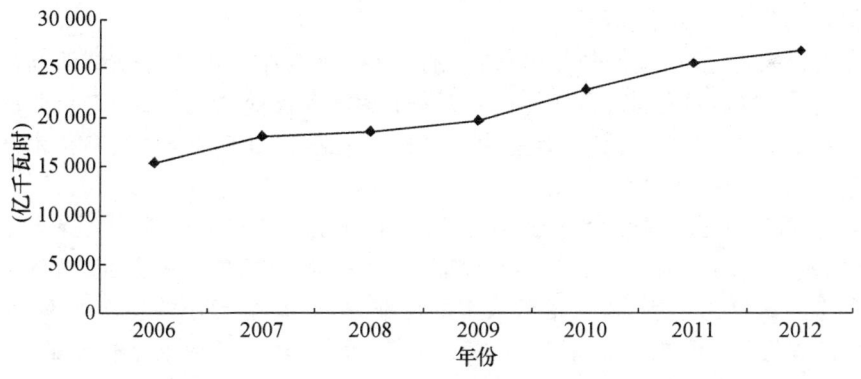

图 5-10 2006—2012 年中国制造业电力消耗量

资料来源:2007—2013 年《中国能源统计年鉴》。

制造业单位产值能源消耗量逐年降低。从表 5-5、图 5-11 可以看出,制造业单位产值能源消耗量从 2006 年的 0.5210 万吨标准煤/亿元逐年降低到 2012 年的 0.2596 万吨标准煤/亿元,表明制造业近年来响应国家节能减排的政策,重视节能减排、注重能源的高效率利用,大大提高了资源的利用效率。

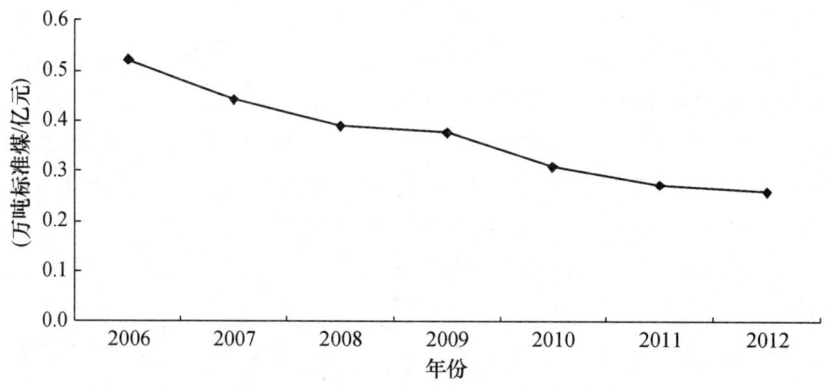

图 5-11　2006—2012 年中国制造业单位产值能源消耗量
资料来源：2007—2013 年《中国能源统计年鉴》。

3. 中国制造业能源消耗水平评价小结与建议

中国经济发展需要制造业的强大支撑,提高制造业乃至中国经济的国际竞争力,必须保持制造业产业与资源能源的协调发展,持续降低资源能源消耗,提高资源能源的利用水平。

① 调整制造业行业的产业结构。在保持制造业发展速度的前提下,注重制造业的发展质量,合理调整产业结构、改变增长方式,以降低资源能源的消耗;进一步限制甚至禁止高能耗制造业行业的发展,鼓励低能耗制造业行业的发展,对绿色环保行业的发展给予支持。

② 加强制造业行业的技术升级。制造业行业应加大对技术创新活动的研究和开发力度,淘汰低技术、高耗能的产品,开发技术含量高的产品,将企业的资源合理分配给高技术产品,引导企业由传统的高耗能产业向低耗能、高技术产业过渡,提高资源能源的利用效率。

③ 提高制造业行业的生产效率。制造业行业应改善生产技术、提高生产效率,增加制造业的产值,降低制造业的单位产值能源消耗量。一方面,帮扶低生产效率的企业提高生产率,淘汰落后效率的企业,提高整个行业的生产效率;另一方面,鼓励促进高生产效率的企业,发挥其带动示范作用,增加整个行业的产值,提高资源的单位产值利用率。

5.3.4　环境保护能力综合评价

本节根据 2006—2012 年的统计数据,从废水、废气、固体废物和"三废"综合利用四个层面,分析各自的变化趋势及其原因,并评价各方面防治工作的成效与不足,希望能为制造业污染的控制、整治工作提供一些研究支持。采用离差最大化方法,将各指标规范化进行综合比较,并分析环境效率的变化趋势、"三废"排放和综合利用对环境效率的贡献率,提出提高环境效率的着力点。

1. 数据处理与计算

本节所采用的 2006—2012 年环境指标数据主要来自历年的《中国统计年鉴》。其中,2006—2012 年制造业废气排放量、2006 年"三废"综合利用产品产值数据来自《中国环境统计年鉴》;2012 年制造业总产值采用《中国工业统计年鉴》中的制造业销售产值代替,二者数值接近,替代不会对分析评价造成太大影响;2011—2012 年的制造业固体废物排放量和"三废"综合利用产品产值在各主要年鉴中未查询到,因此以 2005—2010 年《中国统计年鉴》的相应数据为原数据,应用灰色预测的 GM(1,1)模型进行预测,得到相应的推算值。详细数据如表 5-8 所示。

表 5-8　2006—2012 年中国制造业环境指标数据

年份	污染排放量（废水）（万吨）	单位产值污染排放量（废水）（万吨/亿元）	污染排放量（废气）（亿标立方米）	单位产值污染排放量（废气）（亿标立方米/亿元）	污染排放量（固体废物）（吨）	单位产值污染排放量（固体废物）（吨/亿元）	"三废"综合利用产品产值（万元）
2006	1 666 639.00	6.07	217 628.00	0.79	3 881 210.00	13.95	9 163 162.20
2007	1 810 570.29	5.12	254 326.90	0.72	2 821 850.00	7.98	12 430 524.20
2008	1 791 223.00	4.06	273 702.00	0.62	2 140 000.00	4.85	14 805 573.00
2009	1 747 242.57	3.87	281 675.00	0.62	1 708 070.00	3.72	14 186 126.70
2010	1 766 872.10	2.66	328 155.00	0.54	997 860.00	1.64	16 066 049.70
2011	1 730 429.00	2.36	463 004.00	0.63	853 141.16	1.16	18 399 111.83
2012	1 702 421.00	2.15	420 576.00	0.53	630 946.31	0.80	20 567 760.92

资料来源:2007—2013 年《中国环境统计年鉴》。

根据公式(5-1)、(5-2)无量纲化方法,构造中国制造业 2006—2012 年各项环境指标规范化数据(见表 5-9):

表 5-9　2006—2012 年中国制造业环境指标规范化数据

年份	污染排放量（废水）（万吨）	单位产值污染排放量（废水）（万吨/亿元）	污染排放量（废气）（亿标立方米）	单位产值污染排放量（废气）（亿标立方米/亿元）	污染排放量（固体废物）（吨）	单位产值污染排放量（固体废物）（吨/亿元）	"三废"综合利用产品产值（万元）
2006	1.0000	0.0000	1.0000	0.0000	0.0000	0.0000	0.0000
2007	0.0000	0.2423	0.8504	0.2805	0.3259	0.4540	0.2865
2008	0.1344	0.5130	0.7715	0.6590	0.5357	0.6920	0.4947
2009	0.4400	0.5605	0.7390	0.6433	0.6686	0.7777	0.4404
2010	0.3036	0.8687	0.5496	0.9715	0.8871	0.9361	0.6053
2011	0.5568	0.9468	0.0000	0.6182	0.9316	0.9722	0.8098
2012	0.7514	1.0000	0.1729	1.0000	1.0000	1.0000	1.0000

资料来源:2007—2013 年《中国环境统计年鉴》。

中国制造业环境指标综合评价值及排序如表 5-10 所示。

表 5-10 2006—2012 年中国制造业环境指标综合评价

指标 年份	污染排放量（废水）（万吨）	单位产值污染排放量（废水）（万吨/亿元）	污染排放量（废气）（亿标立方米）	单位产值污染排放量（废气）（亿标立方米/亿元）	污染排放量（固体废物）（吨）	单位产值污染排放量（固体废物）（吨/亿元）	"三废"综合利用产品产值（万元）	综合评价值	排序
2006	1.0000	0.0000	1.0000	0.0000	0.0000	0.0000	0.0000	1.0000	7
2007	0.0000	0.2423	0.8504	0.2805	0.3259	0.4540	0.2865	0.0000	6
2008	0.1344	0.5130	0.7715	0.6590	0.5357	0.6920	0.4947	0.1344	5
2009	0.4400	0.5605	0.7390	0.6433	0.6686	0.7777	0.4404	0.4400	4
2010	0.3036	0.8687	0.5496	0.9715	0.8871	0.9361	0.6053	0.3036	2
2011	0.5568	0.9468	0.0000	0.6182	0.9316	0.9722	0.8098	0.5568	3
2012	0.7514	1.0000	0.1729	1.0000	1.0000	1.0000	1.0000	0.7514	1
权重	0.1433	0.1522	0.1462	0.1413	0.1458	0.1366	0.1345		

资料来源：2007—2013 年《中国环境统计年鉴》。

2．中国制造业环境影响程度分析

（1）制造业废水排放水平

2007—2012 年中国制造业废水排放呈下降趋势，2012 年的废水排放量重新降回 2006 年的排放水平。图 5-12 反映了中国制造业 30 个行业总废水排放的情况。2006 年中国制造业废水排放总量最低，2007 年废水排放量陡增，其主要原因有：受科技水平的限制；FDI 主要流入制造业清洁部门，使制造业其他部门的废水排放增加；造纸及纸制品业是废水排放的主要行业，其污染贡献率在 2006—2007 年大幅反弹增长。中国制造业废水排放总量在 2007—2009 年呈下降趋势，2010 年较 2009 年有小幅增长，但 2010—2012 年又呈下降趋势，并且保持较稳定的负增长率。2007 年，中国国家发展和改革委员会发布《造纸产业发展政策》，其中提出全面建设废水排放在线监测体系，要求企业定期公布废水排放情况；同年 11 月颁布的《国家环境保护"十一五"规划》更明确要求煤炭、化工、钢铁等重点行业推广废水循环利用，努力实现废水减排或零排放，促使制造业产生的废水排放量逐年递减。总的来说，2007—2012 年中国制造业废水排放呈下降趋势，废水排放在国家制定的一系列规制下，取得了实质性的改善；2009—2010 年的小幅增长主要是由于部分地区的废水没有得到专业整治、存在盲点；而 2006 年与 2012 年废水排放量的数值相比差别不大，废水排放量的控制问题仍旧是重点环保控制对象。

2006—2007 年废水单位产值排放量呈现稳定的下降趋势。2006—2012 年中国制造业总产值呈逐年增长的趋势，因此仅仅从废水排放量的角度考察废水排放水平是片面的。从图 5-13 可以看出，尽管 2006—2007 年的废水排放量大幅增长，但废水单位产值排放量呈现稳定的下降趋势。2006—2007 年是中国制造业蓬勃

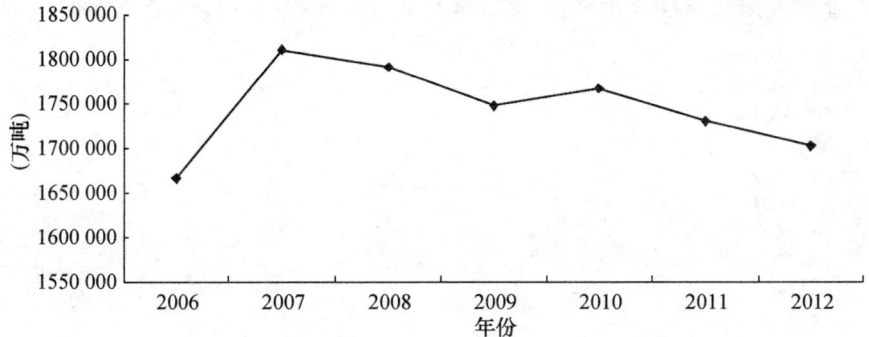

图 5-12　2006—2012 年中国制造业废水排放量

资料来源:2007—2013 年《中国环境统计年鉴》。

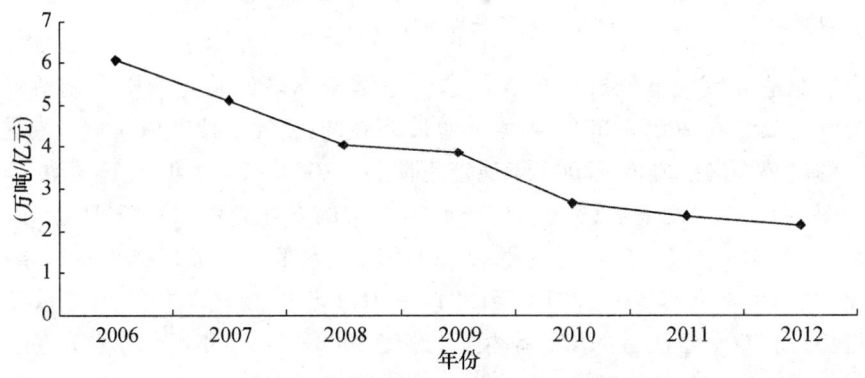

图 5-13　2006—2012 年中国制造业废水单位产值排放量

资料来源:2007—2013 年《中国环境统计年鉴》。

发展的黄金时期,伴随中国在 2001 年加入 WTO,中国制造业逐渐走向世界,制造业总产值的增长幅度远远超过废水排放的增长幅度。2008—2009 年废水单位产值排放量的下降不明显,2008 年废水排放控制虽然取得了一定成效,但是主要排放指标还未达到环保要求。总体来说,中国制造业在兼顾发展与废水治理和控制方面取得一定成效,废水污染状况得到较大改善。

(2) 制造业废气排放水平

图 5-14 是中国制造业废气排放量的变化趋势图。从图中可以看出,2006—2011 年废气排放量呈递增趋势,2011—2012 年则有所下降。废气排放量指标是成本型指标中唯一呈总体增长趋势的。废气排放的主要制造业行业包括非金属矿物制品业、黑色金属冶炼及压延加工业、有色金属冶炼及压延加工业、化学原料与化学制品制造业。废气排放量在 2011—2012 年的下降,很大程度上得益于有机废气治理行业的发展。据不完全统计,与 2010 年相比,2011 年各地纷纷加大废气治理的力度,废气

治理企业的注册数量明显增多,许多其他行业的企业也投入废气治理行业。

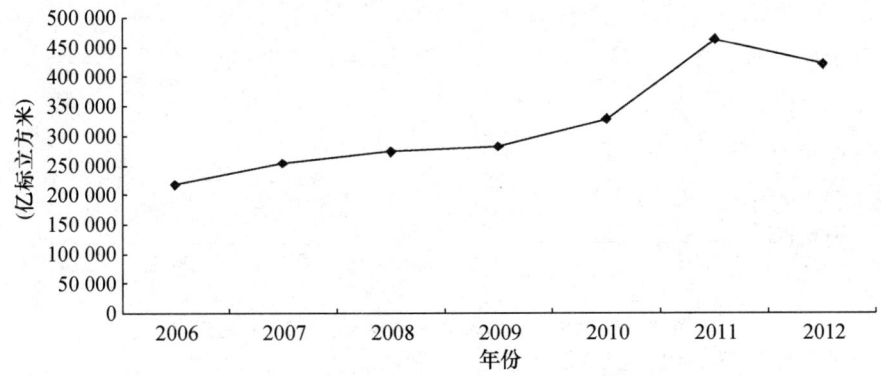

图 5-14　2006—2012 年中国制造业废气排放量
资料来源:2007—2013 年《中国环境统计年鉴》。

中国制造业废气单位产值排放量总体呈缓慢下降的趋势。中国制造业总产值和废气排放量在 2006—2012 年均呈增长趋势,但废气单位产值排放量总体呈缓慢下降的趋势,其在 2006—2008 年稳定下降,在 2009—2012 年上下波动,但幅度较小。图 5-15 反映制造业废气单位产值排放量的变化情况,图 15-16 显示,2007 年、2008 年、2010 年、2012 年制造业总产值的增长率都大于废气排放量的增长率。因此,2006—2008 年、2009—2010 年、2011—2012 年的废气单位产值排放量均呈下降趋势;而 2009 年两者的增长率相近,致使 2008—2009 年废气单位产值排放量变化很小;2011 年废气排放量增长率大于制造业单位产值增长率,致使 2010—2011 年废气单位产值排放量呈上升趋势。2008—2012 年废气单位产值排放量上下波动,说明在这五年间中国的废气减排遇到了"瓶颈",这主要是受技术水平所限制,因而应适当增加科研投入。

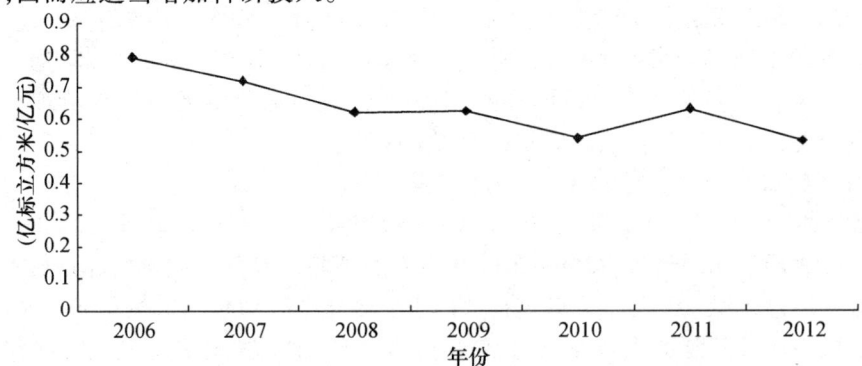

图 5-15　2006—2012 年中国制造业废气单位产值排放量
资料来源:2007—2013 年《中国环境统计年鉴》。

（3）制造业固体废物排放水平

2006—2012年中国制造业固体废物排放量逐年递减,但固体废物排放量的下降趋势逐渐趋缓。从图5-17可以看出,2006—2012年制造业固体废物排放量逐年减少;每两年间连线的直线斜率也表明,固体废物排放量下降率呈逐年减小的趋势,即固体废物排放量的下降趋势逐渐趋缓。1996年4月1日实施的《中华人民共和国固体废物污染环境防治法》确立了废物污染防治的"三化"原则和"全过程"管理原则,为固体废物的处理提供了有力的法律保障。自2004年始,固体废物排放量的逐年递减得益于从事固体废物处理的企业的大规模发展;国家不断加强的法规建设和科学基础研究;危险废物集中处置设施的建设,以提高危险废物的处理率和处理水平;对于固体废物产生源的调查;相关的法律法规和污染控制标准的进一步完善;固体废物示范工程的建设和引导作用。近几年固体废物排放量下降趋缓,则是由于固体废物排放处理、整治的措施已做得很全面到位,因此减少固体废物排放量的关键还在于技术改革。

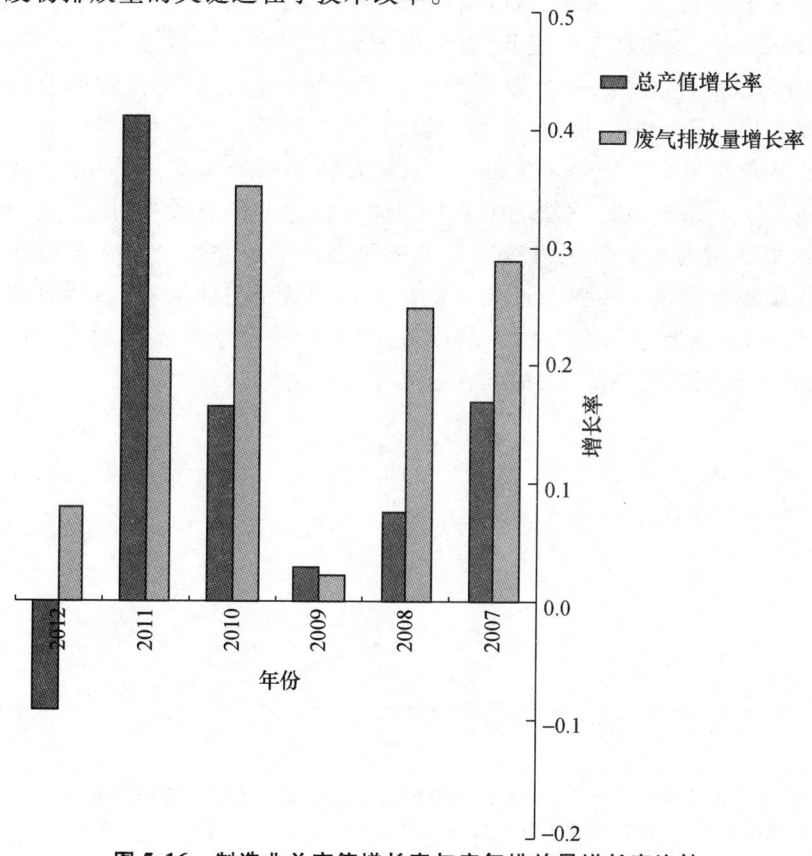

图5-16 制造业总产值增长率与废气排放量增长率比较

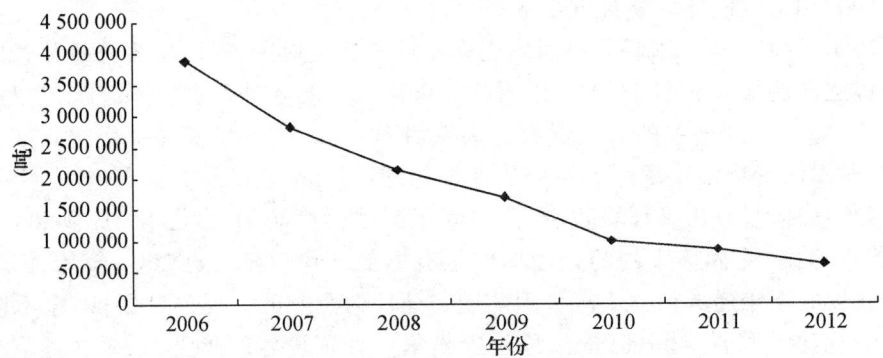

图 5-17 2006—2012 年中国制造业固体废物排放量
资料来源:2007—2013 年《中国环境统计年鉴》。

中国制造业固体废物单位产值排放量逐年递减,固体废物单位产值排放量下降趋缓。从图 5-18 可以看出,2006—2012 年固体废物单位产值排放量呈递减趋势,且每两年间连线的斜率也逐年减小,即固体废物单位产值排放量下降趋缓,从 2012 年的数据来看已达到一个较低水平。固体废物排放的主要制造业行业包括黑色金属冶炼及压延加工业、非金属矿物制品业、化学原料及化学制品制造业、有色金属冶炼及压延加工业和石油加工、炼焦及核燃料加工业。其中,非金属矿物制品业对制造业总产值的贡献率小于其固体废物排放的贡献率,纺织业对制造业总产值的贡献率则大于其固体废物排放的贡献率,其他 28 个行业的总产值贡献率与固体废物排放量贡献率则近似成正比。从宏观制造业来看,固体废物排放得到有效减少,但是要想取得可持续的成效,就必须着眼于固体废物排放的主要行业,尤其是非金属矿物制品业,加大在这几个行业的监管力度。

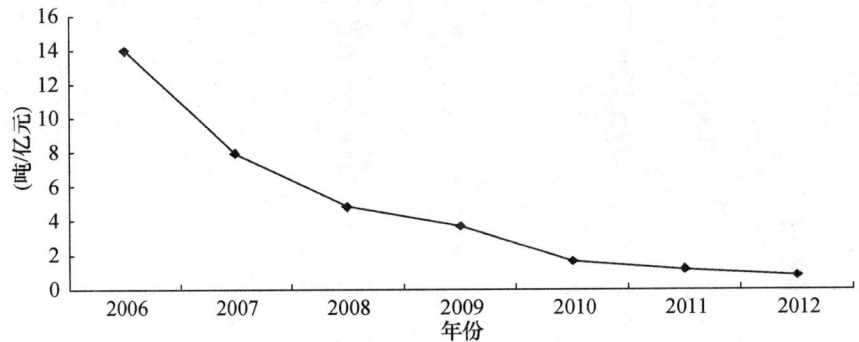

图 5-18 2006—2012 年中国制造业固体废物单位产值排放量
资料来源:2007—2013 年《中国环境统计年鉴》。

(4) 中国制造业"三废"综合利用水平

中国制造业"三废"综合利用产品产值总体呈增长趋势。"三废"综合利用产品产值指标为效益型指标,遵循越大越好的原则。从图5-19可以看出,2006—2008年和2009—2012年,"三废"综合利用产品产值呈增长趋势;2008—2009年有小幅下降,原因在于废水、废气单位产值排放量在2008—2009年基本持平,且固体废物单位产值排放量在2008—2009年减少,因此可以推测当年的"三废"综合利用量也有小幅减少;总体而言,"三废"综合利用产品产值呈增长趋势。1996年发布的国发36号文件《关于进一步开展资源综合利用的意见》推动了中国的资源综合利用工作不断向前;国家经贸委2001年发布的《能源节约与资源综合利用"十五"规划》提出了"三废"综合利用的合理长期规划;2003年1月1日起实施的《清洁生产促进法》为促进"三废"综合利用奠定了坚实的法律基础;在2006—2012年的环保计划中,"三废"综合利用项目一直占较大比重;"三废"综合利用具有税收优惠政策。2006年与2012年"三废"综合利用产品总产值翻了一番,仅仅六年就取得这样大的进展着实令人欣慰。制造业"三废"综合利用水平的不断提升,有赖于科技的进步、循环利用意识的增强和政府的鼓励措施。各级政府和部门应抓好产生"三废"的重点行业与地点,对各制造业行业的情况做好监督工作,为企业提供资源综合利用的咨询和信息服务。有效提高"三废"综合利用水平,对于节约资源、改善环境、提高经济效益、促进经济增长方式的转变、实现资源优化配置和可持续发展都具有重要意义。

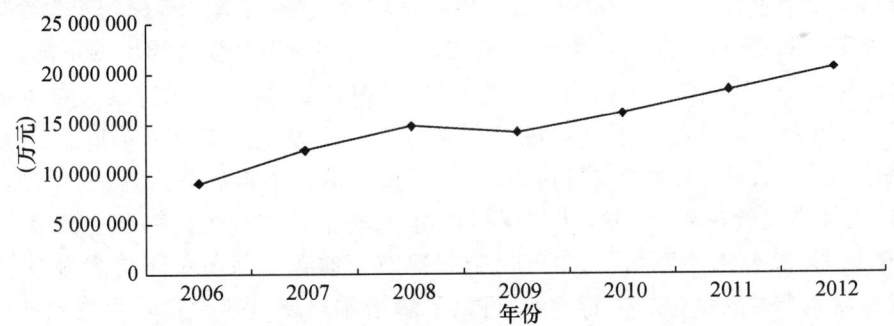

图5-19 2006—2012年中国制造业"三废"综合利用产品产值
资料来源:2007—2013年《中国环境统计年鉴》。

3. 中国制造业环境效率综合分析与评价

(1) 环境效率综合分析

根据2006—2012年制造业环境效率综合评价数据,分析中国环境的现状及前景,采用离差最大化方法,求得中国制造业各环境效率指标的权重,进而确定这些权重对环境效率综合评价值的影响程度。从图5-20可以看出,依照从大到小排序,影响环境效率综合评价值的主要因子分别为废气排放量、固体废物排放量、废水排放量、废水单位产值排放量、废气单位产值排放量、固体废物单位产值排放量、"三废"综合利用产品产值。

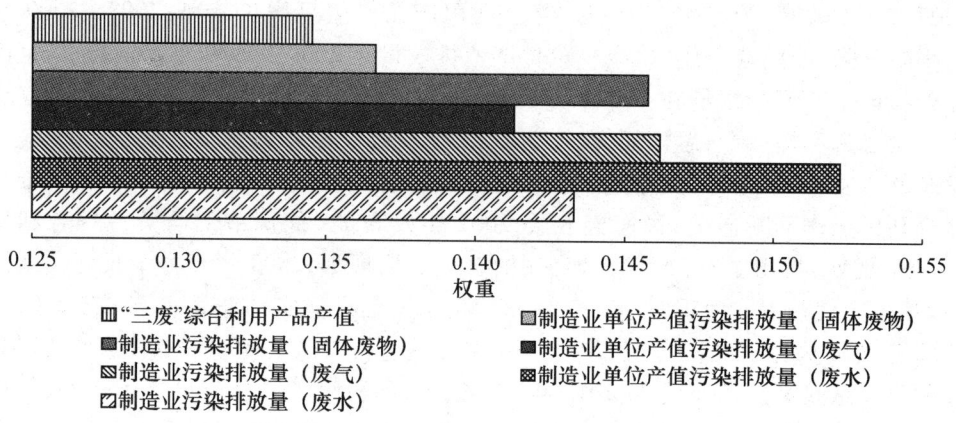

图 5-20　2006—2012 年中国制造业各环境效率指标权重
资料来源:2007—2013 年《中国环境统计年鉴》。

中国制造业环境效率综合评价值总体呈增长趋势,环境效率不断提高。环境效率指标加权归一化值的增长趋势说明其对环境效率的提高有正面影响,而下降趋势则说明其对环境效率的提高有负面影响。从图 5-21 可以看出,除废气、废水排放量 2 个指标以外,其他 5 个指标总体均呈增长趋势,这 5 个指标的变化趋势良好且稳定。其中,废气单位产值排放量在 2010—2011 年有较大幅度的下降,且废气排放量在 2011—2012 年得到有效的控制,状况开始改善;废水排放量在 2006—2007 年、2009—2010 年有不同幅度的下降,2007—2009 年、2010—2012 年又呈增长趋势。总而言之,废水排放量在 2007 年的相关措施下得到有效控制,呈现良好趋势;废气排放量在 2006—2011 年保持稳定下降趋势,对环境效率产生负影响,而在 2011—2012 年有小幅增长,废气污染状况有所改善。从每一年份来看,根据 7 个指标纵列点的高低位置进行比较,可以了解当年对环境效率贡献由高到低的排列顺序。经比较分析,固体废物单位产值排放量指标最稳定,废水单位产值排放量指标的贡献增长最快。

从图 5-21 和表 5-10 可以看出,中国制造业环境效率综合评价值在 2006—2010 年和 2011—2012 年呈增长趋势,在 2010—2011 年有小幅下降,总体上呈增长趋势,环境效率不断提高;其排序按 2006—2012 年分别为 7、6、5、4、2、3、1。图 5-21 显示,2010—2011 年废气排放量和废气单位产值排放量的加权归一化值都在下降,且减幅较大;图 5-15 和图 5-16 显示,2010—2011 年废气排放量出现对较大

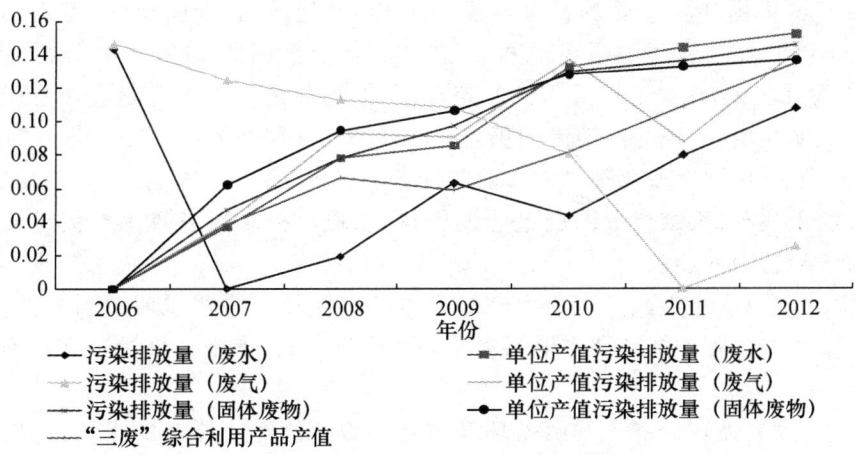

图 5-21　2006—2012 年中国制造业各环境效率指标加权归一化值比较
资料来源：2007—2013 年《中国环境统计年鉴》。

幅度的增长,且其增长率超过了当年制造业总产值的增长率,致使废气单位产值排放量由下降状态转变为消极的增长现象,抵消了其他指标带来的有利影响,这是 2010—2011 年环境效率下降的原因。

（2）环境效率综合评价

中国制造业的环境效率不断提高,废气单位产值排放量总体呈波动式减缓,对环境效率的影响较大。本报告所讨论的环境效率是指制造业增加的总产值与增加的环境影响的比值;环境效率的研究内容包括废水、废气、固体废物的排放和"三废"的综合利用。环境效率与可持续发展息息相关,没有环境效率的发展是负发展。中国制造业的环境效率不断提高,从指标层面来看,废水、固体废物的排放以及"三废"综合利用情况都较好且变化趋势较稳定。尽管废气单位产值排放量总体呈良好的减少趋势,但有明显的波动,较不稳定,对环境效率的影响较大,因而废气排放更要引起重视。废气排放是导致废气单位产值排放量波动的主要原因,更是阻碍环境效率增长的主要因素,应该更积极地采取加大力度研发除硫技术、完善碳交易市场体系等一系列举措。从行业层面来看,通过制造业各行业在 2006—2012 年"三废"排放强度均值的比较,通用设备制造业,专用设备制造业、交通运输设备制造业,电气、机械及器材制造业,通信设备、计算机及其他电子设备制造业,仪器仪表及文化办公用机械制造业等属于低污染密集度行业;非金属矿物制品业,金属冶炼及压延加工业,纺织业,造纸及纸制品业,印刷及文教用品制造业,石油加工、炼焦及核燃料加工业,化学原料及化学制品制造业等属于高污染密集度行业,应成为防治污染和改善环境的重点关注行业。

尽管中国制造业的环境效率呈现良好势头,但是中国与其他发达国家的差距仍较明显。中国环境治理的投资额逐年增加，但与美国、德国相比，差距仍旧很大，2005年中国治理环境污染的投入额仅略高于美国的21%。中国制造业从2006年发展至今，污染治理投入已赶超英国，但治理污染投入占制造业总产值的比重却无明显增长，环境污染治理仍需政府和企业共同努力。

（3）提高中国制造业环境效率的建议

综合上述分析，结合中国制造业发展特点，提出提高环境效率与促进制造业可持续发展能力的建议：

第一，实行清洁生产。清洁生产是促进环境与经济协调发展的新方法，它是对制造业生产过程的各环节采取污染预防的生产方式，即把污染治理在企业内部解决。

第二，发展循环经济。发展循环经济要突破传统经济体制的束缚，同时保证科技创新达到必要水平，避免出现不经济、难循环。

第三，制定适当的环境规制强度，控制型环境规制与激励型环境规制协调进行。控制型环境规制措施，如环境标准、基于环境标准的排放标准、技术标准以及其他形式的规章等，通过强制企业达标，保障排放量的控制；激励型环境规制措施，如排污权交易制度、排污收税制度、补贴和押金返还制度、自愿性协议制度等，有利于刺激绿色技术和管理创新。

5.3.5 社会贡献能力综合评价

制造业在中国国民经济体系中具有举足轻重的地位，不但为中国提供了社会发展、人民生活所需的物质产品和财富，而且为解决农村大量剩余劳动力特别是非熟练劳动力的就业提供了一条有效的途径，缓解了中国的就业压力。基本公共服务是居民福利水平的一个重要方面，基本公共服务一般由政府投资，政府的投资主要来自税收，而制造业企业是政府税收的主要来源。因此，对制造业社会贡献能力进行分析评价有着重要的意义。

本节主要针对制造业的社会贡献能力进行分析研究，收集《中国统计年鉴》2006—2012年的相关数据并进行相应的计算分析。其中，利税总额为规模以上制造业企业的利润总额、主营业务税金及附加、本年应交增值税的汇总。采用离差最大化方法，计算各指标的权重，综合评价中国制造业社会贡献能力的发展趋势。

2006—2012年中国制造业社会贡献能力的具体数据如表5-11所示，中国制造业2006—2012年社会贡献能力规范化数据如表5-12所示，中国制造业2006—2012年社会贡献能力综合评价如表5-13所示。

表 5-11　2006—2012 年中国制造业社会贡献能力指标数据

年份	就业人员人数（万人）	就业人员人数占总就业人数比重（%）	利税总额（亿元）	就业人员人均利税率（万元/人）
2006	6 346.8900	8.3074	23 665.38	3.7287
2007	6 855.5100	8.9044	33 810.63	4.9319
2008	7 731.5600	10.2318	40 051.39	5.1802
2009	7 719.5300	10.1803	49 736.18	6.4429
2010	8 391.4700	11.0262	69 587.25	8.2926
2011	8 053.9600	10.5391	78 480.95	9.7444
2012	7 730.0249	10.0777	83 678.55	10.8251

资料来源:2007—2013 年《中国统计年鉴》。

表 5-12　2006—2012 年中国制造业社会贡献能力规范化数据

年份	就业人员人数	就业人员人数占总就业人数比重	利税总额	就业人员人均利税率
2006	0.0000	0.0000	0.0000	0.0000
2007	0.2488	0.2196	0.1691	0.1696
2008	0.6772	0.7078	0.2730	0.2045
2009	0.6714	0.6889	0.4344	0.3825
2010	1.0000	1.0000	0.7652	0.6431
2011	0.8349	0.8208	0.9134	0.8477
2012	0.6765	0.6511	1.0000	1.0000

资料来源:2007—2013 年《中国统计年鉴》。

表 5-13　2006—2012 年中国制造业社会贡献能力综合评价

年份\权重指标	0.2294 就业人员数	0.2339 就业人员人数占总就业人数比重	0.2735 利税总额	0.2633 就业人员人均利税率	评价值	排序号
2006	0.0000	0.0000	0.0000	0.0000	0.0000	7
2007	0.2488	0.2196	0.1691	0.1696	0.1993	6
2008	0.6772	0.7078	0.2730	0.2045	0.4494	5
2009	0.6714	0.6889	0.4344	0.3825	0.5346	4
2010	1.0000	1.0000	0.7652	0.6431	0.8418	3
2011	0.8349	0.8208	0.9134	0.8477	0.8565	1
2012	0.6765	0.6511	1.0000	1.0000	0.8442	2

1. 中国制造业社会贡献能力综合评价

中国制造业社会贡献能力综合评价的结果如表 5-13 和图 5-22 所示。图中显示,中国制造业社会贡献能力除 2012 年稍有下降外,其余年份均呈逐年上升的趋势。从趋势上分析可以分为两个阶段,2006—2010 年为快速上升阶段,从 2006 年的0.0000上升到2010年的0.8418;2010—2012年为稳定阶段,这三年的综合评价值都在0.8500左右,其中2011年为最高,达到了0.8565。分析原始数据可以看出,这种现象出现的原因是2011年和2012年的制造业就业人数及其占总就业人数比重出现下降。

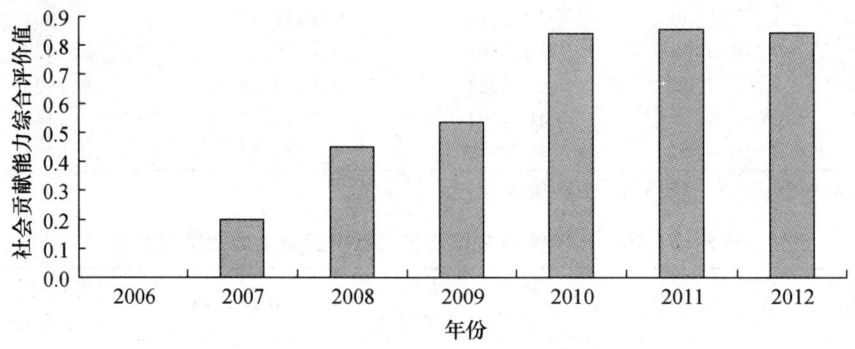

图5-22 2006—2012年中国制造业社会贡献能力综合评价

2. 中国制造业社会贡献能力单项指标评价

(1) 制造业就业人员人数

制造业就业人员人数反映一个地区一定时间内制造业就业的总规模,其变化趋势如图5-23所示。2006—2012年,我国制造业就业规模先是不断扩大,2006年为6 346.89万人,到2010年达到高峰,就业人数增长到8 391.47万人,四年间增加了2 000多万人;2011年、2012年的就业人数开始出现下降,2011年为8 053.96万人,2012年进一步下降为7 730.02万人,重新回到了2009年的水平。就业人数下降的原因可能是世界金融危机和欧债危机对中国制造业的发展产生冲击,另一原因可能是规模以上统计口径由500万元上升到2 000万元,使得被统计的企业数量减少所造成的。

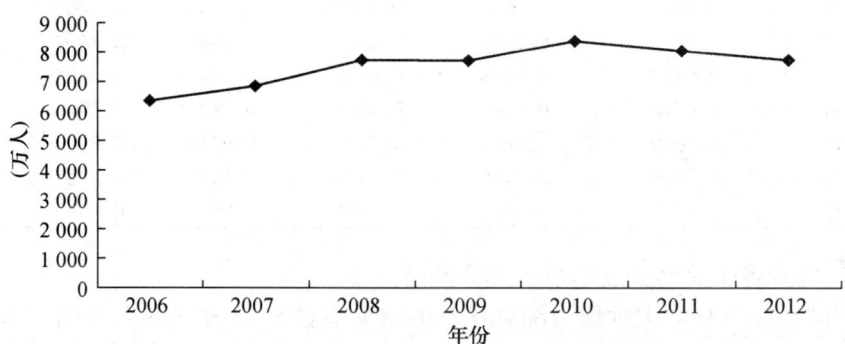

图5-23 2006—2012年中国制造业就业人数

资料来源:2007—2013年《中国统计年鉴》。

（2）制造业就业人员人数占总就业人数比重

制造业就业人员人数占总就业人数的比重反映制造业在吸纳就业方面的贡献能力,是衡量制造业社会贡献能力的重要指标,其变化趋势如图 5-24 所示。从图 5-24 可以看出,2006—2010 年我国制造业就业人员人数占总就业人数的比重呈现不断上升的发展趋势,2006 年比重为 8.3074%,到 2010 年上升到 11.0262%,四年间增加了 2.7188%;2011—2012 年比重开始下滑,2011 年为 10.5391%,2012 年为 10.0777%,比最高峰时期的 2010 年下降了 0.9485%。中国制造业逐渐从劳动密集型企业向资本、技术密集型企业转变,对劳动力的需求将从以数量需求为主转向以劳动力的技能和素质需求为主。

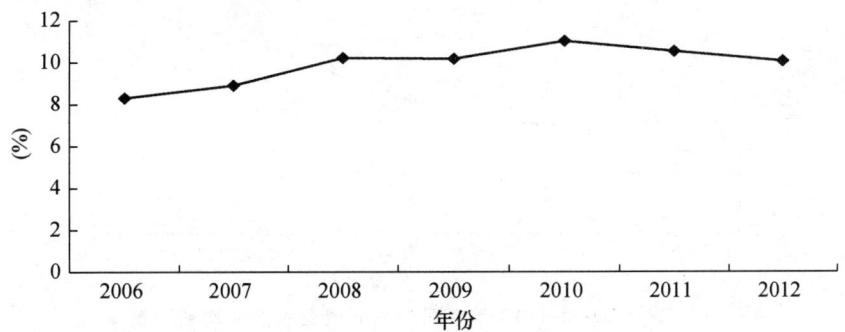

图 5-24　2006—2012 年中国制造业就业人员人数占总就业人数比重
资料来源:2007—2013 年《中国统计年鉴》。

（3）制造业企业利税总额

制造业企业利税总额反映制造业企业在提供国家税收方面的贡献能力,也是衡量制造业社会贡献能力的重要指标,其变化趋势如图 5-25 所示。从图 5-25 可以看出,2006—2012 年我国制造业企业利税总额逐年上升,从 2006 年的 23 665.38 亿元跃升至 2012 年的 83 678.55 亿元,增长 3.54 倍,年均增幅高达

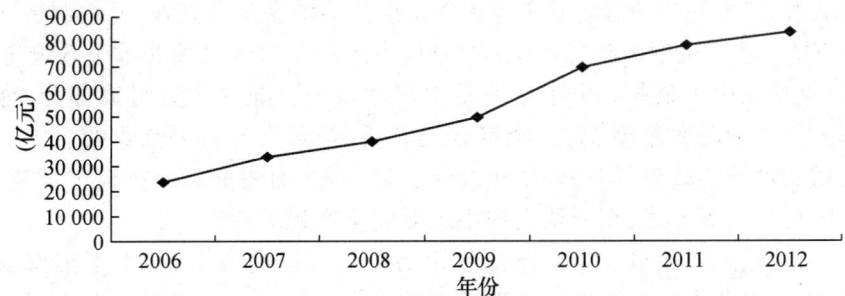

图 5-25　2006—2012 年中国制造业企业利税总额
资料来源:2007—2013 年《中国统计年鉴》。

23.43%。从环比增速看,2007 年增长最快,为 42.87%,其次是 2010 年,为 39.91%;增长最慢的是 2012 年,仅增长了 6.62%。

(4) 制造业就业人员人均利税率

制造业就业人员人均利税率反映制造业企业在提供国家税收方面的平均贡献水平,其变化趋势如图 5-26 所示。从图 5-26 可以看出,2006—2012 年我国制造业就业人员人均利税率不断增加,从 2006 年的人均 3.7287 万元上升至 2012 年的 10.8251 万元,六年间增长了 2.90 倍,年均增幅为 19.44%。这表明制造业的生产技术在逐年进步,劳动生产率在逐年提高。

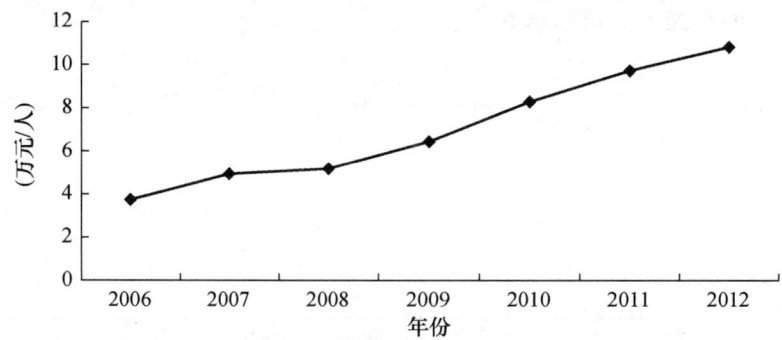

图 5-26　2006—2012 年中国制造业就业人员人均利税率

资料来源:2007—2013 年《中国统计年鉴》。

3. 中国制造业社会贡献水平评价小结与建议

中国制造业在社会贡献能力方面,2006—2012 年基本呈逐年上升的趋势,峰值出现在 2011 年,2012 年与 2011 年相比稍有下降。从单项指标来看,制造业企业利税总额和人均利税率逐年上升,拉升了社会贡献能力综合评价值;制造业就业人数及其占总就业人数比重自 2011 年开始下降,拉低制造业社会贡献能力综合评价值。在就业人数下降的同时,制造业人均利税率在增加,这表明制造业通过转型升级,资本和技术密集型企业正逐步取代劳动密集型企业,成为制造业的主流发展方式。为促进中国制造业社会贡献能力的提升,本报告提出如下政策建议:

第一,扶持中小企业。中小企业是中国制造业企业的重要组成部分,这些企业大部分属于劳动密集型企业,经营方式灵活,是解决劳动力就业的主力。政府应制定切实可行的政策,如完善中小企业金融服务、加快推进创业板市场建设、加大财政支持力度等方式,充分调动中小企业的生产积极性。

第二,注重人口质量。中国制造业由劳动密集型向资本、技术密集型发展方式的转变,对就业人员的素质提出了更高的要求;同时,中国也面临着人口老龄化程度逐渐加深的问题,潜在劳动力数量减少。因此,应加大对劳动力的技能培训,提升劳动力素质和人口质量,使之更符合新时代背景下制造业发展对就业人员的需求。

第三,发挥税收的调节和控制作用。政府的运行依靠财政收入,财政收入的主要来源是税收,而企业(特别是制造业企业)是政府税收的主要来源。在全球金融危机和世界经济大环境的影响下,部分企业亏损严重,经营苦难。因此,在当前经济运行宏观环境严峻、经济下行压力较大的背景下,应适当发挥税收的控制和调节作用,帮助部分经营困难的企业渡过难关。

5.3.6 中国制造业"新型化"综合评价

中国制造业要实现可持续发展,必须依据科学发展观,走出一条具有中国特色的新型制造业道路。通过对2006—2012年制造业总体"新型化"程度进行评价,我们可以把握制造业历年的现实发展水平和未来发展潜力。采用离差最大化评价方法,得到中国制造业2006—2012年"新型化"综合指数,具体如表5-14所示。

表 5-14 2006—2012 年中国制造业"新型化"综合指数

权重 年份	经济 0.1700	科技 0.3693	能源 0.1012	环境 0.2273	社会贡献 0.1322	综合指数
2006	0.0036	0.0351	0.0678	0.0658	0.0000	0.1723
2007	0.0269	0.0627	0.0627	0.0790	0.0263	0.2576
2008	0.0350	0.0777	0.0593	0.1231	0.0594	0.3545
2009	0.0573	0.1185	0.0531	0.1391	0.0707	0.4387
2010	0.1075	0.1490	0.0481	0.1661	0.1113	0.5820
2011	0.1384	0.2743	0.0384	0.1565	0.1132	0.7207
2012	0.1700	0.3360	0.0334	0.1917	0.1116	0.8427

根据表5-14,从经济、科技、能源、环境和社会贡献等五个维度的权重来看,最高的是科技,其权重为0.3693,超过了1/3,在对制造业"新型化"的评价中具有举足轻重的地位;其次是环境,其权重为0.2273,超过了1/5;最小的是能源指标,其权重为0.1012。

实际上,科技创新能力是制造业"新型化"的重要组成部分,是提高环境保护、能源集约、经济创造等能力的重要保障。只有充分利用现代科学技术,依赖人力资本、依靠科技创新,中国制造业才能从粗放型的传统制造业向集约型的新型制造业转变,从劳动密集型向资本和技术密集型转变,从投资拉动向创新驱动转变,实现中国制造业的可持续发展;环境和生态保护是实现经济社会可持续发展的前提,多年来中国制造业的粗放式发展给环境造成巨大的破坏,给人民生活带来严重影响。因此,加大科技和环境指标的权重是合理的。

图 5-27 显示,从总体排名情况看,2006—2012 年中国制造业"新型化"指数持续增长,从 2006 年的 0.1723 增长到 2012 年的 0.8427,说明我国制造业总体发展态势良好,"新型化"程度不断提高,保持了良性的发展势头。

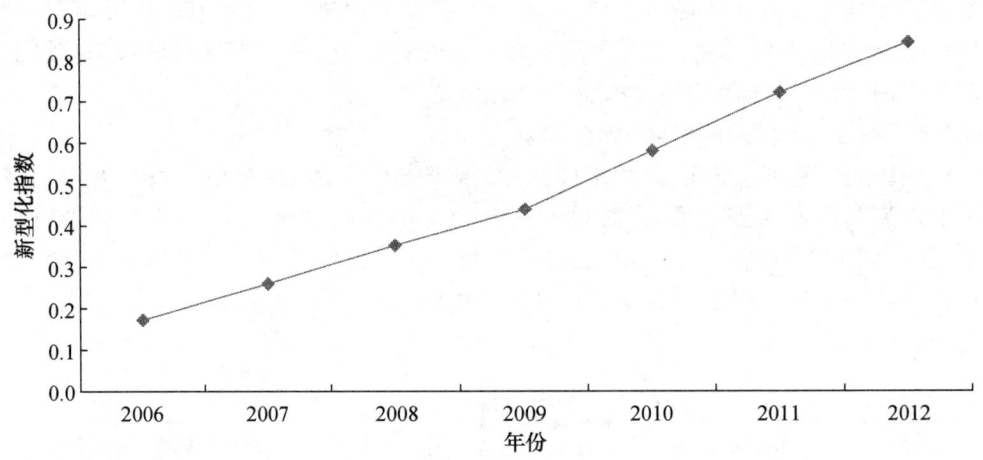

图 5-27　2006—2012 年中国制造业"新型化"综合指数

中国制造业"新型化"道路曲折,但前景光明。当前中国制造业发展的国内外环境已经发生了变化,国内经济下行压力较大、经济增速放缓,国际金融危机的影响仍然存在,这些因素对中国制造业的发展产生了冲击,使得制造业的发展放缓。但近七年的制造业"新型化"综合评价结果表明,我国制造业总体发展态势良好,"新型化"程度不断提高。上述制造业"新型化"评价结果可以为政府部门加强制造业发展的宏观调控、制定相关经济政策和考核制造业企业经营业绩提供决策依据。

5.4　本章小结

本章分别从经济创造能力、科技创新能力、能源集约能力、环境保护能力和社会贡献能力 5 个维度阐述了制造业"新型化"的内涵,构建了由 5 个主指标、31 个子指标构成的制造业"新型化"评价指标体系;还运用经济指标、科技指标、能源指标、环境指标、社会贡献指标 5 个指标对中国制造业发展状况进行评价。在经济创新能力方面,中国制造业经济指标不仅逐年提升,而且整体的增长幅度也有明显的加快;在科技创新能力方面,中国制造业正由"中国制造"向"中国智造"转变,科技创造指标充分说明继 2010 年中国成为制造业产值世界第一名后,制造业更加注重科技实力的提升;在能源集约能力方面,我国制造业对能源的依赖越来越大,能源消耗总量和电力消耗总量逐年递增,我国应更注重节能减排工作,无论是政府还是企业都要认真对待并制定相应的政策以推动节能减排的实行,从而促进能源的高效率利用;在环境保护能力方面,从单位产值能源消耗逐年降低可以看出,我国制造业的发展已经更加注重能源的节约和高效利用;在社会贡献能力方面,我国制造业就业人数逐年大幅度增加,体现出制造业蕴含的大量就业机会,切实地解决了大量的社会就业问题,并且制造业的利润总额每年也大幅度增长,促进了我国国民经济的迅速发展,成为我国国民经济的支柱。近七年中国制造业"新型化"综合评价研究表明,制造业"新型化"前景广阔。

参 考 文 献

[1] 常中甫.中国经济增长与能源消耗的现状分析与对策[J].经济研究导刊,2008(15):107—108.

[2] 陈文山.中国制造业经济增长与能源消耗分析[J].市场周刊(研究版),2005(09):34—35.

[3] 程斌.基于世界制造业转移大背景下的中国制造业发展研究[D].河北大学,2007.

[4] 杜宏宇.中国制造业结构优化的政策效率研究[D].江西财经大学,2012.

[5] 国家统计局.中国统计年鉴2009.北京:中国统计出版社.

[6] 国家统计局.中国统计年鉴2011.北京:中国统计出版社.

[7] 国家统计局.中国统计年鉴2013.北京:中国统计出版社.

[8] 国家统计局.中国统计年鉴2012.北京:中国统计出版社.

[9] 国家统计局.中国统计年鉴2010.北京:中国统计出版社.

[10] 国家统计局.中国统计年鉴2008.北京:中国统计出版社.

[11] 国家统计局.中国统计年鉴2007.北京:中国统计出版社.

[12] 何霞,刘卫锋.一种离差组合最大化多属性决策方法[J].统计与决策,2012(15):74—76.

[13] 李廉水,杜占元.中国制造业发展研究报告2004[M].北京:科学出版社,2006.

[14] 李廉水,臧志彭.制造业"新型化"三维时序国际比较[J].第四届中国科学学与科技政策研究会学术年会论文集(Ⅱ),2008.

[15] 李廉水,周勇.中国制造业"新型化"状况的实证分析——基于我国30个地区制造业评价研究[J].管理世界,2005(6):76—88.

[16] 李珠瑞.离差最大化思想下的组合评价研究[D].合肥工业大学,2012.

[17] 刘佳.辽宁省新型装备制造业竞争力研究[D].东北财经大学,2006.

[18] 孙佳.中国制造业:现状、存在的问题与升级的紧迫性[J].吉林省经济管理干部学院学报,2011(6):10—14.

[19] 王应明.运用离差最大化方法进行多指标决策与排序[J].系统工程与电子技术,1998(07):26—28,33.

[20] 王子龙.中国装备制造业系统演化与评价研究[M].北京:科学出版社,2007.

[21] 吴贵生,杨志刚.制造业在我国社会经济中的地位和作用[J].机械职业教育,2002(3):3—4,8.

[22] 徐晓春.江苏制造业"新型化"分析——基于环境保护的视角[J].产业与科技论坛,2010,(9)7:60—63.

[23] 徐盈之,张全振.中国制造业能源消耗的分解效应:基于 LMDI 模型的研究[J].东南大学学报(哲学社会科学版),2011(4):55—60,127.

[24] 杨立强.中国制造业产业成长中的外包因素研究[D].对外经济贸易大学,2006.

[25] 袁长跃.辽宁省装备制造业新型化评价体系研究[D].沈阳工业大学,2007.

[26] 张静.电子及通信设备制造业技术创新能力评价研究[D].南京航空航天大学,2009.

[27] 郑宝华.中国医药制造业产业安全及其评价研究[D].南京航空航天大学,2010.

撰稿: 孙　薇　巩在武　王常凯
统稿: 李廉水　周彩红

第6章 中国制造业发展:区域研究

本章进一步从区域层面对中国制造业的发展进行深入的剖析。区域制造业是国家制造业的组成部分,全国四大区域31个省份的制造业的发展各不相同。①本章以区域制造业的客观数据为基础,从经济创造、科技创新、能源利用、环境保护、社会贡献五个方面,全面系统地展现制造业的局部现状、区域制造业对国家整体制造业的贡献、区域制造业内部及区域制造业之间的失衡与差异状况。制造业区域发展的研究,不仅有助于从内部组成了解中国制造业,把握中国制造业发展的规律因素,而且有利于总结先进区域的发展经验,引导欠发达地区结合自身优势、明确目标、缩小差距。

6.1 区域制造业发展总体评价

本章延续以往《中国制造业发展研究报告》的风格,根据相应的指标体系,评选出中国制造业的"十大强省"和"十大强市",以便更加深入地认识中国制造业的发展状况和发展趋势。

6.1.1 制造业增长速度放缓,区域协调性进一步增强

2010—2012年区域制造业产值占全国比重的数据显示,我国制造业区域②发展的协调性进一步增强(见图6-1)。除了东部地区,其余三个区域的制造业产值占全国比重均持续上升;虽然产值总量不断上升,但前期庞大的基数牵制了东部地区的增长速度。东部制造业产值份额从2010年的64.13%降至2011年的61.44%,再到2012年的60.53%,东部制造业规模比重呈下降趋势;而中部和西部地区相对活跃,制造业产值比重分别由2010年的16.53%和11.24%上升到2012年的18.66%和12.17%。区域制造业比重失衡的状况得到改善。

另外,东部、东北部、中部和西部2012年制造业产值分别较上年增长了8.32%、17.15%、12.17%和10.16%;与2011年15.41%、20.76%、33.28%和30.25%的增速相比,四大区域的增长速度明显放缓。

---

① 本书涉及的中国部分,如未特殊说明均不包括港澳台地区。
② 区域划分为四大区域,即东部、东北部、中部和西部,与中国统计年鉴的划分一致。

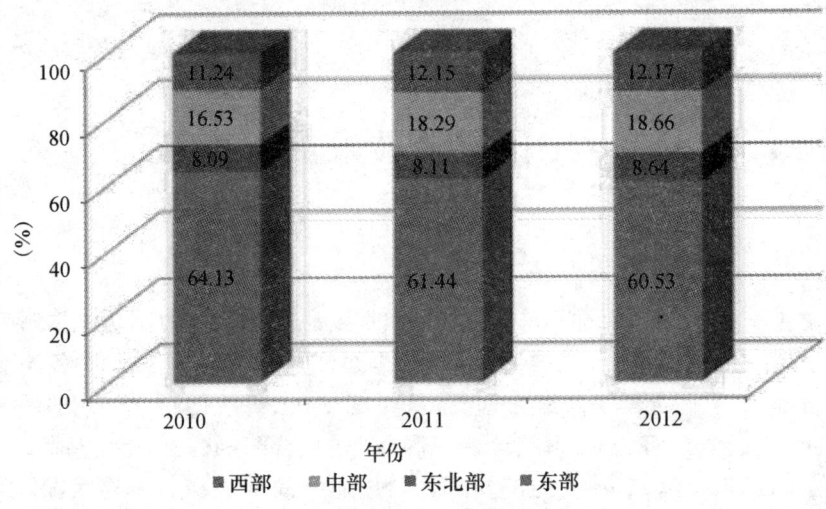

图 6-1 区域制造业产值占全国比重

6.1.2 制造业利润增速下降，东部区域利润呈现负增长

东部地区制造业利润比上年降低 0.14%，东北部、中部和西部利润分别上升 1.08%、3.10% 和 0.17%。2012 年制造业四区域利润的平均增速为 1.05%，而 2011 年为 14.07%，制造业利润的增速下滑。观察区域制造业利润占全国比重的数据（见图 6-2），东部和西部的利润所占份额分别下降至 60.25% 和 12.05%，东北部和中部分别上升到 7.38% 和 20.32%。

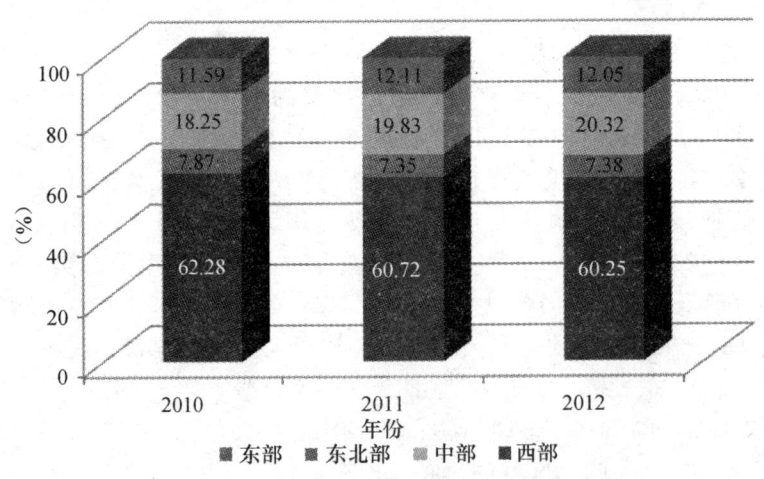

图 6-2 区域制造业利润占全国比重

随着全球经济形势趋紧、欧债危机蔓延、劳动力成本上升、制造业出口遭遇

"寒冬"等因素,制造业的利润空间被压缩。在同样的经济背景下,东部地区尤为明显的利润下滑有深层次的原因。东部是制造业发展的强势地区,有良好的基础设施、先进的技术设备、充裕的人才,这些是西部地区不具备的。在恶劣环境下,东部应当比中西部地区具备更强的抗压能力;但同时,社会也将更高的要求和更重的责任赋予了东部地区制造业。2012年东部地区工业污染治理完成投资242.13亿元,约占全国工业污染治理投资的半数份额,26.09%的污染治理投资增速也是四区域中的最高。污染治理投资更多是以责任规制的方式传递给制造业企业,增加了企业的投入成本,相应地削减了东部地区的利润;另外,东部地区的劳动力价格最高,工资上升趋势不可逆转,2012年的工资增长速度为14.00%,比中部地区高出5.00%,使东部制造业企业面临前所未有的挑战。

6.1.3 制造业污染物排放有所抑制,中部、西部成污染重"灾"区

表6-1显示了2012年各区域工业废水、废气排放和固体废弃物的丢弃情况。① 不同于经济表现上以东部地区为绝对主导,中部、西部地区在废气排放和固体废弃物丢弃量上呈现区域之"最",中西部经济的增长,带来了大量的污染物排放。环境压力下,区域制造业企业投入经费对企业生产设备进行技术改造,对污染物排放进行治理,从一定程度上抑制了污染排放量。因此,2012年四区域工业固体废弃物丢弃量均少于上年;工业废水排放量除东北地区外,其余三区域均呈现不同程度的下降;东部、东北部和西部的工业废气排放量也都小于上年。需要注意的是,中部地区工业废气排放量从2011年的169 118亿立方米大幅提高至2012年的324 985亿立方米,增长了92.16%。

表6-1 区域工业污染物排放情况

年份 指标	东部		东北部		中部		西部	
	2012	2011	2012	2011	2012	2011	2012	2011
工业废水排放量 (万吨)	1 092 320	1 169 973	190 365	176 413	509 252	521 867	423 875	440 489
工业废水排放占比(%)	49.30	50.68	8.59	7.64	22.98	22.60	19.13	19.08
工业废气排放量 (亿立方米)	255 093	276 243	52 678	52 715	324 985	169 118	174 763	176 434
工业废气排放占比(%)	31.59	40.95	6.52	7.82	40.24	25.07	21.64	26.16
工业固体废弃物丢弃量(万吨)	0.83	5.65	2.12	14.90	12.06	72.65	124.10	340.11
工业固体废弃物丢弃量占比(%)	0.60	1.30	1.52	3.44	8.67	16.77	89.20	78.49

资料来源:《2013年中国统计年鉴与中国统计年鉴汇总》。

---

① 现有统计数据中有关区域污染物排放并没有细化至制造业,工业污染排放数据具有较好的代表性。

从排放份额上观察,东部、中部和西部分别在工业废水、工业废气和工业固体废弃物排放上占据最大份额。东部区域废水排放量占比49.30%,中部废气排放量占比40.24%,西部固体废弃物丢弃量占比89.20%。相对于60.00%以上的产值份额,东部区域制造业经济贡献所付出的环境代价要小于中部和西部地区。东部发达区域制造业对环境的保护或改善能力要高于中西部区域,这从某种程度上与环境库兹涅茨曲线理论相一致;而中西部区域需要警惕制造业增长中对环境的过度利用与负面影响。

6.2 中国制造业"十大强省"

中国制造业强省评价,强调通过数字说话,力求内容的权威性、客观性、科学性、完整性,所用数据均来自全国和各省份的统计年鉴及行业统计年鉴,采用离差最大化方法进行各省份排名的综合评价。往年的综合评价采用因子分析,该方法将多个指标转化为互补相关的若干指标进行综合评价,能够较为客观地给出评价结果;然而转化过程存在一定程度的信息量丢失,且当指标间不存在多重共线性时该方法可能会失效。因此,为弥补以上缺憾,本报告将采用离差最大化方法。

6.2.1 制造业强省评价指标

关于各省份制造业发展的评价方法,通常局限于制造业的经济指标方面,主要是规模和效益两个板块,重点是描述其单项和总量指标。虽然这些评价方法可以在一定程度上反映地区制造业的发展状况(尤其是对国民经济发展和地区经济发展方面的贡献),但是越来越多的能源超限耗费、越来越严重的环境污染,已经说明这样的评价存在缺陷。本报告认为,对于各个地区制造业发展程度的评价,应当从"新型制造业"的角度,即应当从经济、科技、能源、环境和社会贡献五维指标[①]进行系统性评价。通过经济指标反映制造业对当前国民经济的贡献,通过科技指标反映制造业的未来竞争能力,通过能源指标反映资源紧缺背景下制造业对能源的合理利用和集约使用能力,通过环境指标反映制造业对环境的污染以及可持续发展能力,通过社会贡献指标反映制造业对税收、就业的贡献。

在初选的60个指标的基础上,采用专家调查和实际数据分析方法,对现阶段中国各省份制造业的发展状况进行模拟计算和评价;考虑到评价指标应尽可能与国家统计年鉴中的现有指标同步,满足科学性、可比性、系统性和可操作性的评价原则,本报告构建了一套由5个主指标、32个子指标构成的制造业强省排名评价指标体系(见表6-2)。

---

① 今年制造业评价指标系统在原有基础上进行了微调,将原来的经济、科技和环境三维指标体系调整为经济、科技、能源、环境和社会贡献五维指标体系。

表 6-2 中国制造业强省评价指标体系

总指标	序号	主指标	序号		子指标
制造业强省指标体系	A	经济创造能力	A1	产值	制造业总产值
			A2		制造业总产值占工业总产值比重
			A3	利润	制造业企业利润总额
			A4		制造业就业人员人均利润率
			A5	效率	制造业就业人员劳动生产率
			A6	市场	制造业产品销售率
	B	科技创新能力	B1	R&D	制造业R&D经费支出
			B2		制造业R&D人员全时当量
			B3		制造业R&D投入强度
			B4		制造业R&D人员占就业人员人数比重
			B5	产品开发	制造业新产品开发项目数
			B6		制造业新产品开发经费
			B7	专利	制造业专利申请数
			B8		制造业有效发明专利数
			B9	技术转化	制造业新产品销售收入
			B10		制造业新产品销售收入占比
			B11		制造业技术转移效率指数
	C	能源集约能力	C1	能源	制造业能源消耗量
			C2		制造业单位产值能耗
			C3		制造业电力能耗占比
			C4		制造业煤炭消耗占比
	D	环境保护能力	D1	废水	制造业污染排放量(废水)
			D2		制造业单位产值污染排放量(废水)
			D3	废气	制造业污染排放量(废气)
			D4		制造业单位产值污染排放量(废气)
			D5	固体废物	制造业固体废弃物排放量
			D6		制造业单位产值固体废弃物排放量
			D7	综合	制造业固体废弃物处置率
	E	社会贡献能力	E1	就业	制造业企业就业人数
			E2		制造业就业人员人数占地方就业人数比重
			E3	税收	制造业企业利税总额
			E4		制造业就业人员人均利税率

经济创造能力。经济创造能力是区域制造业发展的重要组成部分。对于处于工业化发展阶段的国家来说,经济效益就更为重要;只有具备经济效益才能有持续发展的动力,才能为发展科技、提高效率、节约资源、保护环境提供支持(见表6-3)。

表 6-3 制造业经济创造能力指标集

序号	制造业强省经济指标		单位
A1	产值	制造业总产值	亿元
A2		制造业总产值占工业总产值比重	%
A3	利润	制造业企业利润总额	亿元
A4		制造业就业人员人均利润率	万元/人
A5	效率	制造业就业人员劳动生产率	万元/人
A6	市场	制造业产品销售率	%

A1、A2 为产值指标,用来反映制造业的规模水平(一般而言,规模大的企业年产值指标也大)和制造业生产活动的财富创造对国民经济的贡献;A3、A4 为利润指标,用来反映制造业企业经营活动的利润水平;A5 为效率指标,用来反映制造业企业的劳动生产效率;A6 为市场指标,用来反映制造业产品已实现销售的情况,以及制造业产品满足社会需要的程度和产品的社会竞争力。另外,单项指标还需考察制造业单位企业产值,各项指标的计算方法如下:

$$制造业总产值 = \sum_{j=1}^{m} TVP_j$$

$$制造业总产值占工业总产值比重 = \frac{\sum_{j=1}^{m} TVP_j}{TP} \times 100\%$$

$$制造业单位企业产值 = \frac{\sum_{j=1}^{m} TVP_j}{N}$$

其中,TVP_j 为第 j 个制造业行业工业总产值;TP 为工业总产值;N 为国有及规模以上制造业企业个数。

$$制造业就业人员人均利润率 = \frac{S}{L}$$

$$制造业产值利润率 = \frac{S}{\sum_{j=1}^{m} TVP_j} \times 100\%$$

$$制造业就业人员劳动生产率 = \frac{\sum_{j=1}^{m} TVP_j}{L}$$

其中,S 为制造业企业利润总额;L 为制造业企业就业人员人数。

$$制造业产品销售率 = \frac{\sum_{k=1}^{m} SR_k}{\sum_{j=1}^{m} TVP_j} \times 100\%$$

其中，SR_k 为第 k 个制造业行业产品销售收入。

科技创新能力。 科技创新能力各项指标分别从研发投入、科研人员投入、科技产出和科技进步等几个侧面反映制造业科技力量、科技投入和科技产出的状况，是制造业强省程度的重要检验指标（见表6-4）。

表6-4　制造业科技创新能力指标集

序号		制造业科技创新能力指标	单位
B1	R&D	制造业 R&D 经费支出	万元
B2		制造业 R&D 人员全时当量	人年
B3		制造业 R&D 投入强度	%
B4		制造业 R&D 人员占就业人员人数比重	%
B5	产品开发	制造业新产品开发项目数	项
B6		制造业新产品开发经费	万元
B7	专利	制造业专利申请数	项
B8		制造业有效发明专利数	项
B9	技术转化	制造业新产品销售收入	万元
B10		制造业新产品销售收入占比	%
B11		制造业技术转移效率指数	

B1、B2、B3、B4 为 R&D 指标，用来反映制造业企业研发活动的总量和强度；B5、B6 为产品开发指标，可以在一定程度上揭示目前制造业企业在新产品开发上的力度；B7、B8 为专利指标，用来反映制造业企业科技创新活动的活跃性程度；B9、B10、B11 为技术转化指标，用来反映制造业企业技术应用能力。各项指标的具体计算方法如下：

$$制造业 R\&D 投入强度 = \frac{R\&D 经费}{主营业务收入} \times 100\%　①$$

$$制造业 R\&D 人员占就业人员人数比重 = \frac{L'}{L} \times 100\%$$

其中，L' 为制造业 R&D 人员数；L 为制造业就业人员人数。

---

① 由于统计口径的变化，根据第二次全国科学研究与试验发展（R&D）资源清查主要数据公报（第二号）所定义，制造业 R&D 投入强度由原先 R&D 经费与 GDP 之比变为 R&D 经费与主营业务收入之比。

$$制造业新产品产值率 = \frac{NPV}{\sum_{j=1}^{m} TVP_j} \times 100\%$$

其中,NPV 为制造业新产品产值(亿元);TVP_j 为第 j 个制造业行业工业总产值(亿元),$j = 1,2,\cdots,30$。

$$制造业技术转移效率指数 = \frac{AE}{IFE} \times 100\%$$

其中,AE 为制造业消化吸收经费;IFE 为引进国外技术经费。

能源集约能力。能源资源是制造业进行生产活动的物质基础,具有有限可利用的特性,即资源具有不可再生性;但同时,随着人类认识能力的提高、科学技术的进步,可利用资源的范围将不断扩大,能源资源的利用效率将不断提高。不合理的资源利用会造成资源短缺和环境恶化。在能源紧缺、环境污染形势严峻的大背景下,强化制造业能源资源的合理利用和集约使用已成为制造业企业提升竞争力,实现可持续发展的重要指标。反映制造业能力集约能力的相关指标如表 6-5 所示。

表 6-5 制造业能源集约能力指标集

序号	制造业环境资源状况指标集	单位
C1	制造业能源消耗量	万吨标准煤
C2	制造业单位产值能耗	万吨标准煤/亿元
C3	制造业电力消耗占比	%
C4	制造业煤炭消耗占比	%

能源集约能力指标主要从能耗总量(C1)、单位产值能耗(C2)、电力消耗占比(C3)、煤炭消耗占比(C4)四个方面来衡量。

环境保护能力。环境和生态保护是实现经济社会可持续发展的前提。传统制造业高发展、高消耗、高污染的粗放型生产已造成中国资源严重匮乏、生态急剧恶化。因此,环境保护指标是衡量制造业"绿化"程度的重要标准。反映制造业环境保护的相关指标如表 6-6 所示。

表 6-6　制造业环境保护能力指标集

序号		制造业环境保护能力指标集	单位
D1	废水	制造业污染排放量(废水)	万吨
D2		制造业单位产值污染排放量(废水)	万吨/亿元
D3	废气	制造业污染排放量(废气)	亿标立方米
D4		制造业单位产值污染排放量(废气)	亿标立方米/亿元
D5	固体废物	制造业固体废弃物排放量	万吨
D6		制造业单位产值固体废弃物排放量	吨/亿元
D7	综合利用	制造业固体废弃物处置率	%

D1、D2 反映制造业企业在生产活动中的废水排放及强度;D3、D4 反映制造业企业在生产活动中的废气排放及强度;D5、D6 反映制造业企业在生产活动中的固体废弃物排放及强度;D7 则反映制造业企业对废弃物的综合利用能力。

社会贡献能力。社会贡献主要从就业、税收、产业关联等方面来衡量(见表6-7)。

表 6-7　制造业社会贡献能力指标集

序号		制造业社会贡献能力指标集	单位
E1	就业	制造业企业就业人数	万人
E2		制造业就业人员人数占地方就业人员人数比重	%
E3	税收	制造业企业利税总额	亿元
E4		制造业就业人员人均利税率	万元/人

E1 为制造业就业总量指标,反映制造业企业吸纳就业的能力;E2 为相对指标,反映制造业就业人员人数占总就业人数比重;E3、E4 为税收指标,反映制造业企业对国家的税收贡献。各项指标的具体计算方法如下:

$$制造业就业人员人数占地方就业人员人数比重 = \frac{L}{L_q} \times 100\%$$

$$制造业就业人员人均利税率 = \frac{T}{L}$$

其中,L 为制造业企业就业人员人数;L_q 为地方就业人员人数;T 为制造业企业利税总额。

6.2.2　各省(直辖市、自治区)单项指标排名

1. 经济创造能力排名

(1) 制造业总产值排名

制造业总产值反映一个地区一定时间内制造业生产的总规模和总水平。结

合表6-8和上年数据,2012年全国各地区制造业产值普遍较上年度有所增长。各省份平均制造业产值由2011年的23 670.48亿元提高到2012年的26 029.78亿元,上升了9.97%。31个省份中,高于平均制造业产值的有10个,其余21个省份低于平均值,制造业产值贡献呈帕累托分布(见图6-3),前五位的累计产值比重超过50.00%,而后十六位的累计产值不到总体的15.00%。另外,制造业产值排名情况较为稳定,与上年度基本一致,江苏仍然稳居制造业产值第一的位置,个别地区名次略有1、2个位置的小幅调整。

表6-8　2012年各省份制造业总产值排名

名次	省份	制造业总产值(亿元)	占总体制造业比重(%)	累计比重(%)
1	江苏	114 918.1700	14.2415	14.2415
2	山东	105 636.4445	13.0913	27.3328
3	广东	87 976.2200	10.9027	38.2355
4	浙江	54 545.8400	6.7597	44.9952
5	辽宁	43 701.6100	5.4158	50.4110
6	河南	42 631.6430	5.2832	55.6943
7	河北	35 712.9172	4.4258	60.1201
8	湖北	30 251.1900	3.7490	63.8690
9	上海	30 040.0900	3.7228	67.5918
10	福建	27 285.7974	3.3815	70.9733
11	四川	25 845.7900	3.2030	74.1763
12	安徽	25 339.9800	3.1403	77.3166
13	湖南	25 334.2600	3.1396	80.4562
14	天津	19 755.9719	2.4483	82.9045
15	江西	18 885.1927	2.3404	85.2449
16	吉林	17 644.3429	2.1866	87.4315
17	广西	13 881.2960	1.7203	89.1518
18	重庆	11 928.9119	1.4783	90.6301
19	陕西	11 207.9230	1.3890	92.0191
20	北京	11 020.0680	1.3657	93.3848
21	内蒙古	10 638.5535	1.3184	94.7032
22	黑龙江	8 397.9478	1.0407	95.7440
23	山西	8 113.6247	1.0055	96.7495
24	云南	7 153.6500	0.8865	97.6360
25	甘肃	5 289.8537	0.6556	98.2915

（续表）

名次	省份	制造业总产值（亿元）	占总体制造业比重（%）	累计比重（%）
26	新疆	4 851.1280	0.6012	98.8927
27	贵州	4 017.1500	0.4978	99.3906
28	宁夏	1 984.9085	0.2460	99.6366
29	海南	1 500.4428	0.1859	99.8225
30	青海	1 382.5122	0.1713	99.9938
31	西藏	49.7818	0.0062	100.0000

资料来源：《中国统计年鉴2013》及2013年各省份统计年鉴。

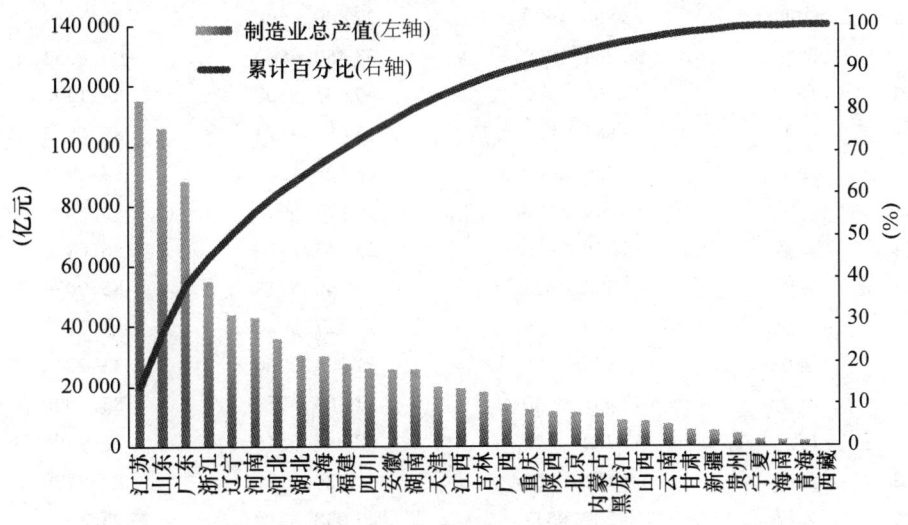

图6-3　2012年各省（直辖市、自治区）制造业总产值帕累托分布图

（2）制造业总产值占工业总产值比重排名

制造业总产值占工业总产值的比重，反映地区制造业在工业中的地位，从中可以得出制造业发展对地区工业发展的贡献大小。从表6-9可以看出，制造业是工业的绝对主体，有9个省份的制造业总产值占工业总产值的比重超过90.00%，制造业总产值占工业总产值的比重超过80.00%的有19个省份。2012年各省份制造业总产值占工业总产值比重的排名与上年基本一致，变化相对较大的是山东，由第9位一跃跻身第4位，天津、黑龙江、宁夏也都上升了3位。排名显示，制造业占工业比重大的省份同时也是经济发达区域；反之，则区域经济相对落后，这从一定程度上反映了制造业对区域经济的拉动贡献。

表6-9　2012年各省份制造业总产值占工业总产值比重排名

名次	省份	制造业总产值（亿元）	工业总产值（亿元）	制造业总产值占工业总产值比重（%）
1	江苏	114 918.1700	120 124.9100	95.6656
2	上海	30 040.0900	31 896.8800	94.1788
3	浙江	54 545.8400	59 124.1600	92.2564
4	山东	105 636.4445	114 707.2920	92.0922
5	广东	87 976.2200	95 602.0900	92.0233
6	福建	27 285.7974	29 704.6636	91.8569
7	重庆	11 928.9119	13 095.1235	91.0943
8	江西	18 885.1927	20 809.4698	90.7529
9	湖北	30 251.1900	33 450.6600	90.4353
10	辽宁	43 701.6100	49 031.5400	89.1296
11	广西	13 881.2960	15 657.2173	88.6575
12	湖南	25 334.2600	28 628.6200	88.4928
13	吉林	17 644.3429	19 971.9923	88.3454
14	安徽	25 339.9800	29 245.1700	86.6467
15	海南	1 500.4428	1 746.5718	85.9079
16	天津	19 755.9719	23 427.5026	84.3281
17	四川	25 845.7900	31 033.2200	83.2843
18	河南	42 631.6430	51 363.4253	83.0000
19	河北	35 712.9172	43 048.6516	82.9594
20	云南	7 153.6500	9 224.8100	77.5479
21	甘肃	5 289.8537	7 038.8817	75.1519
22	北京	11 020.0680	15 596.2123	70.6586
23	黑龙江	8 397.9478	12 565.5541	66.8331
24	陕西	11 207.9230	16 926.4870	66.2153
25	宁夏	1 984.9085	3 023.9996	65.6385
26	新疆	4 851.1280	7 532.6674	64.4012
27	青海	1 382.5122	2 199.8133	62.8468
28	贵州	4 017.1500	6 544.0200	61.3866
29	内蒙古	10 638.5535	18 192.0323	58.4792
30	西藏	49.7818	87.2516	57.0555
31	山西	8 113.6247	16 243.2002	49.9509

资料来源：《中国统计年鉴2013》及2013年各省统计年鉴。

（3）制造业就业人员劳动生产率排名

制造业产值反映地区制造业产出,而制造业产值与就业人员的比值可以精确地反映出一个地区制造业的劳动生产率水平。从表6-10可以看出,江苏制造业就业人员人均产值为319.51万元/人,继续稳居榜首;安徽、吉林、山东、辽宁紧随其后,分别为278.66万元/人、272.18万元/人、267.45万元/人、259.63万元/人。从数值上可以看出,相比前五名的其他地区,江苏的领先优势明显。对比上年,制造业就业人员人均产值排名的变化幅度较大,湖北、宁夏都上升6位,分别列第11位、第13位;吉林、湖南、广西均上升3位,其中吉林由第6位上升至第3位;上海则下降6位至第22位;内蒙古、四川、广东、海南均下降4位;河北、江西、山西均下降3位。总体上看,全国各省份制造业人均产值呈连续上升的趋势。

表6-10 2012各省份制造业就业人员人均产值排名

名次	省份	制造业总产值（亿元）	制造业就业人数（万人）	制造业就业人员人均产值（万元/人）
1	江苏	114 918.1700	359.6736	319.5068
2	安徽	25 339.9800	90.9353	278.6594
3	吉林	17 644.3429	64.8257	272.1813
4	山东	105 636.4445	394.9770	267.4496
5	辽宁	43 701.6100	168.3199	259.6342
6	内蒙古	10 638.5535	42.6678	249.3345
7	河北	35 712.9172	145.3747	245.6612
8	湖南	25 334.2600	128.1843	197.6393
9	河南	42 631.6430	218.2526	195.3317
10	广西	13 881.2960	71.8610	193.1687
11	湖北	30 251.1900	160.5899	188.3754
12	江西	18 885.1927	102.0243	185.1048
13	宁夏	1 984.9085	10.7791	184.1442
14	四川	25 845.7900	144.4877	178.8788
15	天津	19 755.9719	120.2451	164.2975
16	广东	87 976.2200	540.9380	162.6364
17	新疆	4 851.1280	30.5850	158.6113
18	海南	1 500.4428	9.4934	158.0512
19	甘肃	5 289.8537	33.8144	156.4379
20	浙江	54 545.8400	372.4790	146.4400
21	重庆	11 928.9119	82.2507	145.0311

（续表）

名次	省份	制造业总产值（亿元）	制造业就业人数（万人）	制造业就业人员人均产值（万元/人）
22	上海	30 040.0900	218.7271	137.3405
23	黑龙江	8 397.9478	63.3458	132.5731
24	陕西	11 207.9230	86.2145	130.0004
25	青海	1 382.5122	11.6883	118.2817
26	山西	8 113.6247	70.2927	115.4263
27	北京	11 020.0680	107.9701	102.0659
28	云南	7 153.6500	70.5302	101.4268
29	福建	27 285.7974	292.3783	93.3236
30	贵州	4 017.1500	47.6220	84.3549
31	西藏	49.7818	0.6612	75.2901

资料来源：《中国统计年鉴2013》及2013年各省统计年鉴。

（4）制造业单位企业产值排名

制造业单位企业产值反映制造业企业的规模大小，较大的制造业单位企业产值表明该地区制造业企业的规模较大、行业集中度高，容易形成规模效应；而较小的制造业单位企业产值表明该地区存在大量中小型规模的制造业企业，竞争比较激烈。该项指标并不真正反映制造业的实力，如江苏、广东、山东、上海等制造业的优势区域，该项指标的排名均不靠前。排名靠前说明制造业企业规模大；排名靠后反映其私有、民营中小型企业很多，有行业集聚规模的大中型制造业企业相对较少，其单位企业产值也较低（浙江是此类小规模制造业集聚的典型代表）。表6-11显示，2012年全国各省份制造业单位企业产值平均为2.90亿元/个，东部地区中仅有海南、天津、河北、北京、上海、山东超过平均水平；排名靠前的海南和青海的制造业单位企业产值是排名靠后的浙江和西藏的3倍多。与上年度相比，各省份市场竞争激烈程度的变化不大，但产值呈不断上升态势，因此拉动了各省份制造业单位企业产值的不断提高。

需要注意的是，单位企业产值过高或过低都不利于制造业的发展。过低的单位企业产值，有可能带来技术工艺水平不高、劳动生产率低下等不利影响；并且由于产业集中度低、市场竞争过于激烈，会抑制超大规模企业的出现，难以形成规模效应。而当竞争企业数量少、单位企业产值很大时，容易产生行业垄断，不利于市场竞争，更不利于区域经济的发展。

表 6-11　2012 年各省份制造业单位企业产值排名

名次	省份	国有及规模以上制造业企业个数(个)	制造业单位企业产值(亿元/个)
1	海南	312	4.8091
2	青海	328	4.2150
3	甘肃	1350	3.9184
4	吉林	4607	3.8299
5	天津	5190	3.8065
6	内蒙古	2971	3.5808
7	山西	2308	3.5154
8	陕西	3387	3.3091
9	河北	10966	3.2567
10	云南	2229	3.2094
11	新疆	1517	3.1978
12	江西	6071	3.1107
13	北京	3556	3.0990
14	上海	9695	3.0985
15	广西	4703	2.9516
16	山东	36147	2.9224
17	辽宁	15415	2.8350
18	宁夏	730	2.7191
19	湖北	11506	2.6292
20	黑龙江	3280	2.5603
21	江苏	45291	2.5373
22	重庆	4839	2.4652
23	贵州	1640	2.4495
24	四川	10720	2.4110
25	河南	17693	2.4095
26	广东	36871	2.3861
27	湖南	10991	2.3050
28	福建	13965	1.9539
29	安徽	13808	1.8352
30	浙江	35824	1.5226
31	西藏	44	1.1314

资料来源:《中国统计年鉴 2013》及 2013 年各省统计年鉴。

(5) 制造业企业利润总额排名

制造业企业利润总额反映区域制造业的盈利能力,是衡量制造业经济创造能力的重要指标。表6-12显示,江苏、山东、广东、河南、浙江依然位列前五,这些省份均为历年制造业综合表现突出的地区。制造业企业利润总额前几年呈明显的上升趋势,但2012年几乎与2011年在同一水平上,仅有0.63%的增幅;2011年全国各省份平均利润为1 556.42亿元,2012年为1 558.47亿元;与以往年份不同,2012年有18个省份的利润总额有不同程度的下降。从排名变化情况来看,排名整体稳定,部分省份排名有1或2个名次的变化,只有北京下降3位至第18位。

表6-12 2012年各省份制造业企业利润总额排名

名次	省份	制造业企业利润总额(亿元)
1	江苏	6 865.1400
2	山东	6 852.2883
3	广东	4 728.8100
4	河南	3 472.5200
5	浙江	2 829.0200
6	辽宁	2 093.7100
7	上海	2 082.8000
8	福建	1 878.6718
9	四川	1 864.2100
10	湖北	1 780.2700
11	河北	1 767.6190
12	安徽	1 589.6500
13	湖南	1 587.1500
14	天津	1 241.8339
15	江西	1 180.7235
16	吉林	1 050.3592
17	广西	812.0238
18	北京	761.2031
19	陕西	742.5535
20	内蒙古	605.3433
21	重庆	584.6695
22	云南	433.8800
23	黑龙江	421.9855
24	贵州	420.0400
25	山西	205.4234

（续表）

名次	省份	制造业企业利润总额（亿元）
26	新疆	179.4221
27	海南	101.0869
28	甘肃	63.2094
29	青海	62.1313
30	宁夏	42.0150
31	西藏	12.8186

资料来源：《中国统计年鉴2013》及2013年各省统计年鉴。

2．科技创新能力排名

（1）制造业企业R&D经费支出排名

制造业企业R&D经费支出，直接反映制造业科技经费投入的状况，也间接反映一个地区制造业的增长潜力和科学实力。表6-13显示，排在前五名的分别是江苏、广东、山东、浙江、上海，与去年保持一致；与2011年相比，2012年排名基本一致，湖北上升2个名次进入前八，而河南则下降2个名次跌出前八；中部地区在前十中占据了两个席位，依旧为湖北与河南，西部地区位次最高的四川仅排第15名。

表6-13　2012年各省份制造业规模以上企业R&D经费支出排名

名次	省份	制造业R&D经费（万元）	制造业R&D经费占整体R&D经费比重(%)
1	江苏	10 803 107	15.0030
2	广东	10 778 634	14.9690
3	山东	9 056 007	12.5767
4	浙江	5 886 071	8.1744
5	上海	3 715 075	5.1594
6	辽宁	2 894 569	4.0199
7	湖北	2 633 099	3.6568
8	天津	2 558 685	3.5534
9	河南	2 489 651	3.4575
10	福建	2 381 656	3.3076
11	湖南	2 290 877	3.1815
12	安徽	2 089 814	2.9023
13	河北	1 980 850	2.7509
14	北京	1 973 442	2.7406
15	四川	1 422 310	1.9753

(续表)

名次	省份	制造业 R&D 经费(万元)	制造业 R&D 经费占整体 R&D 经费比重(%)
16	陕西	1 192 770	1.6565
17	重庆	1 171 045	1.6263
18	山西	1 069 590	1.4854
19	江西	925 985	1.2860
20	黑龙江	906 170	1.2585
21	内蒙古	858 477	1.1922
22	广西	702 225	0.9752
23	吉林	604 326	0.8393
24	云南	384 430	0.5339
25	甘肃	337 785	0.4691
26	贵州	315 079	0.4376
27	新疆	273 425	0.3797
28	宁夏	143 696	0.1996
29	青海	84 197	0.1169
30	海南	78 093	0.1085
31	西藏	5 312	0.0074

资料来源:《中国统计年鉴2013》。

(2) 制造业企业 R&D 人员全时当量排名

制造业规模以上企业 R&D 人员全时当量反映制造业科技人员的投入现状。表6-14显示,排名前五的省份分别是广东、江苏、浙江、山东、河南;与2011年相比,2012年的排名较为稳定,只有细微的变化,波动相对明显的是天津、陕西和吉林,都上升了2个位次,而黑龙江、山西、广西则都下降了2个位次;前十排名中,东部地区占6席,中部地区占4席,西部地区无一入围,而最后的十个省份中,西部地区占了9个。制造业科技人员的投入是制造业发展的动力,对其投入的不足恐进一步拉大东西部地区的差距。

表6-14 2012年各省份制造业规模以上企业 R&D 人员全时当量排名

名次	省份	制造业 R&D 人员全时当量(人年)	占整体比重(%)
1	广东	424 563	18.9016
2	江苏	342 262	15.2375
3	浙江	228 618	10.1781
4	山东	204 398	9.0998
5	河南	102 846	4.5787

（续表）

名次	省份	制造业 R&D 人员全时当量(人年)	占整体比重(%)
6	福建	90 280	4.0193
7	上海	82 355	3.6664
8	湖北	77 087	3.4319
9	安徽	73 356	3.2658
10	湖南	69 784	3.1068
11	天津	60 681	2.7015
12	河北	55 979	2.4922
13	北京	53 510	2.3823
14	辽宁	52 064	2.3179
15	四川	50 533	2.2497
16	陕西	36 728	1.6352
17	黑龙江	36 256	1.6141
18	重庆	31 577	1.4058
19	山西	31 542	1.4042
20	吉林	24 365	1.0847
21	江西	23 877	1.0630
22	内蒙古	21 509	0.9576
23	广西	20 845	0.9280
24	云南	12 321	0.5485
25	贵州	12 135	0.5403
26	甘肃	11 445	0.5095
27	新疆	6 202	0.2761
28	宁夏	4 196	0.1868
29	海南	2 767	0.1232
30	青海	2 020	0.0899
31	西藏	78	0.0035

资料来源：《中国统计年鉴2013》。

（3）制造业新产品开发项目数排名

制造业新产品开发项目数反映出制造业的新产品开发状况和科技实力。从表6-15可以看出，依旧是江苏、广东、浙江、山东、上海居前五，广东今年超越浙江位居第二；排名前五省份的新产品开发项目数比重过半，达到了57.00%，且都为东部沿海省份。这些省份的制造业中，高新技术产业占有较大的比重，经济实力和科技投入也远高于其他省份。对比2011年，2012年各省份排名相对稳定，变化较大的只有福建，上升3个位次至第11位。

表 6-15　2012 年各省份制造业新产品开发项目数排名

名次	省份	制造业企业新产品开发项目数(项)	占整体百分比(%)
1	江苏	53 973	16.6868
2	广东	43 314	13.3913
3	浙江	41 874	12.9461
4	山东	28 171	8.7096
5	上海	17 042	5.2689
6	安徽	15 137	4.6799
7	天津	12 219	3.7777
8	四川	11 656	3.6037
9	北京	11 024	3.4083
10	湖北	9 629	2.9770
11	福建	9 123	2.8205
12	河南	9 106	2.8153
13	辽宁	8 641	2.6715
14	湖南	8 418	2.6026
15	河北	7 541	2.3314
16	陕西	6 052	1.8711
17	重庆	5 693	1.7601
18	黑龙江	3 384	1.0462
19	广西	3 320	1.0264
20	江西	3 241	1.0020
21	山西	2 726	0.8428
22	吉林	2 683	0.8295
23	贵州	1 978	0.6115
24	甘肃	1 759	0.5438
25	内蒙古	1 567	0.4845
26	云南	1 512	0.4675
27	宁夏	1 131	0.3497
28	新疆	826	0.2554
29	海南	594	0.1836
30	青海	103	0.0318
31	西藏	11	0.0034

资料来源:《中国统计年鉴 2013》。

(4) 制造业有效发明专利数排名

制造业有效发明专利数反映制造业科技创新活动的成效,从一定程度上反映了制造业的科技产出。从表6-16可以看出,排名前五的依次是广东、江苏、浙江、上海、山东。广东稳居第一,2012年有效发明专利数占整体比重略有下降,但依然超过30.00%达到30.05%,遥遥领先于其他四个省份,这主要得益于广东对科技人才的重视及科技创新奖励政策。排前五名省份的有效发明专利数的比重达65.28%,表明科技创新主要集中于少数重点区域。从排名变动上看,安徽和吉林都上升了3个位次,分别列第7、第18,四川掉落3位排第11,其他省份排名相对稳定。

表6-16 2012年各省份制造业有效发明专利数排名

名次	省份	制造业有效发明专利数(项)	占整体比重(%)
1	广东	83 280	30.0437
2	江苏	45 120	16.2773
3	浙江	20 553	7.4146
4	上海	16 805	6.0625
5	山东	15 104	5.4489
6	北京	14 051	5.0690
7	安徽	9 215	3.3244
8	湖南	8 436	3.0433
9	天津	7 341	2.6483
10	湖北	7 025	2.5343
11	四川	6 591	2.3777
12	福建	5 400	1.9481
13	河南	5 133	1.8518
14	辽宁	5 054	1.8233
15	陕西	4 752	1.7143
16	重庆	3 714	1.3398
17	河北	3 358	1.2114
18	吉林	2 779	1.0025
19	山西	2 345	0.8460
20	黑龙江	2 055	0.7414
21	云南	1 644	0.5931
22	广西	1 499	0.5408
23	江西	1 398	0.5043
24	贵州	1 370	0.4942
25	内蒙古	922	0.3326
26	甘肃	855	0.3084

（续表）

名次	省份	制造业有效发明专利数（项）	占整体比重（%）
27	新疆	468	0.1688
28	海南	388	0.1400
29	宁夏	300	0.1082
30	青海	170	0.0613
31	西藏	71	0.0256

资料来源：《中国科技统计年鉴 2013》。

（5）制造业 R&D 投入强度排名

制造业 R&D 投入强度等于制造业企业 R&D 经费与主营业务收入的比值，反映制造业 R&D 的投入力度。表 6-17 数据显示，与其他科技指标中东部地区占压倒性的优势有所不同，R&D 投入强度指标排名中，中西部地区皆有省份进榜。西部重庆一如既往，该项指标排名突出列第 6；中部地区中，湖南、湖北都进入前十，分别列第 8、第 10。前十五的区域中，中西部地区占据 6 席，反映出一些中西部地区对科技的重视，加大 R&D 的投入力度。此外，主营业务收入基数小，对该指标的反映较为显性，也从一定程度上影响了排名（如西藏）；但需要注意的是，较小的营业收入基数并未改变吉林、新疆、四川等省份排名落后的状况，说明缺乏支撑制造业发展的科技动力，这些地区需要警惕制造业陷入未来发展的困境。

表 6-17 2012 年各省份制造业 R&D 投入强度排名

名次	省份	制造业 R&D 投入强度（%）
1	北京	1.1674
2	广东	1.1488
3	上海	1.0896
4	天津	1.0821
5	浙江	1.0204
6	重庆	0.9092
7	江苏	0.9056
8	湖南	0.8234
9	福建	0.8154
10	湖北	0.8145
11	山东	0.7669
12	陕西	0.7305

（续表）

名次	省份	制造业 R&D 投入强度(%)
13	黑龙江	0.7234
14	安徽	0.7230
15	西藏	0.6916①
16	辽宁	0.6005
17	山西	0.5903
18	贵州	0.5281
19	宁夏	0.4820
20	内蒙古	0.4777
21	广西	0.4766
22	河南	0.4762
23	海南	0.4602
24	河北	0.4539
25	四川	0.4526
26	青海	0.4376
27	甘肃	0.4338
28	云南	0.4299
29	江西	0.4158
30	新疆	0.3640
31	吉林	0.3047

资料来源：《中国统计年鉴2013》及2013年各省统计年鉴。

（6）制造业新产品销售收入排名

制造业新产品销售收入反映出制造业的新产品开发状况和科技创新转化成效。从表6-18来看，江苏、广东、山东、浙江、上海排在前五名，这些地区的R&D经费、科技人员投入均排在前列。相比2011年，变化幅度较大的省份有河北、甘肃，均上升3个位次，分别居第14、第22位；重庆、贵州分别下降3、5个位次，居第15、第26。可以看出，波动明显的区域多为中西部地区，或多或少反映出这些区域的科技政策改革和策略的不断调整。

---

① 当分母主营业务收入较小时，R&D投入强度对其反映较为显性。西藏由于这一影响而排名靠前。

表 6-18 2012 年各省份制造业新产品销售收入排名

名次	省份	企业新产品销售收入(万元)
1	江苏	178 454 188
2	广东	154 028 478
3	山东	129 131 803
4	浙江	112 839 734
5	上海	73 999 056
6	湖南	47 689 791
7	天津	44 601 011
8	安徽	37 318 538
9	湖北	36 984 125
10	北京	33 176 311
11	福建	32 911 524
12	辽宁	31 936 021
13	河南	25 762 027
14	河北	24 576 633
15	重庆	24 299 198
16	吉林	21 577 965
17	四川	20 959 773
18	江西	12 871 344
19	广西	12 369 278
20	山西	9 283 912
21	陕西	8 715 851
22	甘肃	5 954 233
23	内蒙古	5 814 946
24	黑龙江	5 655 068
25	云南	4 468 160
26	贵州	3 832 764
27	新疆	2 760 241
28	宁夏	1 856 287
29	海南	1 344 677
30	青海	103 773
31	西藏	21 004

资料来源:《中国科技统计年鉴 2013》。

(7) 制造业新产品销售收入占总销售收入比重排名

制造业新产品销售收入占总销售收入比重可以反映制造业企业科技转化的效果和技术的创新程度。表 6-19 显示,与 2011 年相比,上海上升 2 个位次至第 1;与往年一样,该项指标的排名起伏波动较大,其中贵州下降 13 个位次,陕西下降 5

个位次,河南、吉林下降4个位次,重庆下降3个位次;上升幅度较大的省份有江苏、湖北、四川和河北,均上升3个位次。东、中、西部地区均出现了较大的波动,说明短期内制造业企业科技转化具有偶然性。

表6-19　2012年各省份制造业新产品销售收入占总销售收入比重排名

名次	省份	新产品销售收入占总销售收入比重(%)
1	上海	21.7030
2	北京	19.6250
3	浙江	19.5621
4	重庆	18.8654
5	天津	18.8622
6	湖南	17.1402
7	广东	16.4171
8	江苏	14.9601
9	安徽	12.9107
10	湖北	11.4410
11	福建	11.2684
12	山东	10.9353
13	吉林	10.8784
14	广西	8.3953
15	海南	7.9234
16	甘肃	7.6461
17	四川	6.6693
18	辽宁	6.6258
19	贵州	6.4238
20	宁夏	6.2261
21	江西	5.7121
22	河北	5.6312
23	陕西	5.3379
24	山西	5.1239
25	云南	4.9967
26	河南	4.9280
27	黑龙江	4.5146
28	新疆	3.6751
29	内蒙古	3.2065
30	西藏	2.2861
31	青海	0.5492

资料来源:《中国科技统计年鉴2013》。

(8) 制造业企业新产品开发经费排名

制造业企业新产品开发经费反映制造业企业对于制造业新产品的经费投入情况。从表6-20可以看出，排名前五的均为东部省份，一方面因为东部地区经济基础高，另一方面与这些省份注重科技创新、重视新产品开发不无关系；中部

表6-20 2012年各省份制造业企业新产品开发经费排名

名次	省份	新产品开发经费（万元）
1	江苏	14 945 123
2	广东	11 865 618
3	山东	8 148 492
4	浙江	7 145 347
5	上海	4 840 036
6	湖北	2 937 086
7	辽宁	2 886 302
8	安徽	2 793 021
9	北京	2 527 103
10	湖南	2 384 102
11	河南	2 313 506
12	福建	2 278 341
13	天津	2 192 138
14	河北	1 798 885
15	四川	1 782 262
16	陕西	1 285 251
17	重庆	1 266 058
18	山西	1 020 706
19	江西	917 019
20	黑龙江	779 353
21	吉林	776 269
22	广西	771 269
23	内蒙古	529 251
24	贵州	400 699
25	云南	396 302
26	甘肃	350 314
27	新疆	335 323
28	宁夏	142 473
29	海南	101 396
30	青海	74 374
31	西藏	1 986

资料来源：《中国科技统计年鉴2013》。

地区的湖北、安徽、湖南仍然在前十位中占据了3席,反映中部地区对新产品开发的重视,保持对新产品开发的稳定经费投入。相比2011年,2012年排名基本稳定,只有1、2个位次的细微变动。

(9)制造业技术转移效率指数排名

制造业技术转移效率指数反映制造业企业对于技术引进的利用效果。从表6-21可以看出,贵州、新疆、广西、江西和湖南的制造业技术转移效率指数比较高,这些都是中西部地区。随着国家西部大开发战略的逐步实施,贵州、新疆、广西等地着力改造传统产业,对重大产业结构调整、重大装备本地化、高技术产业化等科研、攻关设计都给予必要扶持,并对先进适用的国产装备进行积极的技术改造,取得了明显的成效。

表6-21 2012年各省份制造业技术转移效率指数排名

名次	省份	技术转移效率指数
1	贵州	10.4627
2	新疆	2.8198
3	广西	2.3241
4	江西	2.2189
5	湖南	2.2172
6	甘肃	1.5544
7	陕西	1.3044
8	青海	1.2948
9	辽宁	1.1828
10	内蒙古	0.7806
11	云南	0.7044
12	河南	0.6306
13	天津	0.6261
14	山东	0.5780
15	浙江	0.5456
16	上海	0.4616
17	安徽	0.4599
18	江苏	0.4513
19	山西	0.3890
20	黑龙江	0.3269
21	吉林	0.3189
22	湖北	0.2714
23	河北	0.2380

（续表）

名次	省份	技术转移效率指数
24	宁夏	0.2356
25	北京	0.1785
26	重庆	0.1642
27	广东	0.1341
28	四川	0.1254
29	福建	0.0850
30	海南	0.0577
31	西藏	0.0000

资料来源：《中国科技统计年鉴2013》。

3. 能源集约能力排名[①]

（1）制造业能源消耗量排名

我国是个能源消耗大国，石油、电力、煤炭等均为我国常见的能源消耗种类，有些直接来自自然界，有些经过再次转换而成。各类能源的转化效率存在差异，仅以某一类能源实物消耗量来衡量能源消耗情况，一方面有失全面性；另一方面，若对实物消耗量简单累加，难以统一计算单位。因此，这里能耗量统一折算为标准煤后进行衡量。表6-22显示，山东成为能源消耗最大的省份，其后是江苏、河北、广东、河南，前五个省份制造业能耗累计值达到总体的35.27%；西藏、海南、北京、青海、宁夏列最后五位，制造业能耗累计值约为总体的3.12%。大幅降低能源消耗、减少污染物排放，关键还在于少数高耗能区域能源的节约。

表6-22 2012年各省份制造业能源消耗量排名

名次	省份	制造业综合能源消耗量（万吨标准煤）
1	山东	28 383.5000
2	江苏	22 422.8597
3	河北	20 457.5200
4	广东	18 408.5700
5	河南	17 385.7300
6	辽宁	17 076.4420
7	山西	15 407.1300

① 现有官方公布数据没有全面的各省份制造业能耗数量，本章统一采用工业口径能耗数据作为制造业能耗的代表。

（续表）

名次	省份	制造业综合能源消耗量（万吨标准煤）
8	四川	14 575.0000
9	内蒙古	13 588.5600
10	湖北	12 083.9700
11	浙江	11 868.8552
12	湖南	10 512.7200
13	新疆	8 742.1433
14	安徽	8 363.5900
15	黑龙江	7 850.5000
16	云南	7 591.4000
17	陕西	6 982.5100
18	吉林	6 879.2227
19	广西	6 580.7000
20	贵州	6 431.0800
21	福建	6 411.0977
22	上海	6 151.1100
23	天津	5 816.1700
24	江西	5 343.1200
25	甘肃	5 235.5700
26	重庆	3 513.5270
27	宁夏	3 510.2712
28	青海	2 774.8000
29	北京	2 275.7000
30	海南	919.3353
31	西藏	

资料来源：《中国能源统计年鉴2013》及2013年各省统计年鉴。

（2）制造业单位产值能耗排名

制造业单位产值能耗反映地区制造业对能源的使用效率。单位产值能源消耗量越小，表明使用的效率越高；但也有可能是由于替代能源的使用而降低了煤炭的消耗量。从表6-23可以看出，北京制造业单位产值能耗最少，2012年为0.1459万吨标准煤/亿元，比2011年的0.1418万吨标准煤/亿元略有上升；整体来看，全国大部分各区域的单位产值能耗出现了不同程度的下降，宁夏下降最多，从1.5384万吨标准煤/亿元下降至1.1608万吨标准煤/亿元，可见在过去的一段时间内，宁夏制造业低增长高耗能的趋势得到有效遏制。制造业单位产值能源消耗量最高的五个省份分别是青海、宁夏、新疆、贵州、山西。这些地区的制造业能源使用效率低,且各项经济和科技指标的表现也欠佳。相反,北京、江苏、广东、上海、浙江则是单位产值能耗最低的五个省份,皆属东部的制造业强势区域,凭借突出的产值优势,弱化了其能耗总量的影响,单位产值的能源消耗较小。

表6-23 2012年各省份制造业单位产值能源消耗量排名

名次	省份	制造业单位产值能耗（万吨标准煤/亿元）
1	青海	1.2614
2	宁夏	1.1608
3	新疆	1.1606
4	贵州	0.9827
5	山西	0.9485
6	云南	0.8229
7	内蒙古	0.7470
8	甘肃	0.7438
9	黑龙江	0.6248
10	海南	0.5264
11	河北	0.4752
12	四川	0.4697
13	广西	0.4203
14	陕西	0.4125
15	湖南	0.3672
16	湖北	0.3612
17	辽宁	0.3483
18	吉林	0.3444
19	河南	0.3385
20	安徽	0.2860
21	重庆	0.2683
22	江西	0.2568
23	天津	0.2483
24	山东	0.2474
25	福建	0.2158
26	浙江	0.2007
27	上海	0.1928
28	广东	0.1926
29	江苏	0.1867
30	北京	0.1459
31	西藏	—

资料来源:《中国能源统计年鉴2013》及2013年各省统计年鉴。

（3）电力消耗占能源消耗比重排名

电力由于其优异的变通性、转换效率及清洁无污染性（不包括火电）是节能的主要方面，林伯强等学者指出电力使用对于节能的促进作用较为明显。据测算，发电能源占能源消费比重每提高1.00%，可降低能源消耗强度约2.40%。提高电能在终端能源消费中的比重，是缓解能源供应压力、促进低碳经济的重要途径。因此电力消耗占能源消耗比是反映区域能源集约能力的重要指标之一。表6-24显示，青海电力能耗占比排第1位，由于河流湖泊众多，水力发电具备优势，自然资源禀赋使青海的能源结构占优；东部强省（如浙江、广东、江苏等）此项排名靠前；而重庆、辽宁、吉林、湖北等制造业强省排名靠后。

表6-24　2012年各省份制造业电力消耗占能源消耗比重排名

名次	省份	电力消耗占能源消耗比重(%)
1	青海	0.41
2	浙江	0.35
3	宁夏	0.33
4	内蒙古	0.31
5	广东	0.31
6	江苏	0.27
7	甘肃	0.26
8	上海	0.23
9	云南	0.22
10	河南	0.22
11	福建	0.21
12	北京	0.21
13	贵州	0.21
14	广西	0.18
15	山东	0.18
16	山西	0.17
17	新疆	0.17
18	陕西	0.17
19	天津	0.17
20	安徽	0.17
21	江西	0.16
22	湖南	0.16
23	四川	0.16
24	黑龙江	0.15

（续表）

名次	省份	电力消耗占能源消耗比重(%)
25	河北	0.14
26	辽宁	0.14
27	吉林	0.13
28	湖北	0.13
29	海南	0.13
30	重庆	0.11
31	西藏	—

资料来源：《中国能源统计年鉴2013》及2013年各省统计年鉴。

(4) 煤炭消耗占能源消耗比重排名

煤炭是我国现阶段使用的主要能源品种之一，但其运输、储存中产生大量"拥挤成本"，使用中污染大、燃烧效率低。当前在资源约束与环境压力下，积极推进技术改革和设备改造，鼓励制造业生产使用优质能源，降低对煤炭使用的依赖，是衡量区域制造业能源集约能力的重要反向指标。表6-25显示，湖北、河北、贵州的能源结构中煤炭占比较大，降低对煤炭资源的依赖是未来考验制造业发展的重要问题。

表6-25　2012年各省份制造业煤炭消耗占能源消耗比重排名

名次	省份	煤炭消耗占能源消耗比重(%)
1	湖北	0.7838
2	河北	0.7773
3	贵州	0.7591
4	安徽	0.7484
5	山西	0.7484
6	江西	0.7195
7	云南	0.7061
8	湖南	0.7000
9	吉林	0.6834
10	广西	0.6600
11	陕西	0.6584
12	重庆	0.6464
13	山东	0.6357
14	河南	0.6261

（续表）

名次	省份	煤炭消耗占能源消耗比重(%)
15	四川	0.6188
16	福建	0.5829
17	辽宁	0.5734
18	内蒙古	0.5555
19	宁夏	0.5542
20	甘肃	0.5381
21	新疆	0.5289
22	江苏	0.5204
23	黑龙江	0.5169
24	天津	0.4481
25	广东	0.4312
26	上海	0.3808
27	浙江	0.3587
28	青海	0.3458
29	北京	0.2576
30	海南	0.2176
31	西藏	—

资料来源：《中国能源统计年鉴2013》及2013年各省统计年鉴。

4. 环境保护能力排名[①]

（1）制造业工业废水排放量排名

制造业工业废水排放量反映地区制造业对水环境的污染程度。从表6-26可以看出，江苏是中国制造业工业废水排放量最多的省份，广东、山东、浙江、河南位列其后；与2011年相比较，2012年福建下降3位居第8位，云南下降4位居第19位，工业废水排放均有较明显的改善；而山西上升4位居第16位，其他地区排名变化不大。总体来看，东部地区制造业强势区域的废水排放量明显高于其他地区，经济的高速发展，加大了污染的排放。广西依然表现特殊，制造业废水排放大，各项经济、科技的表现却落后，地方政府须警惕这一状况的继续恶化，强化对高污染行业的管理与监督，采取手段加强对废水的治理，积极引导产业结构的调整，降低制造业中高污染、低效率产业的比重。

---

① 现有官方公布的数据没有全面的各区域制造业污染物排放统计，本章统一采用工业口径污染物排放数据作为制造业污染物排放的代表。

表 6-26 2012 年各省份制造业废水排放量排名

名次	省份	制造业废水排放量(万吨)
1	江苏	236 049
2	广东	186 126
3	山东	183 634
4	浙江	175 416
5	河南	137 356
6	河北	122 645
7	广西	110 671
8	福建	106 319
9	湖南	97 133
10	湖北	91 609
11	辽宁	87 168
12	四川	69 984
13	江西	67 871
14	安徽	67 175
15	黑龙江	58 355
16	山西	48 108
17	上海	46 359
18	吉林	44 842
19	云南	42 811
20	陕西	38 037
21	内蒙古	33 618
22	重庆	30 611
23	新疆	29 738
24	贵州	23 399
25	甘肃	19 188
26	天津	19 117
27	宁夏	16 548
28	北京	9 190
29	青海	8 917
30	海南	7 465
31	西藏	353

资料来源:《中国环境统计年鉴 2013》。

(2) 制造业单位产值废水排放量排名

制造业单位产值废水排放量是制造业废水排放量与产值之比,反映地区制造业生产所付出的水环境代价。从表 6-27 可以看出,北京、天津、上海、山东、辽宁五个省份的制造业单位产值废水排放量较低,居最后五位。这些省份均为东部地区,制造业表现强势,其单位产值废水排放却较低,反映其制造业单位生产所付出的水环境代价相对较低,但庞大的废水总量排放仍不容忽视。广西、宁夏、黑龙江、云南、海南等省份制造业单位产值所牺牲的水环境代价较大。当地政府应重视地方产业结构的优化,限制那些高污染、高排放企业的数量,积极采取相关措施治理水污染。

表6-27 2012年各省份制造业单位产值废水排放量排名

名次	省份	制造业单位产值废水排放量(万吨/亿元)
1	广西	7.0684
2	宁夏	5.4722
3	黑龙江	4.6440
4	云南	4.6409
5	海南	4.2741
6	青海	4.0535
7	西藏	4.0458
8	新疆	3.9479
9	福建	3.5792
10	贵州	3.5756
11	湖南	3.3929
12	江西	3.2615
13	浙江	2.9669
14	山西	2.9617
15	河北	2.8490
16	湖北	2.7386
17	甘肃	2.7260
18	河南	2.6742
19	重庆	2.3376
20	安徽	2.2970
21	四川	2.2551
22	陕西	2.2472
23	吉林	2.2452
24	江苏	1.9650
25	广东	1.9469
26	内蒙古	1.8480
27	辽宁	1.7778
28	山东	1.6009
29	上海	1.4534
30	天津	0.8160
31	北京	0.5892

资料来源:《中国统计年鉴2013》和《中国环境统计年鉴2013》。

(3) 制造业废气排放量排名

制造业废气排放量反映地区制造业对空气的污染程度。从表 6-28 可以看出，制造业废气排放量较大的是河北、江苏、山东、山西、河南；除山西外，其余四省份制造业的经济创造力较强，同时也带来了大量的制造业废气排放。同为制造业

表 6-28 2012 年各省份制造业废气排放量排名

名次	省份	制造业废气排放量（亿标立方米）
1	河北	67 647.4000
2	江苏	48 623.3000
3	山东	45 420.2000
4	山西	38 124.3000
5	河南	35 001.9000
6	辽宁	31 917.0000
7	安徽	29 645.0000
8	内蒙古	28 132.7000
9	广西	27 610.7000
10	广东	27 078.2000
11	浙江	23 967.3000
12	四川	21 909.6000
13	湖北	19 151.2000
14	湖南	15 887.5000
15	新疆	15 869.9000
16	云南	14 955.2000
17	江西	14 814.1000
18	陕西	14 767.4000
19	福建	14 739.3000
20	贵州	14 311.6000
21	甘肃	13 899.7000
22	上海	13 361.3000
23	黑龙江	10 444.6000
24	吉林	10 316.3000
25	宁夏	9 324.5000
26	天津	9 032.2000
27	重庆	8 359.9000
28	青海	5 507.6000
29	北京	3 263.7000
30	海南	1 960.3000
31	西藏	114.0000

资料来源：《中国环境统计年鉴 2013》。

强势区域的天津、北京的废气排放量不高;这反映出虽然制造业发展与环境保护存在矛盾,但若政府合理引导、企业有效控制,就能够从一定程度上缓解这一矛盾。

(4) 制造业单位产值废气排放量排名

制造业单位产值废气排放量是制造业废气排放量与产值之比,反映地区制造业生产所付出的大气环境代价。表6-29数据显示,北京、广东、天津、山东、江苏的制造业单位产值废气排放量较小,位居最后五位,这些均为制造业经济强省;而宁夏、青海、山西、贵州、新疆的制造业单位产值废气排放量较大,但宁夏、青海和山西三省份的该项指标数据较上年有所改善。31个省份的单位产值废气排放量并未呈现下降的趋势,说明制造业废气排放状况并未得到地方的重视,亦或政府现有手段只起到短期遏制作用,未能有效引导、建立长期改善机制。

表6-29 2012年各省份制造业单位产值废气排放量排名

名次	省份	制造业单位产值废气排放量（亿标立方米/亿元）
1	宁夏	3.0835
2	青海	2.5037
3	山西	2.3471
4	贵州	2.1870
5	新疆	2.1068
6	甘肃	1.9747
7	广西	1.7634
8	云南	1.6212
9	河北	1.5714
10	内蒙古	1.5464
11	西藏	1.3066
12	海南	1.1224
13	安徽	1.0137
14	陕西	0.8724
15	黑龙江	0.8312
16	江西	0.7119
17	四川	0.7060
18	河南	0.6815
19	辽宁	0.6509
20	重庆	0.6384
21	湖北	0.5725
22	湖南	0.5550

（续表）

名次	省份	制造业单位产值废气排放量（亿标立方米/亿元）
23	吉林	0.5165
24	福建	0.4962
25	上海	0.4189
26	浙江	0.4054
27	江苏	0.4048
28	山东	0.3960
29	天津	0.3855
30	广东	0.2832
31	北京	0.2093

资料来源：《中国统计年鉴2013》和《中国环境统计年鉴2013》。

（5）制造业固体废弃物排放量排名

制造业固体废弃物排放量是固体废弃物产生量减去综合利用量、储存量和处置量后的余额，即排放到污染防治设施以外的固体废弃物数量，又称固体废弃物丢弃量。制造业固体废弃物排放量反映地区制造业对空间环境的污染程度，但固体废弃物排放量越低，往往不一定是因为该地区制造业固体废弃物的产生量少，而可能是该地区固体废弃物的回收利用处理效率较高的缘故。从表6-30可以看出，北京、天津、河北、吉林、黑龙江、安徽、山东、西藏、宁夏九个省份的固体废弃物排放量均为0，说明这些区域具备高水平的固体废弃物处置能力，降低了制造业生产造成的空间环境污染；与此相对应，云南、新疆、山西、贵州、辽宁五个省份是排放量最大的区域，这些区域自然资源禀赋优越，为制造业创造了良好的条件，但给空间环境带来了沉重的压力。

表6-30　2012年各省份制造业固体废弃物排放量排名

名次	省份	制造业固体废弃物排放量（万吨）
1	云南	43.1380
2	新疆	34.8606
3	山西	16.1218
4	贵州	14.0510
5	辽宁	10.4019
6	内蒙古	5.4615
7	重庆	4.6860
8	广东	3.1172

（续表）

名次	省份	制造业固体废弃物排放量（万吨）
9	江西	2.4581
10	陕西	2.2382
11	四川	2.1447
12	河南	2.1117
13	湖北	1.0576
14	湖南	0.6609
15	广西	0.4066
16	浙江	0.3951
17	甘肃	0.3699
18	上海	0.2470
19	福建	0.1634
20	海南	0.0536
21	青海	0.0450
22	江苏	0.0130
23	北京	0.0000
24	天津	0.0000
25	河北	0.0000
26	吉林	0.0000
27	黑龙江	0.0000
28	安徽	0.0000
29	山东	0.0000
30	西藏	0.0000
31	宁夏	0.0000

资料来源：《中国统计年鉴2013》。

（6）制造业单位产值固体废弃物排放量排名

制造业单位产值固体废弃物排放量是制造业固体废弃物排放量与制造业产值的比值，反映制造业生产所付出的空间环境代价。从表6-31可以看出，云南、新疆、贵州、山西、重庆五个省份制造业单位产值固体废弃物排放量高。这些省份地处中西部地区，矿产资源丰富，在制造业产业构成上黑色金属冶炼及压延加工业、石油加工及炼焦业、化学原料及化学制品制造业的比重较高，这些都是废弃物污染较重、附加值较低的制造业行业，制造业单位经济贡献付出的环境成本较大。北京、天津、河北、吉林、黑龙江、安徽、山东、西藏、宁夏九个省份制造业单位产值固体废弃物排放量为0，其余制造业经济强省的这项指标的表现普遍较好，说明制造业经济实力的提升反过来有助于制造企业改进技术,加大在固体废弃物排放环节的改善。

表 6-31 2012 年各省份制造业单位产值固体废弃物排放量排名

名次	省份	制造业单位产值固体废弃物排放量(吨/亿元)[①]
1	云南	46.7631
2	新疆	46.2792
3	贵州	21.4715
4	山西	9.9253
5	重庆	3.5785
6	内蒙古	3.0022
7	辽宁	2.1215
8	陕西	1.3223
9	江西	1.1813
10	四川	0.6911
11	甘肃	0.5255
12	河南	0.4111
13	广东	0.3261
14	湖北	0.3162
15	海南	0.3069
16	广西	0.2597
17	湖南	0.2309
18	青海	0.2046
19	上海	0.0774
20	浙江	0.0668
21	福建	0.0550
22	江苏	0.0011
23	北京	0.0000
24	天津	0.0000
25	河北	0.0000
26	吉林	0.0000
27	黑龙江	0.0000
28	安徽	0.0000
29	山东	0.0000
30	西藏	0.0000
31	宁夏	0.0000

资料来源:《中国统计年鉴 2013》。

---

① 固体废弃物排放量原单位为万吨,产值单位为亿元,由于相除后数据值较小,于是将分子扩大 10 000 倍。因此,这里的制造业单位产值固体废弃物排放量的单位不再是万吨/亿元,而是吨/亿元。

（7）制造业固体废弃物综合利用量排名

制造业固体废弃物综合利用率指通过回收、加工、循环、交换等方式,从固体废弃物中提取或者使其转化为可以利用的资源、能源或其他原材料的固体废弃物数量占固体废弃物总量的百分比,它反映制造业生产对固体废弃物的循环利用能力。表6-32显示,综合利用量前五位的省份是山西、河北、山东、辽宁和河南,结合固体废弃物产生量指标可以得到这些省份的固体废弃物综合利用率分别为69.70%、38.09%、93.08%、43.48%和76.05%,制造业强省山东表现突出;而排名末尾的西藏制造业固体废弃物综合利用率仅为1.61%,与其他省份相比,存在一定的差距。

表6-32　2012年各省份制造业固体废弃物综合利用率排名

名次	省份	一般工业固体废物综合利用量（万吨）
1	山西	20 235
2	河北	17 361
3	山东	17 073
4	辽宁	11 862
5	河南	11 597
6	内蒙古	10 925
7	安徽	10 266
8	江苏	9 342
9	云南	7 983
10	福建	6 887
11	青海	6 831
12	江西	6 071
13	四川	6 052
14	湖北	5 737
15	广西	5 369
16	广东	5 198
17	湖南	5 188
18	贵州	4 839
19	黑龙江	4 646
20	陕西	4 422
21	浙江	4 083
22	新疆	4 063
23	甘肃	3 593
24	吉林	3 198

(续表)

名次	省份	一般工业固体废物综合利用量(万吨)
25	重庆	2 569
26	上海	2 140
27	宁夏	2 044
28	天津	1 817
29	北京	872
30	海南	238
31	西藏	6

资料来源:《中国统计年鉴2013》和《中国环境统计年鉴2013》。

5. 社会贡献能力排名

(1) 制造业就业人员人数占地方就业人数比重排名

制造业就业人员人数占地方就业人数比重反映地区制造业在吸纳就业方面的贡献大小。从表6-33可以看出,排前五位的是福建、江苏、天津、广东和上海,分别吸纳了当地45.84%、43.29%、41.60%、41.48%和39.36%的就业人口,说明这些省份制造业吸纳就业的贡献大;而新疆、海南和西藏仍居末位,也反映出制造业在这些省份的产业结构中的比重低。对比2011年的情况,2012年该项指标的排名较为稳定,仅部分省份出现了明显的位次调整:河南上升4位、贵州上升3位分别列第11、第22,宁夏下降3位列第25;同时,2012年制造业就业人员人数占地方就业人数比重总体略有下降,均值由24.07%降至23.72%。

表6-33 2012年各省份制造业就业人员人数占地方就业人数比重排名

名次	省份	制造业就业人员人数(万人)	制造业就业人员人数占地方就业人数比重(%)
1	福建	292.4	45.8377
2	江苏	359.7	43.2853
3	天津	120.2	41.5970
4	广东	540.9	41.4835
5	上海	218.7	39.3585
6	山东	395.0	35.5780
7	浙江	372.5	34.8071
8	辽宁	168.3	28.1130
9	湖北	160.6	26.8543
10	江西	102.0	26.4453
11	河南	218.3	24.7681

(续表)

名次	省份	制造业就业人员人数（万人）	制造业就业人员人数占地方就业人数比重(%)
12	河北	145.4	23.4496
13	重庆	82.3	23.2881
14	吉林	64.8	22.7078
15	湖南	128.2	22.5881
16	四川	144.5	22.5449
17	陕西	86.2	20.9654
18	安徽	90.9	20.8171
19	广西	71.9	20.0739
20	青海	11.7	18.9477
21	云南	70.5	17.9615
22	贵州	47.6	17.6707
23	山西	70.3	16.1222
24	甘肃	33.8	16.0007
25	宁夏	10.8	15.9875
26	内蒙古	42.7	15.7580
27	北京	108.0	15.0508
28	黑龙江	63.3	13.4497
29	新疆	30.6	10.5914
30	海南	9.5	10.5390
31	西藏	0.7	2.6253

资料来源：《中国统计年鉴2013》及2013年各省统计年鉴。

（2）制造业企业利税总额排名

制造业企业利税总额反映区域制造业对于国家税收的贡献能力，也是衡量制造业社会贡献能力的重要指标。通过对各省、自治区、直辖市制造业企业利税总额进行分析，排名前五位的省份分别为江苏、山东、广东、河南和浙江，与利润的排名情况基本一致（见表6-34）。对比2011年的排名情况，2012年部分省份有1、2个位次的细微变化，只有北京下降3个位次至第20位。相比2010年43.00%、2011年13.33%的增长速度，2012年的增长则缓慢一些为5.63%；但相对利润0.63%的增幅已属不易。

与其他行业相比，制造业税收的支出较高，一方面反映国家对高耗能、高污染、低增长制造业企业加大税收力度的政策实施；另一方面，在当前行业不景气、制造业企业利润下滑的情况下，制造业迫切需要政府部门扶持、积极引导、加快税收改革，以帮助制造业企业走出困境。

表 6-34　2012 年各省份制造业企业利税总额排名

名次	省份	制造业企业利税总额（亿元）
1	江苏	11 263.8500
2	山东	10 814.6287
3	广东	8 212.9000
4	河南	5 132.8600
5	浙江	4 827.4600
6	辽宁	3 968.1600
7	上海	3 673.3300
8	四川	3 321.2300
9	湖南	3 292.0300
10	湖北	3 059.7500
11	福建	2 983.5923
12	河北	2 884.8514
13	安徽	2 620.8300
14	天津	2 117.8338
15	江西	1 929.8246
16	吉林	1 899.3137
17	广西	1 532.0640
18	陕西	1 478.3500
19	云南	1 421.9300
20	北京	1 321.2470
21	重庆	1 093.1009
22	内蒙古	994.3772
23	黑龙江	897.7388
24	贵州	793.8200
25	新疆	488.3548
26	山西	452.9849
27	甘肃	406.6959
28	海南	253.9738
29	宁夏	134.0855
30	青海	107.4245
31	西藏	17.5326

资料来源：《中国统计年鉴 2013》及 2013 年各省统计年鉴。

6.2.3　各省（直辖市、自治区）集类指标排名

在评价的方法上，本年度研究报告采用离差最大化方法取代往年的主成分分

析法对相关指标进行测评,避免了以主成分分析法进行分析时产生数据信息的丢失。为适应"新型化"制造业的要求,与前几年的研究报告不同,本年度报告的指标体系做了一些调整。选取经济创造能力、科技创新能力、能源集约能力、环境保护能力和社会贡献能力5个主指标,考虑数据的可获取性与指标体系的凝练需要,最终确定了32个子指标进行制造业强省的综合排名。本综合评价指标体系与制造业强省评价指标体系(见表6-2)一致,采用总量指标和单位指标相结合,克服了单纯采用总量指标或单位指标进行评价的片面性,兼顾连贯性。

1. 经济创造能力排名

以 A1—A6 为基础指标,对各地区制造业经济创造能力进行综合评价。采用离差最大化方法,衡量制造业经济创造能力6项指标的分配权重,并结合各指标的规范化数值得到2012年我国制造业经济创造能力的综合评价值。从表6-35可以看出,2012年经济创造能力最强的三个省份依次为江苏、山东、广东,均是东部发达地区。值得注意的是,中部地区除了山西垫底,其余五省(安徽、河南、湖南、江西、湖北)均在经济创造能力十五强省之内,分别列第4、5、9、10、12位,可见中部地区经济实力的迅速提升,态势直逼东部强省。

表6-35 区域制造业经济创造能力综合评价

排名	省份	综合得分
1	江苏	0.9428
2	山东	0.8554
3	广东	0.6076
4	安徽	0.6046
5	河南	0.5843
6	辽宁	0.5838
7	吉林	0.5781
8	河北	0.5260
9	湖南	0.5078
10	江西	0.4925
11	浙江	0.4891
12	湖北	0.4887
13	上海	0.4813
14	四川	0.4706
15	海南	0.4426
16	天津	0.4339
17	广西	0.4226

（续表）

排名	省份	综合得分
18	福建	0.3833
19	内蒙古	0.3766
20	重庆	0.3756
21	北京	0.2739
22	陕西	0.2569
23	黑龙江	0.2448
24	新疆	0.2351
25	宁夏	0.2339
26	云南	0.2314
27	甘肃	0.1779
28	贵州	0.1617
29	青海	0.1268
30	山西	0.1119
31	西藏	—

2. 科技创新能力排名

以 B1—B11 为基础指标，对各地区制造业科技创新能力进行综合评价。采用离差最大化方法，衡量制造业科技创新能力 11 项指标的分配权重，并结合各指标的规范化数值得到 2012 年我国制造业科技创新能力的综合评价值。从表 6-36 可以看出，2012 年科技创新能力强省的排名与 2011 年差异不大，前六强省份依旧是广东、江苏、浙江、山东、上海、北京，可以看出东部地区科技创新能力具有明显的优势。

表 6-36 区域制造业科技创新能力综合评价

排名	省份	综合得分
1	广东	0.8484
2	江苏	0.8283
3	浙江	0.6332
4	山东	0.5101
5	上海	0.4563
6	北京	0.3951
7	天津	0.3821
8	安徽	0.3459
9	湖南	0.3452
10	湖北	0.2926

（续表）

排名	省份	综合得分
11	重庆	0.2885
12	福建	0.2656
13	辽宁	0.2058
14	河南	0.1965
15	陕西	0.1828
16	黑龙江	0.1738
17	四川	0.1676
18	河北	0.1594
19	贵州	0.1511
20	山西	0.1464
21	广西	0.1339
22	吉林	0.1266
23	内蒙古	0.1131
24	甘肃	0.1097
25	江西	0.1056
26	宁夏	0.0993
27	海南	0.0912
28	云南	0.0713
29	西藏	0.0681
30	新疆	0.0612
31	青海	0.0346

3. 能源集约能力排名

以 C1—C4 为基础指标，对各地区制造业能源集约能力进行综合评价。采用离差最大化方法，衡量制造业能源集约能力 4 项指标的分配权重，并结合各指标的规范化数值得到 2012 年我国制造业能源集约能力的综合评价值。将综合得分汇总排序，得到各省份制造业能源集约能力的排名（见表 6-37）。北京、浙江、上海三省份制造业能源利用效率及能源结构优化等方面的综合表现突出，排名前三，中部省份（安徽、湖北、湖南）与部分东部强省（山东）排名靠后，能源集约能力的欠缺制约了环境保护能力及制造业的可持续发展。

表 6-37 区域制造业能源集约能力综合评价

排名	省份	综合得分
1	北京	1.1132
2	浙江	1.0680
3	上海	0.9913
4	海南	0.9399
5	广东	0.9031
6	青海	0.8845
7	天津	0.8697
8	福建	0.8360
9	江苏	0.7655
10	甘肃	0.7497
11	重庆	0.7024
12	内蒙古	0.6982
13	宁夏	0.6955
14	江西	0.6945
15	广西	0.6820
16	陕西	0.6682
17	黑龙江	0.6596
18	河南	0.6487
19	吉林	0.6405
20	安徽	0.6356
21	湖南	0.6103
22	辽宁	0.5969
23	四川	0.5749
24	云南	0.5476
25	湖北	0.5086
26	山东	0.5052
27	新疆	0.4843
28	贵州	0.4613
29	河北	0.3920
30	山西	0.3422
31	西藏	—

4. 环境保护能力排名

以 D1—D7 为基础指标，对各地区制造业环境保护能力进行综合评价。采用离差最大化方法，衡量制造业环境保护能力 7 项指标的分配权重，并结合各指标的规范化数值得到 2012 年我国制造业环境保护能力的综合评价值。将综合得分汇总排序，得到各省份制造业环境保护能力的综合排名（见表6-38）。制造业经济创造能力前三的山东、广东、江苏均在环境保护能力上表现不佳，反映一定条件下经济发展与环境保护的矛盾。天津、上海等省份具备强大的环境保护能力的同时兼顾了经济创造能力，这说明施加有意识的改造（如环境规制、市场机制、投资治理等），同样能赢得区域制造业发展与环境保护的共存。

表6-38 区域制造业环境保护能力综合评价

排名	省份	综合得分
1	天津	0.7268
2	北京	0.7202
3	上海	0.6916
4	吉林	0.6587
5	海南	0.6517
6	重庆	0.6483
7	陕西	0.6420
8	四川	0.6415
9	安徽	0.6341
10	青海	0.6287
11	甘肃	0.6219
12	江西	0.6125
13	福建	0.6040
14	黑龙江	0.6008
15	湖南	0.5994
16	内蒙古	0.5986
17	山东	0.5804
18	辽宁	0.5804
19	河南	0.5786
20	广东	0.5773
21	浙江	0.5733
22	宁夏	0.5663
23	西藏	0.5540
24	江苏	0.5438
25	山西	0.5305
26	贵州	0.5293
27	河北	0.5113
28	广西	0.4860
29	新疆	0.4505
30	湖北	0.4487
31	云南	0.3774

5. 社会贡献能力排名

以 E1—E4 为基础指标,对各地区制造业社会贡献能力进行综合评价。采用离差最大化方法,衡量制造业社会贡献能力 4 项指标的分配权重,并结合各指标的规范化数值得到 2012 年我国制造业社会贡献能力的综合评价值。将综合得分汇总排序,得到各省份制造业社会贡献能力的综合排名(见表 6-39),从中可以看出,东部沿海地区强大的经济创造力带动了税收、就业等社会贡献能力。

表 6-39　区域制造业社会贡献能力综合评价

排名	省份	综合得分
1	江苏	0.9073
2	山东	0.8234
3	广东	0.7290
4	河南	0.5223
5	浙江	0.5221
6	上海	0.5021
7	辽宁	0.4970
8	福建	0.4831
9	湖南	0.4570
10	安徽	0.4521
11	天津	0.4499
12	吉林	0.4424
13	四川	0.4340
14	湖北	0.4164
15	河北	0.3952
16	江西	0.3638
17	广西	0.3323
18	内蒙古	0.3056
19	云南	0.3040
20	陕西	0.2955
21	海南	0.2842
22	重庆	0.2560
23	贵州	0.2400
24	西藏	0.2263
25	北京	0.2115
26	黑龙江	0.1959
27	新疆	0.1768
28	甘肃	0.1639
29	宁夏	0.1529
30	青海	0.1335
31	山西	0.1182

6.2.4 中国制造业"十大强省"排序

综合全部32个指标,对各地区制造业发展从经济创造、科技创新、能源利用、环境保护、社会贡献五个方面进行综合评价。采用离差最大化方法,衡量32个指标的分配权重,并结合各指标的规范化数值得到2012年我国制造业各省份的综合评价值。将综合评价值汇总排序,得到我国制造业强省的综合排名(见表6-40)。2012年中国制造业十大强省分别是江苏、广东、山东、浙江、上海、天津、安徽、北京、湖南、福建。

表6-40 中国制造业强省排名

排名	省份	综合得分
1	江苏	0.7606
2	广东	0.6993
3	山东	0.6156
4	浙江	0.5969
5	上海	0.5561
6	天津	0.5123
7	安徽	0.4907
8	北京	0.4777
9	湖南	0.4621
10	福建	0.4396
11	河南	0.4384
12	辽宁	0.4338
13	吉林	0.4220
14	重庆	0.4123
15	四川	0.4023
16	湖北	0.3922
17	海南	0.3915
18	江西	0.3833
19	河北	0.3589
20	陕西	0.3568
21	内蒙古	0.3534
22	广西	0.3448
23	黑龙江	0.3282
24	甘肃	0.3052
25	宁夏	0.2928
26	青海	0.2821
27	贵州	0.2748
28	云南	0.2460
29	新疆	0.2363
30	山西	0.2360
31	西藏	—

2012年制造业强省排名的综合表现如下：

① 江苏综合实力依旧排名第1，广东第2。江苏、广东是制造业强省综合实力榜首位置出现频率最高的省份，2005年、2007年、2011年、2012年江苏排名第1，2008年、2009年、2010年广东占据榜首；回顾近几年的成绩，在经济创造能力、社会贡献能力、能源集约能力方面江苏暂处上风，在环境保护能力方面广东略胜一筹，在科技创新能力方面各有千秋，两者综合实力不相上下。

② 吉林制造业振兴的进程中，科技是短板。2003年，国家启动振兴东北老工业基地战略，吉林制造业向前发展的脚步也逐渐加快。观察其五维表现，对比经济创造、能源集约和环境保护的突出进步，吉林科技创新表现较弱，在R&D研发经费投入、新产品开发等方面表现得不尽如人意，这些制约了地区制造业乃至经济的未来表现。2012年全国GDP增速排名中，吉林列第11位；2013年前三个季度，吉林排名第23位。在全球市场疲软并且缺少科技助推动力的形势下，吉林制造业发展或将迎来瓶颈期。

③ 河南强势追赶，能源与环境成为制约区域未来发展的关键。增长势头强劲的中部强省河南在制造业经济创造能力方面的表现引人关注，2012年经济创造能力居第5位，但综合实力仅列第11位；观察其余四维的表现发现，能源集约能力和环境保护能力牵制河南的追赶步伐，能源和环境维度分列第18位和第19位，与出色的经济创造表现迥异。在能源紧张与环境污染严峻的环境下，河南的可持续发展将面临考验，同样的问题也存在于湖南。另外，湖北由于能源与环境的不足，制造业综合排名连续下跌，2008年第8位、2009年第11位、2010年和2011年分列第12位和第14位、2012年跌至第16位；连续四年高达8个名次的跌幅折射出湖北制造业在能源效率、结构及产业结构方面存在着系统问题。

6.3 中国制造业"十大强市"

目前中国共有大中小城市600多个，为了在众多城市中遴选出样本城市，本报告继续沿用"中心城市"的概念。所谓中心城市，是指在城市体系中居于核心地位、发挥主导作用的城市。本报告把中心城市定位于省会城市、副省级城市和少量较大规模的城市，但直辖市不包括在内。根据制造业发展程度较高和资料可获得性的双重要求，本研究报告拟选择中国33个城市作为样本城市进行比较研究，这33个城市分别是南京、宁波、苏州、郑州、西安、深圳、成都、南昌、济南、杭州、呼和浩特、乌鲁木齐、昆明、长沙、广州、无锡、东莞、武汉、银川、福州、长春、沈阳、厦门、青岛、大连、南宁、石家庄、哈尔滨、海口、合肥、太原、兰州和贵阳。北京、天津、上海、重庆是直辖市，属于省级排名范围，因此尽管这些城市的制造业综合发展能力很高，但它们不参与制造业强市的排名。在撰写本报告时，《东莞统计年鉴

2013》尚未出版,遵循科学性原则,并考虑到东莞制造业的地位,强市评价部分的排名中尽可能列入东莞。此外,呼和浩特的制造业数据统计不全,因此呼和浩特仅参与环境保护能力和社会贡献能力的排名。

6.3.1 制造业各市单项指标排名

1. 经济创造能力排名

（1）制造业总产值排名

2012 年全国各主要城市制造业总产值较 2011 年普遍有所增长。表 6-41 显示,各市平均制造业产值由 2011 年的 7 166.51 亿元提高到 2012 年的 7 560.98 亿元,上升了 5.50%。在 31 个城市中,高于平均制造业产值的地区有 13 个,其余 18 个市低于平均值。制造业产值贡献呈帕累托分布（见图 6-4）,前 8 个城市的累计制造业总产值比重超过 50.00%,而后 13 位的累计产值不到总体的 15.00%。

表 6-41 2012 年各主要城市制造业总产值排名

名次	城市	制造业总产值（亿元）	占总体制造业比重（%）	累计比重（%）
1	苏州	28 223.0802	12.0411	12.0411
2	深圳	20 034.6584	8.5476	20.5886
3	无锡	14 223.0667	6.0681	26.6567
4	青岛	13 686.3228	5.8391	32.4958
5	广州	13 546.0330	5.7793	38.2751
6	沈阳	12 171.5647	5.1929	43.4679
7	杭州	12 125.8090	5.1733	48.6413
8	宁波	11 260.5675	4.8042	53.4455
9	南京	11 121.3219	4.7448	58.1903
10	大连	10 092.2497	4.3057	62.4960
11	郑州	8 783.4129	3.7473	66.2433
12	武汉	7 747.5100	3.3054	69.5487
13	长春	7 736.7789	3.3008	72.8495
14	成都	7 477.5953	3.1902	76.0398
15	石家庄	6 968.1031	2.9729	79.0126
16	长沙	6 723.1880	2.8684	81.8810
17	合肥	6 371.1571	2.7182	84.5992
18	福州	5 398.9925	2.3034	86.9026
19	厦门	4 281.3967	1.8266	88.7292
20	济南	3 913.5406	1.6697	90.3989

（续表）

名次	城市	制造业总产值（亿元）	占总体制造业比重（%）	累计比重（%）
21	西安	3 685.4882	1.5724	91.9713
22	南昌	3 412.3897	1.4559	93.4271
23	哈尔滨	2 707.4586	1.1551	94.5822
24	昆明	2 582.5281	1.1018	95.6840
25	太原	2 067.0448	0.8819	96.5659
26	南宁	1 956.1938	0.8346	97.4005
27	兰州	1 801.7587	0.7687	98.1692
28	乌鲁木齐	1 467.8066	0.6262	98.7954
29	贵阳	1 384.9768	0.5909	99.3863
30	银川	970.9941	0.4143	99.8006
31	海口	467.4700	0.1994	100.0000

资料来源：《城市统计年鉴2013》及2013年各市统计年鉴。

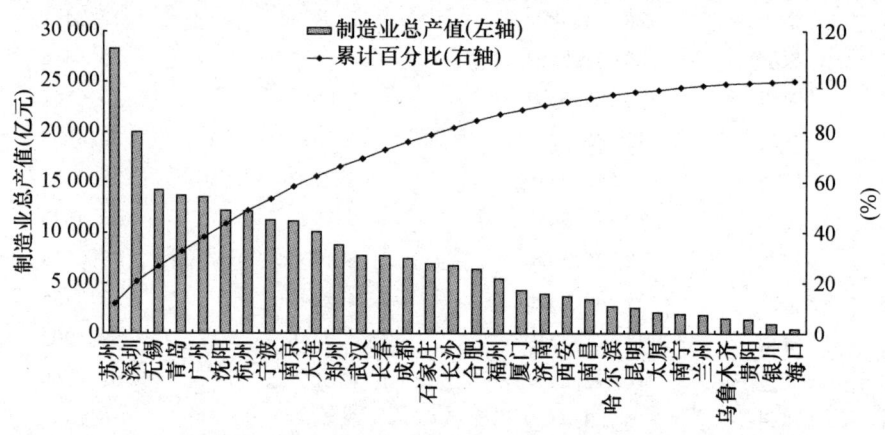

图6-4　2012年各主要城市制造业总产值帕累托分布

（2）制造业总产值占工业总产值比重排名

表6-42显示，有10个市的制造业总产值占工业总产值比重超过95.00%，而制造业总产值占工业总产值比重超过90.00%的城市有22个，表明制造业是工业的绝对主体。其中，2012年全国主要城市制造业总产值占工业总产值比重排名前五位的城市依次是无锡、苏州、大连、青岛和南京，江苏省"独中三元"，充分表明江苏省是典型的制造业大省。

表 6-42 2012 年各主要城市制造业总产值占工业总产值比重排名

名次	城市	制造业总产值（亿元）	工业总产值（亿元）	制造业总产值占工业总产值比重(%)
1	无锡	14 223.0667	14 446.8529	98.4510
2	苏州	28 223.0802	28 745.5409	98.1825
3	大连	10 092.2497	10 350.8193	97.5019
4	青岛	13 686.3228	14 053.3565	97.3883
5	南京	11 121.3219	11 437.8020	97.2330
6	沈阳	12 171.5647	12 702.3272	95.8215
7	厦门	4 281.3967	4 486.3500	95.4316
8	长沙	6 723.1880	7 058.3246	95.2519
9	成都	7 477.5953	7 853.6792	95.2114
10	合肥	6 371.1571	6 696.4216	95.1427
11	哈尔滨	2 707.4586	2 851.6437	94.9438
12	深圳	20 034.6584	21 363.7447	93.7788
13	杭州	12 125.8090	12 959.6777	93.5657
14	郑州	8 783.4129	9 412.9752	93.3118
15	长春	7 736.7789	8 294.1696	93.2797
16	南宁	1 956.1938	2 109.3267	92.7402
17	宁波	11 260.5675	12 155.0760	92.6409
18	济南	3 913.5406	4 248.2934	92.1203
19	石家庄	6 968.1031	7 643.1457	91.1680
20	福州	5 398.9925	5 954.8900	90.6649
21	西安	3 685.4882	4 066.3124	90.6347
22	海口	467.4700	516.0173	90.5919
23	南昌	3 412.3897	3 856.5032	88.4840
24	兰州	1 801.7587	2 055.4242	87.6587
25	贵阳	1 384.9768	1 593.4771	86.9154
26	武汉	7 747.5100	9 018.8800	85.9032
27	昆明	2 582.5281	3 011.3384	85.7601
28	广州	13 546.0330	16 066.4335	84.3126
29	太原	2 067.0448	2 588.7392	79.8475
30	乌鲁木齐	1 467.8066	2 150.8375	68.2435
31	银川	970.9941	1 647.5657	58.9351

资料来源：《城市统计年鉴 2013》及 2013 年各市统计年鉴。

(3) 制造业就业人员劳动生产率排名

从表6-43可以看出,沈阳制造业就业人员人均产值为373.93万元/人,位居榜首;石家庄、苏州、无锡紧随其后,分别为328.21万元/人、319.70万元/人、300.19万元/人。这4个城市的制造业就业人员劳动生产率均超过300.00万元/人,其制造业就业人员劳动生产率处于较高水平;另外,相较其他城市,沈阳的制造业就业人员劳动生产率的领先优势明显。

表6-43 2012年各主要城市制造业就业人员劳动生产率排名

名次	城市	制造业总产值 (亿元)	制造业就业人数 (万人)	制造业就业人员劳动 生产率(万元/人)
1	沈阳	12 171.56	32.5500	373.9344
2	石家庄	6 968.10	21.2309	328.2057
3	苏州	28 223.08	88.2800	319.6996
4	无锡	14 223.07	47.3800	300.1914
5	长春	7 736.78	28.2900	273.4810
6	合肥	6 371.16	28.0300	227.2978
7	银川	970.99	4.4300	219.1860
8	大连	10 092.25	46.0500	219.1585
9	南京	11 121.32	53.5500	207.6811
10	青岛	13 686.32	68.1200	200.9149
11	长沙	6 723.19	36.7400	182.9937
12	乌鲁木齐	1 467.81	8.8900	165.1076
13	郑州	8 783.41	55.3100	158.8033
14	深圳	20 034.66	126.3800	158.5271
15	杭州	12 125.81	80.4700	150.6873
16	武汉	7 747.51	51.7200	149.7972
17	兰州	1 801.76	12.3600	145.7734
18	宁波	11 260.57	81.9900	137.3407
19	成都	7 477.60	58.9100	126.9325
20	南昌	3 412.39	28.1600	121.1786
21	昆明	2 582.53	21.4500	120.3976
22	福州	5 398.99	46.2600	116.7097
23	广州	13 546.03	117.1100	115.6693
24	济南	3 913.54	34.4500	113.6006

（续表）

名次	城市	制造业总产值 （亿元）	制造业就业人数 （万人）	制造业就业人员劳动 生产率（万元/人）
25	南宁	1 956.19	17.2900	113.1402
26	哈尔滨	2 707.46	27.4900	98.4889
27	海口	467.47	5.1000	91.6608
28	太原	2 067.04	24.7500	83.5170
29	西安	3 685.49	46.5420	79.1863
30	贵阳	1 384.98	17.9600	77.1145
31	厦门	4 281.40	57.9500	73.8809

资料来源：《城市统计年鉴2013》及2013年各市统计年鉴。

（4）制造业企业利润总额排名

从表6-44可以看出，苏州、深圳、无锡、郑州、广州位列排行前五，其中苏州制造业企业利润总额为1 181.81亿元，远远超过排名第2的深圳。2012年各主要城市制造业利润总额的平均值为410.43亿元，超过这一平均值的城市有16个。此外，兰州制造业企业利润额为-28.80亿元，是唯一亏损的制造业城市。

表6-44 2012年各主要城市制造业企业利润总额排名

名次	城市	制造业企业利润总额（亿元）
1	苏州	1 181.8142
2	深圳	847.2035
3	无锡	843.6238
4	郑州	833.1789
5	广州	754.1063
6	青岛	731.4494
7	沈阳	698.2378
8	长春	664.8400
9	长沙	590.5593
10	南京	573.7993
11	成都	564.5558
12	杭州	538.5915
13	石家庄	537.0366
14	大连	506.8144
15	宁波	480.5762

(续表)

名次	城市	制造业企业利润总额(亿元)
16	合肥	473.4463
17	武汉	370.3400
18	福州	356.8206
19	厦门	242.5959
20	南昌	205.0102
21	济南	190.7388
22	南宁	166.8500
23	西安	163.2556
24	昆明	143.5019
25	贵阳	113.6627
26	太原	111.3753
27	哈尔滨	106.1556
28	呼和浩特	72.8371
29	银川	37.8545
30	海口	36.9673
31	乌鲁木齐	24.6539
32	兰州	-28.8000

资料来源:《城市统计年鉴2013》及2013年各市统计年鉴。

2. 环境保护能力排名

(1) 工业废水排放量排名

由于各城市均没有细分至制造业的废水排放量的统计数据,这里用工业口径废水排放量的统计数据来分析各地区工业对水环境的污染程度,在一定程度上反映各地区制造业对水环境的污染程度。从表6-45可以看出,2012年苏州是中国工业废水排放量最多的城市,杭州、无锡、石家庄、大连位列其后。总体来看,东部地区制造业强势地区工业废水排放量明显高于其他地区,说明伴随制造业的高速发展,制造业的水污染也在增加。相比2011的工业废水排放量,共计20个城市实现了工业废水排放量的减少,其中西安市尤为突出,工业废水排放增速为-76.01%;相较之下,另有13个城市的工业废水排放量处于增加态势,尤以无锡为重,其工业废水排放增速达到32.88%。

表 6-45　2012 年各主要城市工业废水排放量排名

名次	城市	2011 年工业废水排放量(吨)	2012 年工业废水排放量(吨)	工业废水排放增速(%)
1	苏州	71 441	70 754	-0.96
2	杭州	47 890	42 724	-10.79
3	无锡	26 977	35 846	32.88
4	石家庄	25 591	31 058	21.36
5	大连	31 487	30 795	-2.20
6	厦门	31 542	26 948	-14.56
7	东莞	28 240	26 909	-4.71
8	南京	25 379	24 223	-4.55
9	广州	24 579	22 677	-7.74
10	武汉	23 389	20 851	-10.85
11	宁波	19 797	20 125	1.66
12	深圳	11 715	13 831	18.06
13	郑州	14 454	12 538	-13.26
14	南宁	14 690	12 496	-14.94
15	成都	12 845	11 780	-8.29
16	青岛	11 289	11 146	-1.27
17	南昌	9 367	10 929	16.68
18	沈阳	7 239	7 705	6.44
19	济南	6 396	6 653	4.02
20	哈尔滨	5 838	6 497	11.29
21	乌鲁木齐	4 820	5 980	24.07
22	合肥	6 039	5 971	-1.13
23	银川	6 448	5 963	-7.52
24	福州	5 492	5 333	-2.90
25	长春	6 335	5 309	-16.20
26	昆明	6 264	5 211	-16.81
27	兰州	4 094	4 652	13.63
28	长沙	4 051	3 777	-6.76
29	西安	13 274	3 185	-76.01
30	太原	2 453	3 161	28.86
31	呼和浩特	2 650	2 187	-17.47
32	贵阳	1 986	2 008	1.11
33	海口	620	879	41.77

资料来源:《中国环境统计年鉴 2013》。

(2) 工业单位产值废水排放量排名

我们用工业单位产值废水排放量来分析地区工业生产所付出的水环境代价,从而在一定程度上反映制造业生产所付出的水环境代价。从表6-46可以看出,工业单位产值废水排放量最大的城市依次为厦门、南宁、石家庄、银川和杭州;长沙、沈阳、长春、深圳、西安5个城市的工业单位产值废水排放量最低,依次排倒数5位。单位产值污染排放(废水)较低,反映了单位工业生产所付出的水环境代价相对较低;但同时,庞大的废水排放总量仍不容忽视。

表6-46　2012年各主要城市工业单位产值废水排放量排名

名次	城市	工业单位产值废水排放量(万吨/亿元)
1	厦门	6.0067
2	南宁	5.9242
3	石家庄	4.0635
4	银川	3.6193
5	杭州	3.2967
6	大连	2.9751
7	东莞	2.8347
8	南昌	2.8339
9	乌鲁木齐	2.7803
10	无锡	2.4812
11	苏州	2.4614
12	武汉	2.3119
13	哈尔滨	2.2783
14	兰州	2.2633
15	南京	2.1178
16	昆明	1.7305
17	海口	1.7034
18	呼和浩特	1.6760
19	宁波	1.6557
20	济南	1.5660
21	成都	1.4999
22	广州	1.4115
23	郑州	1.3320
24	贵阳	1.2601
25	太原	1.2211
26	福州	0.8956

（续表）

名次	城市	工业单位产值废水排放量（万吨/亿元）
27	合肥	0.8917
28	青岛	0.7931
29	西安	0.7833
30	深圳	0.6474
31	长春	0.6401
32	沈阳	0.6066
33	长沙	0.5351

资料来源：《中国环境统计年鉴2013》及《城市统计年鉴2013》。

(3) 工业二氧化硫排放量排名

由于数据可获得性的限制，这里采用工业二氧化硫的排放量来反映各城市工业对空气的污染程度，在一定程度上反映各城市制造业对空气的污染程度。从表6-47可以看出，工业废气排放量最大的城市依次是苏州、石家庄、宁波、南京和东莞，除石家庄的4个城市的制造业在创造了较强经济实力的同时，也带来了大量的制造业废气排放。同为制造业强势区域的深圳的废气排放量不高；这反映出虽然制造业发展与环境保护存在矛盾，但若政府合理引导、企业有效控制，就能够从一定程度上缓解这一矛盾。整体来看，多数城市2012年的工业二氧化硫排放量比2011年明显减少，减幅最大的是长沙，减少了68.94%；同时，还有9个城市的工业二氧化硫排放量保持了增加的态势，其中制造业并不发达的银川和南昌的工业二氧化硫排放量分别增加40.33%和24.20%。

表6-47 2012年各主要城市工业二氧化硫排放量排名

名次	城市	2011年工业二氧化硫排放量（吨）	2012年工业二氧化硫排放量（吨）	工业二氧化硫排放增速（%）
1	苏州	191 925	183 401	-4.44
2	石家庄	196 736	179 942	-8.54
3	宁波	152 601	144 356	-5.40
4	南京	125 653	119 155	-5.17
5	东莞	132 444	118 663	-10.41
6	乌鲁木齐	129 445	118 059	-8.80
7	大连	132 003	114 589	-13.19
8	昆明	104 340	113 277	8.57
9	郑州	110 969	110 056	-0.82

（续表）

名次	城市	2011年工业二氧化硫排放量（吨）	2012年工业二氧化硫排放量（吨）	工业二氧化硫排放增速（%）
10	银川	75 355	105 743	40.33
11	济南	109 299	103 187	-5.59
12	太原	108 234	101 780	-5.96
13	武汉	108 694	100 072	-7.93
14	无锡	96 415	99 857	3.57
15	呼和浩特	107 187	99 375	-7.29
16	沈阳	95 199	96 756	1.64
17	杭州	91 688	86 181	-6.01
18	西安	97 884	83 063	-15.14
19	哈尔滨	90 208	80 740	-10.50
20	福州	91 320	76 255	-16.50
21	青岛	75 777	72 563	-4.24
22	长春	68 978	69 046	0.10
23	兰州	92 722	68 654	-25.96
24	广州	68 295	68 379	0.12
25	贵阳	81 625	65 259	-20.05
26	成都	52 576	56 730	7.90
27	合肥	49 497	45 572	-7.93
28	南昌	35 000	43 470	24.20
29	南宁	32 444	30 626	-5.60
30	长沙	68 295	21 210	-68.94
31	厦门	19 108	19 276	0.88
32	深圳	10 435	9 847	-5.63
33	海口	2002	1 731	-13.54

资料来源：《中国环境统计年鉴 2013》。

（4）工业单位产值二氧化硫排名

由于数据可获得性的限制，这里用工业二氧化硫排放量与工业总产值的比值反映工业生产所付出的大气环境代价，在一定程度上可以反映各城市制造业生产所付出的大气环境代价。表 6-48 显示，深圳、长沙、海口、广州、厦门的工业单位产值废气排放量较小，居最后五位；呼和浩特、银川、乌鲁木齐、贵阳、太原的工业单位产值废气排放量较大，列前五位。其中深圳、广州作为制造业强市，工业单位产值二氧化硫排放量却较少，说明当地政府对工业废气污染的监管比较重视，采取的政策制度比较有效；而呼和浩特、银川、乌鲁木齐等城市制造业发展落后，工业单位产值二氧化硫排放量却较高,须引起有关部门的重视。

表 6-48　2012 年各主要城市工业单位产值二氧化硫排放量排名

名次	城市	工业单位产值二氧化硫排放量(吨/亿元)
1	呼和浩特	76.1567
2	银川	64.1814
3	乌鲁木齐	54.8898
4	贵阳	40.9538
5	太原	39.3164
6	昆明	37.6168
7	兰州	33.4014
8	哈尔滨	28.3135
9	济南	24.2890
10	石家庄	23.5429
11	西安	20.4271
12	南宁	14.5193
13	福州	12.8054
14	东莞	12.5006
15	宁波	11.8762
16	郑州	11.6919
17	南昌	11.2719
18	武汉	11.0958
19	大连	11.0705
20	南京	10.4176
21	长春	8.3246
22	沈阳	7.6172
23	成都	7.2234
24	无锡	6.9120
25	合肥	6.8054
26	杭州	6.6499
27	苏州	6.3802
28	青岛	5.1634
29	厦门	4.2966
30	广州	4.2560
31	海口	3.3545
32	长沙	3.0050
33	深圳	0.4609

资料来源:《中国环境统计年鉴 2013》及《城市统计年鉴 2013》。

(5) 工业固体废弃物产生量排名

由于数据可获得性的限制,这里对各主要城市工业固体废弃物产生量进行排名,从一定程度上反映各主要城市制造业固体废弃物产生的情况。从表 6-49 可以看出,工业固体废弃物产生量最多的五个城市依次为昆明、太原、苏州、南京和郑州,而海口、长沙、深圳、厦门和南昌为工业固体废弃物产生量最少的五个城市。对比 2011 年各城市工业固体废弃物产生量的情况,超过一半的城市工业固体废弃物产生量在减少,其中减少最多的是石家庄和长沙,其工业固体废弃物产生量分别减少了 50.04% 和 41.71%。

表 6-49 2012 年各主要城市工业固体废弃物产生量排名

名次	城市	2011年工业固体废弃物产生量(万吨)	2012年工业固体废弃物产生量(万吨)	工业固体废弃物产生量增速(%)
1	昆明	3 669.92	3 002.68	-18.18
2	太原	3 153.52	2 787.39	-11.61
3	苏州	2 297.76	2 214.00	-3.65
4	南京	1 759.40	1 615.95	-8.15
5	郑州	1 249.30	1 500.23	20.09
6	武汉	1 379.40	1 381.30	0.14
7	乌鲁木齐	1 000.70	1 299.70	29.88
8	宁波	1 421.86	1 246.63	-12.32
9	贵阳	1 140.05	1 122.38	-1.55
10	呼和浩特	892.14	1 121.96	25.76
11	合肥	1 065.96	1 076.85	1.02
12	济南	1 126.35	1 012.21	-10.13
13	无锡	1 031.37	922.00	-10.60
14	青岛	887.90	853.45	-3.88
15	石家庄	1 520.23	759.49	-50.04
16	银川	624.72	728.72	16.65
17	福州	693.68	728.40	5.01
18	杭州	763.26	706.84	-7.39
19	大连	528.67	706.69	33.67
20	沈阳	704.61	703.75	-0.12
21	兰州	604.55	627.88	3.86
22	广州	659.35	614.96	-6.73
23	成都	518.02	585.27	12.98

（续表）

名次	城市	2011年工业固体废弃物产生量（万吨）	2012年工业固体废弃物产生量（万吨）	工业固体废弃物产生量增速（%）
24	哈尔滨	564.47	571.18	1.19
25	长春	616.89	469.55	-23.88
26	南宁	348.75	356.49	2.22
27	西安	277.97	258.22	-7.11
28	南昌	185.25	186.32	0.58
29	厦门	119.18	114.47	-3.95
30	深圳	95.77	105.23	9.88
31	长沙	177.59	103.51	-41.71
32	海口	4.77	6.15	28.93

资料来源：《中国环境统计年鉴2013》。

（6）工业单位产值固体废弃物产生量排名

这里采用工业单位产值固体废弃物产生量反映工业生产所付出的空间环境代价。从表6-50可以看出，太原、昆明、呼和浩特、贵阳、乌鲁木齐工业单位产值固体废弃物产生量高。这主要是由于这些城市地处中西部地区，矿产资源丰富，在工业产业构成上黑色金属冶炼及压延加工业、石油加工及炼焦业、化学原料及化学制品制造业的比重较高，而这些都是废弃物污染较重、附加值较低的制造业行业。

表6-50　2012年各主要城市工业单位产值固体废弃物产生量排名

名次	城市	工业单位产值固体废弃物产生量（吨/亿元）
1	太原	10 767.3651
2	昆明	9 971.2473
3	呼和浩特	8 598.2202
4	贵阳	7 043.5904
5	乌鲁木齐	6 042.7624
6	银川	4 423.0103
7	兰州	3 054.7466
8	济南	2 382.6273
9	哈尔滨	2 002.9852
10	南宁	1 690.0654
11	合肥	1 608.0977
12	郑州	1 593.7894
13	武汉	1 531.5649

（续表）

名次	城市	工业单位产值固体废弃物产生量(吨/亿元)
14	南京	1 412.8152
15	福州	1 223.1964
16	宁波	1 025.6044
17	石家庄	993.6877
18	苏州	770.2064
19	成都	745.2176
20	大连	682.7382
21	无锡	638.2013
22	西安	635.0225
23	青岛	607.2926
24	长春	566.1206
25	沈阳	554.0323
26	杭州	545.4148
27	南昌	483.1320
28	广州	382.7607
29	厦门	255.1517
30	长沙	146.6495
31	海口	119.1821
32	深圳	49.2563

资料来源：2013年各城市统计年鉴。

(7) 工业固体废弃物综合利用量排名

由于数据可获得性的限制，这里用工业固体废弃物综合利用量来反映各城市制造业固体废弃物综合利用情况。表6-51显示，综合利用量前五位的城市依次是苏州、太原、武汉、昆明和乌鲁木齐，结合固体废弃物产生量指标可以得到这些区域的固体废弃物利用率分别为94.70%、53.77%、95.05%、43.29%和88.95%。苏州作为制造业总产值排名最前的制造业强市，在固体废弃物综合利用方面也表现突出；排名最后的海口工业固体废弃物综合利用量仅为5.64万吨，这也与其排放量较少有关。

表 6-51　2012 年各城市工业固体废弃物综合利用量排名

名次	城市	工业固体废弃物综合利用量(万吨)
1	苏州	2 179.00
2	太原	1 499.32
3	武汉	1 364.26
4	昆明	1 356.02
5	乌鲁木齐	1 157.40
6	宁波	1 147.00
7	郑州	1 140.20
8	南京	1 126.57
9	合肥	1 011.72
10	济南	1 010.54
11	无锡	896.00
12	青岛	841.02
13	石家庄	743.45
14	杭州	688.81
15	大连	675.28
16	沈阳	667.87
17	贵阳	663.78
18	福州	655.15
19	兰州	623.54
20	银川	591.59
21	广州	589.09
22	成都	577.36
23	哈尔滨	572.82
24	长春	468.57
25	呼和浩特	401.04
26	南宁	326.20
27	西安	248.53
28	南昌	183.89
29	厦门	109.87
30	长沙	94.69
31	深圳	94.41
32	海口	5.64

资料来源:2013 年各城市统计年鉴。

3. 社会贡献能力排名

(1) 制造业就业人员人数占城市就业人数比重排名

从表 6-52 可以看出，制造业就业人员人数占城市就业人数比重排名前五位的城市依次是苏州、无锡、青岛、厦门和宁波，分别吸纳当地 66.03%、53.78%、52.81%、49.07% 和 46.93% 的从业人数，这些城市的制造业吸纳就业的贡献大；而海口、银川和乌鲁木齐制造业就业人员人数占城市就业人数比重位列最后三位，反映出制造业在这些城市产业结构中的比重低。

表 6-52　2012 年各主要城市制造业就业人员人数占地方就业人数比重排名

名次	城市	制造业就业人员人数（万人）	制造业就业人员人数占地方就业人数比重（%）
1	苏州	882 800	66.0284
2	无锡	473 800	53.7798
3	青岛	681 200	52.8062
4	厦门	579 500	49.0686
5	宁波	819 900	46.9319
6	深圳	1 263 800	45.1357
7	大连	460 500	41.3004
8	南京	535 500	36.3297
9	广州	1 171 100	35.8244
10	郑州	553 100	34.1420
11	福州	462 600	32.1921
12	长沙	367 400	29.6290
13	南昌	281 600	29.2723
14	杭州	804 700	28.5456
15	长春	282 900	28.2900
16	西安	465 420	28.1051
17	成都	589 100	27.7485
18	武汉	517 200	26.9515
19	沈阳	325 500	26.6803
20	济南	344 500	24.3463
21	合肥	280 300	24.2474
22	太原	247 500	23.9246
23	石家庄	212 309	23.4119

（续表）

名次	城市	制造业就业人员人数（万人）	制造业就业人员人数占地方就业人数比重（%）
24	兰州	123 600	22.8466
25	贵阳	179 600	21.7170
26	南宁	172 900	21.5050
27	哈尔滨	274 900	19.8771
28	呼和浩特	61 500	17.9300
29	昆明	214 500	17.9048
30	乌鲁木齐	88 900	14.1111
31	银川	44 300	13.2239
32	海口	51 000	11.3333

资料来源：《城市统计年鉴2013》及2013年各市统计年鉴。

（2）制造业企业利税总额排名

通过对各主要城市制造业企业利税总额进行分析（见表6-53），排名前五位的城市依次为苏州、深圳、广州、青岛和南京，利税总额分别为1 721.54亿元、1 530.73亿元、1 467.21亿元、1 394.72亿元和1 328.26亿元。2012年32个城市的制造业企业利税总额平均值为739.35亿元，共有16个城市的制造业利税总额超过这一平均值。

表6-53　2012年各主要城市制造业企业利税总额排名

名次	城市	制造业企业利税总额（亿元）
1	苏州	1 721.5352
2	深圳	1 530.7331
3	广州	1 467.2063
4	青岛	1 394.7245
5	南京	1 328.2639
6	长沙	1 316.2313
7	郑州	1 283.3612
8	无锡	1 214.4877
9	成都	1 123.4214
10	长春	1 121.1553
11	大连	1 100.6098
12	沈阳	1 083.7655
13	宁波	1 003.1330

（续表）

名次	城市	制造业企业利税总额（亿元）
14	武汉	972.5700
15	石家庄	779.4742
16	合肥	744.0054
17	福州	549.8924
18	杭州	538.5915
19	济南	422.4378
20	昆明	389.2314
21	厦门	382.5929
22	南昌	373.3612
23	哈尔滨	303.1799
24	西安	295.3278
25	贵阳	261.9567
26	南宁	188.6509
27	太原	174.4791
28	兰州	168.9000
29	呼和浩特	144.7999
30	乌鲁木齐	107.8347
31	银川	104.3957
32	海口	68.8813

资料来源：《城市统计年鉴2013》。

（3）制造业就业人员人均利税率排名

制造业就业人员人均利税率反映区域制造业对国家税收的人均贡献能力，也是衡量制造业社会贡献能力的重要指标。通过对各主要城市制造业人均利税率进行分析（见表6-54），排名前五位的城市依次为长春、石家庄、长沙、沈阳和合肥，人均利税率分别为39.63万元/人、36.71万元/人、35.83万元/人、33.30万元/人和26.54万元/人。值得注意的是，人均利税率前五位的城市在地域上均属于中部地区，长春和沈阳更是东北老工业基地制造业的中心城市。

表6-54　2012年各主要城市制造业人均利税率排名

名次	城市	制造业人均利税率（万元/人）
1	长春	39.63
2	石家庄	36.71
3	长沙	35.83
4	沈阳	33.30
5	合肥	26.54

（续表）

名次	城市	制造业人均利税率（万元/人）
6	无锡	25.63
7	南京	24.80
8	大连	23.90
9	银川	23.57
10	呼和浩特	23.54
11	郑州	23.20
12	青岛	20.47
13	苏州	19.50
14	成都	19.07
15	武汉	18.80
16	昆明	18.15
17	贵阳	14.59
18	兰州	13.67
19	海口	13.51
20	南昌	13.26
21	广州	12.53
22	济南	12.26
23	宁波	12.23
24	乌鲁木齐	12.13
25	深圳	12.11
26	福州	11.89
27	哈尔滨	11.03
28	南宁	10.91
29	太原	7.05
30	杭州	6.69
31	厦门	6.60
32	西安	6.35

6.3.2 制造业强市评价方法与指标

1. 评价方法和数据来源

本部分的评价方法与强省评价方法一致，采用离差最大化方法进行制造业强市的分析与排名，数据的处理主要借助计算机应用软件 Excel 来完成；同时，为了保证评价结果的准确性，样本原始数据采自各城市 2013 年统计年鉴、《中国环境统计年鉴 2013》及《中国城市统计年鉴 2013》。

2. 中国制造业"十大强市"评价指标

制造业城市评价指标设计的原则与制造业强省评价指标设计的原则一致，区别仅仅表现在个别指标的选择上。由于城市层面在科技创新和能源消耗方面的统计指标和数据严重不全,因此本部分从三个方面,即经济创造能力、环境保护能力和社会贡献能力对城市制造业进行综合发展能力的评价(见表6-55)。

表6-55 城市制造业综合发展能力评价指标体系

总指标	序号	主指标	序号	子指标
制造业强市指标体系	A	经济创造能力	A1	制造业总产值
			A2	制造业总产值占工业总产值比重
			A3	制造业企业利润总额
			A4	制造业企业从业人员人均利润率
			A5	制造业从业人员劳动生产率
			A6	制造业产品销售率
	B	环境保护能力	B1	制造业废水排放量
			B2	单位产值废水排放量
			B3	制造业二氧化硫排放量
			B4	单位产值二氧化硫排放量
			B5	制造业固体废弃物产生量
			B6	单位产值固体废弃物产生量
			B7	制造业固体废弃物综合利用率
	C	社会贡献能力	C1	制造业从业人员数
			C2	制造业从业人员占城市从业人员比重
			C3	制造业企业利税总额
			C4	制造业企业从业人员人均利税额

(1)经济创造能力

经济创造能力是城市制造业综合发展能力的重要组成部分。只有具有经济效益,城市才具有持续发展的可能,才能为科技创新、提高效率、保护环境提供支持,表6-56列出反映城市经济创造能力的6个指标。

表6-56 城市制造业经济创造能力指标集

序号	经济创造能力指标集		单位
A1	产值	制造业总产值	亿元
A2		制造业总产值占工业总产值比重	%
A3	利润	制造业企业利润总额	亿元
A4		制造业就业人员人均利润率	万元/人
A5	效率	制造业就业人员劳动生产率	万元/人
A6	市场	制造业产品销售率	%

表6-54中,A1和A2为产值指标,用来反映制造业产值的总体规模及相对规

模水平；A3 和 A4 为利润指标，用来反映制造业的利润总量及人均利润贡献率；A5 为效率指标，用来反映制造业的劳动效率水平；A6 为市场指标，用来反映制造业产品满足社会需求的程度。其中一些指标的计算方法如下：

$$人均利润率 = \frac{制造业利润总额}{制造业就业人员数}$$

$$劳动生产率 = \frac{制造业总产值}{制造业就业人员数}$$

$$制造业产品销售率 = \frac{制造业销售产值}{制造业总产值}$$

（2）环境保护能力

环境保护能力指标主要从制造业在生产过程中的污染排放及污染治理情况来反映城市制造业的环境保护能力。表 6-57 列出了反映制造业环境保护能力的 7 个评价指标。B1—B6 为制造业"三废"排放指标，其中 B1 和 B2 反映制造业企业的废水排放情况，B3 和 B4 反映制造业企业的废气排放情况，B5 和 B6 反映制造业企业的固体废弃物排放情况，B7 为制造业污染治理指标，反映制造业废物的综合利用情况。

表 6-57 城市制造业环境保护能力指标集

序号	环境保护能力指标集		单位
B1	废水	制造业废水排放量	万吨
B2		单位产值废水排放量	万吨/亿元
B3	废气	制造业二氧化硫排放量	吨
B4		单位产值二氧化硫排放量	吨/亿元
B5	固体废物	制造业固体废弃物产生量	万吨
B6		单位产值固体废弃物产生量	万吨/亿元
B7	综合	制造业固体废弃物综合利用率	%

离差最大化要求样本数据具有同向性，即越大越好或越小越好。经济创造能力指标和社会贡献能力指标均有向上性，即越大越好；而环境指标中的 B1—B6 具有向下性，即越小越好。故对 B1—B6 指标进行处理，将其转为向上性，方法为：

$$y_i = \max x_i - x_i, \quad 其中 i = 1, 2, \cdots, 6$$

式中，x_i 为原数据；$\max x_i$ 为数据列的最大值；y_i 为后转向数据。

（3）社会贡献能力

社会贡献能力指标主要从制造业创造的税收和就业两方面反映制造业对城市的社会贡献能力。表 6-58 列出反映制造业社会贡献能力的 4 个评价指标。其中，C1 和 C2 为就业指标，反映制造业提供就业的总量及其占城市就业的比重；C3

和 C4 为利税指标，反映城市制造业贡献的利税总额及人均利税。

表 6-58　城市制造业社会贡献能力指标集

序号		社会贡献指标集	单位
C1	就业	制造业就业人员数	人
C2		制造业就业人员占城市从业人员比重	%
C3	税收	制造业企业利税总额	亿元
C4		制造业企业就业人员人均利税额	万元/人

6.3.3　制造业强市评价指标排名

本节通过对经济创造能力、环境保护能力和社会贡献能力进行单独测评，从不同侧面反映样本城市制造业在此三个方面的能力。

1. 经济创造能力排名

以 A1—A6 为基础指标，对各城市制造业经济创造能力进行综合评价。采用离差最大化方法，衡量制造业经济创造能力 6 项指标的分配权重，并结合各指标的规范化数值得到 2012 年我国制造业经济创造能力强市的综合评价值（见表 6-59）。

表 6-59　2012 年城市制造业经济创造能力综合评价

排名	城市	得分
1	苏州	0.8641
2	沈阳	0.7603
3	无锡	0.7281
4	长春	0.6687
5	石家庄	0.6613
6	青岛	0.5987
7	深圳	0.5756
8	南京	0.5647
9	长沙	0.5425
10	合肥	0.5335
11	郑州	0.5271
12	大连	0.5103
13	成都	0.5094
14	杭州	0.4870
15	广州	0.4707

（续表）

排名	城市	得分
16	宁波	0.4276
17	武汉	0.3906
18	南昌	0.3750
19	福州	0.3615
20	厦门	0.3449
21	济南	0.3382
22	南宁	0.3114
23	哈尔滨	0.2981
24	海口	0.2963
25	昆明	0.2912
26	西安	0.2667
27	银川	0.2613
28	太原	0.2600
29	乌鲁木齐	0.2237
30	兰州	0.2073
31	贵阳	0.1806

注：郑州、成都、南昌、青岛缺少制造业销售产值的统计，因此用制造业销售收入替代制造业销售产值；呼和浩特有数据缺失，未列入本排名。

从表6-59和图6-5可以看到，制造业经济创造能力排名前十位的城市依次为苏州、沈阳、无锡、长春、石家庄、青岛、深圳、南京、长沙和合肥。相比前几年的排名情况，2012年制造业经济创造强市的排名呈现以下特点：

第一，从东中西部划分来看，2012年制造业经济创造能力"十强"城市中，东部地区占据6席、中部地区占据4席，西部地区未有城市进入经济创造能力"十强"。这说明，我国制造业在经济创造能力上存在着明显的东中西部差异。

第二，沈阳和长春作为东北老工业基地制造业核心城市的代表，首次同时进入排名前四。这也表明，东部地区城市制造业在经济创造能力方面的传统优势被打破；其中，沈阳和长春的人均利润率和劳动生产率具有明显优势。

第三，江苏省制造业拔得头筹，3个城市（苏州、无锡和南京）进入制造业经济创造"十强"城市排名；3个城市各自制造业总产值占工业总产值的比重都超过97%，成为典型的以制造业为主体的工业体系。其中，苏州和无锡作为苏南经济的领头羊、长三角制造业的核心城市，相较于其他城市，其在制造业总产值、利润总额、人均利润率和劳动生产率方面均具有较大优势。

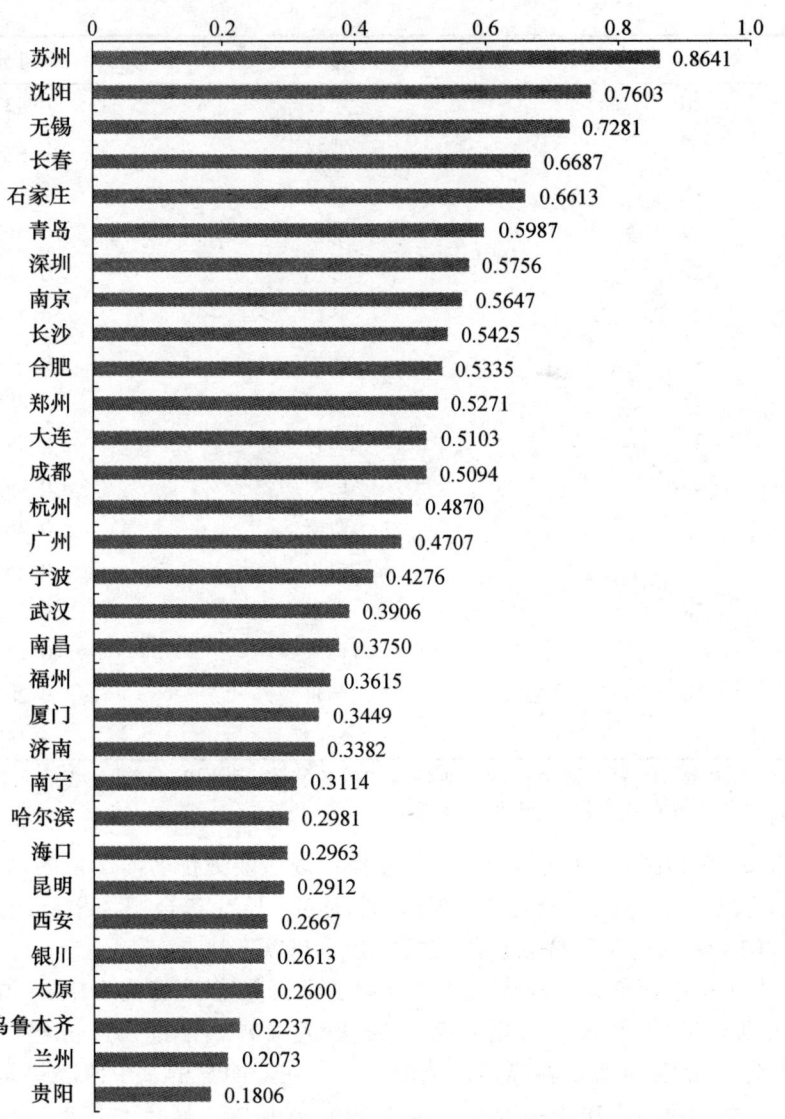

图 6-5 城市制造业经济创造能力综合评价

2. 环境保护能力排名

以 B1—B7 为基础指标,对各城市制造业环境保护能力进行综合评价。采用离差最大化方法,衡量制造业经济创造能力 7 项指标的分配权重,并结合各指标的规范化数值得到 2012 年我国制造业环境保护能力强市的综合评价值(见表 6-60)。

表 6-60 城市制造业环境保护能力综合评价

排名	城市	得分
1	长沙	0.9482
2	海口	0.9360
3	深圳	0.9133
4	长春	0.8889
5	成都	0.8559
6	西安	0.8549
7	青岛	0.8500
8	合肥	0.8468
9	南昌	0.8468
10	沈阳	0.8425
11	广州	0.8323
12	福州	0.8237
13	哈尔滨	0.7709
14	厦门	0.7656
15	兰州	0.7554
16	济南	0.7524
17	南宁	0.7220
18	无锡	0.7202
19	武汉	0.7179
20	大连	0.7145
21	杭州	0.7111
22	郑州	0.7048
23	宁波	0.7043
24	南京	0.6863
25	贵阳	0.6068
26	银川	0.5627
27	乌鲁木齐	0.5618
28	苏州	0.5375
29	石家庄	0.4947
30	太原	0.4367
31	呼和浩特	0.4256
32	昆明	0.3893

注:哈尔滨缺少固体废弃物综合利用率的统计,其固体废弃物综合利用率根据以下公式计算而得:工业固体废弃物综合利用率=工业固体废弃物综合利用量÷(工业固体废弃物产生量+综合利用往年贮存量)×100%。

由表 6-60 和图 6-6 可知,制造业环境保护能力排名前十位的城市依次是长沙、海口、深圳、长春、成都、西安、青岛、合肥、南昌和沈阳。观察 2012 年城市制造业环境保护能力排名,可以发现以下特点:

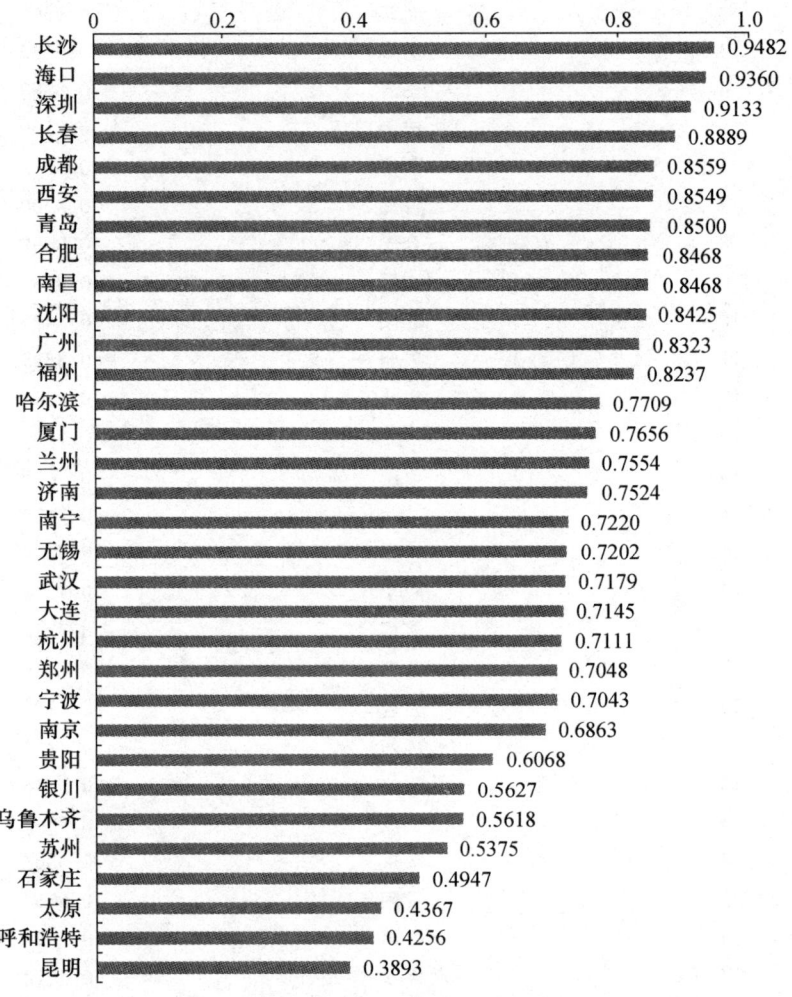

图 6-6 城市制造业环境保护能力综合评价

一方面,制造业环境保护"十强"城市中,中部地区占 5 席、西部地区占 2 席、东部地区占 3 席,中西部地区城市制造业的环境保护能力明显优于东部地区。制造业作为工业的主体,其发展无可避免地会带来环境污染的问题。中西部地区城市制造业的环境保护能力较强,固然是由于中西部地区制造业的发展落后于东部地区,同时也得益于西部大开发战略明确提出的保护生态环境的要求。

另一方面,江苏省 3 个城市的环境保护能力的排名非常靠后。其中,无锡排

名第18、南京排名第24、苏州排名第28,这与其制造业经济创造能力形成了强烈的对比(无锡排名第3、南京排名第8、苏州排名第1)。江苏省作为传统的制造业大省,仍然面临着制造业产业结构调整升级、工业污染治理的强大压力。

3. 社会贡献能力排名

以 C1—C4 为基础指标,对各城市制造业社会贡献能力进行综合评价。采用离差最大化方法,衡量制造业社会贡献能力4项指标的分配权重,并结合各指标的规范化数值得到2012年我国制造业社会贡献能力强市的综合评价值(见表6-61)。

表6-61 城市制造业社会贡献能力综合评价

排名	城市	得分
1	苏州	0.7737
2	深圳	0.6718
3	青岛	0.6319
4	广州	0.6092
5	无锡	0.6036
6	长沙	0.5847
7	南京	0.5605
8	长春	0.5574
9	郑州	0.5347
10	大连	0.5179
11	沈阳	0.5037
12	宁波	0.5009
13	成都	0.4557
14	石家庄	0.4408
15	武汉	0.4097
16	合肥	0.3724
17	厦门	0.3087
18	杭州	0.2989
19	福州	0.2907
20	南昌	0.2237
21	济南	0.2173
22	昆明	0.2065
23	西安	0.1866
24	呼和浩特	0.1750
25	贵阳	0.1647
26	哈尔滨	0.1555
27	银川	0.1460
28	兰州	0.1347
29	南宁	0.1211

(续表)

排名	城市	得分
30	太原	0.1126
31	乌鲁木齐	0.0708
32	海口	0.0562

由表6-61和图6-7可知,制造业社会贡献能力排名前十位的城市依次是苏州、深圳、青岛、广州、无锡、长沙、南京、长春、郑州和大连。

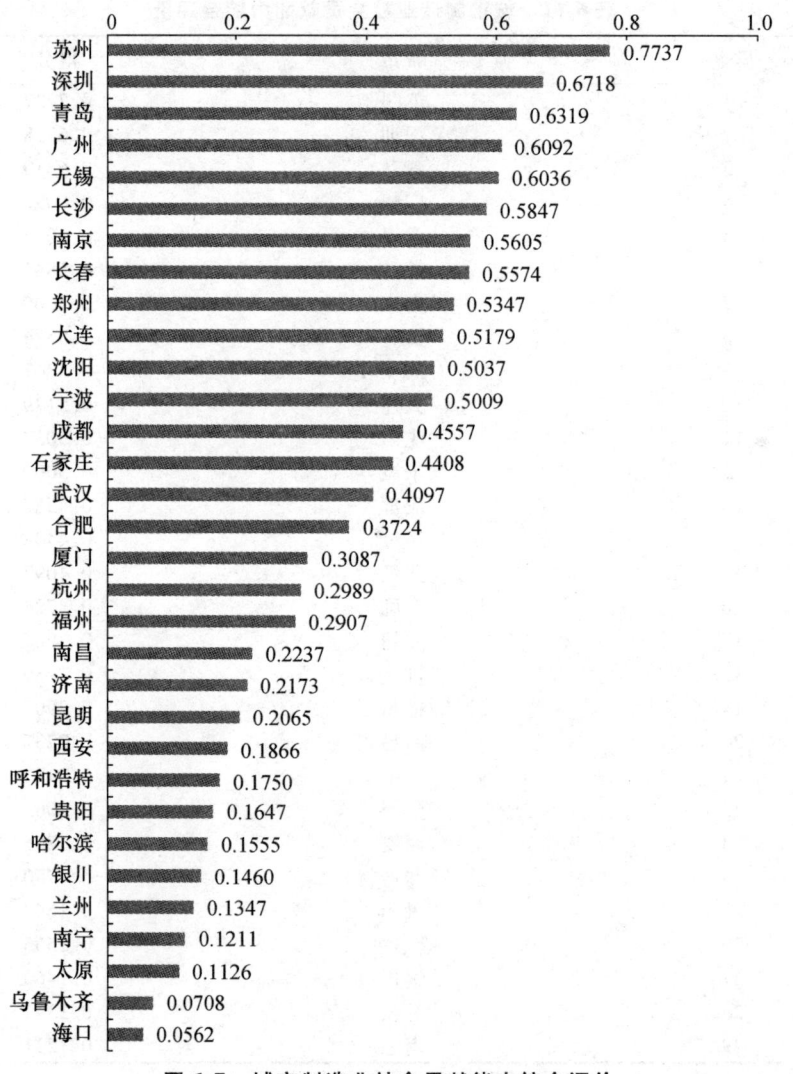

图6-7 城市制造业社会贡献能力综合评价

制造业的社会贡献能力是从价值和就业角度衡量制造业对城市经济发展所作的贡献。2012年城市制造业社会贡献"十强"中,东部地区占有绝对优势,占了7席;中部地区占了剩余的3席。相比经济创造能力的排名,东北制造业老工业基地的沈阳和长春排名下降,说明其制造业的社会贡献能力还有待提高。

6.3.4 中国制造业"十大强市"排序

由于科技指标和能源指标的缺失,因此2012年度的制造业"十大强市"是综合考虑了31个样本城市的经济创造能力、环境资源保护能力和社会贡献能力指标进行排名而得出的(见表6-62)。

表6-62 城市制造业综合能力评价

排名	城市	得分
1	深圳	0.7331
2	长春	0.7224
3	沈阳	0.7201
4	长沙	0.7116
5	苏州	0.7035
6	青岛	0.7027
7	无锡	0.6867
8	广州	0.6451
9	成都	0.6265
10	合肥	0.6097
11	南京	0.6060
12	郑州	0.5960
13	大连	0.5867
14	宁波	0.5502
15	石家庄	0.5348
16	福州	0.5201
17	武汉	0.5183
18	杭州	0.5170
19	南昌	0.5140
20	厦门	0.4928
21	海口	0.4786
22	西安	0.4716
23	济南	0.4634
24	哈尔滨	0.4407
25	南宁	0.4151

（续表）

排名	城市	得分
26	兰州	0.3993
27	银川	0.3486
28	贵阳	0.3464
29	乌鲁木齐	0.3135
30	昆明	0.3096
31	太原	0.2918

由表6-62和图6-8可知,2012年中国制造业综合发展能力最强的十个城市依次是深圳、长春、沈阳、长沙、苏州、青岛、无锡、广州、成都和合肥。

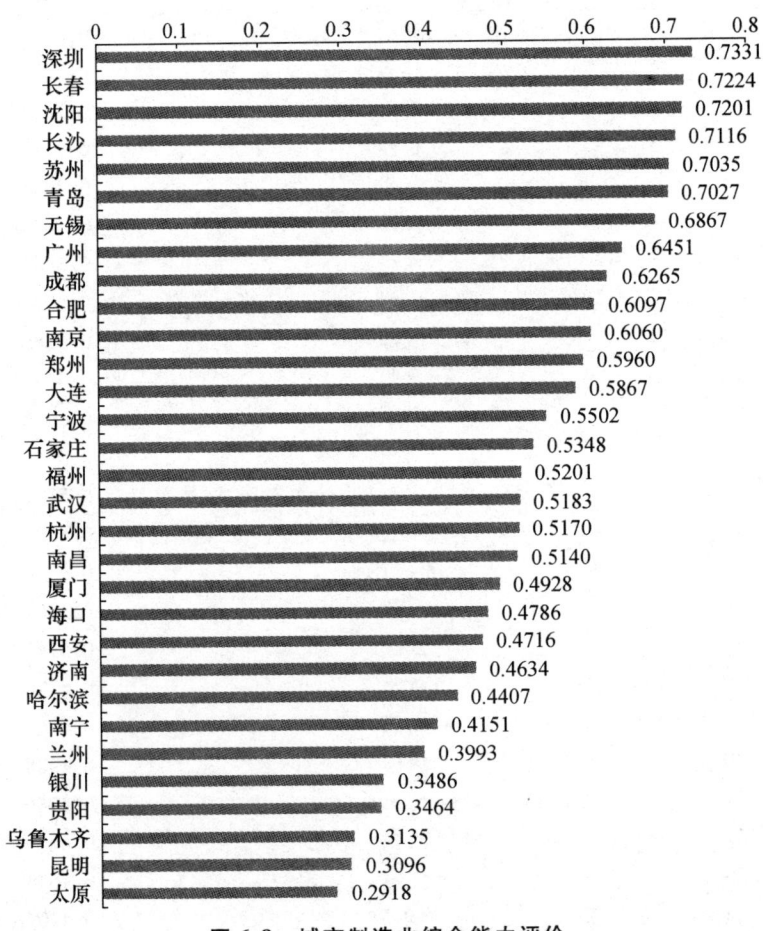

图6-8 城市制造业综合能力评价

首先,东部地区城市继续保持制造业优势,中西部地区(尤其是西部地区)城市制造业发展滞后。东中西部制造业的差距,一方面是由于历史原因造成的,另一方面也是国家产业结构战略调整的结果。国家在制订开发大西部的战略规划时就明确,实施西部大开发战略不能搞重复建设,西部地区要建立具有发展前景的特色经济和优势产业,主要大力发展特色农业及合理开发利用西部地区的优势矿产和水能资源。因此,西部地区与东部地区制造业的发展差距是必然的,是符合国家战略发展规划的。

其次,东北老工业基地城市制造业得到振兴。20世纪90年代以前,东北地区既是我国经济发达的地区同时也是我国最重要的工业基地,然而随着改革开放的深入,东北地区的经济发展速度逐渐落后于东部沿海地区。有鉴于此,国家提出了东北地区老工业基地振兴战略,着力"把东北地区建成我国重要的现代装备制造业基地"。2006年,国家将振兴东北老工业基地定为国策,东北三省地区成为中国第三个大型的经济纽带;另外两个经济纽带分别是长江三角洲及珠江三角洲。东北地区老工业基地振兴战略实施以来,东北三省制造业增速开始加快,逐步缩小了与全国的发展差距。2012年制造业城市强市的排名变化正是这一战略大力实施的结果。

最后,江苏省制造业的排名变化引人注目。在经济创造能力和社会贡献能力排名方面,江苏省3个城市(苏州、无锡和南京)均进入"七强",其中苏州的两项排名均位列第1;而在环境保护能力排名方面,3个城市均排名靠后,其中无锡排名第18、南京排名第24、苏州排名第28。这充分说明,要想实现从"制造业大市"向"制造业强市"的转变,江苏省制造业面临着巨大的环境压力。

6.4 本章小结

首先,通过对比研究,以东部、东北部、中部和西部四大区域为单位,结合历史数据对区域发展中变化较为显著的几个方面进行了分析。结果显示:制造业增长速度放缓,区域协调性进一步增强;整体利润增速下降,东部地区利润呈现负增长;制造业污染物排放有所抑制,中、西部地区成污染重"灾"区。

其次,2012年中国制造业综合评价体系在原有基础上进行了调整,调整后的五维指标有助于更系统地评价各区域制造业的综合实力。通过运用经济创造能力、科技创新能力、能源集约能力、环境资源保护能力,以及社会贡献能力5维指标体系对我国31个省、自治区和直辖市的制造业发展水平进行评价,研究结果指出:江苏、广东、山东、浙江、上海、天津、安徽、北京、湖南、福建是中国制造业最强的十个省份。各区域中,东部地区制造业的竞争优势明显,中部地区次之;中部地区制造业经济创造能力迅速提升,但环境保护能力也有所弱化;东北部地区制造业发展有所阻滞,西部地区表现最落后且无明显改善。

最后,沿用强省评价的指标体系对我国32个城市制造业2012年的发展水平进行评价。由于统计指标不全及数据的缺失,仅在经济创造、环境保护和社会贡献方面对制造业中心城市进行评估和排名,得到的结论表明:深圳、长春、沈阳、长沙、苏州、青岛、无锡、广州、成都和合肥是制造业综合发展实力最强的十个城市。其中,在制造业强市排名中,东部地区仍然保持了绝对优势;长春和沈阳排名第2和第3,东北地区中心城市制造业发展初见成效,结合区域总体表现,中心城市的扩散和带动作用有待提高。

参 考 文 献

[1] 安徽省统计局. 安徽统计年鉴2013. 北京:中国统计出版社,2013.
[2] 北京市统计局. 北京统计年鉴2013. 北京:中国统计出版社,2013.
[3] 长春市统计局. 长春统计年鉴2013. 北京:中国统计出版社,2013.
[4] 长沙市统计局. 长沙统计年鉴2013. 北京:中国统计出版社,2013.
[5] 成都市统计局. 成都统计年鉴2013. 北京:中国统计出版社,2013.
[6] 大连市统计局. 大连统计年鉴2013. 北京:中国统计出版社,2013.
[7] 福建省统计局. 福建统计年鉴2013. 北京:中国统计出版社,2013.
[8] 福州市统计局. 福州统计年鉴2013. 北京:中国统计出版社,2013.
[9] 甘肃省统计局. 甘肃统计年鉴2013. 北京:中国统计出版社,2013.
[10] 广东省统计局. 广东统计年鉴2013. 北京:中国统计出版社,2013.
[11] 广西壮族自治区统计局. 广西统计年鉴2013. 北京:中国统计出版社,2013.
[12] 广州市统计局. 广州统计年鉴2013. 北京:中国统计出版社,2013.
[13] 贵阳市统计局. 贵阳统计年鉴2013. 北京:中国统计出版社,2013.
[14] 贵州省统计局. 贵州统计年鉴2013. 北京:中国统计出版社,2013.
[15] 国家统计局. 中国城市统计年鉴2013. 北京:中国统计出版社,2013.
[16] 国家统计局. 中国科技统计年鉴2013. 北京:中国统计出版社,2013.
[17] 国家统计局. 中国统计年鉴2013. 北京:中国统计出版社,2013.
[18] 哈尔滨市统计局. 哈尔滨统计年鉴2013. 北京:中国统计出版社,2013.
[19] 海南省统计局. 海南统计年鉴2013. 北京:中国统计出版社,2013.
[20] 杭州市统计局. 杭州统计年鉴2013. 北京:中国统计出版社,2013.
[21] 河北省统计局. 河北统计年鉴2013. 北京:中国统计出版社,2013.
[22] 河南省统计局. 河南统计年鉴2013. 北京:中国统计出版社,2013.
[23] 黑龙江省统计局. 黑龙江统计年鉴2013. 北京:中国统计出版社,2013.
[24] 呼和浩特市统计局. 呼和浩特统计年鉴2013. 北京:中国统计出版社,2013.

[25] 湖北省统计局.湖北统计年鉴2013.北京:中国统计出版社,2013.
[26] 湖南省统计局.湖南统计年鉴2013.北京:中国统计出版社,2013.
[27] 吉林省统计局.吉林统计年鉴2013.北京:中国统计出版社,2013.
[28] 济南市统计局.济南统计年鉴2013.北京:中国统计出版社,2013.
[29] 江苏省统计局.江苏统计年鉴2013.北京:中国统计出版社,2013.
[30] 江西省统计局.江西统计年鉴2013.北京:中国统计出版社,2013.
[31] 昆明市统计局.昆明统计年鉴2013.北京:中国统计出版社,2013.
[32] 兰州市统计局.兰州统计年鉴2013.北京:中国统计出版社,2013.
[33] 李廉水,杜占元.中国制造业发展研究报告2008.北京:科学出版社.
[34] 李廉水,杜占元.中国制造业发展研究报告2010.北京:科学出版社.
[35] 李廉水,杜占元.中国制造业发展研究报告2012.北京:科学出版社.
[36] 李廉水,杜占元.中国制造业发展研究报告2011.北京:科学出版社.
[37] 李廉水,杜占元.中国制造业发展研究报告2009.北京:科学出版社.
[38] 李廉水,杜占元.中国制造业发展研究报告2007.北京:科学出版社.
[39] 李廉水,杜占元.中国制造业发展研究报告2006.北京:科学出版社.
[40] 李廉水,杜占元.中国制造业发展研究报告2005.北京:科学出版社.
[41] 李廉水,杜占元.中国制造业发展研究报告2004.北京:科学出版社.
[42] 辽宁省统计局.辽宁统计年鉴2013.北京:中国统计出版社,2013.
[43] 南昌市统计局.南昌统计年鉴2013.北京:中国统计出版社,2013.
[44] 南京市统计局.南京统计年鉴2013.北京:中国统计出版社,2013.
[45] 南宁市统计局.南宁统计年鉴2013.北京:中国统计出版社,2013.
[46] 内蒙古自治区统计局.内蒙古统计年鉴2013.北京:中国统计出版社,2013.
[47] 宁波市统计局.宁波统计年鉴2013.北京:中国统计出版社,2013.
[48] 宁夏回族自治区统计局.宁夏统计年鉴2013.北京:中国统计出版社,2013.
[49] 青岛市统计局.青岛统计年鉴2013.北京:中国统计出版社,2013.
[50] 青海省统计局.青海统计年鉴2013.北京:中国统计出版社,2013.
[51] 山东省统计局.山东统计年鉴2013.北京:中国统计出版社,2013.
[52] 山西省统计局.山西统计年鉴2013.北京:中国统计出版社,2013.
[53] 陕西省统计局.陕西统计年鉴2013.北京:中国统计出版社,2013.
[54] 上海市统计局.上海统计年鉴2013.北京:中国统计出版社,2013.
[55] 深圳市统计局.深圳统计年鉴2013.北京:中国统计出版社,2013.
[56] 沈阳市统计局.沈阳统计年鉴2013.北京:中国统计出版社,2013.
[57] 石家庄市统计局.石家庄统计年鉴2013.北京:中国统计出版社,2013.
[58] 四川省统计局.四川统计年鉴2013.北京:中国统计出版社,2013.
[59] 苏州市统计局.苏州统计年鉴2013.北京:中国统计出版社,2013.
[60] 太原市统计局.太原统计年鉴2013.北京:中国统计出版社,2013.
[61] 天津市统计局.天津统计年鉴2013.北京:中国统计出版社,2013.

[62] 乌鲁木齐市统计局.乌鲁木齐统计年鉴 2013.北京:中国统计出版社,2013.
[63] 无锡市统计局.无锡统计局鉴 2013.北京:中国统计出版社,2013.
[64] 武汉市统计局.武汉统计年鉴 2013.北京:中国统计出版社,2013.
[65] 西安市统计局.西安统计年鉴 2013.北京:中国统计出版社,2013.
[66] 西藏自治区统计局.西藏统计年鉴 2013.北京:中国统计出版社,2013.
[67] 厦门市统计局.厦门统计年鉴 2013.北京:中国统计出版社,2013.
[68] 新疆维吾尔自治区统计局.新疆统计年鉴 2013.北京:中国统计出版社,2013.
[69] 银川市统计局.银川统计年鉴 2013.北京:中国统计出版社,2013.
[70] 浙江省统计局.浙江统计年鉴 2013 北京:中国统计出版社,2013.
[71] 郑州市统计局.郑州统计年鉴 2013.北京:中国统计出版社,2013.
[72] 重庆市统计局.重庆统计年鉴 2013.北京:中国统计出版社,2013.

撰稿: 吴敏洁　徐常萍　樊丽君　吕林杰　张肖杰　杨浩昌
统稿: 周彩红

第7章 中国制造业发展：产业研究

本章共分为八部分：第一部分是制造业发展状况分析，第二部分是制造业总产值影响因素分析，第三部分是制造业产值增幅影响因素分析，第四部分是制造业科技创新能力影响因素分析，第五部分是制造业能源集约能力影响因素分析，第六部分是制造业环境保护能力影响因素分析，第七部分是制造业社会贡献能力影响因素分析，第八部分是本章小结。

7.1 制造业发展状况

根据新型制造业的发展要求，本章基于中国制造业最新行业分类并结合五维评价指标体系（详见第5章），分别从制造业的经济创造能力、科技创新能力、能源集约能力、环境保护能力和社会贡献能力五个方面分析中国制造业产业发展的总体状况。

7.1.1 制造业经济创造能力分析

衡量制造业的最重要的指标就是经济创造能力，经济效益是企业乃至行业发展中最受关注的问题。为了确定制造业产业在经济创造方面的发展程度，本部分将从产业规模、工业利润总额、产值增幅等方面对制造业的经济创造能力进行分析研究。

1. 中国制造业产业规模分析

（1）总体规模分析

制造业的发展离不开产业规模的增长。本节主要选取制造业工业总产值、主营业务收入和利润总额三个方面来分析中国制造业的发展规模（见表7-1）。

表7-1 制造业产业规模相关指标

指标	2011年	2012年	增长率(%)
制造业工业总产值（亿元）	733 984.01	806 923.21	9.94
制造业主营业务收入（亿元）	729 263.69	805 662.29	10.48
制造业利润总额（亿元）	47 843.10	48 570.46	1.52

资料来源：2012年和2013年《中国统计年鉴》，中国统计出版社。

由表7-1可以看出,2012年中国制造业工业总产值为806 923.21亿元,比2011年增长9.94%;制造业主营业务收入为805 662.29亿元,比2011年增长10.48%;制造业利润总额为48 570.46亿元,仅比2011年增长1.52%。图7-1是2008—2012年中国制造业工业总产值及年增长率图。该图显示,中国制造业由于受2008年全球金融危机的影响,2009年的增长速度相比2008年大幅回落,自2009年强劲回升,然而从2010年起,中国制造业工业总产值的增长速度又大幅下降。

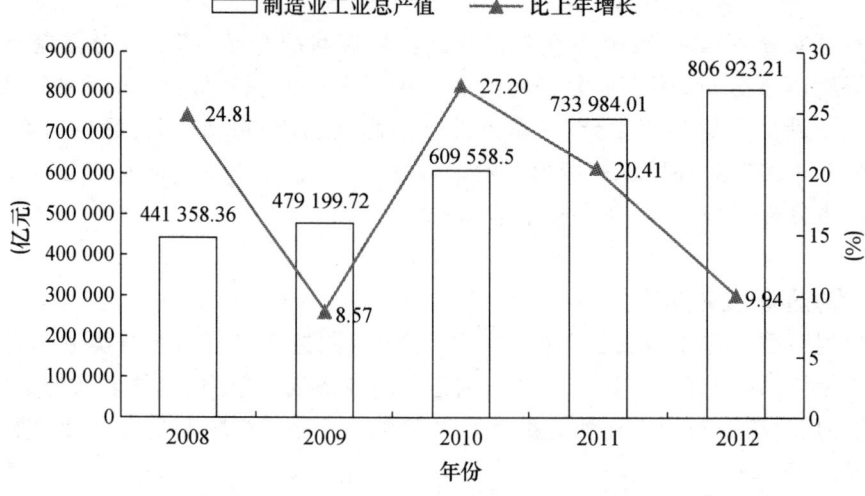

图7-1 2008—2012年中国按行业分规模以上制造业工业总产值及其增长速度
资料来源:根据2008—2013年《中国统计年鉴》相关数据计算、整理所得。

(2)分行业分析

根据《国家统计局关于执行新国民经济行业分类国家标准的通知》(国统字〔2011〕69号)的要求,《新国民经济行业分类》(GB/T4754-2011)从2012年起统一开始使用。该标准①采用线分类法和分层次编码方法,将国民经济行业划分为门类、大类、中类和小类四级,代码由一位拉丁字母和四位阿拉伯数字组成。其中,门类代码用一位拉丁字母表示,即用字母A、B、C……依次代表不同门类;大类代码用两位阿拉伯数字表示,打破门类界限,从01开始按顺序编码;中类代码用三位阿拉伯数字表示,前两位为大类代码,第三位为中类顺序代码;小类代码用四位阿拉伯数字表示,前三位为中类代码,第四位为小类顺序代码。根据此标准,中国制造业属于门类C,下属31个大类。本章制造业行业分类采用此标准,具体如表7-2所示。

---

① 国家统计局,国民经济行业分类和代码(GB/T4754-2011)。

表 7-2　中国制造业行业分类

行业代码	行业名称
C	制造业
C13	农副食品加工业
C14	食品制造业
C15	酒、饮料和精制茶制造业
C16	烟草制品业
C17	纺织业
C18	纺织服装、服饰业
C19	皮革、毛皮、羽毛及其制品和制鞋业
C20	木材加工和木、竹、藤、棕、草制品业
C21	家具制造业
C22	造纸及纸制品业
C23	印刷业和记录媒介的复制业
C24	文教、工美、体育和娱乐用品制造业
C25	石油加工、炼焦和核燃料加工业
C26	化学原料和化学制品制造业
C27	医药制造业
C28	化学纤维制造业
C29	橡胶和塑料制品业
C30	非金属矿物制品业
C31	黑色金属冶炼和压延加工业
C32	有色金属冶炼和压延加工业
C33	金属制品业
C34	通用设备制造业
C35	专用设备制造业
C36	汽车制造业
C37	铁路、船舶、航空航天和其他运输设备制造业
C38	电气机械和器材制造业
C39	计算机、通信和其他电子设备制造业
C40	仪器仪表制造业
C41	其他制造业
C42	废弃资源综合利用业
C43	金属制品、机械和设备修理业

资料来源:《国民经济行业分类》(GB/T4754-2011),国家统计局,2011。

鉴于 2013 年《中国统计年鉴》中未公布分行业的工业总产值数据,因此,本节采用主营业务收入这一指标进行研究。表 7-3 列出了 2012 年中国按行业分规模以上制造业主营业务收入的排名情况。

表 7-3　2012 年按行业分规模以上制造业主营业务收入排名

名次	行业	主营业务收入（亿元）	主营业务收入占制造业主营业务收入比重(%)
1	黑色金属冶炼和压延加工业	71 559.18	8.88
2	计算机、通信和其他电子设备制造业	70 430.07	8.74
3	化学原料和化学制品制造业	67 756.23	8.41
4	电气机械和器材制造业	54 522.61	6.77
5	农副食品加工业	52 145.58	6.47
6	汽车制造业	51 235.58	6.36
7	非金属矿物制品业	43 989.03	5.46
8	有色金属冶炼和压延加工业	41 267.24	5.12
9	石油加工、炼焦和核燃料加工业	39 399.01	4.89
10	通用设备制造业	38 043.25	4.72
11	纺织业	32 241.14	4.00
12	金属制品业	29 069.75	3.61
13	专用设备制造业	28 711.39	3.56
14	橡胶和塑料制品业	24 156.86	3.00
15	医药制造业	17 337.67	2.15
16	纺织服装、服饰业	17 285.89	2.15
17	食品制造业	15 834.33	1.97
18	铁路、船舶、航空航天和其他运输设备制造业	15 748.38	1.95
19	酒、饮料和精制茶制造业	13 549.14	1.68
20	造纸和纸制品业	12 501.49	1.55
21	皮革、毛皮、羽毛及其制品和制鞋业	11 268.72	1.40
22	文教、工美、体育和娱乐用品制造业	10 277.38	1.28
23	木材加工和木、竹、藤、棕、草制品业	10 274.88	1.28
24	烟草制品业	7 571.52	0.94
25	化学纤维制造业	6 744.15	0.84
26	仪器仪表制造业	6 656.48	0.83
27	家具制造业	5 669.89	0.70
28	印刷和记录媒介复制业	4 535.43	0.56
29	废弃资源综合利用业	2 920.55	0.36
30	其他制造业	2 073.61	0.26
31	金属制品、机械和设备修理业	885.86	0.11

资料来源：根据 2013 年《中国统计年鉴》相关数据计算、整理所得。

为了直观地反映按行业分规模以上制造业主营业务收入的排名情况,绘制了按行业分规模以上制造业主营业务收入排名情况图,如图 7-2 所示。

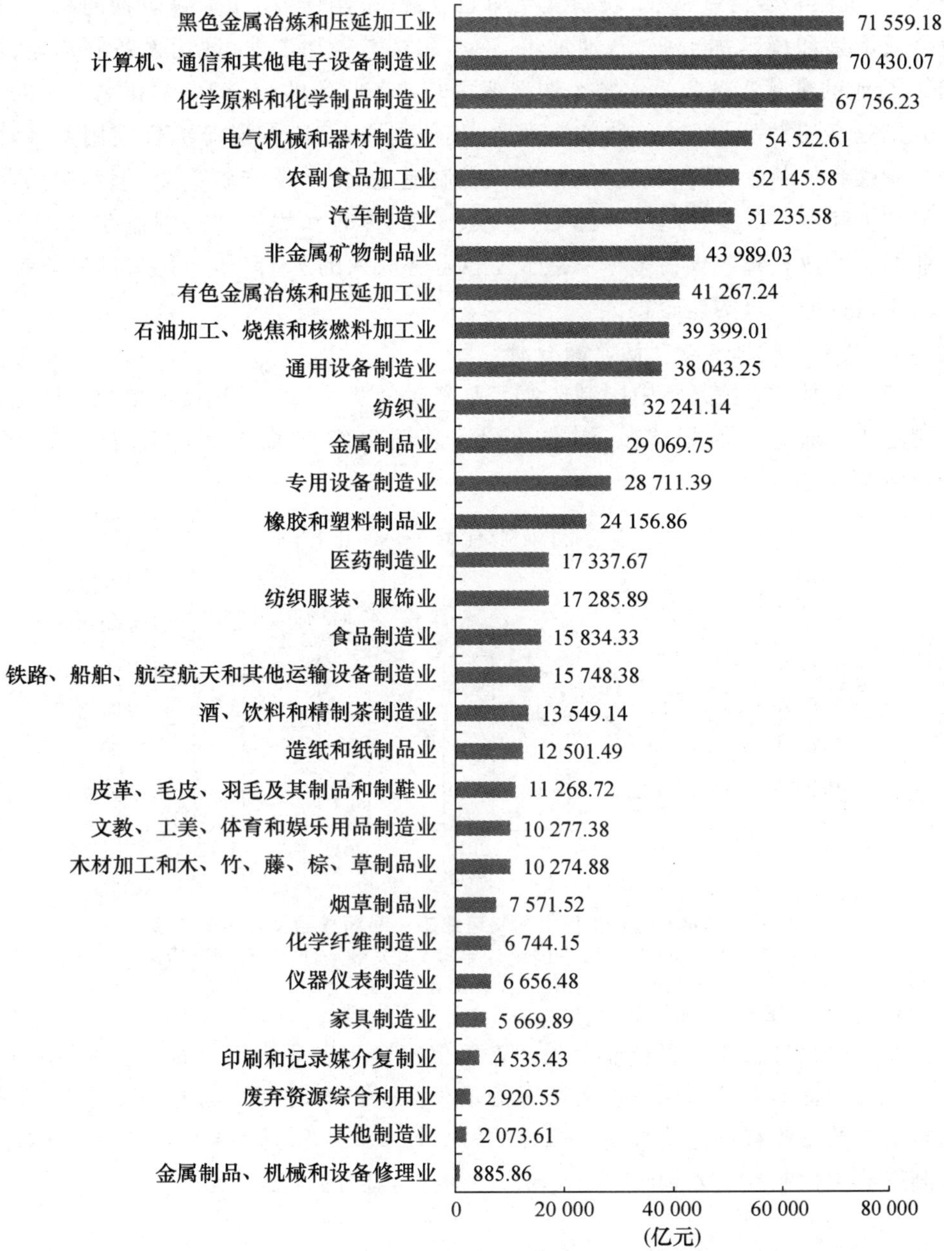

行业	主营业务收入(亿元)
黑色金属冶炼和压延加工业	71 559.18
计算机、通信和其他电子设备制造业	70 430.07
化学原料和化学制品制造业	67 756.23
电气机械和器材制造业	54 522.61
农副食品加工业	52 145.58
汽车制造业	51 235.58
非金属矿物制品业	43 989.03
有色金属冶炼和压延加工业	41 267.24
石油加工、炼焦和核燃料加工业	39 399.01
通用设备制造业	38 043.25
纺织业	32 241.14
金属制品业	29 069.75
专用设备制造业	28 711.39
橡胶和塑料制品业	24 156.86
医药制造业	17 337.67
纺织服装、服饰业	17 285.89
食品制造业	15 834.33
铁路、船舶、航空航天和其他运输设备制造业	15 748.38
酒、饮料和精制茶制造业	13 549.14
造纸和纸制品业	12 501.49
皮革、毛皮、羽毛及其制品和制鞋业	11 268.72
文教、工美、体育和娱乐用品制造业	10 277.38
木材加工和木、竹、藤、棕、草制品业	10 274.88
烟草制品业	7 571.52
化学纤维制造业	6 744.15
仪器仪表制造业	6 656.48
家具制造业	5 669.89
印刷和记录媒介复制业	4 535.43
废弃资源综合利用业	2 920.55
其他制造业	2 073.61
金属制品、机械和设备修理业	885.86

图 7-2 2012 年按行业分规模以上制造业主营业务收入排名

资料来源:根据 2013 年《中国统计年鉴》相关数据计算、整理所得。

可以看出，规模以上制造业主营业务收入排名前十的行业分别是黑色金属冶炼和压延加工业，计算机、通信和其他电子设备制造业，化学原料和化学制品制造业，电气机械和器材制造业，农副食品加工业，汽车制造业，非金属矿物制品业，有色金属冶炼和压延加工业，石油加工、炼焦和核燃料加工业，通用设备制造业，这10个行业的主营业务收入占整个制造业主营业务收入的65.83%。排名后十的行业分别是金属制品、机械和设备修理业，其他制造业，废弃资源综合利用业，印刷和记录媒介复制业，家具制造业，仪器仪表制造业，化学纤维制造业，烟草制品业，木材加工和木、竹、藤、棕、草制品业，文教、工美、体育和娱乐用品制造业，这10个行业的主营业务收入仅占整个制造业主营业务收入的7.15%。可见，制造业各行业间主营业务收入的差距很大。

2. 中国制造业工业利润总额分析

图7-3列出了近五年中国制造业工业利润总额及其增长速度的情况。同近五年制造业工业总产值相类似，制造业利润总额2008—2010年大幅增长，2010—2012年增速迅速回落。

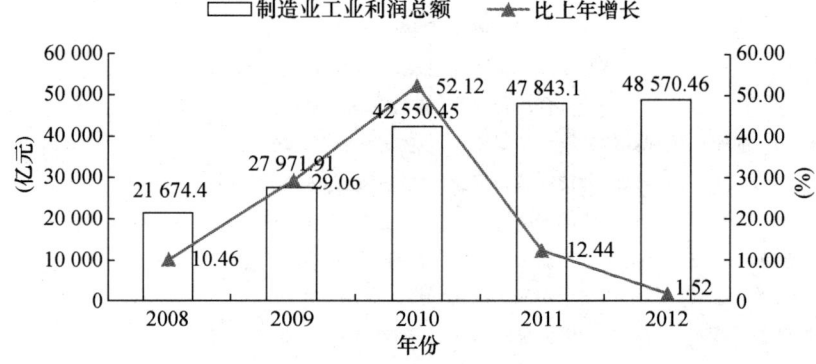

图7-3 2008—2012年中国制造业工业利润总额及其增长速度
资料来源：根据2008—2013年《中国统计年鉴》相关数据计算、整理所得。

3. 中国制造业产值增幅分析

在工业化过程中，制造业增长通常要依次经历以非耐用消费品工业、中间投入品工业和资本品及耐用消费品工业的增长为主导的时期。为此需要了解，产值增幅最快的行业有哪些？具备什么样的特征？表7-4和图7-4是按行业分规模以上制造业主营业务收入2012年比2011年增长幅度的排名情况。

表 7-4　按行业分规模以上制造业主营业务收入 2012 年比 2011 年增幅排名

行业	增幅比例(%)	增幅排名
纺织服装、服饰业	30.81	1
皮革、毛皮、羽毛及其制品和制鞋业	28.83	2
金属制品业	26.66	3
印刷和记录媒介复制业	19.85	4
医药制造业	19.70	5
农副食品加工业	18.92	6
木材加工和木、竹、藤、棕、草制品业	16.71	7
酒、饮料和精制茶制造业	15.07	8
家具制造业	14.62	9
食品制造业	14.12	10
烟草制品业	13.57	11
化学原料和化学制品制造业	12.74	12
非金属矿物制品业	11.95	13
有色金属冶炼和压延加工业	11.93	14
计算机、通信和其他电子设备制造业	10.96	15
废弃资源综合利用业	10.41	16
专用设备制造业	10.18	17
电气机械和器材制造业	8.72	18
黑色金属冶炼和压延加工业	8.57	19
橡胶和塑料制品业	7.07	20
汽车制造业＋铁路、船舶、航空航天和其他运输设备制造业	6.10	21
造纸和纸制品业	5.88	22
石油加工、炼焦和核燃料加工业	5.70	23
化学纤维制造业	1.46	24
纺织业	－1.50	25
通用设备制造业	－5.27	26
文教、工美、体育和娱乐用品制造业	类别变化,无法比较	
铁路、船舶、航空航天和其他运输设备制造业	类别变化,无法比较	
仪器仪表制造业	类别变化,无法比较	
其他制造业	类别变化,无法比较	
金属制品、机械和设备修理业	类别变化,无法比较	

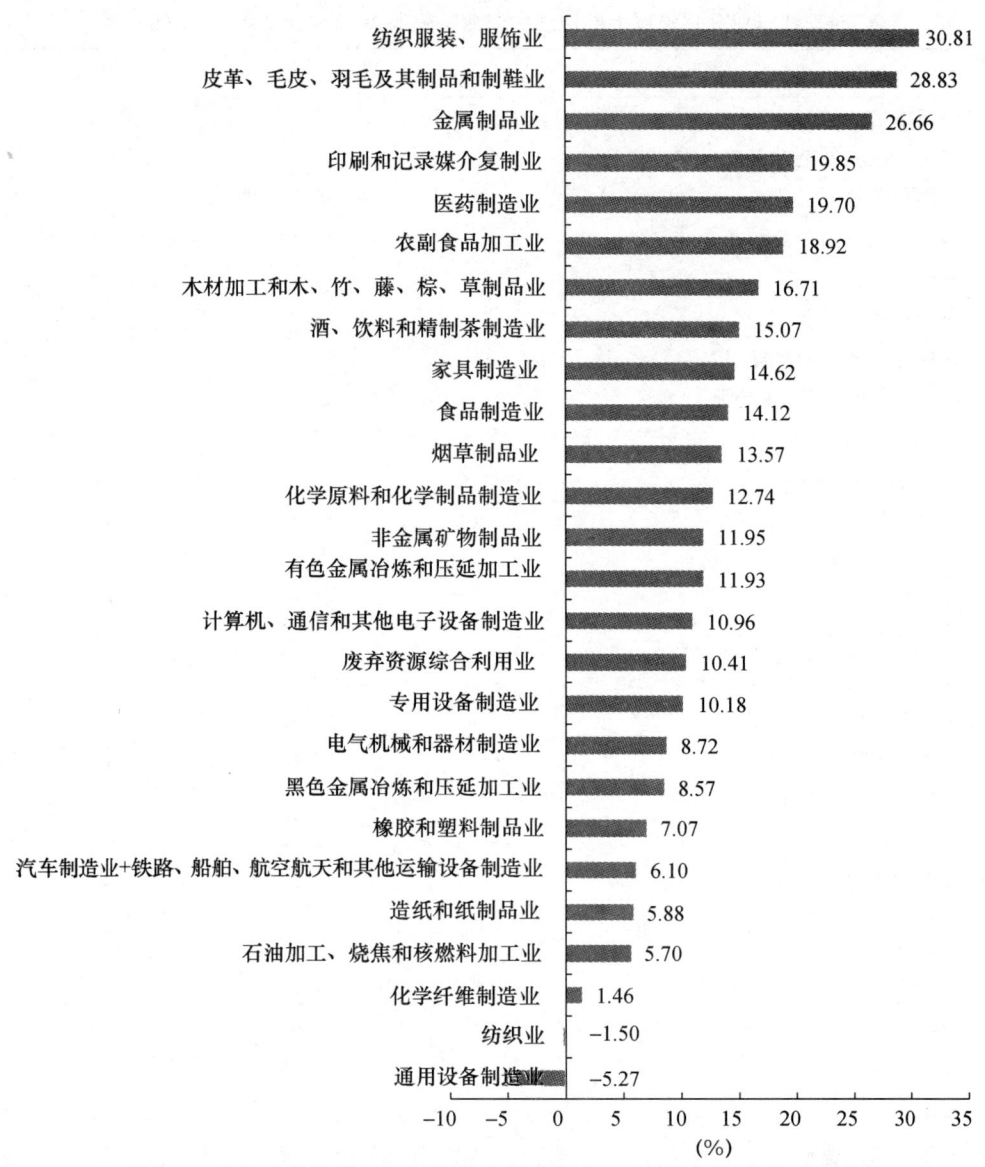

图 7-4　按行业分规模以上制造业主营业务收入 2012 年比 2011 年增幅

注：由于制造业细分行业的分类发生了变化，有的类别是新增类别（如金属制品、机械和设备修理业是新增的行业），无法进行比较；有些类别是将原有的类别合并后而成的新类别（如文教、工美、体育和娱乐用品制造业是由原来的几个分行业混合合并的），也无法进行比较；而有些类别是由原来的行业合并而成（如橡胶和塑料制品业是将原来的橡胶制品业与塑料制品业合并而成的），在比较的时候就进行了保留。按照这个原则，最后文教、工美、体育和娱乐用品制造业，仪器仪表制造业，其他制造业，金属制品、机械和设备修理业无法进行比较，因此不在排名范围内。

从排名看,增幅最快的前 10 个行业分别是纺织服装服饰业、皮革毛皮羽毛及其制品和制鞋业、金属制品业、印刷和记录媒介复制业、农副食品加工业、医药制造业、木材加工和竹藤棕草制品业、烟草制品业、酒饮料和精制茶制造业,以及家具制造业;这 10 个行业的平均增幅为 20.36%。从行业看,占据增幅排名第 1 位和第 2 位的行业均是消费类行业。增幅最慢的 10 个行业分别是通用设备制造业、纺织业、化学纤维制造业、汽车制造业、造纸和纸制品业、石油加工及炼焦和核燃料加工业、有色金属冶炼和压延加工业、黑色金属冶炼和压延加工业、橡胶和塑料制品业,以及电气机械和器材制造业;这 10 个行业的平均增幅为 4.58%,其中通用设备制造业和纺织业均出现了负增长。

7.1.2 制造业科技创新能力分析

本节主要分析制造业科技创新的现状、投入及产出状况,有助于了解目前中国制造业的科技创新能力,明确今后的发展方向。

1. 制造业科技创新的投入结构

选取 R&D 经费支出、R&D 项目数、R&D 人员全时当量和新产品开发经费等指标分析科技创新的投入结构。鉴于 2010 年国家统计局没有按行业分规模以上工业企业 R&D 活动情况的统计口径,为了便于对统计结果进行对比分析,选取中国制造业科技创新投入数据的样本时间为 2011—2012 年(见表 7-5)。2012 年中国制造业规模以上工业企业 R&D 经费支出为 68 456 981 万元,比 2011 年增长 20.26%;R&D 项目数为 274 504 项,比 2011 年增长 24.25%;R&D 人员全时当量为 2 131 537 人年,比 2011 年增长 16.87%;新产品开发经费为 78 444 022 万元,比 2011 年增长 16.67%。

表 7-5　2011—2012 年中国制造业规模以上工业企业科技创新投入

指标	2011 年	2012 年	增长率(%)
R&D 经费支出(万元)	56 923 792	68 456 981	20.26
R&D 项目数(项)	220 926	274 504	24.25
R&D 人员全时当量(人年)	1 823 783	2 131 537	16.87
新产品开发经费(万元)	67 234 362	78 444 022	16.67

资料来源:根据 2012—2013 年《中国统计年鉴》和《中国科技统计年鉴》相关数据计算、整理所得。

(1) 各行业 R&D 经费支出

制造业各个行业的 R&D 经费支出,直接反映制造业行业科技经费的投入状况,也间接反映一个行业的增长潜力和科学实力。2012 年制造业各行业 R&D 经费(内部支出与外部支出总和)排名如表 7-6 和图 7-5 所示。2012 年,计算机、通信和其他电子设备制造业,电气机械和器材制造业,黑色金属冶炼和压延加工业,汽车制造业,化学原料和化学制品制造业,通用设备制造业,专用设备制造业这7个行业的 R&D 经费支出占制造业 R&D 经费支出的 50.00% 以上,高达 64.32%。

表7-6 2012年制造业各行业规模以上工业企业 R&D 经费支出排名

名次	行业	R&D 经费（万元）	R&D 经费支出占制造业 R&D 经费比重(%)
1	计算机、通信和其他电子设备制造业	11 106 509.1	15.40
2	电气机械和器材制造业	7 326 146.1	10.16
3	黑色金属冶炼和压延加工业	6 487 513.7	8.99
4	汽车制造业	6 425 788.9	8.91
5	化学原料和化学制品制造业	5 734 574.9	7.95
6	通用设备制造业	4 939 051.8	6.85
7	专用设备制造业	4 374 179.4	6.06
8	铁路、船舶、航空航天和其他运输设备制造业	3 930 219.9	5.45
9	医药制造业	3 171 648.7	4.40
10	有色金属冶炼和压延加工业	2 835 008.2	3.93
11	金属制品业	1 911 629.7	2.65
12	橡胶和塑料制品业	1 775 210.9	2.46
13	非金属矿物制品业	1 672 413.7	2.32
14	纺织业	1 418 054.0	1.97
15	农副食品加工业	1 410 595.0	1.96
16	仪器仪表制造业	1 294 373.1	1.79
17	食品制造业	894 273.0	1.24
18	石油加工、炼焦和核燃料加工业	883 060.9	1.22
19	酒、饮料和精制茶制造业	832 582.1	1.15
20	造纸和纸制品业	769 395.6	1.07
21	化学纤维制造业	644 496.3	0.89
22	纺织服装、服饰业	571 249.9	0.79
23	文教、工美、体育和娱乐用品制造业	345 741.5	0.48
24	皮革、毛皮、羽毛及其制品和制鞋业	283 115.6	0.39
25	印刷和记录媒介复制业	259 796.1	0.36
26	烟草制品业	250 182.1	0.35
27	其他制造业	199 742.0	0.28
28	木材加工和木、竹、藤、棕、草制品业	190 536.2	0.26
29	家具制造业	152 803.2	0.21
30	金属制品、机械和设备修理业	49 892.2	0.07

注:源数据无废弃资源综合利用业的 R&D 经费支出,故只有30个行业,后续表格均按此处理。

资料来源:根据2013年《中国统计年鉴》相关数据计算、整理所得。

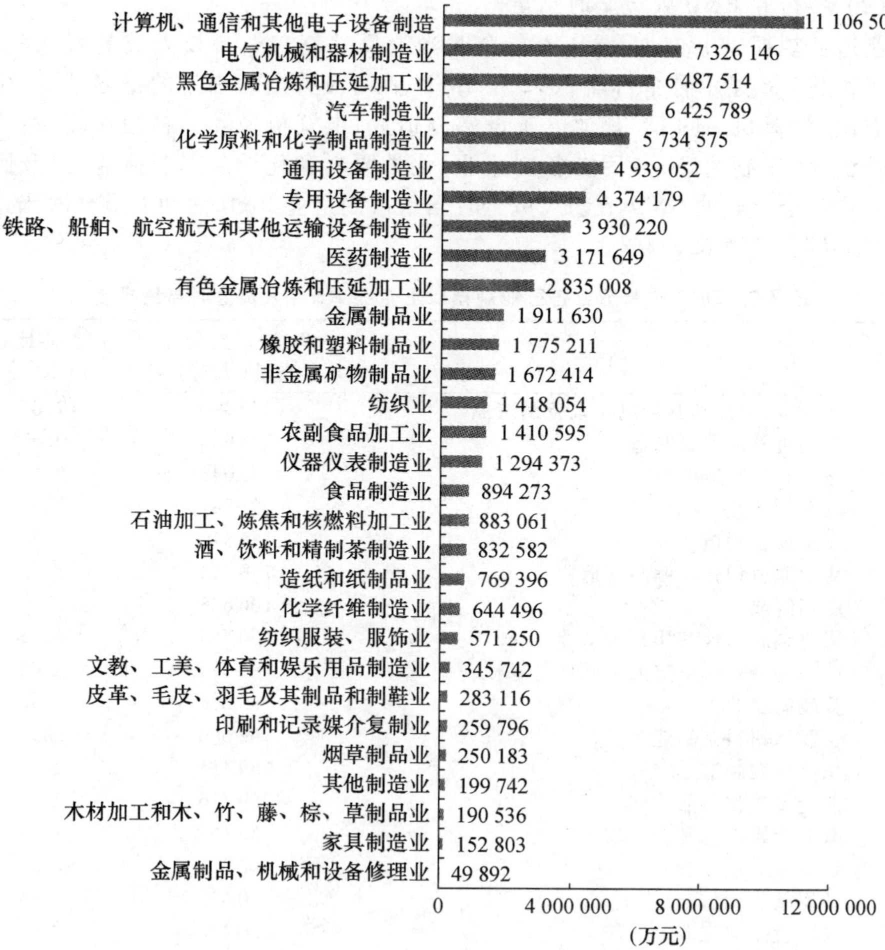

行业	R&D经费（万元）
计算机、通信和其他电子设备制造	11 106 509
电气机械和器材制造业	7 326 146
黑色金属冶炼和压延加工业	6 487 514
汽车制造业	6 425 789
化学原料和化学制品制造业	5 734 575
通用设备制造业	4 939 052
专用设备制造业	4 374 179
铁路、船舶、航空航天和其他运输设备制造业	3 930 220
医药制造业	3 171 649
有色金属冶炼和压延加工业	2 835 008
金属制品业	1 911 630
橡胶和塑料制品业	1 775 211
非金属矿物制品业	1 672 414
纺织业	1 418 054
农副食品加工业	1 410 595
仪器仪表制造业	1 294 373
食品制造业	894 273
石油加工、炼焦和核燃料加工业	883 061
酒、饮料和精制茶制造业	832 582
造纸和纸制品业	769 396
化学纤维制造业	644 496
纺织服装、服饰业	571 250
文教、工美、体育和娱乐用品制造业	345 742
皮革、毛皮、羽毛及其制品和制鞋业	283 116
印刷和记录媒介复制业	259 796
烟草制品业	250 183
其他制造业	199 742
木材加工和木、竹、藤、棕、草制品业	190 536
家具制造业	152 803
金属制品、机械和设备修理业	49 892

图 7-5　2012 年制造业各行业规模以上企业 R&D 经费支出分布
资料来源：根据 2013 年《中国统计年鉴》相关数据计算、整理所得。

从科技创新的行业投入结构来看，2012 年中国制造业科技创新的投入在行业间呈现出不平衡的局面。2012 年制造业科技创新产业的分布主要集中在计算机、通信和其他电子设备制造业(15.40%)、电气机械和器材制造业(10.16%)、黑色金属冶炼和压延加工业(8.99%)、汽车制造业(8.91%)、化学原料和化学制品制造业(7.95%)、通用设备制造业(6.85%)，专用设备制造业(6.06%)等几个主要行业上，这 7 个行业的 R&D 经费支出额占制造业总额的 64.32%；同时，也有很多行业的 R&D 经费投入不足，如木材加工和木、竹、藤、棕、草制品业(0.26%)，家具制造业(0.21%)和金属制品、机械和设备修理业(0.07%)等传统产业。

(2) 各行业 R&D 人员全时当量

制造业规模以上企业 R&D 人员全时当量反映制造业科技人员的投入状况。表 7-7 和图 7-6 显示各个行业 2012 年 R&D 活动人员全时当量的排名情况,由此可以看出,计算机、通信和其他电子设备制造业,电气机械和器材制造业,通用设备制造业,汽车制造业,专用设备制造业,化学原料和化学制品制造业,以及医药制造业这 7 个行业的 R&D 活动人员全时当量占制造业 R&D 活动人员全时当量的 50.00% 以上,高达 63.74%。

表 7-7　2012 年制造业各行业规模以上企业 R&D 人员全时当量排名

名次	行业	R&D 人员全时当量(人年)	占整体比重(%)
1	计算机、通信和其他电子设备制造业	380 497	17.85
2	电气机械和器材制造业	225 983	10.60
3	通用设备制造业	173 046	8.12
4	汽车制造业	165 581	7.77
5	专用设备制造业	156 516	7.34
6	化学原料和化学制品制造业	150 192	7.05
7	医药制造业	106 685	5.01
8	黑色金属冶炼和压延加工业	100 753	4.73
9	铁路、船舶、航空航天和其他运输设备制造业	95 050	4.46
10	金属制品业	65 665	3.08
11	橡胶和塑料制品业	62 686	2.94
12	仪器仪表制造业	59 411	2.79
13	非金属矿物制品业	59 216	2.78
14	有色金属冶炼和压延加工业	55 169	2.59
15	纺织业	48 353	2.27
16	纺织服装、服饰业	30 632	1.44
17	农副食品加工业	30 426	1.43
18	食品制造业	23 471	1.10
19	酒、饮料和精制茶制造业	22 728	1.07
20	文教、工美、体育和娱乐用品制造业	18 269	0.86
21	造纸和纸制品业	17 970	0.84
22	石油加工、炼焦和核燃料加工业	15 550	0.73
23	化学纤维制造业	14 806	0.69
24	皮革、毛皮、羽毛及其制品和制鞋业	11 580	0.54
25	印刷和记录媒介复制业	9 364	0.44
26	其他制造业	8 500	0.40
27	家具制造业	7 599	0.36
28	木材加工和木、竹、藤、棕、草制品业	6 765	0.32
29	金属制品、机械和设备修理业	4 948	0.23
30	烟草制品业	4 126	0.19

资料来源:根据 2013 年《中国统计年鉴》相关数据计算、整理所得。

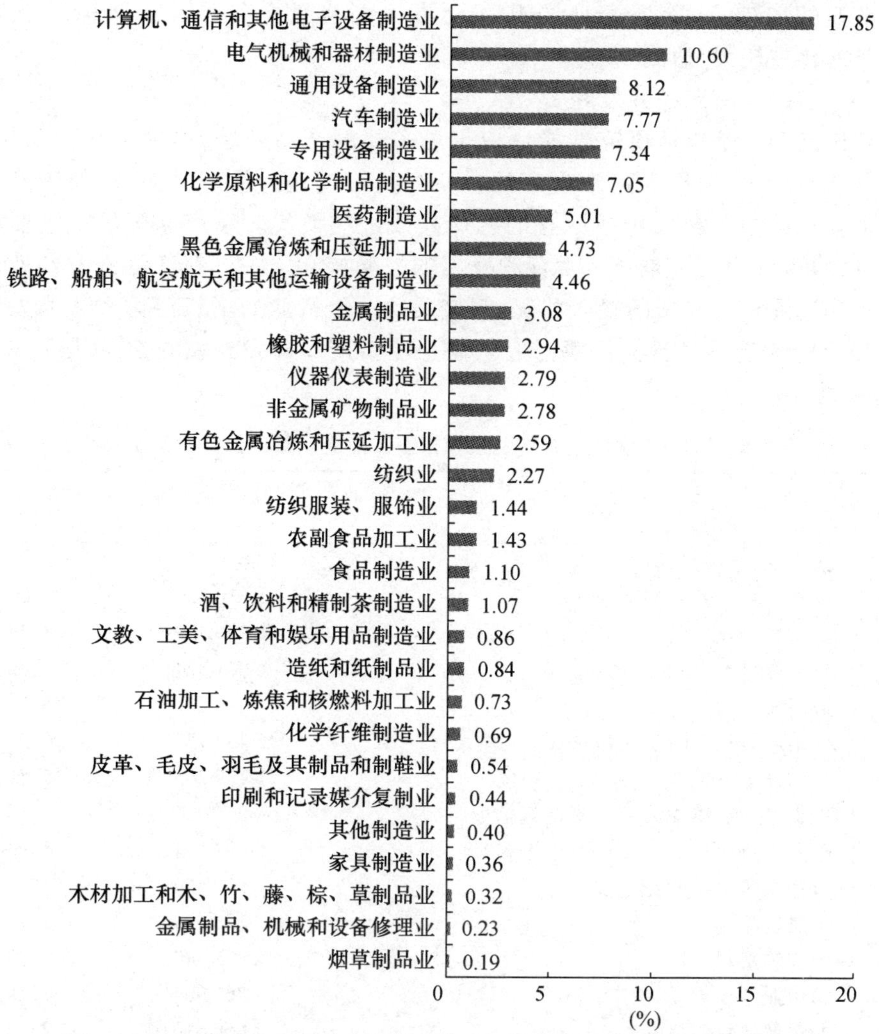

行业	比重(%)
计算机、通信和其他电子设备制造业	17.85
电气机械和器材制造业	10.60
通用设备制造业	8.12
汽车制造业	7.77
专用设备制造业	7.34
化学原料和化学制品制造业	7.05
医药制造业	5.01
黑色金属冶炼和压延加工业	4.73
铁路、船舶、航空航天和其他运输设备制造业	4.46
金属制品业	3.08
橡胶和塑料制品业	2.94
仪器仪表制造业	2.79
非金属矿物制品业	2.78
有色金属冶炼和压延加工业	2.59
纺织业	2.27
纺织服装、服饰业	1.44
农副食品加工业	1.43
食品制造业	1.10
酒、饮料和精制茶制造业	1.07
文教、工美、体育和娱乐用品制造业	0.86
造纸和纸制品业	0.84
石油加工、炼焦和核燃料加工业	0.73
化学纤维制造业	0.69
皮革、毛皮、羽毛及其制品和制鞋业	0.54
印刷和记录媒介复制业	0.44
其他制造业	0.40
家具制造业	0.36
木材加工和木、竹、藤、棕、草制品业	0.32
金属制品、机械和设备修理业	0.23
烟草制品业	0.19

图 7-6 2012 年制造业各行业规模以上企业 R&D 人员全时当量比重分布
资料来源:根据 2013 年《中国统计年鉴》相关数据计算、整理所得。

同制造业各行业规模以上工业企业 R&D 经费支出一样,制造业各行业规模以上企业 R&D 人员全时当量也极不平衡。其中,印刷和记录媒介复制业(0.44%),其他制造业(0.40%),家具制造业(0.36%),木材加工和木、竹、藤、棕、草制品业(0.32%),烟草制品业(0.19%)这 5 个行业的 R&D 人员全时当量最少,占制造业 R&D 人员全时当量的比重均不足 0.50%;计算机、通信和其他电子设备制造业(17.85%),电气机械和器材制造业(10.60%),通用设备制造业(8.12%),汽车制造业(7.77%),专用设备制造业(7.34%),化学原料和化学制品制造业(7.05%)这 6 个行业的 R&D 人员全时当量之和占制造业 R&D 人员全时当量的比重较大,达到 58.73%。

(3) 各行业新产品开发经费

新产品开发是指从研究选择适应市场需要的产品开始,然后进行产品设计、工艺制造设计,直到投入正常生产的一系列决策过程。从广义而言,新产品开发既包括新产品的研制也包括原有的老产品改进与换代。新产品开发是企业研究与开发的重点内容,也是企业生存和发展的战略核心之一。新产品开发经费的高低反映制造业科技经费的投入状况,间接反映一个行业的增长潜力和未来发展能力。2012 年制造业各行业规模以上工业企业新产品开发经费排名如表 7-8 和图 7-7 所示。

表 7-8　2012 年制造业各行业规模以上工业企业新产品开发经费排名

名次	行业	开发新产品经费（万元）	占整体比重（%）
1	计算机、通信和其他电子设备制造业	13 639 752	17.39
2	电气机械和器材制造业	8 630 769	11.00
3	汽车制造业	6 896 539	8.79
4	黑色金属冶炼和压延加工业	6 071 824	7.74
5	通用设备制造业	5 719 081	7.29
6	化学原料和化学制品制造业	5 432 973	6.93
7	专用设备制造业	5 139 263	6.55
8	铁路、船舶、航空航天和其他运输设备制造业	4 045 004	5.16
9	医药制造业	3 082 347	3.93
10	有色金属冶炼和压延加工业	2 128 459	2.71
11	金属制品业	2 126 664	2.71
12	橡胶和塑料制品业	2 022 340	2.58
13	纺织业	1 761 984	2.25
14	非金属矿物制品业	1 660 510	2.12
15	仪器仪表制造业	1 618 619	2.06
16	农副食品加工业	1 611 686	2.05
17	食品制造业	897 428	1.14
18	化学纤维制造业	885 545	1.13
19	酒、饮料和精制茶制造业	825 783	1.05
20	石油加工、炼焦和核燃料加工业	797 241	1.02
21	纺织服装、服饰业	746 468	0.95
22	造纸和纸制品业	742 745	0.95
23	文教、工美、体育和娱乐用品制造业	483 796	0.62
24	皮革、毛皮、羽毛及其制品和制鞋业	330 857	0.42

名次	行业	开发新产品经费（万元）	占整体比重（%）
25	印刷和记录媒介复制业	287 795	0.37
26	木材加工和木、竹、藤、棕、草制品业	240 672	0.31
27	家具制造业	208 510	0.27
28	其他制造业	185 868	0.24
29	烟草制品业	152 354	0.19
30	金属制品、机械和设备修理业	71 149	0.09

资料来源：根据2013年《中国统计年鉴》相关数据计算、整理所得。

行业	开发新产品经费（万元）
计算机、通信和其他电子设备制造业	13 639 752
电气机械和器材制造业	8 630 769
汽车制造业	6 896 539
黑色金属冶炼和压延加工业	6 071 824
通用设备制造业	5 719 081
化学原料和化学制品制造业	5 432 973
专用设备制造业	5 139 263
铁路、船舶、航空航天和其他运输设备制造业	4 045 004
医药制造业	3 082 347
有色金属冶炼和压延加工业	2 128 459
金属制品业	2 126 664
橡胶和塑料制品业	2 022 340
纺织业	1 761 984
非金属矿物制品业	1 660 510
仪器仪表制造业	1 618 619
农副食品加工业	1 611 686
食品制造业	897 428
化学纤维制造业	885 545
酒、饮料和精制茶制造业	825 783
石油加工、炼焦和核燃料加工业	797 241
纺织服装、服饰业	746 468
造纸和纸制品业	742 745
文教、工美、体育和娱乐用品制造业	483 796
皮革、毛皮、羽毛及其制品和制鞋业	330 857
印刷和记录媒介复制业	287 795
木材加工和木、竹、藤、棕、草制品业	240 672
家具制造业	208 510
其他制造业	185 868
烟草制品业	152 354
金属制品、机械和设备修理业	71 149

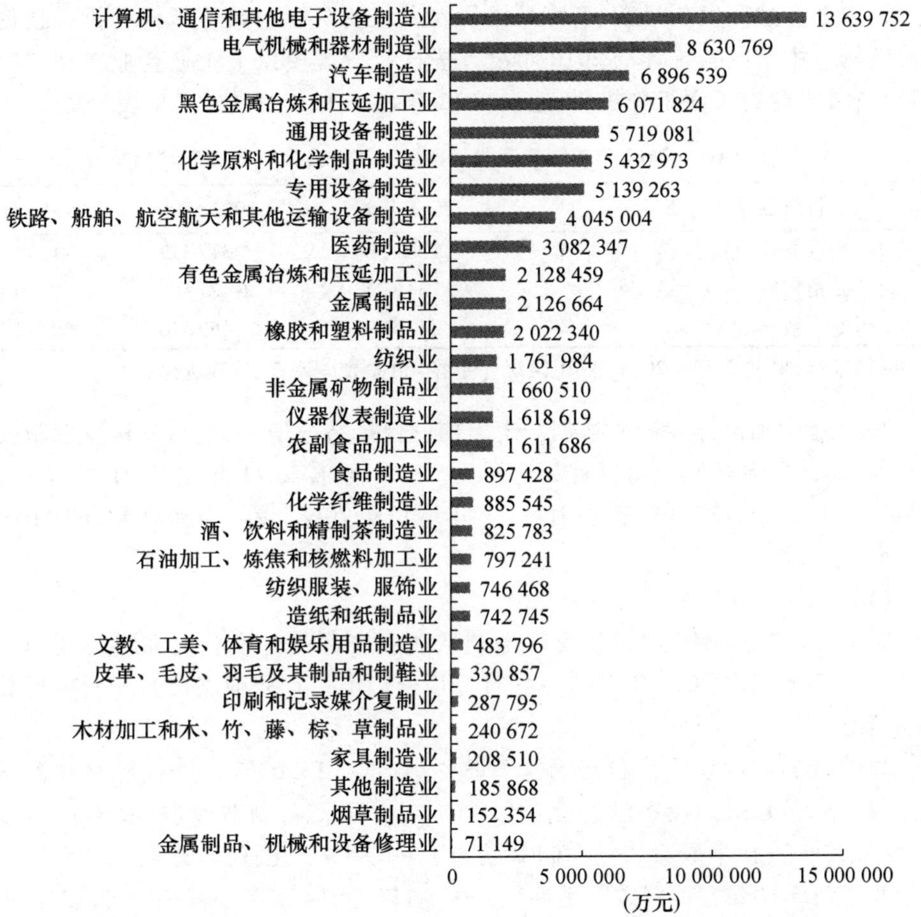

图7-7 2012年制造业各行业规模以上工业企业新产品开发经费分布

资料来源：根据2013年《中国统计年鉴》相关数据计算、整理所得。

2012年，计算机、通信和其他电子设备制造业（17.39%），电气机械和器材制造业(11.00%)、汽车制造业(8.79%)、黑色金属冶炼和压延加工业(7.74%)、通用设备制造业(7.29%)、化学原料和化学制品制造业(6.93%)和专用设备制造业(6.55%)这7个行业的新产品开发经费合计高达65.69%;而金属制品、机械和设备修理业(0.09%)、烟草制品业(0.19%)、其他制造业(0.24%)、家具制造业(0.27%)、木材加工和木、竹、藤、棕、草制品业(0.31%)、印刷和记录媒介复制业(0.37%)、皮革、毛皮、羽毛及其制品和制鞋业(0.42%)、文教、工美、体育和娱乐用品制造业(0.62%)这8个行业的新产品开发经费合计仅占2.51%。可见,新产品开发经费在制造业各行业间也存在极大的分布不均的情况。

2. 制造业科技创新的产出结构

选取新产品开发项目数、新产品销售收入和发明专利数等指标分析科技创新产出结构。由于国家统计局2010年没有按行业分规模以上工业企业专利情况的统计口径,因此为了便于分析,仍选取2011年和2012年的数据(见表7-9)。

表7-9 2011—2012年中国制造业规模以上工业企业科技创新产出情况

科技创新产出指标	2011年	2012年	增长率(%)
新产品开发项目数(项)	261 564	317 317	21.32
新产品销售收入(万元)	990 319 022	1 086 427 500	9.70
发明专利数(项)	130 898	169 410	29.42

资料来源:根据2012—2013年《中国统计年鉴》相关数据计算、整理所得。

2012年中国制造业的科技创新产出依旧保持高速增长,这与其科技创新投入相一致。其中,新开发产品项目数达到317 317项,比2011年增长21.32%;新产品销售收入1 086 427 500万元,比2011年增长9.70%;发明专利数为169 410项,比2011年增长29.42%。

(1) 各行业新产品开发项目数

制造业新产品开发项目数反映出制造业新产品的开发状况和科技实力。表7-10和图7-8列出2012年制造业各行业规模以上工业企业新产品开发项目数的排名情况。

2012年,计算机、通信和其他电子设备制造业(13.03%)、电气机械和器材制造业(12.32%)、通用设备制造业(10.46%)、专用设备制造业(8.45%)、汽车制造业(8.02%)、化学原料和化学制品制造业(6.84%)、医药制造业(6.28%)这7个行业的新产品开发项目数几乎在20 000项以上,明显高于其他行业,其总和占整体的百分比高达65.40%;而排名后十位的行业的新产品开发项目数占整体百分比均不足1.00%,这10个行业新产品开发项目数总和占整体的百分比仅为4.27%,且从排名第8位的行业开始,新产品开发项目数急剧减少。

表 7-10　2012 年制造业各行业规模以上工业企业新产品开发项目数排名

名次	行业	新产品开发项目数（项）	占整体比重（％）
1	计算机、通信和其他电子设备制造业	41 332	13.03
2	电气机械和器材制造业	39 107	12.32
3	通用设备制造业	33 191	10.46
4	专用设备制造业	26 807	8.45
5	汽车制造业	25 452	8.02
6	化学原料和化学制品制造业	21 720	6.84
7	医药制造业	19 925	6.28
8	铁路、船舶、航空航天和其他运输设备制造业	12 150	3.83
9	仪器仪表制造业	11 717	3.69
10	金属制品业	11 128	3.51
11	橡胶和塑料制品业	10 012	3.16
12	黑色金属冶炼和压延加工业	9 235	2.91
13	非金属矿物制品业	8 327	2.62
14	纺织业	7 894	2.49
15	农副食品加工业	5 542	1.75
16	有色金属冶炼和压延加工业	5 476	1.73
17	食品制造业	4 041	1.27
18	纺织服装、服饰业	3 998	1.26
19	文教、工美、体育和娱乐用品制造业	3 854	1.21
20	酒、饮料和精制茶制造业	2 899	0.91
21	造纸和纸制品业	1 774	0.56
22	化学纤维制造业	1 764	0.56
23	皮革、毛皮、羽毛及其制品和制鞋业	1 706	0.54
24	印刷和记录媒介复制业	1 618	0.51
25	石油加工、炼焦和核燃料加工业	1 542	0.49
26	家具制造业	1 285	0.40
27	木材加工和木、竹、藤、棕、草制品业	1 264	0.40
28	其他制造业	1 222	0.39
29	烟草制品业	901	0.28
30	金属制品、机械和设备修理业	434	0.14

资料来源：根据 2013 年《中国统计年鉴》相关数据计算、整理所得。

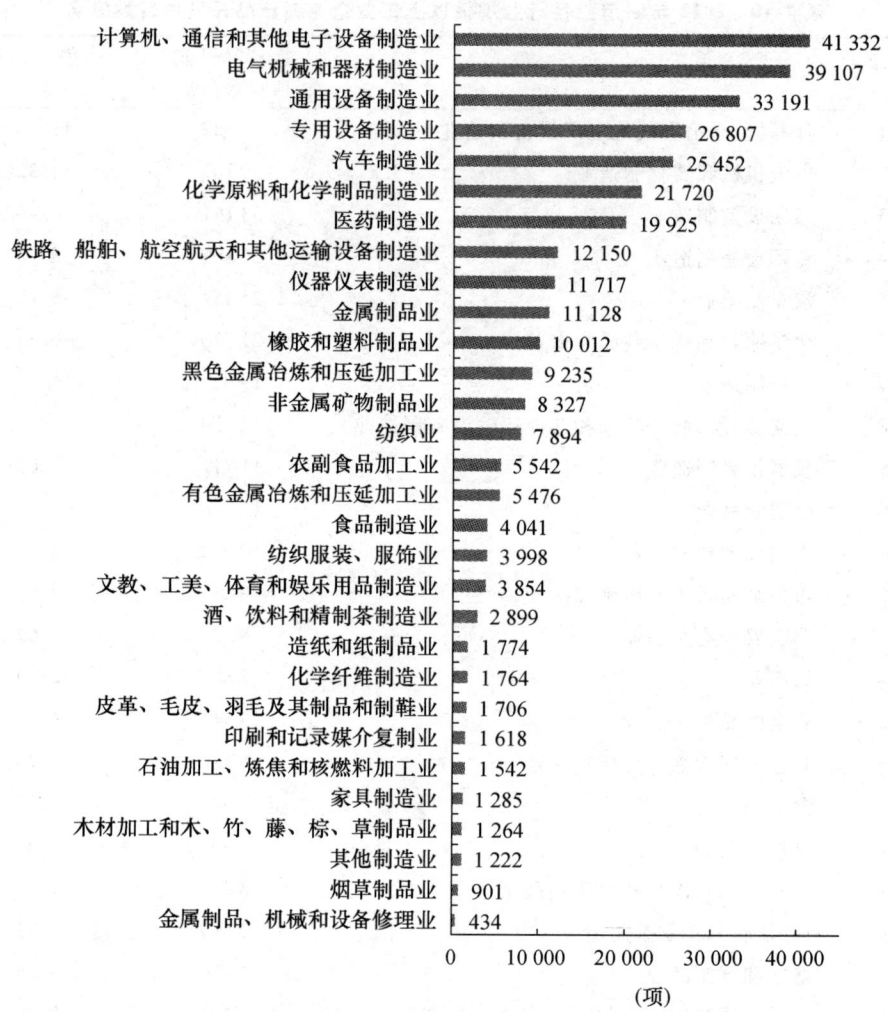

图 7-8　2012 年制造业各行业规模以上企业新产品开发项目数分布
资料来源：根据 2013 年《中国统计年鉴》相关数据计算、整理所得。

(2) 各行业新产品销售收入

制造业新产品产值反映制造业的新产品开发状况和科技创新转化成效。由于 2013 年中国统计年鉴中没有这一指标，因而用新产品销售收入近似代替。表 7-11 和图 7-9 列出制造业各行业规模以上工业企业新产品销售收入排名情况。

表 7-11 2012 年制造业各行业规模以上工业企业新产品销售收入排名

名次	行业	新产品销售收入（万元）	占整体比重（％）
1	计算机、通信和其他电子设备制造业	194 715 449	17.92
2	汽车制造业	146 282 410	13.46
3	电气机械和器材制造业	117 922 425	10.85
4	化学原料和化学制品制造业	78 730 818	7.25
5	黑色金属冶炼和压延加工业	75 917 476	6.99
6	通用设备制造业	62 773 072	5.78
7	专用设备制造业	51 792 190	4.77
8	铁路、船舶、航空航天和其他运输设备制造业	43 637 585	4.02
9	有色金属冶炼和压延加工业	39 906 367	3.67
10	纺织业	33 711 924	3.10
11	医药制造业	29 286 009	2.70
12	金属制品业	23 685 735	2.18
13	橡胶和塑料制品业	23 395 984	2.15
14	农副食品加工业	20 041 824	1.84
15	非金属矿物制品业	17 836 658	1.64
16	石油加工、炼焦和核燃料加工业	17 420 809	1.60
17	化学纤维制造业	14 392 962	1.32
18	仪器仪表制造业	13 840 836	1.27
19	烟草制品业	13 836 853	1.27
20	纺织服装、服饰业	12 665 531	1.17
21	造纸和纸制品业	11 255 337	1.04
22	酒、饮料和精制茶制造业	10 686 172	0.98
23	食品制造业	8 444 769	0.78
24	皮革、毛皮、羽毛及其制品和制鞋业	6 128 266	0.56
25	文教、工美、体育和娱乐用品制造业	5 889 815	0.54
26	印刷和记录媒介复制业	3 691 488	0.34
27	木材加工和木、竹、藤、棕、草制品业	3 233 002	0.30
28	家具制造业	2 908 386	0.27
29	其他制造业	1 733 639	0.16
30	金属制品、机械和设备修理业	663 706	0.06

资料来源：根据 2013 年《中国统计年鉴》相关数据计算、整理所得。

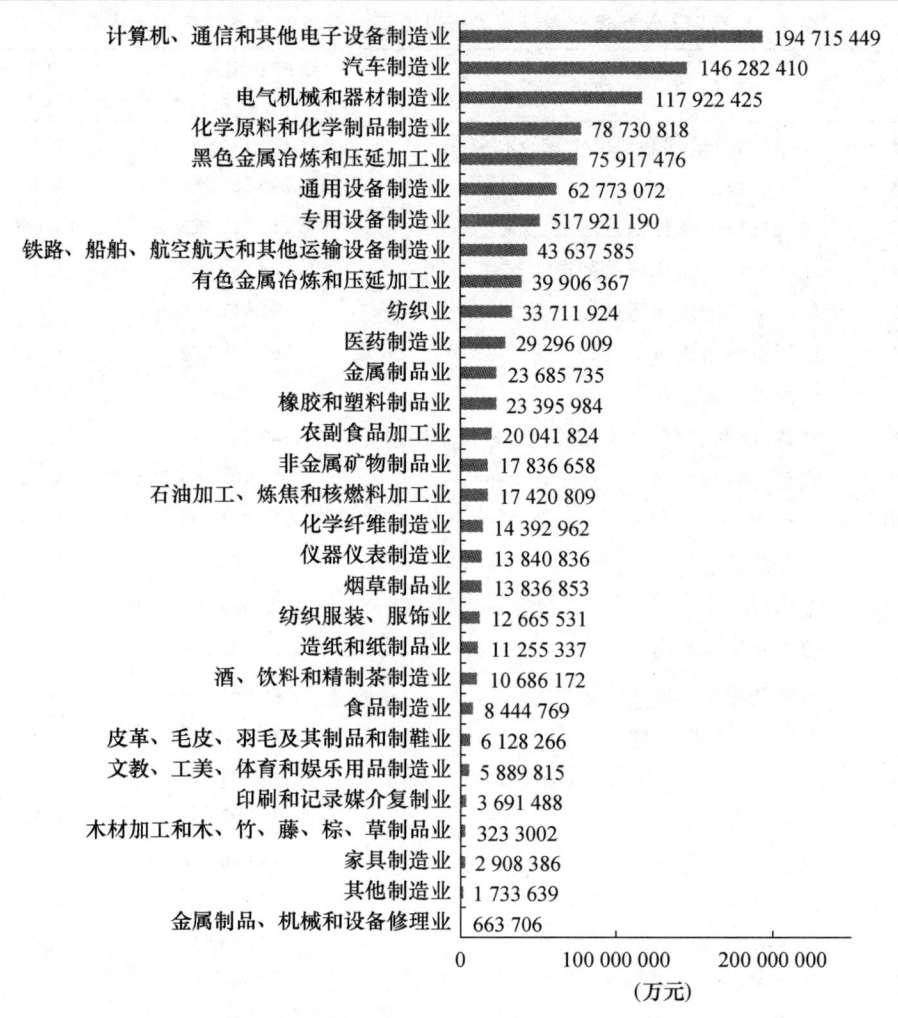

图 7-9　2012 年制造业各行业规模以上企业新产品销售收入分布
资料来源：根据 2013 年《中国统计年鉴》相关数据计算、整理所得。

2012 年，计算机、通信和其他电子设备制造业（17.92%），汽车制造业（13.46%），电气机械和器材制造业（10.85%），化学原料和化学制品制造业（7.25%），黑色金属冶炼和压延加工业（6.99%）这 5 个行业新产品销售收入名列前茅，其新产品销售收入总额占制造业整体的 50.00% 以上，达 56.47%；而排名后十个行业的新产品销售收入总和仅占整体的 5.03%。

（3）各行业有效发明专利数

制造业有效发明专利数反映制造业的科技创新活动成效。表 7-12 和图 7-10 列出制造业各行业规模以上工业企业有效发明专利数的排名情况。

表 7-12　2012 年制造业各行业规模以上工业企业有效发明专利数排名

名次	行业	有效发明专利数（项）	占整体比重（%）
1	计算机、通信和其他电子设备制造业	83 589	30.84
2	电气机械和器材制造业	31 346	11.56
3	通用设备制造业	22 984	8.48
4	专用设备制造业	21 785	8.04
5	化学原料和化学制品制造业	16 777	6.19
6	医药制造业	15 058	5.55
7	汽车制造业	11 605	4.28
8	金属制品业	8 093	2.99
9	仪器仪表制造业	7 763	2.86
10	非金属矿物制品业	7 740	2.86
11	铁路、船舶、航空航天和其他运输设备制造业	6 682	2.46
12	黑色金属冶炼和压延加工业	5 976	2.20
13	有色金属冶炼和压延加工业	5 338	1.97
14	橡胶和塑料制品业	4 874	1.80
15	文教、工美、体育和娱乐用品制造业	3 264	1.20
16	食品制造业	2 375	0.88
17	农副食品加工业	2 261	0.83
18	纺织业	2 245	0.83
19	石油加工、炼焦和核燃料加工业	1 514	0.56
20	酒、饮料和精制茶制造业	1 290	0.48
21	木材加工和木、竹、藤、棕、草制品业	1 224	0.45
22	化学纤维制造业	1 064	0.39
23	造纸和纸制品业	1 042	0.38
24	印刷和记录媒介复制业	1 016	0.37
25	纺织服装、服饰业	980	0.36
26	其他制造业	838	0.31
27	家具制造业	814	0.30
28	烟草制品业	710	0.26
29	皮革、毛皮、羽毛及其制品和制鞋业	594	0.22
30	金属制品、机械和设备修理业	239	0.09

资料来源：根据 2013 年《中国统计年鉴》相关数据计算、整理所得。

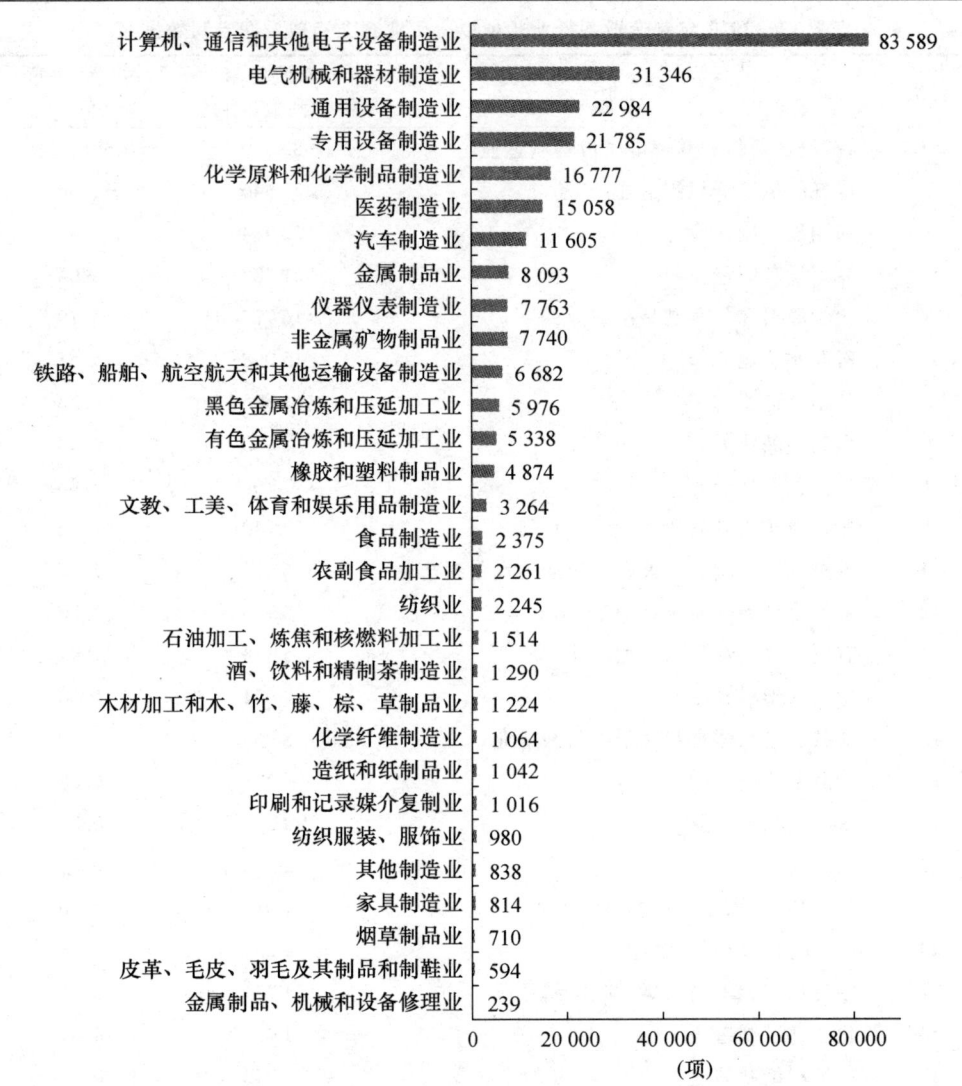

图 7-10　2012 年制造业各行业规模以上企业有效发明专利数分布
资料来源：根据 2013 年《中国统计年鉴》相关数据计算、整理所得。

2012 年，计算机、通信和其他电子设备制造业的有效发明专利数占整体比重高达 30.84%，远远高于其他行业；排名前四的制造业行业依次为计算机、通信和其他电子设备制造业（30.84%），电气机械和器材制造业（11.56%），通用设备制造业（8.48%），专用设备制造业（8.04%），这 4 个行业有效发明专利数之和（58.92%）超过制造业整体有效发明专利数的 50.00%；有 15 个行业有效发明专利数不足整体的 1.00%，如金属制品、机械和设备修理业仅占 0.09%，皮革、毛皮、羽毛及其制品和制鞋业仅占0.22%,烟草制品业仅占0.26%,等等。各个行业之间有效发明专利数的分布极度不均衡,排名第1的行业有效发明专利数是排名最后的行业的340倍以上。

3. 制造业各行业科技创新指标排名分析

制造业行业各个科技创新指标排名情况如表7-13所示。根据K-means聚类分析,可以把29个行业分为四类。第一类有20个行业,包括农副食品加工业,食品制造业,酒、饮料和精制茶制造业,烟草制品业,纺织业,纺织服装、服饰业,皮革、毛皮、羽毛及其制品和制鞋业,木材加工和木、竹、藤、棕、草制品业,家具制造业,造纸和纸制品业,印刷和记录媒介复制业,文教、工美、体育和娱乐用品制造业,石油加工、炼焦和核燃料加工业,化学纤维制造业,橡胶和塑料制品业,非金属矿物制品业,有色金属冶炼和压延加工业,金属制品业,仪器仪表制造业,以及其他制造业。第一类行业恰好是R&D经费支出和R&D人员全时当量排名后20的行业,即科技创新投入排名后20位的行业。其中,金属制品业在有效发明专利数中排名第8,仪器仪表制造业在新产品开发项目数和有效发明专利数中排名第9,这2个行业在第一类行业中是较为特殊的行业。第二类仅仅包含1个行业,即计算机、通信和其他电子设备制造业,该行业在五项指标中均排名第1,而且五项指标均远远高于其他行业。第三类有3个行业,包括通用设备制造业,汽车制造业及电气机械和器材制造业。这3个行业R&D人员全时当量排名分别为第2、第4和第3,新产品开发项目数排名分别为第2、第5和第3,有效发明专利数排名分别为第2、第7和第3,新产品产值排名分别为第3、第2和第6,从总体上来看,第三类行业的科技创新投入与产出均处于较高水平。第四类有5个行业,包括化学原料和化学制品制造业,医药制造业,黑色金属冶炼和压延加工业,专用设备制造业,以及铁路、船舶、航空航天和其他运输设备制造业。其中,黑色金属冶炼和压延加工业科技创新投入较多而产出较少,专用设备制造业科技创新投入较少而产出相对较多。

表7-13　2012年制造业各行业科技创新各指标排名

行业	R&D经费（万元）	R&D人员全时当量（人年）	新产品开发项目数（项）	有效发明专利数（项）	新产品销售收入（万元）
计算机、通信和其他电子设备制造业	1	1	1	1	1
电气机械和器材制造业	2	2	2	2	3
黑色金属冶炼和压延加工业	3	8	12	12	5
汽车制造业	4	4	5	7	2
化学原料和化学制品制造业	5	6	6	5	4
通用设备制造业	6	3	3	3	6
专用设备制造业	7	5	4	4	7

（续表）

行业	R&D 经费（万元）	R&D 人员全时当量（人年）	新产品开发项目数（项）	有效发明专利数（项）	新产品销售收入（万元）
铁路、船舶、航空航天和其他运输设备制造业	8	9	8	11	8
医药制造业	9	7	7	6	11
有色金属冶炼和压延加工业	10	14	16	13	9
金属制品业	11	10	10	8	12
橡胶和塑料制品业	12	11	11	14	13
非金属矿物制品业	13	13	13	10	15
农副食品加工业	14	17	15	17	14
纺织业	15	15	14	18	10
仪器仪表制造业	16	12	9	9	18
食品制造业	17	18	17	16	23
石油加工、炼焦和核燃料加工业	18	22	25	19	16
酒、饮料和精制茶制造业	19	19	20	20	22
造纸和纸制品业	20	21	21	23	21
化学纤维制造业	21	23	22	22	17
纺织服装、服饰业	22	16	18	25	20
文教、工美、体育和娱乐用品制造业	23	20	19	15	25
皮革、毛皮、羽毛及其制品和制鞋业	24	24	23	29	24
烟草制品业	25	30	29	28	19
印刷和记录媒介复制业	26	25	24	24	26
其他制造业	27	26	28	26	29
木材加工和木、竹、藤、棕、草制品业	28	28	27	21	27
家具制造业	29	27	26	27	28
金属制品、机械和设备修理业	30	29	30	30	30

资料来源：根据2013年《中国统计年鉴》相关数据计算、整理所得。

以上分析表明，计算机、通信和其他电子设备制造业是科技创新投入与产出最高的行业；电气机械和器材制造业，汽车制造业，通用设备制造业，黑色金属冶炼和压延加工业，化学原料和化学制品制造业，专用设备制造业，铁路、船舶、航空航天和其他运输设备制造业，医药制造业是科技创新投入与产出较高的行业；其他行业的科技创新投入产出普遍不高，但是仪器仪表制造业在新产品开发项目数与有效发明专利数上占优势，然而其新产品产值仍然较低。

7.1.3 制造业能源消耗状况分析

目前，中国正处于工业化加速发展期，对矿产资源和能源的消耗急剧增加。

本部分主要从制造业能源消耗总量、制造业电力消耗量和能源使用效率三个方面来进行研究。每万元产值能耗是反映工业能源经济效益高低的综合指标,它是以吨标准煤来衡量制造业每万元总产值所消耗的能源,该数值越低越好。如表 7-14 所示,2012 年每万元产值能耗为 0.25 吨标准煤,与 2011 年相比减少 6.65%;与 2011 年相比,中国制造业 2012 年电力消耗量增加 5.08%。

表 7-14 制造业能源消耗情况

能耗及环境指标	2011 年	2012 年	增长率(%)
能源消耗总量(万吨标准煤)	200 403.37	205 667.69	2.63
电力消耗量(亿千瓦小时)	25 526.84	26 822.46	5.08
每万元产值能耗(吨标准煤)	0.27	0.25	-6.65

资料来源:根据 2012—2013 年《中国统计年鉴》和《中国能源统计年鉴》相关数据计算、整理所得。

1. 制造业能源消耗结构

制造业各行业能源消耗情况如表 7-15 和图 7-11 所示。2012 年,制造业各行业中能源消耗最大的前 5 个行业同前七年完全一样,依次为黑色金属冶炼和压延加工业,化学原料和化学制品制造业,非金属矿物制品业,石油加工、炼焦和核燃料加工业,有色金属冶炼和压延加工业,这 5 个行业占制造业能源消耗总量的 77.32%;而消费能源最少的 6 个行业也和 2011 年一样,依次为金属制品、机械和设备修理业,废弃资源综合利用业,家具制造业,烟草制品业,文教、工美、体育和娱乐用品制造业,仪器仪表制造业,这 6 个行业仅占制造业能源消耗总量的 0.60%。可见制造业各行业对能源的消耗是很不平衡的。

表 7-15 制造业各行业能源消耗总量排名

名次	行业	能源消费总量(万吨标准煤)	在制造业中所占比重(%)
1	黑色金属冶炼和压延加工业	59 668.10	29.01
2	化学原料和化学制品制造业	36 995.54	17.99
3	非金属矿物制品业	29 400.92	14.30
4	石油加工、炼焦和核燃料加工业	18 115.44	8.81
5	有色金属冶炼和压延加工业	14 829.01	7.21
6	纺织业	6 357.01	3.09
7	橡胶和塑料制品业	3 897.14	1.89
8	金属制品业	3 854.34	1.87
9	造纸和纸制品业	3 846.14	1.87
10	通用设备制造业	3 465.89	1.69

（续表）

名次	行业	能源消费总量（万吨标准煤）	在制造业中所占比重（%）
11	汽车制造业	2 760.67	1.34
12	农副食品加工业	2 750.55	1.34
13	计算机、通信和其他电子设备制造业	2 666.75	1.30
14	电气机械和器材制造业	2 329.07	1.13
15	专用设备制造业	1 781.84	0.87
16	食品制造业	1 621.32	0.79
17	其他制造业	1 616.47	0.79
18	医药制造业	1 608.63	0.78
19	化学纤维制造业	1 558.00	0.76
20	酒、饮料和精制茶制造业	1 180.09	0.57
21	木材加工和木、竹、藤、棕、草制品业	1 152.64	0.56
22	铁路、船舶、航空航天和其他运输设备制造业	1 149.54	0.56
23	纺织服装、服饰业	861.09	0.42
24	皮革、毛皮、羽毛及其制品和制鞋业	574.23	0.28
25	印刷和记录媒介复制业	400.03	0.19
26	仪器仪表制造业	311.26	0.15
27	文教、工美、体育和娱乐用品制造业	280.46	0.14
28	烟草制品业	247.42	0.12
29	家具制造业	199.41	0.10
30	废弃资源综合利用业	107.36	0.05
31	金属制品、机械和设备修理业	81.35	0.04

资料来源：根据2013年《中国能源统计年鉴》相关数据计算、整理所得。

2012年，能源消耗总量大的行业主要集中于黑色金属冶炼、非金属制造、石油加工等重工业领域。其中，黑色金属冶炼和压延加工业占制造业能源消耗的比重为29.01%，位居能源消耗总量第1。这是因为黑色金属冶炼和压延加工业的主体就是钢铁行业，而我国是世界上最大的钢铁生产国和消费国；但是也说明了产业结构不合理、技术含量偏低等问题。化学原料和化学制品制造业在制造业能源消耗中所占比重为17.99%，位居能源消耗总量第2，行业能耗相当高，节能减排形势严峻。非金属矿物制造业在制造业能源消耗中所占比重为14.30%，位居能源消耗总量第3。因此，在生产非金属矿物的同时，也需要追求较高的技术含量、较低的环境负荷，以更适应社会的发展。

2. 制造业电力消耗结构

经济的发展离不开能源的支持，电力作为一种最基本的能源形式，被广泛运

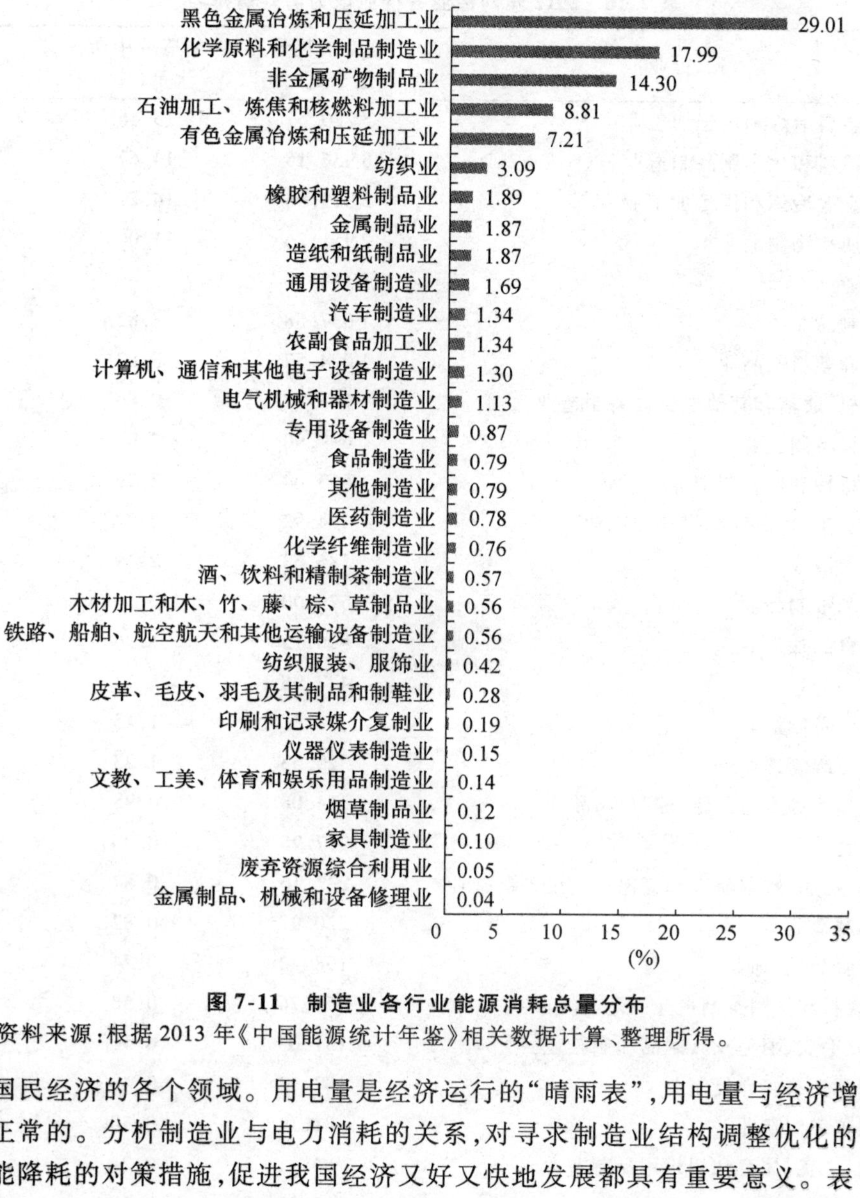

行业	百分比
黑色金属冶炼和压延加工业	29.01
化学原料和化学制品制造业	17.99
非金属矿物制品业	14.30
石油加工、炼焦和核燃料加工业	8.81
有色金属冶炼和压延加工业	7.21
纺织业	3.09
橡胶和塑料制品业	1.89
金属制品业	1.87
造纸和纸制品业	1.87
通用设备制造业	1.69
汽车制造业	1.34
农副食品加工业	1.34
计算机、通信和其他电子设备制造业	1.30
电气机械和器材制造业	1.13
专用设备制造业	0.87
食品制造业	0.79
其他制造业	0.79
医药制造业	0.78
化学纤维制造业	0.76
酒、饮料和精制茶制造业	0.57
木材加工和木、竹、藤、棕、草制品业	0.56
铁路、船舶、航空航天和其他运输设备制造业	0.56
纺织服装、服饰业	0.42
皮革、毛皮、羽毛及其制品和制鞋业	0.28
印刷和记录媒介复制业	0.19
仪器仪表制造业	0.15
文教、工美、体育和娱乐用品制造业	0.14
烟草制品业	0.12
家具制造业	0.10
废弃资源综合利用业	0.05
金属制品、机械和设备修理业	0.04

图 7-11 制造业各行业能源消耗总量分布

资料来源：根据 2013 年《中国能源统计年鉴》相关数据计算、整理所得。

用于国民经济的各个领域。用电量是经济运行的"晴雨表"，用电量与经济增长同步是正常的。分析制造业与电力消耗的关系，对寻求制造业结构调整优化的方向和节能降耗的对策措施，促进我国经济又好又快地发展都具有重要意义。表 7-16 和图 7-12 是 2012 年制造业各行业电力消耗情况及分布状况，从中可以看出，黑色金属冶炼和压延加工业、化学原料和化学制品制造业、有色金属冶炼和压延加工业、非金属矿物制品业这 4 个行业的用电量消耗占整个制造业用电量的 **59.37%**。可见，用电量的波动同钢铁、水泥、石化等高耗能产业的生产形势有很大关系。

表 7-16　2012 年制造业各行业电力消耗量排名

行业	电力消耗量（亿千瓦时）	在制造业中所占比重（%）	名次
黑色金属冶炼和压延加工业	5 220.52	19.46	1
化学原料和化学制品制造业	3 936.15	14.67	2
有色金属冶炼和压延加工业	3 819.08	14.24	3
非金属矿物制品业	2 951.26	11.00	4
纺织业	1 448.70	5.40	5
金属制品业	1 037.58	3.87	6
橡胶和塑料制品业	1 024.57	3.82	7
计算机、通信和其他电子设备制造业	765.87	2.86	8
通用设备制造业	699.90	2.61	9
电气机械和器材制造业	613.64	2.29	10
石油加工、炼焦和核燃料加工业	594.92	2.22	11
汽车制造业	586.63	2.19	12
造纸和纸制品业	579.00	2.16	13
农副食品加工业	526.15	1.96	14
其他制造业	437.98	1.63	15
专用设备制造业	388.42	1.45	16
化学纤维制造业	329.53	1.23	17
木材加工和木、竹、藤、棕、草制品业	264.08	0.98	18
医药制造业	257.25	0.96	19
铁路、船舶、航空航天和其他运输设备制造业	232.15	0.87	20
食品制造业	220.97	0.82	21
纺织服装、服饰业	198.42	0.74	22
酒、饮料和精制茶制造业	155.76	0.58	23
皮革、毛皮、羽毛及其制品和制鞋业	151.03	0.56	24
印刷和记录媒介复制业	107.12	0.40	25
仪器仪表制造业	81.14	0.30	26
文教、工美、体育和娱乐用品制造业	64.11	0.24	27
烟草制品业	51.22	0.19	28
家具制造业	45.83	0.17	29
废弃资源综合利用业	20.27	0.08	30
金属制品、机械和设备修理业	13.23	0.05	31

资料来源：根据 2013 年《中国能源统计年鉴》相关数据计算、整理所得。

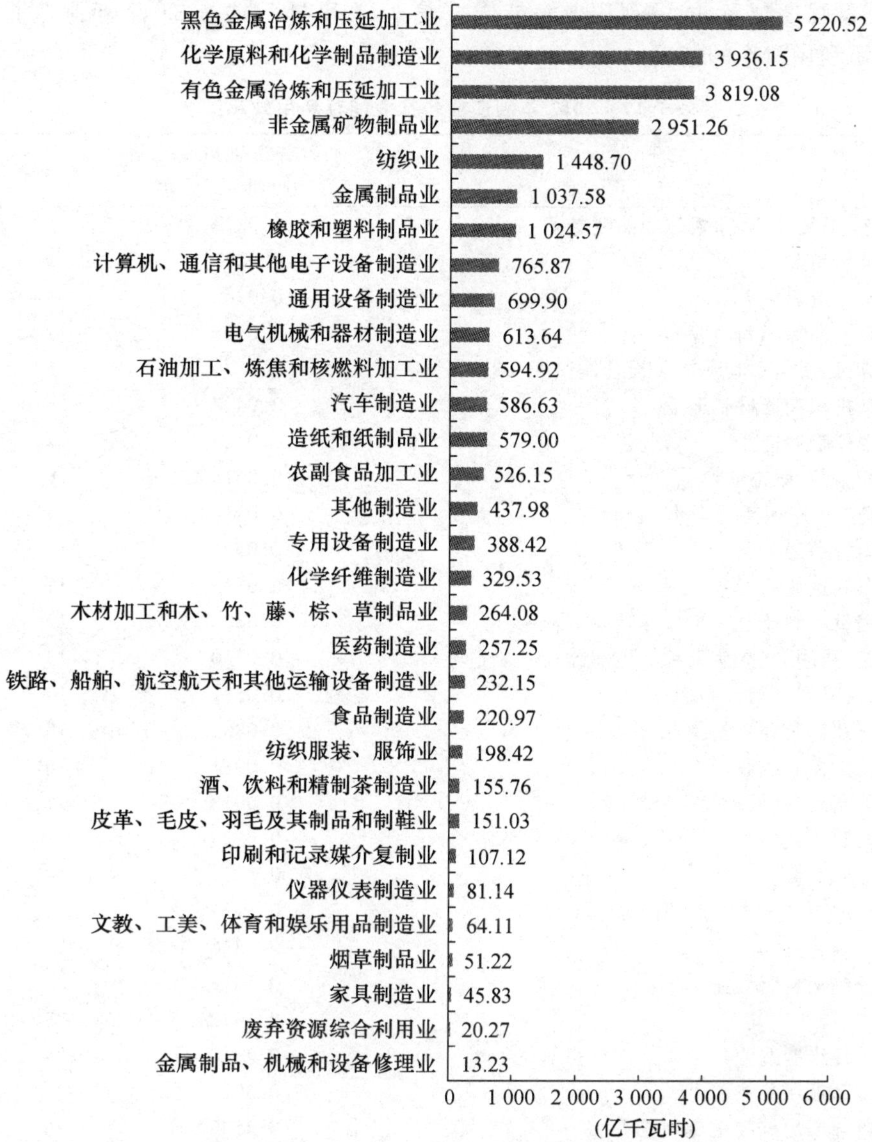
黑色金属冶炼和压延加工业 5 220.52
化学原料和化学制品制造业 3 936.15
有色金属冶炼和压延加工业 3 819.08
非金属矿物制品业 2 951.26
纺织业 1 448.70
金属制品业 1 037.58
橡胶和塑料制品业 1 024.57
计算机、通信和其他电子设备制造业 765.87
通用设备制造业 699.90
电气机械和器材制造业 613.64
石油加工、炼焦和核燃料加工业 594.92
汽车制造业 586.63
造纸和纸制品业 579.00
农副食品加工业 526.15
其他制造业 437.98
专用设备制造业 388.42
化学纤维制造业 329.53
木材加工和木、竹、藤、棕、草制品业 264.08
医药制造业 257.25
铁路、船舶、航空航天和其他运输设备制造业 232.15
食品制造业 220.97
纺织服装、服饰业 198.42
酒、饮料和精制茶制造业 155.76
皮革、毛皮、羽毛及其制品和制鞋业 151.03
印刷和记录媒介复制业 107.12
仪器仪表制造业 81.14
文教、工美、体育和娱乐用品制造业 64.11
烟草制品业 51.22
家具制造业 45.83
废弃资源综合利用业 20.27
金属制品、机械和设备修理业 13.23
0 1 000 2 000 3 000 4 000 5 000 6 000
(亿千瓦时)

图 7-12　2012 年制造业工业电力消耗量的行业分布

资料来源：根据 2013 年《中国能源统计年鉴》相关数据计算、整理所得。

3. 制造业能源利用效率分析

能源强度是衡量能源利用效率常用的指标之一，是指每生产一个单位的 GDP（或产品）所消耗的能源。由于 2013 年《中国统计年鉴》未报告各行业工业总产值数据，故本报告中的能源强度是能源消耗总量与主营业务收入的比值。一般而言,能源强度越高,能源利用效率越低。表 7-17 和图 7-13 是 2012 年制造业各行业能源利用效率的情况。

表 7-17　2012 年制造业各行业能源利用效率排名

行业	能源强度 （万吨标准煤/亿元）	能源效率名次
文教、工美、体育和娱乐用品制造业	0.0273	1
烟草制品业	0.0327	2
家具制造业	0.0352	3
废弃资源综合利用业	0.0368	4
计算机、通信和其他电子设备制造业	0.0379	5
电气机械和器材制造业	0.0427	6
仪器仪表制造业	0.0468	7
纺织服装、服饰业	0.0498	8
皮革、毛皮、羽毛及其制品和制鞋业	0.0510	9
农副食品加工业	0.0527	10
汽车制造业	0.0539	11
专用设备制造业	0.0621	12
铁路、船舶、航空航天和其他运输设备制造业	0.0730	13
酒、饮料和精制茶制造业	0.0871	14
印刷和记录媒介复制业	0.0882	15
通用设备制造业	0.0911	16
金属制品、机械和设备修理业	0.0918	17
医药制造业	0.0928	18
食品制造业	0.1024	19
木材加工和木、竹、藤、棕、草制品业	0.1122	20
金属制品业	0.1326	21
橡胶和塑料制品业	0.1613	22
纺织业	0.1972	23
化学纤维制造业	0.2310	24
造纸和纸制品业	0.3077	25
有色金属冶炼和压延加工业	0.3593	26
石油加工、炼焦和核燃料加工业	0.4598	27
化学原料和化学制品制造业	0.5460	28
非金属矿物制品业	0.6684	29
其他制造业	0.7795	30
黑色金属冶炼和压延加工业	0.8338	31

资料来源:根据 2013 年《中国能源统计年鉴》相关数据计算、整理所得。

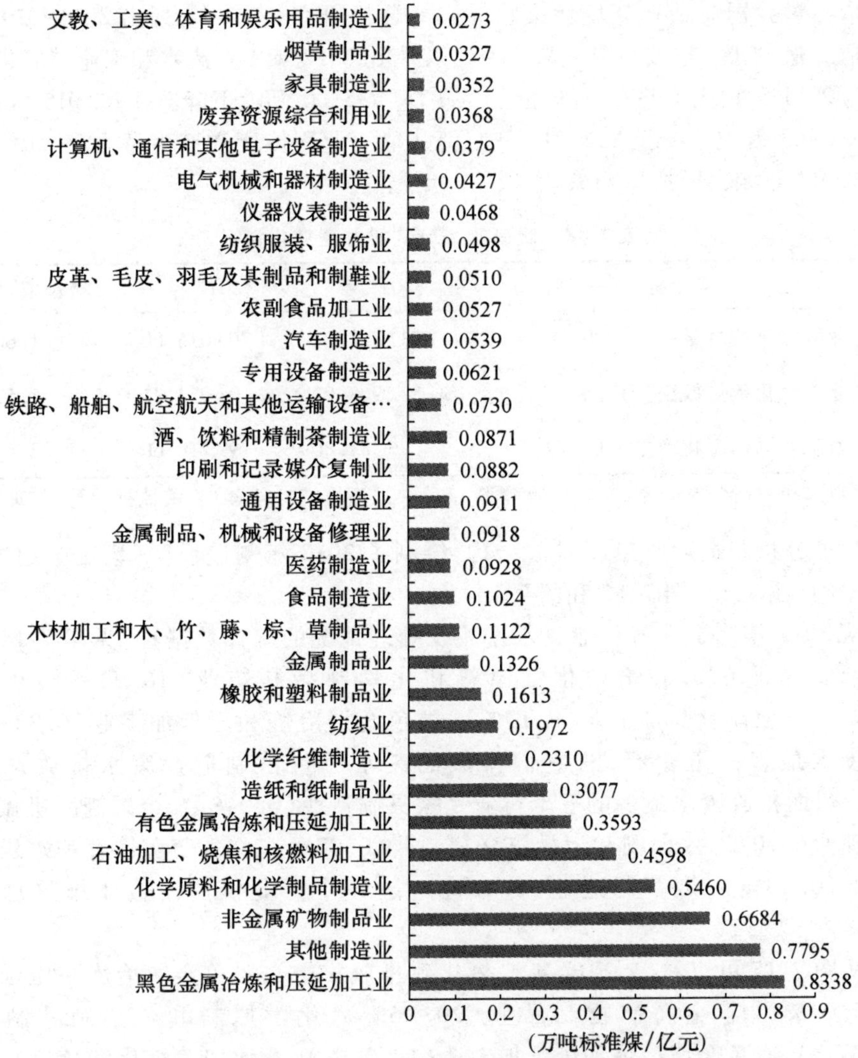

行业	值
文教、工美、体育和娱乐用品制造业	0.0273
烟草制品业	0.0327
家具制造业	0.0352
废弃资源综合利用业	0.0368
计算机、通信和其他电子设备制造业	0.0379
电气机械和器材制造业	0.0427
仪器仪表制造业	0.0468
纺织服装、服饰业	0.0498
皮革、毛皮、羽毛及其制品和制鞋业	0.0510
农副食品加工业	0.0527
汽车制造业	0.0539
专用设备制造业	0.0621
铁路、船舶、航空航天和其他运输设备…	0.0730
酒、饮料和精制茶制造业	0.0871
印刷和记录媒介复制业	0.0882
通用设备制造业	0.0911
金属制品、机械和设备修理业	0.0918
医药制造业	0.0928
食品制造业	0.1024
木材加工和木、竹、藤、棕、草制品业	0.1122
金属制品业	0.1326
橡胶和塑料制品业	0.1613
纺织业	0.1972
化学纤维制造业	0.2310
造纸和纸制品业	0.3077
有色金属冶炼和压延加工业	0.3593
石油加工、炼焦和核燃料加工业	0.4598
化学原料和化学制品制造业	0.5460
非金属矿物制品业	0.6684
其他制造业	0.7795
黑色金属冶炼和压延加工业	0.8338

(万吨标准煤/亿元)

图7-13 2012年制造业各行业能源利用效率的行业分布

资料来源:根据2013年《中国能源统计年鉴》相关数据计算、整理所得。

2012年,黑色金属冶炼和压延加工业,其他制造业,非金属矿物制品业,化学原料和化学制品制造业,石油加工、炼焦和核燃料加工业,有色金属冶炼和压延加工业等行业的能源利用效率较低;而文教、工美、体育和娱乐用品制造业,烟草制品业,家具制造业,废弃资源综合利用业,计算机、通信和其他电子设备制造业等行业的能源利用效率较高。

7.1.4 制造业环境污染状况分析

"三废"排放量是衡量环境污染状况的重要指标。本部分选取工业"三废"排放量指标对我国制造业环境污染状况进行分析研究，表 7-18 列出 2011—2012 年我国制造业"三废"排放情况。从表中可以看出，2012 年工业废水和工业二氧化硫排放量与 2011 年相比均略有下降，分别从 1 731 735.00 万吨下降至 1 703 015.00 万吨和从 968.03 万吨下降至 953.21 万吨；但一般工业固体废物产生量为 99 219.60 万吨，与 2011 年相比增加 2.41%。

表 7-18　制造业"三废"排放量变化情况

环境指标	2011 年	2012 年	增长率(%)
工业废水排放总量(万吨)	1 731 735.00	1 703 015.00	-1.66
工业二氧化硫排放量(万吨)	968.03	953.21	-1.53
一般工业固体废物产生量(万吨)	96 881.80	99 219.60	2.41

资料来源：根据 2013 年《中国统计年鉴》和《中国环境统计年鉴》相关数据计算、整理所得。

为了分析制造业"三废"排放结构，绘制了 2012 年制造业"三废"排放的行业分布图(见图 7-14、图 7-15 和图 7-16)。

从 2012 年制造业各行业废水排放及处理情况的统计数据看(见图 7-14)，造纸和纸制品业(20.12%)、化学原料和化学制品制造业(16.11%)、纺织业(13.93%)、农副食品加工业(9.19%)、黑色金属冶炼和压延加工业(6.23%)是排放废水最多的五个行业，它们排放的废水总量占制造业废水排放总量的 65.58%；而排放废水最少的五个行业是家具制造业(0.04%)、金属制品机械和设备修理业(0.07%)、印刷和记录媒介复制业(0.08%)、文教工美体育和娱乐用品制造业(0.13%)、烟草制造业(0.13%)，这 5 个行业仅占制造业排放总量的 0.45%。

从图 7-15 可以看出，2012 年二氧化硫排放集中在黑色金属冶炼和压延加工业(25.24%)、非金属矿物制品业(20.96%)、化学原料和化学制品制造业(13.23%)、有色金属冶炼和压延加工业(12.00%)、石油加工炼焦和核燃料加工业(8.41%)5 个行业中，占制造业排放总量的 79.84%；而排放二氧化硫最少的 5 个行业是废弃资源综合利用业(0.05%)、家具制造业(0.03%)、文教工美体育和娱乐用品制造业(0.02%)、仪器仪表制造业(0.01%)、金属制品机械和设备修理业(0.01%)，这 5 个行业仅占制造业排放总量的 0.12%。

从图 7-16 可以看出，2012 年固体废弃物排放状况很集中，排放量最大的五个行业为黑色金属冶炼和压延加工业(42.38%)、化学原料和化学制品制造业(26.85%)、有色金属冶炼和压延加工业(10.06%)、非金属矿物制品业(6.83%)、石油加工炼焦和核燃料加工业(3.70%)，占总排放量的 89.82%。

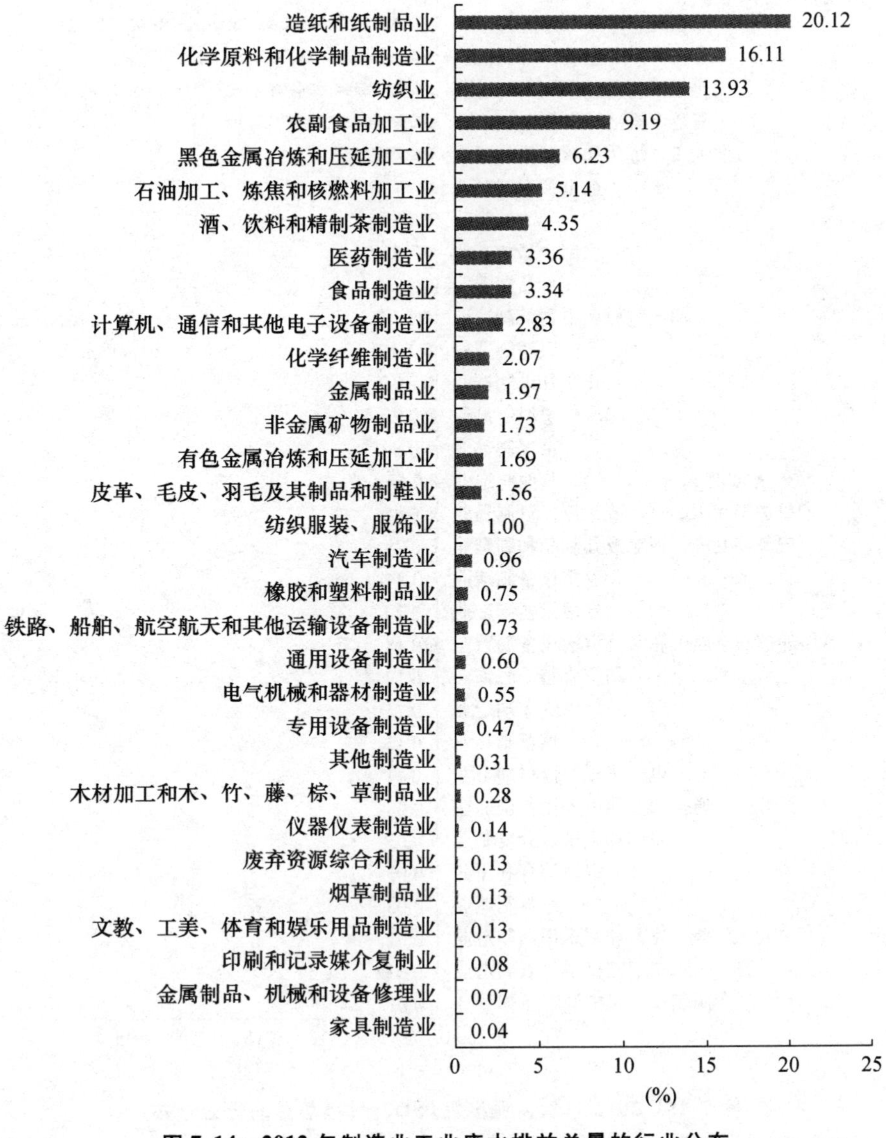

行业	百分比
造纸和纸制品业	20.12
化学原料和化学制品制造业	16.11
纺织业	13.93
农副食品加工业	9.19
黑色金属冶炼和压延加工业	6.23
石油加工、炼焦和核燃料加工业	5.14
酒、饮料和精制茶制造业	4.35
医药制造业	3.36
食品制造业	3.34
计算机、通信和其他电子设备制造业	2.83
化学纤维制造业	2.07
金属制品业	1.97
非金属矿物制品业	1.73
有色金属冶炼和压延加工业	1.69
皮革、毛皮、羽毛及其制品和制鞋业	1.56
纺织服装、服饰业	1.00
汽车制造业	0.96
橡胶和塑料制品业	0.75
铁路、船舶、航空航天和其他运输设备制造业	0.73
通用设备制造业	0.60
电气机械和器材制造业	0.55
专用设备制造业	0.47
其他制造业	0.31
木材加工和木、竹、藤、棕、草制品业	0.28
仪器仪表制造业	0.14
废弃资源综合利用业	0.13
烟草制品业	0.13
文教、工美、体育和娱乐用品制造业	0.13
印刷和记录媒介复制业	0.08
金属制品、机械和设备修理业	0.07
家具制造业	0.04

(%)

图 7-14　2012 年制造业工业废水排放总量的行业分布

资料来源:根据 2013 年《中国环境统计年鉴》数据计算、整理所得。

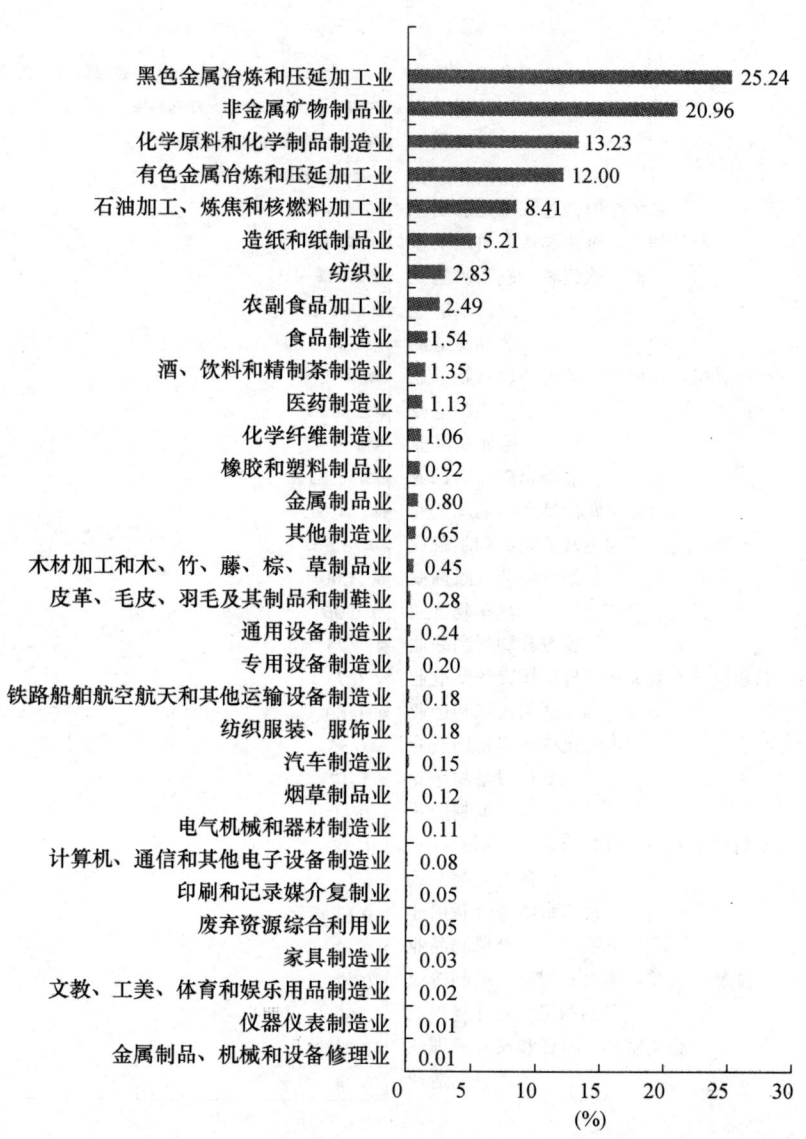

图 7-15　2012 年制造业废气（SO_2）排放总量的行业分布

资料来源：根据 2013 年《中国环境统计年鉴》数据计算、整理所得。

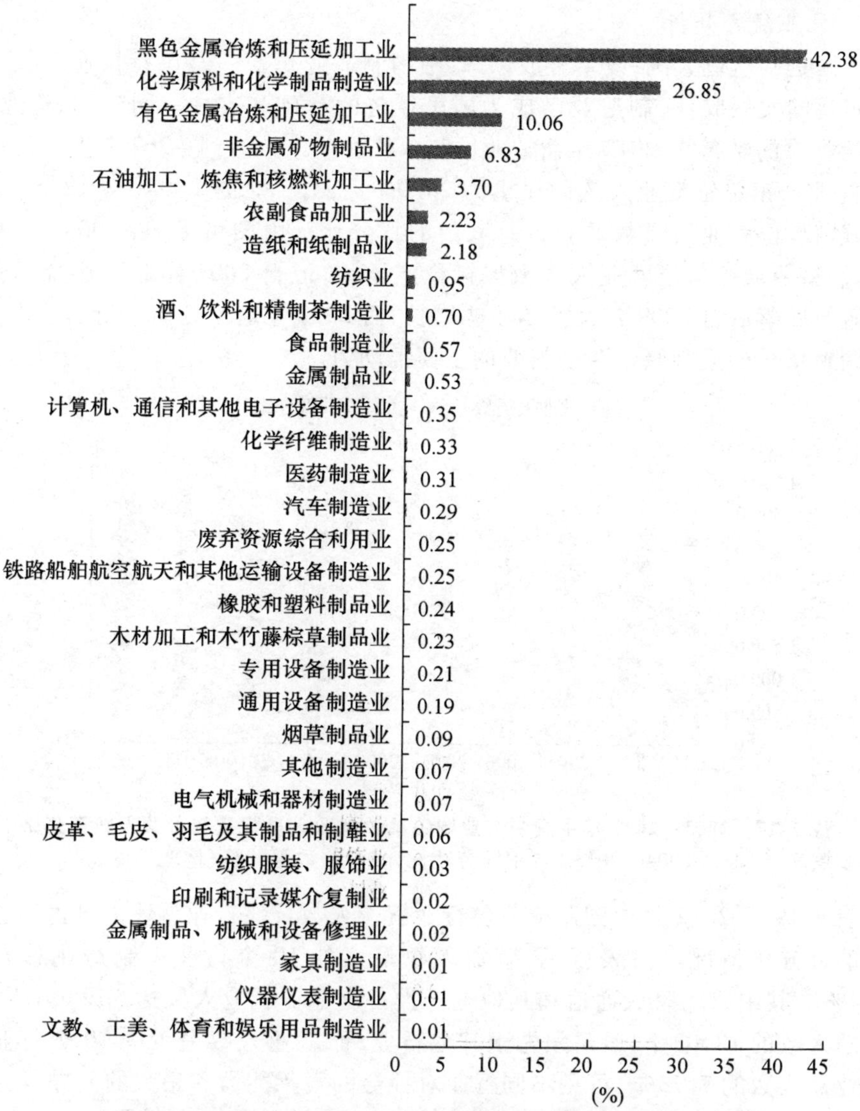

行业	百分比
黑色金属冶炼和压延加工业	42.38
化学原料和化学制品制造业	26.85
有色金属冶炼和压延加工业	10.06
非金属矿物制品业	6.83
石油加工、炼焦和核燃料加工业	3.70
农副食品加工业	2.23
造纸和纸制品业	2.18
纺织业	0.95
酒、饮料和精制茶制造业	0.70
食品制造业	0.57
金属制品业	0.53
计算机、通信和其他电子设备制造业	0.35
化学纤维制造业	0.33
医药制造业	0.31
汽车制造业	0.29
废弃资源综合利用业	0.25
铁路船舶航空航天和其他运输设备制造业	0.25
橡胶和塑料制品业	0.24
木材加工和木竹藤棕草制品业	0.23
专用设备制造业	0.21
通用设备制造业	0.19
烟草制品业	0.09
其他制造业	0.07
电气机械和器材制造业	0.07
皮革、毛皮、羽毛及其制品和制鞋业	0.06
纺织服装、服饰业	0.03
印刷和记录媒介复制业	0.02
金属制品、机械和设备修理业	0.02
家具制造业	0.01
仪器仪表制造业	0.01
文教、工美、体育和娱乐用品制造业	0.01

图 7-16 2012 年制造业工业固体废弃物排放量的行业分布

资料来源：根据 2013 年《中国环境统计年鉴》数据计算、整理所得。

7.1.5 制造业社会贡献能力分析

企业对社会的贡献是多方面的，其中最主要的是两个因素：一是就业能力，即企业解决社会的就业问题；二是纳税能力，即企业除了给自己员工和企业家创造财富外，还要对国家的经济有所贡献。本部分主要从就业和税收两个方面来对我国制造业的社会贡献能力进行分析。

1. 就业能力分析

中国是制造业大国,改革开放以来,中国制造业长期一直保持快速增长,取得举世瞩目的发展成就,制造业已成为国民经济的基础和支柱。同时,制造业也是吸引就业的重要产业,2012年制造业城镇单位就业人数达到4262.2万人,占全国19个行业城镇单位就业人数的比重为28.0%。图7-17是2003—2012年中国制造业城镇单位就业人员数及其占总人数的百分比。由图可见,自2003起的五年时间,制造业城镇单位就业人员数保持稳定增长,但自2007年起又小幅回落,在经历短暂回落后自2009年又开始小幅增长,而2011年起又开始下滑。总之,制造业的调整增长已成为吸纳劳动就业的主要推动力。

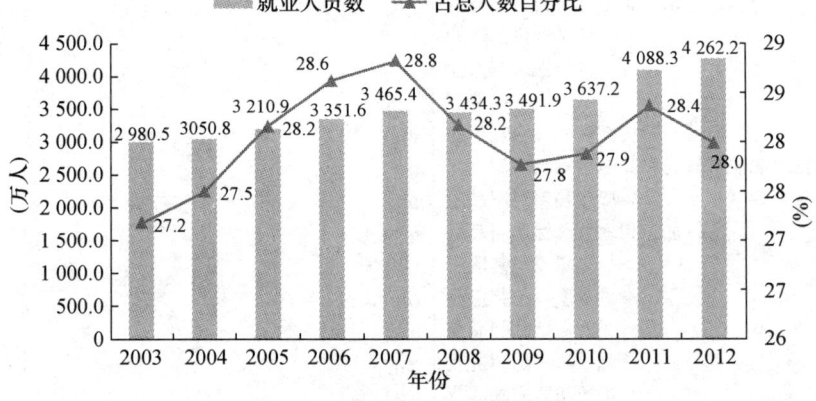

图7-17　2003—2012年中国制造业城镇单位就业人员数及其占总人数百分比

资料来源:根据2004—2013年《中国劳动统计年鉴》数据计算、整理所得。

表7-19是2012年中国制造业各行业就业人数及该行业就业人员占制造业总人数的百分比情况。由表可见,就业人数最多的10个行业占制造业总人数的61.44%。其中,计算机、通信和其他电子设备制造业就业人数达5128万人,占制造业总人数的12.03%,遥遥领先于其他行业;而就业人数最少的10个行业仅占制造业总人数的7.73%,可见不同行业对社会的贡献能力有很大的差异。

表7-19　2012年中国制造业各行业就业人员数排名

行业	就业人数（万人）	占制造业总人数比重（%）	名次
计算机、通信和其他电子设备制造业	5 128	12.03	1
电气机械和器材制造业	2 734	6.41	2
汽车制造业	2 702	6.34	3
化学原料和化学制品制造业	2 547	5.98	4
黑色金属冶炼和压延加工业	2 393	5.61	5

(续表)

行业	就业人数（万人）	占制造业总人数比重(%)	名次
纺织服装、服饰业	2 319	5.44	6
非金属矿物制品业	2 276	5.34	7
通用设备制造业	2 276	5.34	8
纺织业	2 026	4.75	9
专用设备制造业	1 791	4.20	10
农副食品加工业	1 607	3.77	11
金属制品业	1 491	3.50	12
橡胶和塑料制品业	1 340	3.15	13
皮革、毛皮、羽毛及其制品和制鞋业	1 293	3.03	14
医药制造业	1 290	3.03	15
铁路、船舶、航空航天和其他运输设备制造业	1 273	2.99	16
有色金属冶炼和压延加工业	1 179	2.77	17
食品制造业	1 064	2.50	18
酒、饮料和精制茶制造业	994	2.33	19
文教、工美、体育和娱乐用品制造业	902	2.12	20
造纸和纸制品业	706	1.66	21
石油加工、炼焦和核燃料加工业	652	1.53	22
仪器仪表制造业	612	1.44	23
印刷和记录媒介复制业	419	0.98	24
家具制造业	400	0.94	25
木材加工和木、竹、藤、棕、草制品业	345	0.81	26
化学纤维制造业	254	0.60	27
其他制造业	229	0.54	28
烟草制品业	210	0.49	29
金属制品、机械和设备修理业	105	0.25	30
废弃资源综合利用业	65	0.15	31

资料来源：根据2013年《中国劳动统计年鉴》数据计算、整理所得。

2. 税收能力分析

从国家层面看，税收一方面是国家进行宏观调控的重要工具，另一方面是国家正常发挥公共职能的财力保证，因而税收是体现企业对社会贡献的一个重要因素。图7-18是近五年来中国制造业工业企业主营业务税金及附加及其增长速度。由图可见，制造业主营业务税金及附加在近五年的绝对数一直保持增长，但其增长速度自2009年达到58.48%的峰值后,经历世界金融危机很快回落,2012年起又略有回升。

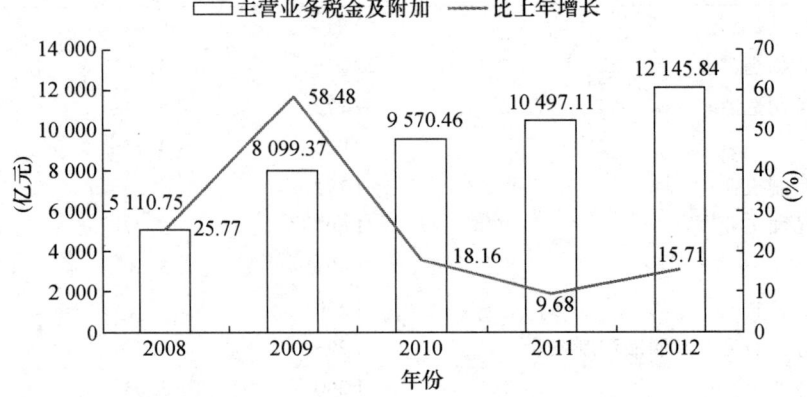

图7-18　2008—2012年中国制造业工业企业主营业务税金及附加及其增长速度
资料来源:根据2008—2013年《中国统计年鉴》数据计算、整理所得。

为了反映制造业各行业对社会贡献能力的影响,表7-20列出2012年制造业各行业的税收情况,表格中税收主要由本年主营业务税金及附加、应交增值税和应交所得税相加而得。由表可以看出,制造业31个行业的税收存在极大的不平衡,排名前十的行业分别是烟草制品业,石油加工、炼焦和核燃料加工业,汽车制造业,化学原料和化学制品制造业,非金属矿物制品业,计算机、通信和其他电子设备制造业,电气机械和器材制造业,黑色金属冶炼和压延加工业,通用设备制造业,以及农副食品加工业,这10个行业的税收在整个制造业中所占比重达67.00%,而后十个行业的税收在整个制造业中所占比重仅6.11%。

表7-20　2012年制造业各行业税收排名

行业	主营业务税金及附加（亿元）	应交增值税（亿元）	应交所得税（亿元）	税收（亿元）	在制造业中所占比重（%）	名次
烟草制品业	3 995.57	953.30	264.78	5 213.65	12.46	1
石油加工、炼焦和核燃料加工业	3 033.03	1 342.03	105.50	4 480.56	10.71	2
汽车制造业	1 082.70	1 520.28	586.76	3 189.74	7.62	3
化学原料和化学制品制造业	557.00	1 852.08	598.32	3 007.40	7.19	4
非金属矿物制品业	329.49	1 603.21	455.83	2 388.53	5.71	5
计算机、通信和其他电子设备制造业	208.51	1 562.41	435.39	2 206.31	5.27	6
电气机械和器材制造业	237.66	1 462.24	479.69	2 179.59	5.21	7

（续表）

行业	主营业务税金及附加（亿元）	应交增值税（亿元）	应交所得税（亿元）	税收（亿元）	在制造业中所占比重（%）	名次
黑色金属冶炼和压延加工业	225.26	1 563.32	276.00	2 064.58	4.93	8
通用设备制造业	211.83	1 131.01	389.18	1 732.02	4.14	9
农副食品加工业	242.87	1 054.22	277.12	1 574.21	3.76	10
酒、饮料和精制茶制造业	456.03	600.06	296.05	1 352.14	3.23	11
专用设备制造业	158.47	828.27	302.50	1 289.24	3.08	12
有色金属冶炼和压延加工业	143.17	918.29	219.26	1 280.72	3.06	13
纺织业	154.13	828.16	247.59	1 229.88	2.94	14
医药制造业	128.25	822.54	254.18	1 204.97	2.88	15
金属制品业	165.89	756.61	240.35	1 162.85	2.78	16
橡胶和塑料制品业	131.20	600.02	208.85	940.07	2.25	17
食品制造业	99.26	565.96	183.32	848.54	2.03	18
纺织服装、服饰业	97.86	505.16	166.67	769.69	1.84	19
铁路、船舶、航空航天和其他运输设备制造业	82.35	436.43	137.38	656.16	1.57	20
造纸和纸制品业	62.60	357.68	104.38	524.66	1.25	21
皮革、毛皮、羽毛及其制品和制鞋业	65.74	314.10	89.09	468.93	1.12	22
木材加工和木、竹、藤、棕、草制品业	71.35	297.87	82.00	451.22	1.08	23
文教、工美、体育和娱乐用品制造业	50.42	239.28	77.19	366.89	0.88	24
仪器仪表制造业	37.87	224.13	87.09	349.09	0.83	25
家具制造业	36.64	164.96	48.41	250.01	0.60	26
印刷和记录媒介复制业	30.69	149.52	58.27	238.48	0.57	27
化学纤维制造业	18.17	128.07	34.57	180.81	0.43	28
废弃资源综合利用业	14.32	101.81	11.60	127.73	0.31	29
其他制造业	11.61	55.59	17.50	84.70	0.20	30
金属制品、机械和设备修理业	5.90	23.64	6.24	35.78	0.09	31

资料来源：根据2013年《中国统计年鉴》数据计算、整理所得。

7.1.6 制造业各行业指标排名分析

2012年制造业各行业各指标排名情况如表7-21所示。表中经济指标选取企业利润总额,科技指标选取有效发明专利数,能源指标选取单位产值能源消耗量,环境指标选取"三废"单位产值综合排放量,社会贡献指标选取城镇单位制造业就业人员数和税收数据。

表 7-21　2012 年制造业各行业指标的排名[①]

行业	经济	科技	能源	环境	社会贡献
汽车制造业	1	7	11	8	2
化学原料和化学制品制造业	2	5	28	28	3
非金属矿物制品业	3	10	29	29	7
电气机械和器材制造业	4	2	6	2	6
农副食品加工业	5	17	10	18	11
计算机、通信和其他电子设备制造业	6	1	5	11	1
通用设备制造业	7	3	16	4	9
专用设备制造业	8	4	12	6	12
纺织业	9	18	23	23	10
医药制造业	10	6	18	21	15
金属制品业	11	8	21	15	14
有色金属冶炼和压延加工业	12	13	26	27	16
黑色金属冶炼和压延加工业	13	12	31	31	8
酒、饮料和精制茶制造业	14	20	14	24	17
橡胶和塑料制品业	15	14	22	12	18
食品制造业	16	16	19	22	20
纺织服装、服饰业	17	25	8	9	13
烟草制品业	18	28	2	10	4
铁路、船舶、航空航天和其他运输设备制造业	19	11	13	13	19
皮革、毛皮、羽毛及其制品和制鞋业	20	29	9	14	21
造纸和纸制品业	21	23	25	30	23
木材加工和木、竹、藤、棕、草制品业	22	21	20	16	25
文教、工美、体育和娱乐用品制造业	23	15	1	1	22
仪器仪表制造业	24	9	7	5	24
印刷和记录媒介复制业	25	24	15	7	26
家具制造业	26	27	3	3	27
石油加工、炼焦和核燃料加工业	27	19	27	26	5
化学纤维制造业	28	22	24	25	28
废弃资源综合利用业	29	31	4	17	30
其他制造业	30	26	30	20	29
金属制品、机械和设备修理业	31	30	17	19	31

资料来源：根据 2013 年的《中国统计年鉴》、《中国劳动统计年鉴》、《中国环境统计年鉴》、《中国能源统计年鉴》、《中国工业统计年鉴》相关数据计算、整理所得。

[①] 表中环境指标是分别将"三废"单位产值排放量进行求和排序而得；社会贡献指标包含就业和税收两个方面，由于两者单位不同，在处理时将就业和税收分别进行归一化后再进行求和排序而得。

从表 7-21 可以看出,电气机械和器材制造业、计算机通信和其他电子设备制造业、汽车制造业、通用设备制造业、专用设备制造业等行业的经济创造能力、科技创新能力和社会贡献能力强,资源消耗、环境污染相对较小,应该重点发展、大力支持这些行业。而黑色金属冶炼和压延加工业、造纸和纸制品业、非金属矿物制品业、化学原料和化学制品制造业、有色金属冶炼和压延加工业、石油加工炼焦和核燃料加工业、化学纤维制造业等行业资源消耗、环境污染严重;尤其是化学纤维制造业、石油加工炼焦和核燃料加工业、造纸和纸制品业、金属制品机械和设备修理业等行业不但资源消耗、环境污染严重,其经济创造能力、科技创新能力和社会贡献能力也较弱,我国今后需要适当限制发展这些行业。

7.2 制造业总产值影响因素分析

制造业是我国国民经济的支柱产业,对我国的经济发展、税收增长和劳动就业等方面有着不可替代的促进作用。目前,受到劳动力成本和原材料成本上升、生产资料短缺和环境承载能力逐步变弱等众多因素的影响,为了保持我国制造业的发展和核心竞争力,我国制造业的转型升级和结构调整已到刻不容缓的地步。分行业工业总产值不仅可以反映各个产业的发展总规模和发展总水平,而且在一定程度上反映我国制造业的产业结构布局。分析我国目前制造业分行业总产值的状况,科学分析工业总产值规模的影响因素和投入产出情况,对了解我国制造业当前经济创造能力的状况、制定相关的产业政策和完成制造业产业结构升级尤为重要。

7.2.1 制造业总产值影响因素研究综述

影响制造业各行业总产值规模的因素有很多,本报告从因素选取的科学性和数据的可得性出发,选取物质资本、劳动投入、投资、技术创新、制度环境等几个因素进行分析。

1. 物质资本和劳动投入对总产值规模的影响

20 世纪 60 年代,由美国经济学家舒尔茨和贝克尔创立的人力资本理论,突破原有经济学对资本的界定,将资本划分为物质资本和人力资本。王勇(2004)认为固定资本投资主要推动了我国的经济增长,同时综合了索罗模型和皮尔逊相关分析的方法,从理论和实践两方面验证了此结论。沈霞云(2007)得出低工资国家的进口竞争与美国制造业一些行业的缩减和企业的倒闭存在一定的关联,并且利用回归分析研究了从低工资国家进口制成品对美国制造业各行业产值的影响。单独论述物质资本或人力资本对经济影响的比较少,一般都是结合这两个方面进行论述的。孙敬水和董亚娟(2007)论述了中国 GDP、物质资本和人力资本之间的动态关系,得出三者之间存在长期均衡关系。短期来说,物质资本对经济增长的影响较大;长期来说,则是人力资本对经济增长的影响较大。郭志仪和曹建云(2008)从东西部对比中分析三者之间的关系,其认为物质资本和人力资本对我国东西部的经济增长有影响,但两者对东部地区和西部地区的影响程度不管是从长期来看、还是从短期来看却是相反的。

2. 投资对总产值规模的影响

研究投资对制造业总产值规模的影响,主要集中在固定资产投资和外国直接投资对我国经济增长的影响方面。亚当·斯密在《国民财富的性质和原因的研究》一书中首次论述了投资对各类资本积累的影响,他认为资本形成率是经济增长的最基本的决定因素。王洛林(2002)指出,2001年中国经济增长的主要推动力是投资。雷辉(2006)通过对1978—2003年我国国内生产总值与固定资产投资的关系的实证分析,认为我国的固定资产投资对经济增长有着很大的拉动作用。陈磊(2012)分析了外资投入对我国要素分配格局和制造业产值增长的影响,得出外资对制造业产值增长具有显著作用的结论。

3. 技术创新对总产值规模的影响

目前国内外对技术创新对制造业总产值规模的影响的文献相对较少,但对企业产出方面的影响的文献相对较多。谢阿敏等(2010)采用1995—2007年大中型工业企业数据,运用Engle-Granger协整关系分析法和Granger因果关系分析法,就工业企业科技投入与工业总产值的关系进行检验,得出工业企业科技投入能促进工业总产值增长的结论。

4. 制度环境对总产值规模的影响

很多学者就制度对工业经济发展的影响作了相当多的研究。张德茗和谭元发(2005)通过对我国1952—2003年的工业总产值进行动态分析,结合这个时期我国制度环境的变化,指出影响我国工业总产值规模变化的原因是制度环境,并说明了我国工业产值的变化趋势。张妍和姜含春(2013)利用区位熵法对中国各省份的茶叶加工业规模进行比较分析,得出各省份的优势差异明显的结论;同时分析了政策优势,说明了政策对茶叶加工业的规模化发展具有积极的促进作用。李勇强等(2009)以电子及通信设备制造业为例,采用柯布—道格拉斯生产函数的基本形式,研究投入要素变量和制度要素变量对产出变量(工业增加值)的影响,结果显示资本和研发投入对电子及通信设备制造业产出的影响是很显著的。

5. 其他因素对总产值规模的影响

虽然目前对制造业分行业总产值规模影响因素的研究不是很多,但从工业布局和产业集聚角度进行的研究就相对较多,且众多学者往往采用不同的因素来解读被解释变量。陈仲常等(2010)分析了中国工业布局"均衡—非均衡—收敛"的变动趋势,同时利用省际面板数据,分析了区域政策、投资水平、对外开放程度、市场化程度和劳动力这五个因素对中国工业布局变动趋势的影响。研究结果表明：优惠政策可以促进地区工业的发展，较高的投资水平带动地区工业集聚程度的提高，其他三个因素也对地区工业和产业集聚有着重要的影响。朱钟棣和李小平（2005）通过构建各行业固定资产价格指数，运用面板数据估算了制造业各行业的全要素生产率，发现全要素生产率经历了三个阶段，即缓慢增长、下降、快速增长。其假设三要素投入的柯布—道格拉斯生产函数为各行业生产函数，选取总产值的影响因素为技术水平、固定资本、劳动、中间投入等。李新（2009）提出高新技术产业集群是在历史、战略导向、区域内外贸易、制度、文化、技术和资源条件、专业化社会分工、技术创新、主导性企业和机构等因素的影响下形成的。王聪（2007）则认为是市场环境的变化、组织形成优化、政府政策和空间集聚优势等因素影响产业集群的持续增长。

本报告在以上研究的基础上，在以下方面进行探讨：建立制造业总产值影响因素计量分析模型、报告实证研究结果并进行分析、提出提升制造业经济创造能力的政策建议。

7.2.2 制造业总产值影响因素计量模型

1. 模型设定

影响中国制造业经济创造能力的因素有很多，主要包括物质资本投入、劳动投入、科技发展水平、投资、行业开放程度及政策因素等。为了能够较为精确地研究制造业经济创造能力的影响因素，同时考虑到行业面板数据的特性，本研究将影响因素归结为物质资本投入、劳动投入、外商直接投资、技术创新和制度，计量模型设定为以下形式：

$$\ln Y_{it} = \alpha + \beta_1 \ln V1_{it} + \beta_2 \ln V2_{it} + \beta_3 \ln V3_{it} + \beta_4 \ln V4_{it} + \beta_5 \ln V5_{it} + \varepsilon_{it}$$

其中，Y_{it}、$V1_{it}$、$V2_{it}$、$V3_{it}$、$V4_{it}$、$V5_{it}$ 分别表示 i 行业 t 年度的经济创造能力、物质资本投入、劳动投入、外商直接投资、技术创新、制度环境，α 为常数项，β 为各变量系数，ε 为残差项。

2. 变量说明

（1）制造业经济创造能力（Y）

采用各行业工业总产值进行衡量，由于2013年《中国统计年鉴》没有工业总产值这一统计指标，为了保持数据的连续性，选用主营业务收入这一指标来代替。制造业各行业主营业务收入数据来自 2003—2013 年《中国统计年鉴》。

（2）物质资本投入（$V1$）

物质资本投入的多少对制造业经济创造能力有着直接的影响。在一定限度内，物质资本投入越多、生产规模越大，经济创造能力越强。考虑到数据的可得性，选用固定资产投资额净值衡量物质资本投入。本研究预期，物质资本投入对经济创造能力有正影响。

（3）劳动投入（$V2$）

影响制造业经济创造能力的又一因素是劳动投入。制造业的发展离不开人的参与,人员的素质和数量直接影响着制造业的生产规模,进而影响着制造业的经济创造能力。借鉴已有研究（朱钟棣,2005；胡小娟,2010）的做法,选取全部从业人员年平均数作为劳动投入。本研究认为,随着劳动投入的增加,制造业的经济创造能力增强。

（4）外商直接投资（$V3$）

投资可以促进制造业产值规模的发展,对制造业经济创造能力有着积极的促进作用。选用实际利用外商投资额来衡量外商直接投资。本研究认为,外商直接投资对制造业的经济创造能力有正影响。

（5）技术创新（$V4$）

技术创新是影响制造业经济创造能力的又一个重要因素。科学技术的发展代表着生产力的发展,科学技术发展得越好,生产效率越高。凌晨等（2013）采用 R&D 经费来反映技术创新,这里选用 R&D 经费投入来衡量技术创新。本研究预期,技术创新对经济创造能力的增强有正影响。

（6）制度环境（$V5$）

制度环境是影响制造业经济创造能力的一个重要因素,合理的制度可以为制造业的发展提供良好的环境,进一步促进制造业经济创造能力的发展。不少学者已就制度如何影响经济发展进行研究,但对变量的选择却没有一个统一的标准；本报告从对外开放程度的角度来衡量国家制度对制造业经济创造能力的影响,因而选用国外直接投资和主营业务收入的比值来衡量。本研究认为,制度制定得合理和有效对制造业经济创造能力有正影响。

3. 数据处理

（1）行业合并

2006—2012 年《中国科技统计年鉴》将制造业划分为 30 个行业,其中橡胶制品业和塑料制品业分为 2 个行业,交通运输设备制造业为 1 个行业；2013 年《中国统计年鉴》将制造业划分为 31 个行业,其中汽车制造业,铁路、船舶、航空航天和其他运输设备制造业分为 2 个行业,而橡胶和塑料制品业被合并为 1 个行业；因此,为了保证数据的一致性,将 2006—2012 年的橡胶制品业、塑料制品业合并为橡胶和塑料制品业,同时将 2013 年中的汽车制造业,铁路、船舶、航空航天和其他运输设备制造业合并为交通运输设备制造业。

（2）行业剔除

2013 年的其他制造业与前几年的工艺品及其他制造业有所不同,因此剔除该行业;同时由于废弃资源和废旧材料回收加工业和烟草制品业的R&D经费投入没有统计和数量较小,因此剔除该行业。

(3) 数据缺失值处理

由于2007年《中国统计年鉴》缺少全部从业人员年平均数的统计,因此用2006年与2008年科技统计年鉴的数据平均值代替。

最终,本报告研究的行业数为26个,年数为8年。26个制造业行业分别为农副食品加工业、食品制造业、饮料制造业、纺织业、纺织服装、服饰业、皮革、毛皮、羽毛(绒)及其制品和制鞋业、木材加工和木、竹、藤、棕、草制品业、家具制造业、造纸和纸制品业、印刷和记录媒介复制业、文教、工美、体育和娱乐用品制造业、石油加工、炼焦和核燃料加工业、化学原料和化学制品制造业、医药制造业、化学纤维制造业、橡胶和塑料制品业、非金属矿物制品业、黑色金属冶炼和压延加工业、有色金属冶炼和压延加工业、金属制品业、通用设备制造业、专用设备制造业、交通运输设备制造业、电气机械和器材制造业、通信设备、计算机和其他电子设备制造业、仪器仪表和文化、办公用机械制造业。

数据来自2006—2013年的《中国统计年鉴》和《中国科技统计年鉴》,主要变量数据特征的描述性统计如表7-22所示。

表7-22 主要变量的描述性统计

变量	样本量	均值	标准差	最大值	最小值
Y	208	9.3798	0.9785	11.1783	7.2346
$\ln V1$	208	8.3632	0.9938	10.5283	6.0441
$\ln V2$	208	5.3856	0.7345	6.7087	3.7245
$\ln V3$	208	7.2381	1.0638	9.4161	4.1255
$\ln V4$	208	4.2876	1.2480	8.0173	1.4586
$\ln V5$	208	0.1799	0.3535	2.1918	0.0009

7.2.3 实证研究结果与分析

面板数据的主要估计方法包括固定效应(Fixed Effect,FE)和随机效应(Random Effect,RE)模型;为消除可能存在的异方差性和序列相关性,还可以采用可行的广义最小二乘法(FGLS)进行估计(Woodridge,2002);另外,考虑到计量模型中的一些变量可能存在由于逆向因果关系导致的内生性问题,还采用由Arellano和Bover(1995)提出、由Blundell和Bond(1998)改进的系统GMM方法进行估计。为了得出较为稳健的结论,参照国内外处理面板数据的通常做法,本研究分别采用固定效应、随机效应、可行的广义最小二乘法,以及系统GMM方法对模型进行估计;分析软件选用Stata12.0;表7-23列示相关的回归结果。

表 7-23 回归结果

变量	方程 1(FE)	方程 2(RE)	方程 3(FGLS)	方程 4(系统 GMM)
LY				0.7497***
				(20.71)
ln$V1$	0.7090***	0.6500***	0.5887***	0.1123***
	(10.00)	(10.95)	(28.05)	(3.48)
ln$V2$	0.0010	0.1118*	0.1716***	0.0896***
	(0.01)	(1.83)	(9.90)	(4.91)
ln$V3$	0.2167***	0.2357***	0.2222***	0.0257***
	(5.72)	(7.18)	(13.70)	(1.42)
ln$V4$	0.0582*	0.05410**	0.0851***	0.0455***
	(1.93)	(2.01)	(5.43)	(3.27)
ln$V5$	0.0671	0.0817*	0.2547***	0.0456**
	(1.33)	(1.70)	(8.93)	(-0.54)
α	1.6137***	1.3881***	1.5133***	-0.0156***
	(3.85)	(4.59)	(15.07)	(6.98)
R^2	0.9234	0.9370		
Haushman 检验		0.3030		
AR(1)				0.000
AR(2)				0.055
OBS	208	208	208	

注:括号内为 t 统计值;***、**和*分别表示通过 1%、5% 和 10% 的显著性检验;OBS 表示观察值的个数。

表 7-23 中的方程 1、方程 2、方程 3 分别报告固定效应、随机效应、可行的广义最小二乘法估计的解释变量系数和相关指标。根据 Hausman 检验,chi-值为正数说明方程 2 的结果优于方程 1。比较方程 1 和方程 2 的估计结果,两方程的所有系数为正;资本投入和外商直接投资都通过了 1% 的显著性检验;技术创新分别通过了 10% 和 5% 的显著性检验;方程 2 中的劳动投入和制度因素通过了 10% 的显著性检验,而方程 1 中的劳动投入和制度因素都未通过显著性检验,说明结果的稳健性不高,有待进一步考察。但是基本可以确定,资本投入和外商直接投资是影响制造业总产值的重要因素。方程 3 的估计结果显示,各解释变量的系数符号为正,均通过了 1% 的显著性检验,且所有解释变量的符号方向与方程 2 一致。

为确保解释结果的稳健性,本研究采用系统 GMM 分析解决内生性问题。方程 4 是选取被解释变量的一阶滞后项作为工具变量的回归结果,此时,计量模型变为动态一阶自回归模型:

$$\ln Y_{it} = \alpha + \delta \ln Y_{it-1} + \beta_1 \ln V1_{it} + \beta_2 \ln V2_{it} + \beta_3 \ln V3_{it} + \beta_4 \ln V4_{it} + \beta_5 \ln V5_{it} + \varepsilon_{it}$$

其中,Y_{it-1}是因变量的一阶滞后项。模型中AR(1)的检验结果表明,估计方程的残差项确实存在一阶序列相关。方程4估计的部分解释变量系数没有通过统计意义上的显著性检验。由于可行的广义最小二乘法能够消除可能存在的异方差性和序列相关性,因此以方程3的估计结果为依据进行分析。

通过观察方程3中解释变量的系数发现,各解释变量系数与之前的预期完全一致。具体而言,物质资本投入的系数为0.5887,且在1%的水平下显著,说明物质资本投入能促进经济创造能力提升。劳动投入的系数在1%的水平下显著为正,对经济创造能力的影响为0.1716,说明劳动投入正向影响制造业的经济创造能力。也就是说,劳动的投入促进生产力的发展,提高了生产规模,增强了制造业经济创造能力。外商直接投资的系数为0.2222,也通过了1%的显著性水平检验,这与前面的结论一致,外商直接投资的增强有利于中国制造业经济创造能力的提高。R&D投入的系数为0.0851,也通过了1%的显著性水平检验,说明技术创新对经济创造能力有正影响,且技术创新程度越高,生产力和生产效率水平也越高,从而提高了经济创造能力,这也验证了前述观点。制度因素的系数为0.2547,也通过了1%的显著性水平检验,说明行业对外开放程度越高,越能提高制造业的经济创造能力。

7.2.4 提升制造业经济创造能力的政策建议

本节利用行业面板数据考察物质资本投入、劳动投入、外商直接投资、技术创新和制度对制造业经济创造能力的影响,得出下面的结论与启示。

其一,物质资本的投入对制造业经济创造能力的正向影响最大,通过物质资本投入的增加,能快速地提高我国制造业的经济创造能力。表明我国制造业的物质基础和装备相对落后,应加强对制造业基础设施的建设;同时扶持相关行业加大对相关设施的建设和购买,以此来推动我国制造业经济创造能力更好地发展。

其二,实际利用外商投资对主营业务收入的增加起到正向作用,但和物质资本投入相比较而言,其边际效益就小了很多。改革开放以后,中国制造业的迅猛发展离不开外商投资的作用;然而,目前外商直接投资对中国制造业的经济创造能力仅起到很小的正向作用。因此,应考虑适当地减少外商投资,尤其是对高污染、高投入的外资企业进行限制和减少其进入;同时还要发挥国内市场的巨大潜能,吸引国内闲散资金进入到新型制造业行业中,减少我国制造业的对外依赖性,更好地提高制造业各行业的经济创造能力。

其三,加大科研经费的投入。科技创新的投入已经能为我国制造业的发展提供支持;但同时应该注意,科技创新对主营业务收入的边际效益比较低,表明我国目前的科技创新水平不能在很大程度上提高我国的制造业总体规模。加大科技创新的投入,能为制造业带来丰厚的回报,同时保障我国制造业的良性的、迅猛的发展。当前,我国制造业的人力资本优势已经渐渐失去,不少工厂已经撤出中国。在此情形下,应提高我国的科技创新能力,不仅是为了弥补人力资本的劣势,同时也是为了提高我国的综合国力、制造业的承受能力和经济创造能力。

其四,对外开放程度对经济创造能力的边际效应排在第二位,说明我国制造业的发展在很大程度上还是依赖对外贸易;但这种方式的经济增长牺牲的是中国的环境和资源并依赖稳定的国际环境,目前这种恶果正在逐渐显示出来。在此情形下,应该注意拉动我国的内需增长,同时提高我国制造业的资源利用效率和资源使用效率,确切保证我国制造业持续稳定地发展。

7.3 制造业产值增幅影响因素分析

本节结构安排如下:首先梳理制造业增长影响因素的研究文献;然后建立制造业增长影响因素计量模型;再分析实证研究结果;最后是结论与启示。

7.3.1 制造业增长影响因素研究综述

制造业增长影响因素的研究主要集中在下面几个方面。

1. 结构性调整对制造业增长的影响

Salter(1960)最早发现,英国制造业28个行业的结构变动显著地促进了制造业生产率的增长。现代经济增长的过程不仅是生产率增长的过程,也是经济结构不断调整的过程。Kznets(1979)认为,没有各种要素在不同经济部门之间的充分转移,获得人均产出的高增长率是不可能的。而"结构红利假说"正是解释结构变动和生产率增长的重要理论,它的基本思想可以追溯到经典的二元经济模型:假设经济中存在多余的劳动,随着更多的劳动投入到具有更高生产率增长的现代经济当中,总的生产率水平将不断提高。"结构红利假说"后来被广泛用来解释工业行业的发展:由于重工业相对于轻工业具有更高的人均资本和更高的生产率,因此劳动从轻工业向重工业的转移将导致总生产率的增加。国外研究最初局限于农业和非农业之间的结构变动,后来制造业结构变动对生产率增长的影响也受到充分的关注。然而近年来,国外学者采用许多国家制造业的样本却发现"结构红利假说"并不显著(Feberg,2003)。

2. 要素使用效率对制造业增长的影响

吕铁(2000)分析了我国制造业增长的两个来源:一个来源是制造业增长的部门来源,另一个来源是投入使用因素和投入效用因素对制造业增长的来源。郑若谷(2009)认为,我国制造业的增长完全是靠要素推动,是典型的要素投入型增长模式;特别是资本投入对制造业增长作出了巨大的贡献。殷醒民(2009)认为,制造业的增长有多种因素,其中劳动生产率的提高是主要的原因;劳动生产率的提高也有多种因素,其中最重要的是资本的积累,包括人力资本和物质资本的积累以及技术进步的速率。仅仅依靠机器的积累不可能导致相应产出的增长,资本和劳动总是联系在一起的。如果两大要素的质量均呈现不断提高的趋势,那么劳动生产率提高的幅度将是巨大的。Ben L. Kyer(1987)利用劳动生产率模型建立了美国制造业的生产函数。研究表明,劳动生产率增长率与加权资本劳动的比值、资本存量构成变化率与货币劳动的比值和全要素生产率的增长是正相关关系;企业所持有的资金余额对于制造业企业的增长来说是负相关关系,使部门劳动生产率放缓。

3. 全要素生产率对制造业增长的影响

储丽琴等(2009)发现中国目前的发展阶段与20世纪70年代的日本有惊人的相似。其以日本当时的经济发展作为"参照物",比较2002—2007年中国与20世纪70年代日本国民经济及制造业的TFP,考察中国经济长期高速增长的源泉,发现资本、劳动和TFP是制造业增长的源泉。以索洛(1957)等为代表提出的新古典增长理论提出,经济增长可以通过两种方式来实现,即增加要素的投入或者提高投入转化为产出的效率。从长期来看,资本边际收益递减,如果仅仅通过投入的增加来驱动经济增长,经济将不可能具有长久的持续性。一国经济长期增长的唯一动力是技术进步,以全要素生产率来衡量技术进步通常比单一要素生产率要优越得多。Kim和Park(2003)采用韩国制造业的行业面板数据来探讨研发溢出效应和贸易模式的影响。结果表明,国内外研发资本存量对韩国制造业的全要素生产率有重要影响;此外,出口行业和开放度高的行业的生产率更高;而且,进口份额越大和内贸份额越大的企业,其国外R&D资本强度越大。

4. 产业集聚对制造业增长的影响

产业集聚的结果使我国各地区制造业的增长机制呈现巨大的差异,大部分产业集中地区都存在规模经济递增。资本对制造业增长的驱动功能存在明显的东中西由高到低的梯级,劳动和全要素生产率的动力作用则刚好相反;但是在省级层面上,三者对经济增长的贡献的表现更为复杂。庄尚文和王永培(2008)认为,流通渠道的结构和效率变动对制造业的产出水平造成直接影响。王万珺(2010)以装备制造业为例论证,我国装备制造业增长的正溢出效应是直接并通过影响劳动要素间接地实现的;地区之间的差异是显著的,东部地区的正溢出效应超过中部和西部地区,中部地区则又高于西部地区。苏红键和赵坚(2011)通过考察经济圈内部制造业增长的空间结构效应,发现在经济圈内部,制造业绝对地理集中度与产业增长显著负相关,经济圈内部城市制造业专业化程度与产业增长显著负相关。赵霞(2010)实证研究了商品流通对制造业生产的影响,实证结果表明,商品流通对制造业生产具有正向影响;且流通对制造业的促进作用表现出地区差异性,东部地区最为显著,西部、中部地区次之。

5. FDI 对制造业增长的影响

Renuka Mahadevan(2002)认为,贸易自由化对生产率增长的影响仍然是经验,这个问题在文献上依然含糊不清。通过考察澳大利亚制造业部门1968—1995年长达28年增长的数据发现,首先将全要素生产率增长分解为技术进步和技术效率收益;然后调查贸易自由化对TFP增长的影响以及TFP增长的每个组件。实证发现,贸易自由化对技术进步有正向且显著的影响,但对提高技术效率没有明显的影响。李海舰(2003)认为,跨国公司为我国的制造业带来了增长,对制造业的增长速度作出了贡献,对制造业的增长质量提供了帮助,推动了制造业的增长效益。赵伟和张翠(2007)对我国制造业的20个行业进行了分析,分三个层面实证考察了中国制造业空间集聚中的FDI因素。王万珺(2010)利用2001—2007年31个省份装备制造业内部7个部门的面板数据,通过普通最小二乘法和固定效应模型得出FDI显著地促进了制造业增长的研究结果。

6. 其他因素对制造业增长的影响

在发展中国家,1980—1985年和1986—1990年的轻型制造业与重型制造业增长速度之比分别为1.00:1.21和1.00:1.83。钱纳里等(1986)所著《工业化和经济增长的比较研究》一书中列举了1976年达到准工业化国家的全部标准。进入工业化阶段的20个国家和地区中,除南斯拉夫和墨西哥缺乏可比资料外,其余18个国家和地区中的15个,以1980年不变价计算的制造业增加值中来自机械和化学工业部门的比重在1970—1992年均有相当程度的提高。据此可以认为,自20世纪70年代以来,制造业中轻型制造业与重型制造业的增长速度从结构比重上发生了重大的变化,总体上吻合霍夫曼和库兹涅茨所揭示的规律。

李晓华和吕铁(2008)研究发现,1993—1997年我国重工业的平均增长速度虽然高于轻工业的平均增长速度,但二者差距不大;1998—2005年重工业的增长速度明显加快,年均增长速度超过轻工业近5个百分点。与1993—1997年相比,黑色金属矿采选业、黑色金属冶炼和压延加工业、有色金属冶炼和压延加工业、医药制造业、通用设备制造业、仪器仪表和文化办公用机械制造业、燃气生产和供应业成为新的高增长行业;而饮料制造业、文教体育用品制造业、化学原料和化学制品制造业、塑料制品业、化学纤维制造业、电力蒸汽热水生产供应业退出了高增长行业之列。

殷醒民(2009)研究发现,中国制造业的所有部门在1998—2005年出现了"全线和全速前进"的格局。纺织业和服装业等劳动密集型产业的产出有大幅度增长(1.93倍和1.66倍),但产出增长率最高的并不是劳动密集型制造业,而是资本和技术密集型制造业。以增长率依次进行排序分别是计算机和电子产品制造业(4.58倍)、基本金属工业(4.39倍)、石油冶炼业(4.21倍),这些部门才是真正高增长的制造业,也是推动经济增长的主导产业。2005—2007年中国制造业产值增长了74.89%。其中,石油冶炼工业增长了111.40%,基本金属工业增长了89.51%,机械工业增长了87.17%,运输设备工业增长了86.10%,纺织业和服装业分别增长了59.26%和62.84%。回顾过去近十年的制造业结构变动特点,资本和技术密集型产业的明显和超常增长是中国工业化的新趋势。

7.3.2 制造业产值增幅影响因素计量模型

1. 制造业行业的选择

2006—2012年《中国科技统计年鉴》将制造业划分为30个行业,2013年《中国统计年鉴》将制造业划分为31个行业,其中汽车制造业,铁路、船舶、航空航天和其他运输设备制造业被分为2个行业,而橡胶和塑料制品业被合并为1个行业;因此,为了保证数据的一致性,将2006—2012年的橡胶制品业、塑料制品业合并为橡胶和塑料制品业,而将交通运输设备制造业剔除。另外,2013年的其他制造业与前几年的工艺品及其他制造业有所不同,予以剔除;纺织服装、鞋、帽制造业,皮革、毛皮、羽毛(绒)及其制品业,文教体育用品制造业,仪器仪表与办公用机械制造业与2013年年鉴中的分类有交叉,予以剔除;烟草制品业的R&D投入数据缺失,予以剔除。最终,本节所研究的行业一共21个,研究的时间跨度为2004—2012年共8年,所研究的行业分别是农副食品加工业,食品制造业,饮料制造业,纺织业,木材加工和木、竹、藤、棕、草制品业,家具制造业,造纸和纸制品业,印刷和记录媒介复制业,石油加工、炼焦和核燃料加工业,化学原料和化学制品制造业,医药制造业,化学纤维制造业,橡胶和塑料制品业,非金属矿物制品业,黑色金属冶炼和压延加工业,有色金属冶炼和压延加工业,金属制品业,通用设备制造业,专用设备制造业,电气机械和器材制造业,通信设备、计算机和其他电子设备制造业。

2. 数据缺失值的处理与数据来源

由于2013年《中国工业经济统计年鉴》有关制造业细分行业的就业人数没有作为统计指标予以反映,而《中国劳动统计年鉴》也缺乏规模以上企业的制造业细分行业的就业人数,其统计的是制造业城镇就业人口。为了解决就业人口数据缺失的问题,本节采用灰色预测GM(1,1)模型,利用2008—2011年共4年的数据对2012年制造业就业人口数量进行了预测。

3. 模型设定

影响中国制造业环境保护能力的因素有很多,主要包括劳动投入、资本投入、科技投入、国有化程度、全要素生产率、经济外向型程度和政策因素等。为了能够较为精确地研究制造业增长的影响因素,同时考虑到行业面板数据的特性,本报告将影响因素归结为固定资本投入、实际利用外商投资、劳动投入、科技投入、国有化程度和高技术,计量模型设定为以下形式:

$$\ln \text{Sales}_{it} = \alpha + \beta_1 \ln \text{FCI}_{it} + \beta_2 \ln \text{FDI}_{it} + \beta_3 \ln \text{LI}_{it} + \beta_4 \text{R\&D}_{it} + \beta_5 \text{Nat}_{it} + \beta_6 \text{HTI}_{it} + \varepsilon_{it}$$

其中，Sales_{it}、FCI_{it}、FDI_{it}、LI_{it}、$\text{R\&D}_{it}$、Nat_{it}、HTI_{it} 分别表示 i 行业 t 年度的制造业销售收入、固定资本投入、外商直接投资、劳动投入、R&D 投入、国有化率、高技术产业虚拟变量，α 为常数项，β 为各变量系数，ε 为残差项。

4．变量说明

（1）制造业规模增长（Sales）

制造业增长通常用制造业规模增长来表示。吕铁（2000）采用工业增加值的数据来代表制造业增长率。工业增加值=（当年固定资产原值增量－当年固定资产净值增量）+工业净产值。由于在 2013 年的《中国工业经济统计年鉴》中没有工业增加值的数据，因此根据经济含义，本节选用制造业销售收入数据来计算制造业增长率。

（2）固定资本投入（FCI）

根据经典的经济学投入产出模型，资本投入对制造业增长具有重要的影响。吕铁（2000）在探讨制造业增长的影响因素时，选用资本存量作为投入要素进行考量。因此，本节综合经典的经济学理论，以及前人研究探索的实践，选取制造业行业固定资本存量作为资本投入，并且预期固定资本投入对制造业的增长具有正影响。

（3）外商直接投资（FDI）

外商直接投资会对制造业的增长产生一定的影响。参考王万珺（2010）所采用的方法，本节采用实际利用外资金额作为外商直接投资的代理指标，并预期外商直接投资对制造业收入增长率有正影响。

（4）劳动投入（LI）

根据经典的经济学投入产出模型，劳动投入对制造业增长具有重要的影响。吕铁（2000）选用年从业人员的平均数作为劳动投入的解释变量。因此，本节综合经典的经济学理论，以及前人研究探索的实践，选取就业人数作为劳动投入，并且预期劳动投入对制造业的增长具有正影响。

（5）R&D 投入（R&D）

科学技术水平会提高制造业的增长。储丽琴（2009）认为，制造业增长率主要是由科技增长率带来的。因此，本节用行业 R&D 经费投入来衡量科技投入，并且预期 R&D 投入对制造业增长有正影响。

（6）国有化程度（Nat）

国有化程度会对制造业的增长速度产生正向影响。国有化程度较高，容易形成垄断并带来低效；非国有化程度高，则经济比较活跃。刘元春（2003）提到，国有化程度除了可以用非国有经济增加值占工业总产值的比重来表示，还可以从许多角度进行度量。它可以采用一个行业内国有企业的产出、销售和就业占行业总数的百分比(白重恩,2004),也可以采用国有企业占GDP比重、国有企业占总投资额的份额和国有企业在就业中的份额(The World Bank,1997)等来表示。本节选择国家资本占实收资本的比重作为衡量国有化程度的指标,并且预期国有化程度对制造业增长有负影响。

(7)高技术产业(HTI)

高技术产业对制造业的增长会产生一定的影响,因此引入高技术产业虚拟变量来捕获不同行业之间的不可观测因素对制造业环境保护能力的可能影响。参考中国统计局关于高技术产业的分类标准,本节按照是否高技术产业将21个行业分为两类,即高技术行业和非高技术行业。高技术行业取1、非高技术行业取0,并且预期高技术产业对制造业增长有正影响(见表7-24)。

表7-24 高技术行业与非高技术行业区分

分类	行业
高技术行业	化学原料和化学制品制造业
	医药制造业
	专用设备制造业
	计算机、通信和其他电子设备制造业
	仪器仪表制造业
	石油加工、炼焦和核燃料加工业
非高技术行业	农副食品加工业
	食品制造业
	酒、饮料和精制茶制造业
	纺织业
	纺织服装、服饰业
	皮革、毛皮、羽毛及其制品和制鞋业
	木材加工和木、竹、藤、棕、草制品业
	化学纤维制造业
	通用设备制造业
	电气机械和器材制造业
	家具制造业
	造纸和纸制品业
	印刷和记录媒介复制业
	文教、工美、体育和娱乐用品制造业
	橡胶和塑料制品业
	非金属矿物制品业
	黑色金属冶炼和压延加工业
	有色金属冶炼和压延加工业
	金属制品业

7.3.3 实证结果分析

主要变量数据特征的描述性统计结果如表 7-25 所示。

表 7-25 主要变量指标的描述统计

变量	样本量	均值	标准差	最小值	最大值
lnSales	189	9.2971	1.0091	6.8048	11.1783
Nat	189	0.1110	0.0981	0.0016	0.4870
lnR&D	189	12.6811	2.1325	4.9558	16.1808
lnLI	189	5.3461	0.7636	3.6684	6.8226
lnFDI	189	4.2844	0.8941	2.3262	6.7898
lnFCI	189	7.9903	0.8822	5.4514	9.9360
HTI	189	0.2380	0.4270	0.0000	1.0000

表 7-26 的方程 1、方程 2、方程 3 分别报告了固定效应模型、随机效应模型、可行的广义最小二乘法的估计结果。

表 7-26 回归结果

变量	方程 1(FE)	方程 2(RE)	方程 3(FGLS)
lnSales			
Nat	-0.9620***	-0.9640***	-0.6130***
	(-3.2545)	(-3.3969)	(-3.4990)
lnR&D	0.0288***	0.0289***	0.0436***
	(3.6561)	(3.6701)	(4.3296)
lnLI	0.0842	-0.0102	-0.0240
	(0.6722)	(-0.0995)	(-0.7855)
lnFDI	0.0094	0.0251	0.2070***
	(0.2916)	(0.7995)	(12.0207)
lnFCI	1.0930***	1.1170***	0.9240***
	(19.1233)	(22.2098)	(34.1579)
HTI		0.1440	0.2110***
		(0.6091)	(7.9078)
α	-0.1840	0.0247	0.6310***
	(-0.4941)	(0.0718)	(4.1158)
OBS	189	189	189
R-squared	0.9630		
Number of id	21	21	21

注：括号内为 t 统计值；***、**和*分别代表 1%、5%和 10%的显著性水平；Hausman 检验拒绝原假设，选用随机效应模型；AR(1)和 AR(2)检验的原假设为不存在自相关，这里汇报 p 值；OBS 表示观察值的个数。

根据 Hausman 检验,chi-值 6.76 为正数,说明方程 2 的结果优于方程 1。比较方程 1 和方程 2 的估计结果,两方程的 R&D 投入系数、外商直接投资系数、固定资本投入系数均为正,国有资本投入系数为负,且分别通过了5%和10%的显著性检验;但劳动投入的检验结果稳健性不高,没有通过显著性检验,有待进一步考察。根据随机效应检验结果基本可以确定,固定资本投入和R&D投入是影响制造业增长的重要因素,且R&D投入和固定资本投入越多,制造业发展越快;国有化程度与制造业增长是反方向的,与预期一致;外商直接投资与制造业增长速度的相关性为正,但是检验结果稳健性不高,没有通过显著性检验。

方程3的估计结果显示,R&D投入、外商直接投资、固定资本投入的系数均为正,国有化程度与劳动投入的系数均为负;除了劳动投入以外,各解释变量的系数均通过1%的显著性检验,且R&D投入、固定资本投入、外商直接投资、劳动投入、国有化程度的符号方向与方程2完全一致。由于可行的广义最小二乘法能够消除可能存在的异方差性和序列相关性,因此以方程3的估计结果为依据,并进行详细的分析与解释。通过观察方程3中解释变量的系数发现,各解释变量符号与之前的预期完全一致。具体而言,国有化程度的系数为负,且在1%的水平下显著,表明国有化程度越高,制造业的增长速度越慢;R&D投入系数在1%的水平下显著为正,说明R&D投入正向影响制造业的增长,也就是说,R&D投入促进了科学技术的发展,进而加快制造业的发展速度;劳动投入的检验结果稳健性不高,没有通过显著性检验;固定资本投入对制造业增长是正相关关系,说明固定资本投入有利于制造业提高速度,这是目前我国制造业的增长速度由资本密集型产业所形成的主要原因;外商直接投资对制造业增长在1%的水平下显著为正;高技术产业同样对制造业增长带来1%水平下的显著正效应。

7.3.4 结论与启示

本报告用2004—2012年中国制造业行业面板数据研究R&D投入、国有化程度、劳动投入、外商直接投资、固定资本投入、高技术产业对制造业增长速度的影响,得出以下结论与启示:

(1) 科技创新对制造业增长具有正向影响

从结果来看,企业R&D投入对制造业增长是正向效应,因此企业需要技术创新,政府需要设计出良好的政策来刺激制造业的技术创新。在政策设计方面,国家对高科技企业的所得税税收方面已经实施税收优惠政策;在技术创新方面,地方政府对符合条件的企业也有相应的政府补贴。从模型结果看,这些政策是非常有利的。

(2) 降低国有化程度、提升企业竞争活力会提高制造业的增长速度

数据研究表明,国有化程度对制造业增长是负面效应。为了提高制造业的增长速度,政府需要充分发挥市场竞争的作用,让民营企业有发展空间;同时减少对私营部门的干预,营造竞争性的生态环境,以留住人才并维持创新性政府,而不是

对企业进行直接投资。

（3）制造业创造就业的方式发生变化

从研究结果看，劳动投入对制造业的增长没有显著的影响。究其原因，吕铁（2000）的研究指出，20世纪90年代，我国制造业增长最快的就是资本品及耐用消费品工业，而这类行业通常是生产效率最高的行业。因此，劳动投入的增加与制造业的增长是反方向的。也就是说，若要通过制造业来解决就业问题，需要增加部分非生产性岗位的就业，而制造业企业往往会开拓一些创新性的工作岗位，如设计和售后支持等部门。由于资本品及耐用消费品工业已经成为制造业增长的重要来源部门，因此制造业的就业偏向高技能的岗位。

（4）外商直接投资可以提高制造业的增长速度

引进外商投资可以为我国制造业输入新鲜的血液与先进的管理经验。引进外商投资应考虑高技术产业的外商投资。由于劳动投入对制造业增长没有显著性影响，而高技术产业对制造业增长具有显著性影响，因此在引进外资的时候需要有所选择，设计优惠政策来引进高技术产业的外商投资。

（5）固定资本投入会提高制造业的增长速度

一方面，制造业存在规模经济效益，增加固定资本投入会提高制造业的增长速度；另一方面，我国处在后工业化时代，即制造业增长速度最快的是资本品及耐用消费品工业，这类行业的发展需要大规模的固定资本投入来带动。因此，我国制定的推进制造业增长的政策应该倾向于鼓励企业进行固定资本的投入。例如，我国由原来实行的生产型增值税改为消费型增值税，即企业购置固定资产的进项税金可以予以抵扣，这样就激发了企业增加固定资产投入的积极性，促进了制造业的发展。

7.4 制造业科技创新能力影响因素分析

作为提升产业国际竞争力的必然途径和促进区域经济发展的重要推手，产业创新能力问题一直受到国内外学术界的广泛关注。在熊彼特提出创新理论之后，"创新"概念逐渐发展为"技术创新"，强调技术的应用及技术价值的市场实现；随着高科技不断兴起、科学与技术发展日益融合，二者形成了相互作用和相互渗透的新关系，"科技创新"取代"创新"和"技术创新"成为世界各国广泛关注的一个重要概念。这一概念强调的是将科学发现和技术发明应用到生产体系，创造新价值的过程。科技创新是原创性科学研究和技术创新的总称，即创造和应用新知识、新技术和新工艺，采用新的生产方式和经营管理模式来开发新产品、提供新服务的过程。制造业作为我国国民经济的支柱产业，是经济增长的主导部门和经济转型的基础；但是我国制造业仍然存在技术开发与技术创新能力薄弱、重制造轻研发、生产效率低等一系列问题。因此,识别科技创新的驱动力,分析影响制造业科技创新的因素,对科学地测定制造业行业科技创新能力、获得促进行业科技创新的启示、明确今后的发展方向及政府政策的制定都尤为重要。

7.4.1 制造业科技创新能力影响因素研究综述

1. R&D 投入对科技创新能力的影响

多数学者的研究表明,R&D 经费支出、R&D 人员全时当量,以及 R&D 经费占主营业务收入比重对提高制造业科技创新能力具有一定的促进作用。Ru 等(2012)以 R&D 活动为主线,研究中国风力涡轮机制造行业的创新阶段,发现政府从最初的直接干预转变为通过市场和技术政策间接干预企业 R&D 活动。窦鹏辉和陈诗波(2012)选择 R&D 内部支出作为科技财力投入指标,以 R&D 人员全时当量作为科技人力投入指标,对我国科技创新能力的绩效评估与影响因素进行分析。结果表明,从人力与财力的投入产出比来看,科技产出均是有效的,且 R&D 人员投入是当前影响和制约我国科技创新绩效的核心要素。鲍林杰等(2012)指出,大中型工业企业是我国的经济支柱,在国民经济及科学技术创新体系中占据举足轻重的地位;其用 R&D 人员全时当量、R&D 经费内部支出、R&D 经费内部支出占 GDP 比重等指标来反映科技投入情况。谭恒(2010)认为,企业 R&D 经费内部支出与主营业务收入的比重是衡量企业技术创新资金投入力度的一个重要指标。郝华(2012)在对吉林省制造业科技创新能力的研究中也指出,R&D 人员全时当量可以从人力投入角度反映科技创新的规模,是国际上通用的用于比较科技人力投入的指标;R&D 经费从投入资金角度反映科技创新的规模;R&D 经费内部支出占主营业务收入的比重则反映科技创新的投入强度。

2. 其他技术活动对科技创新能力的影响

Ipek 等(2012)指出,学习能力对制造业的科技创新能力具有积极影响。Richard 等(2011)认为,学习能力是企业从外部环境中对知识进行识别、吸收和利用的能力;除了进行内部 R&D 活动,企业还可以通过学习、扩散、同化、沟通和吸收,把技术引入到组织中,该过程可以理解为技术的引进、改造与消化吸收。Türker(2012)认为,把创新局限于 R&D 经常不能令人满意,因为在创新过程中还要进行大量的非 R&D 活动。金涛(2012)把非 R&D 投入因素分为技术引进、技术改造、技术消化吸收三个方面。其认为,技术引进可以直接提升企业的技术水平,但技术受制于人,国际竞争力不强;技术改造指通过技术及设备更新、生产工艺改进来提高经济效益;技术消化吸收是对技术引进和技术改造的进一步深化,可以为自主创新奠定基础;这三者分别表示自主创新的不同程度。Tan(2011)在对企业科技创新能力的实证研究中提出,企业创新资源的投入与配置是科技创新成功的物质基础,并把技术改造投入作为衡量科技创新投入的指标之一。其研究表明,技术改造投资在企业中一直在稳步增加,但是仍有很大的进步空间。

3. 外商直接投资对科技创新能力的影响

国内外学者对外商直接投资与科技创新能力之间的关系作了较为广泛的研究,但是并没有得出一致的结论。外商直接投资是技术、管理、人力资本,以及财力资本等资源的集合体,对东道国的技术创新具有重要的影响。叶娇和王佳林(2014)基于江苏省的面板数据研究外商直接投资对本土技术创新的影响,结果表明外商直接投资对江苏省技术创新存在正溢出效应;余永泽(2011)的研究也表明外商直接投资对企业创新能力具有正向影响。Tajul 等(2012)研究外商直接投资对马来西亚制造业的溢出效应,结果表明外商直接投资对某些行业会产生积极的溢出效应,而对另一些行业会产生负面影响。王千里(2012)基于在华外商直接投资对我国装备制造业技术创新的影响进行实证分析,结果表明在华外商直接投资没能实现提升本土装备制造业技术水平的目的,以我为主地提高民族装备制造企业技术创新水平才是根本出路。综上所述,外商直接投资对科技创新能力是否有影响以及有何种影响需要根据研究对象而定。

4. 政府投资对科技创新能力的影响

政府干预在企业的科技创新中起着不可或缺的作用,一般情况下会促进科技创新能力的提升。王苗和朱艳阳(2012)利用面板数据分析政府资助与企业科技创新之间的关系,研究结果表明随着政府资助的增加,企业的 R&D 投入也会相应地增加。吴芸(2014)的研究得出"政府科技投入显著促进科技创新,政府用于促进科技创新的科技投入资金使用效率较低,尚需改进"的结论。尹俊霞(2013)根据国际上流行的观点(即金融系统主要通过资本形成、配置资源、分散风险、提供清算和支付手段等功能来推动科技创新活动)认为,金融发展规模、政府财政对科技的拨款,以及科研人员数量是提升自主研发能力的重要推动器。以上学者都认同政府投资对科技创新有积极影响。

5. 产学研合作对科技创新能力的影响

华海岭等(2011)认为,与外部组织进行产学研合作有利于企业获得技术知识、强化科技创新能力。王丽(2010)认为,发挥科研院所和高校的科研优势,走产学研相结合的道路是提高企业创新能力的重要途径,并用企业支付给科研院所和高校的经费来衡量企业利用外部科技资源提升企业科技创新的能力。孙韬(2011)在对东北装备制造业技术创新支撑体系的研究中,对发达国家的技术创新支撑体系建设进行详细分析,发现美、德、英、法等国家的企业非常重视与科研机构及大学的合作,这种合作型关系对技术创新发挥了巨大的作用。Soh 等(2013)研究了企业在何时受益于与大学的合作。一些研究已经表明,公司与大学进行研发合作可以提高专利性能,但是内外部研发活动的增加又可能导致高知识冗余和协调成本。研究表明,注重技术重组可以加强企业—大学合作和专利绩效之间的关系,而注重科学研究则会削弱这种关系,并且新公司和老公司与大学合作得到的结果也不同。因此,企业可以根据协同目标转移研发焦点。以上学者均认为,产学研合作对企业的科技创新能力提升有所影响,但是对于不同类型的企业的影响程度可能不同。

7.4.2 制造业科技创新能力影响因素计量模型

1. 模型设定

已有研究表明,影响中国制造业科技创新能力的因素很多,主要包括 R&D 活动、其他技术活动、外商直接投资、政府投资,以及产学研合作等。为了能够较为精确地研究制造业科技创新能力的影响因素,同时考虑到行业面板数据的特征及数据的可获得性,本节将影响因素归结为 R&D 活动投入、外商直接投资及其他技术活动投入,计量模型设定为以下形式:

$$\ln TCIN_{it} = \alpha + \beta_1 \ln Labor_{it} + \beta_2 \ln Total_{it} + \beta_3 \ln Foinv_{it} + \beta_4 \ln Other_{it} + \varepsilon_{it}$$

其中,$TCIN_{it}$、$Labor_{it}$、$Total_{it}$、$Foinv_{it}$、$Other_{it}$ 分别表示 i 行业 t 年度的科技创新能力、R&D 人员投入、R&D 经费投入、外商直接投资和其他技术活动经费投入,α 为常数项,β 为各变量系数,ε 为残差项。

2. 变量说明

(1) 科技创新能力(TCIN)

为了保证结果的稳健性,本节分别采用制造业有效发明专利数(Patent)、新产品开发项目数(New)来测度制造业各个行业的科技创新能力。制造业有效发明专利数和新产品开发项目数越大,则该行业的制造业科技创新能力就越强。制造业各行业有效发明专利数和新产品开发项目数的数据来自 2006—2013 年的《中国科技统计年鉴》和《中国统计年鉴》。

(2) R&D 人员投入(Labor)

人员作为科技创新活动的主体,对企业的科技创新能力具有重要意义。North(1994)和 Lucas(1988)等经济学家认为,人力资本对技术创新有着极其巨大的推动作用;很多学者在对科技创新的研究中采用 R&D 人员全时当量来衡量 R&D 人员的投入。窦鹏辉和陈诗波(2012)把 R&D 人员全时当量作为科技人力投入指标,证实了从科技人力资源的角度来看,基础研究领域的 R&D 人员投入是影响科技创新能力和科技创新产出绩效的最核心要素。何伟艳(2012)在研究我国制造业研发投入对技术创新绩效的影响中得出以下结论,R&D 人员投入对新产品销售收入和专利生产都表现出显著的正向影响。张换兆等(2011)把 R&D 人员纳入科技人力投入对区域科技创新能力的影响进行研究。借鉴以上学者的观点,本节采用各行业的 R&D 人员全时当量来测度科技创新 R&D 人员投入,并预期 R&D 人员全时当量对制造业科技创新能力有正向影响,即增加R&D人员投入对提高科技创新能力和科技创新产出绩效具有积极的促进作用。

(3) R&D经费投入(Total)

科技投入包括人力、物力和财力的投入,最终表现为R&D经费支出(姜秀娟和赵峰,2010)。Ehie和Olibe(2010)对美国制造型和服务型企业进行实证研究的结果表明,R&D支出对制造型和服务型企业具有促进作用。基于此,这里预期R&D经费投入对制造业科技创新能力具有正向影响。

(4) 外商直接投资(Foinv)

行业开放程度是影响行业科技创新能力的又一重要因素,因为对外开放程度越高、竞争越激烈,越要求行业加大科技投入、提高产出水平。Cheung(2004)通过研究1995—2000年的省际数据,表明外商直接投资的溢出效应对国内三种类型的专利申请数量具有正面的影响。而Tajul等(2012)的研究表明,外商直接投资对某些行业会发生积极的溢出效应,而对另一些行业会产生负面影响。李晓钟和何建莹(2012)通过对高技术细分行业的实证研究,提出利用外商直接投资效率提升高新技术产业的对应建议。由于制造业各个分行业外商直接投资的数据难以获取,本节用外商投资作为外商直接投资的代理变量,并认为外商投资对某些行业有正向影响,而对其他行业有负向影响。

(5) 其他技术活动(Other)

除了R&D活动外,其他技术活动也会对制造业科技创新能力产生影响。按照技术来源可以将产业技术分为自主创新、模仿创新和合作创新,其中模仿创新是指通过技术引进、技术交流等方式获取技术,在消化吸收技术的过程中结合自身的技术基础,对获取的技术做进一步的改进与完善,开发出具有自身技术特点的新产品或新工艺,开拓自己的市场,从而获取经济利益。谭恒(2010)指出,消化吸收是对技术引进和技术改造的进一步深化,只有在技术引进和技术改造的过程中将技术完整地消化吸收,才能为自主创新奠定基础,最终实现拥有自身的核心技术,获得核心竞争优势。因此,本节用技术引进经费、技术改造经费和消化吸收经费之和衡量R&D活动之外的其他技术活动对制造业科技创新能力的影响,并认为它对科技创新产出有正向影响。

3. 数据

本数据均来自2006—2013年的《中国统计年鉴》和《中国科技统计年鉴》,按照前文的行业合并、行业剔除,以及数据缺失值处理的方式进行数据处理,主要变量数据特征的描述性统计如表7-27所示。

表 7-27　模型变量解释基于 26 个行业样本数据的主要变量统计特征

变量	样本量	均值	标准差	最小值	最大值
lnNew	208	7.9034	1.3318	5.1930	10.6294
lnParent	208	7.0802	1.5002	3.7612	11.3337
lnLabor	208	9.8547	1.3670	6.7711	12.8492
lnTotal	208	13.0906	1.4990	9.8613	16.1808
lnFoinv	208	4.6577	1.0497	2.5349	7.1971
lnOther	208	33.4760	4.6772	19.3262	42.1515

R&D 投入促使制造业企业科技创新产出水平的提高;反过来,科技创新产出水平的提高也使得企业进一步加大 R&D 的投入。也就是说,R&D 投入与科技创新产出水平存在相互影响的关系,即存在内生性问题。因此,本节将使用改进的系统 GMM 方法来克服模型中存在的内生性问题。系统 GMM 在差分 GMM 的基础上引入水平方程,并增加滞后的差分变量作为水平方程相应变量的工具变量,得到系统 GMM 的估计变量,大大提高了估计结果的有效性和一致性。①

7.4.3　实证结果分析

1. 制造业整体实证结果

基于上一节的研究方法,本节分别采用固定效应、随机效应、可行的广义最小二乘法,以及系统 GMM 方法对各解释变量的系数进行估计。

(1) 有效发明专利数的实证结果

以有效发明专利数作为被解释变量对各解释变量进行回归,表 7-28 的方程 1、方程 2、方程 3 和方程 4 分别报告了采用以上四种方法所获得的解释变量系数的估计值。

表 7-28　回归结果(Patent)

变量	方程 1(FE)	方程 2(RE)	方程 3(FGLS)	方程 4(系统 GMM)
lnPatent				0.2366**
				(2.39)
lnLabor	0.7057***	0.6202***	0.9533***	0.4598*
	(3.80)	(3.80)	(9.22)	(2.00)
lnTotal	0.5939***	0.7080***	0.5520***	0.5932**
	(3.64)	(4.94)	(5.18)	(2.64)

---

①　Blundell R, Bond S. InitialConditions and MomentRestrictions in Dynamic Panel Data Models[J]. Journal of Econometrics, 1998(87): 115—143.

（续表）

变量	方程1(FE)	方程2(RE)	方程3(FGLS)	方程4(系统GMM)
lnFoinv	0.0096	-0.0725	-0.1363***	0.0407
	(0.09)	(-0.77)	(-2.89)	(0.24)
lnOther	-0.0268	-0.0843***	-0.1513***	-0.0162
	(-0.95)	(-3.80)	(-10.67)	(-0.29)
α	-6.7951***	-5.1413***	-3.7934***	
	(-8.97)	(-8.78)	(-11.24)	
R^2	0.8140	0.8405		
Hausman检验P值	0.0055			
AR(1)				0.023
AR(2)				0.416
Sargan Test				0.805
OBS	208	208	208	130

注：括号内是t统计值；***、**和*分别表示通过了1%、5%和10%的显著性检验；OBS表示观察值的个数。

对方程1和方程2的估计结果作比较后发现，方程1中R&D人员全时当量和R&D经费支出的系数均为正值，且通过了1%的显著性检验；外商投资和其他技术活动投入均未通过显著性检验。方程2的显著性检验结果与方程1稍有差异，其R&D人员全时当量和R&D经费支出的结果与方程1相同，但是外商投资系数为负，并且其他技术活动投入也通过了1%的显著性检验。由Hausman检验可知，P值小于0.05可以接受固定效应模型的估计；而由固定效应检验结果基本可以确定，R&D人员与资金是影响科技创新能力的重要因素，且R&D人员与资金的投入越多，科技创新能力越强。方程3的估计结果显示，各个解释变量及常数项均通过了1%的显著性检验。方程4是选取被解释变量的二阶滞后项作为工具变量的回归结果。模型中的AR(1)和AR(2)检验表明，估计方程的残差项确实存在一阶序列相关，但不存在二阶序列相关，表明设立的模型是合理的；Sargan过度识别检验的结果也表明，本研究中选取的工具变量是合理的(P值大于0.05)。虽然系统GMM方法能够解决解释变量的内生性问题，但是外商投资和其他技术活动投入并没有通过显著性检验，不过R&D经费支出与R&D人员全时当量的检验结果与方程1、方程2、方程3的结果一致，这恰好证明了R&D经费和R&D人员全时当量对有效发明专利数具有稳健的正向作用；同时，方程1、方程4中其他技术活动投入的系数与方程2、方程3的系数相一致，均为负，这也为其他技术活动投入的负影响提供了佐证；但是，四个方程中的外商投资系数不一致，表明不能确定外商投资对制造业科技创新能力的影响。由于可行的广义最小二乘法(FGLS)能够消除可能存在的异方差性和序列相关性,因此,本报告在方程 3 估计结果的基础上探讨实证研究,以期有新的发现。

分析方程 3 各解释变量的系数估计值可以发现:R&D 人员全时当量和 R&D 经费支出的系数均为正并通过 1% 的显著性检验,且 R&D 人员全时当量的系数值大于 R&D 经费支出的系数值,这表明加大两者的投入确实能提升有效发明专利数,且加大人员投入比加大经费投入的效果更好;外商投资的系数为负且通过 1% 的显著性检验,这一结果表明外商投资对制造业整体的科技创新能力具有显著的促进作用;其他技术活动投入的系数为负且通过 1% 的显著性检验,这一结果与预期相反,说明加大其他技术活动的投入力度不仅不能促进制造业科技创新能力的提升,反而会产生负面作用。

(2) 新产品开发项目数的实证结果

如前所述,有效发明专利数作为技术创新的科技成果,是制造业科技创新产出的主要表现形式;而新产品开发项目数是一个增量指标,其所包含的创新范围更广,可以克服以专利数量作为科技创新产出指标的某些缺陷,能够较为全面地反映行业研发活动的结果。① 因此,二者可以相互补充来描述科技创新的产出成果。以新产品开发项目数作为被解释变量进行回归,其结果如表 7-29 所示。

表 7-29 回归结果(New)

变量	方程 1(FE)	方程 2(RE)	方程 3(FGLS)	方程 4(系统 GMM)
lnNew				0.1399**
				(2.48)
lnLabor	0.2304**	0.5801***	1.1932***	0.1892
	(2.08)	(5.88)	(23.72)	(0.74)
lnTotal	0.5936***	0.3181***	-0.0772	0.5977**
	(6.09)	(3.65)	(-1.55)	(2.36)
lnFoinv	-0.0457	0.0612	0.0798***	-0.0218
	(-0.70)	(1.09)	(2.84)	(-0.19)
lnOther	-0.0011	-0.0253*	-0.0716***	0.0111
	(-0.06)	(-1.94)	(-10.29)	(0.39)
α	-1.8896***	-1.4166***	-0.8190***	
	(-4.18)	(-4.16)	(-4.78)	

---

① 冯志军. 中国制造业技术创新系统的演化及评价研究[D]. 哈尔滨:哈尔滨工程大学,2012.

（续表）

变量	方程1(FE)	方程2(RE)	方程3(FGLS)	方程4(系统GMM)
R^2	0.8759	0.9166		
Hausman检验P值	0.0000			
AR(1)				0.003
AR(2)				0.961
Sargan Test				0.148
OBS	208	208	208	130

注：括号内是t统计值；***、**和*分别表示通过了1%、5%和10%的显著性检验；OBS表示观察值的个数。

对方程1和方程2的估计结果作比较后发现，方程1中R&D人员全时当量和R&D经费支出均通过显著性检验，且系数为正；外商投资和其他技术活动投入均未通过显著性检验，且系数均为负。方程2中R&D人员全时当量和R&D经费均通过1%的显著性检验，且系数为正；外商投资未通过显著性检验；其他技术活动投入通过10%的显著性检验，且系数为负。根据Hausman检验P值为0这一结果，应拒绝原假设，接受方程1模型。方程3的估计结果显示，有较多变量通过了显著性检验；但是与前两个方程存在明显差异的是，R&D经费投入未通过显著性检验，且其系数为负。方程4是选取被解释变量的二阶滞后项作为工具变量的回归结果，模型中的AR(1)和AR(2)检验表明，估计方程的残差项确实存在一阶序列相关，但不存在二阶序列相关，表明设立的模型是合理的；Sargan过度识别检验的结果表明，本研究选取的工具变量是合适的(P值大于0.1)，但是有少数变量通过显著性检验。通过以上分析可知，虽然四个方程的检验结果有较大的差异，但是方程1中R&D人员投入和其他技术活动投入的系数与方程3一致，这在某种程度上佐证了方程3的稳健性；加之方程3能在一定程度上消除异方差性和序列相关性，因此以方程3的估计结果为依据进行分析。

分析方程3中各解释变量的系数估计值可以发现：R&D人员全时当量通过1%的显著性检验，其系数为正，且系数值远远大于其他解释变量的系数值；但是R&D经费投入没有通过显著性检验。这表明加大R&D人员的投入比加大资金的投入更能促进新产品开发项目数的提升。外商投资通过1%的显著性检验，且系数为正，说明外商投资越多、新产品开发项目数越多，加大对外开放程度、大力引进外商投资对新产品开发具有积极影响。其他技术活动投入通过1%的显著性检验，且系数为负，说明加大其他技术活动的投入不仅不能促进新产品开发项目数，反而有抑制作用。

（3）其他技术活动的实证结果

研究结果表明,其他技术活动投入对科技创新能力产生负影响,这与假设不一致。为了探究其原因,对构成其他技术活动投入的技术引进、技术改造和消化吸收经费单独进行回归分析。由于上述研究表明,通过广义的最小二乘法进行回归的结果更符合实际,因此运用广义的最小二乘法分析技术引进经费(Acqu)、技术改造经费(Reno)和消化吸收经费(Assi)对制造业科技创新能力的影响,回归结果如表7-30所示。

表7-30 其他技术活动回归结果

变量	有效发明专利数(Patent)	新产品开发项目数(New)
lnAcqu	0.1417	0.3032***
	(1.59)	(4.51)
lnReno	0.0717	-0.0033
	(0.74)	(-0.04)
lnAssi	0.4380***	0.3476***
	(4.61)	(4.34)
α	0.2317	1.4296***
	(0.37)	(3.03)

注:括号内是 t 统计值;***、**和*分别表示通过了1%、5%和10%的显著性检验。

由表7-30可知,当以有效发明专利数作为被解释变量时,消化吸收经费通过1%的显著性检验,且其系数为正;技术引进经费和技术改造经费均未通过显著性检验。当以新产品开发项目数作为被解释变量时,技术引进经费和消化吸收经费均通过1%的显著性检验,且系数均为正;技术改造经费未通过显著性检验。虽然解释变量对不同被解释变量的影响有所差异,但是两组结果共同证实了消化吸收经费对科技创新的正向影响。

（4）制造业整体科技创新能力影响因素的实证结果

综合以上分析,得出以下结论:

第一,R&D人员全时当量对制造业整体科技创新能力具有显著的促进作用。由于其回归系数较大,可见即使提升较小幅度的R&D人员全时当量,也会取得较大的科技创新产出成果。

第二,R&D经费对制造业整体科技创新能力具有积极的影响,其中对有效发明专利数的影响尤其显著,而对新产品开发项目数的影响不大。

第三,外商投资对制造业整体科技创新能力的影响不能确定,它对有效发明专利数具有显著的抑制作用,对新产品开发项目数具有显著的促进作用。

第四,其他技术活动对制造业科技创新能力具有显著的负影响,但是其他技术活动中的消化吸收经费却对制造业科技创新能力具有显著的正影响。说明在减少其他技术活动经费投入的同时,增加消化吸收经费的比重可以促进制造业整体科技创新能力的提升。

第五,有效发明专利数和新产品开发项目数对科技创新产出均具有滞后效应,即以往的科技创新产出成果可以持续促进科技创新能力的提升。

2. 制造业分类面板研究

前文对于制造业科技创新能力的研究均是对整体制造业行业进行分析,但是不同的制造业行业特征不同,其科技创新的投入与产出关系也会有所差异。基于此,将分别对不同类型的制造业进行面板分析,有针对性地研究各个类别制造业的科技创新能力。

为探究不同行业科技创新投入对科技创新产出的影响,本节将 26 个制造业行业进行分类研究。按照徐建荣(2008)依据要素密集程度对制造业的分类方法,把制造业分为劳动密集型、资本密集型和技术密集型,即劳动密集型为编号 1—11、20 的行业,资本密集型为编号 12、15、16、17、18、19 的行业,技术密集型为编号 13、14、21、22、23、24、25、26 的行业。前述分析结果表明,可行的广义最小二乘法模型得出的结果更合理,因此下面选择该模型对三种类别的制造业进行分析。

(1) 有效发明专利数的实证结果

以有效发明专利数作为被解释变量,回归结果如表 7-31 所示。

表 7-31 制造业分类回归结果(Patent)

变量	劳动密集型 方程 3(FGLS)	资本密集型 方程 3(FGLS)	技术密集型 方程 3(FGLS)
lnLabor	0.1570	1.7954***	-0.0983
	(0.90)	(5.27)	(0.31)
lnTotal	1.0723***	-0.4633*	1.5998***
	(6.56)	(-1.70)	(5.79)
lnFoinv	-0.2365***	0.0457	-0.2392**
	(-2.99)	(0.27)	(-2.00)
lnOther	-0.1698***	-0.0414	-0.2196***
	(-8.36)	(-1.06)	(-5.69)
α	-2.1336***	-3.3304***	-6.1621***
	(-3.54)	(-3.21)	(-5.91)
OBS	96	48	64

注:括号内是 t 统计值;***、**和*分别表示通过了 1%、5% 和 10% 的显著性检验;OBS 表示观察值的个数。

根据表 7-31 的回归结果可以发现,对于劳动密集型制造业而言,除了 R&D 人员全时当量,其他解释变量均通过1%的显著性检验,且R&D经费系数为正、外商投资和其他技术活动的系数为负。该现象说明,劳动密集型制造业增加R&D经费投入可以提高有效发明专利数,但是增加R&D人员全时当量并不一定能促进有效发明专利数的提升。这可能是因为劳动密集型制造业主要依靠大量使用劳动力,而对技术和设备的依赖程度低,所以主观上对科技创新不够重视,对R&D人员的选拔也不够严格,从而导致R&D人员全时当量的增加对有效发明专利数没有太大影响。增加外商投资对有效发明专利数有负影响,说明对外开放度的提高会使得劳动密集型制造业把注意力更专注于继续充当"世界车间"的角色,从而忽视对技术的投入。其他技术活动对有效发明专利数有负影响,说明目前我国制造业在技术引进和技术改造上投入过多资金,而对技术的消化吸收不够重视,从而导致其他技术活动不能有效地促进科技创新能力的提升。因此,对于劳动密集型制造业而言,减少在技术改造及消化吸收上投入的资金,将技术活动外包给专业的第三方企业可能会更有利于自身的发展。

与劳动密集型制造业不同,资本密集型制造业R&D人员全时当量通过1%的显著性检验,且系数为正;R&D经费通过10%的显著性检验,但系数为负;其他解释变量均未通过显著性检验。该现象说明,资本密集型制造业增加R&D人员的投入可以促进有效发明专利数的提升;而R&D经费投入却对科技创新产出有负影响,这是因为资本密集型制造业技术装备多、资金周转慢、投资效果也慢,不宜通过加大资金投入来促进科技创新能力的提升;外商投资和其他技术活动对资本密集型制造业有效发明专利数无显著影响。

技术密集型制造业的回归结果与劳动密集型制造业的回归结果大体一致。也就是说,技术密集型制造业对R&D人员的质量而不是数量的要求更高;加大R&D经费的投入可以有效提升有效发明专利数;外商投资对技术密集型制造业有效发明专利数有负影响,可能是由于跨国公司为了维持垄断优势而选择将技术进行内部转移,同时也是由于我国目前的吸收机制及能力不强而导致的;其他技术活动的负影响则恰巧印证了我国制造业在技术引进、技术改造和消化吸收上投入经费的比例的不合理,对技术的消化吸收缺乏足够的重视。

(2)新产品开发项目数的实证结果

以新产品开发项目数作为被解释变量对三种类型制造业的科技创新能力进行分析。回归结果显示,在科技创新产出衡量方式不同的条件下,同种类型的制造业的回归结果也有较明显的差异(见表7-32)。

表 7-32 制造业分类回归结果(New)

变量	劳动密集型 方程 3(FGLS)	资本密集型 方程 3(FGLS)	技术密集型 方程 3(FGLS)
lnLabor	0.8448***	0.9742***	0.4258**
	(8.91)	(7.80)	(2.46)
lnTotal	0.2102***	0.1105	0.5851***
	(2.63)	(1.16)	(3.95)
lnFoinv	-0.0466	0.1949***	-0.3590***
	(-0.79)	(3.19)	(-6.05)
lnOther	-0.0586***	-0.0574***	0.0400**
	(-4.97)	(1.05)	(2.04)
α	-1.0302***	-2.4369***	-3.3762***
	(-3.39)	(-6.38)	(-6.23)
OBS	96	48	64

注:括号内是 t 统计值;***、**和*分别表示通过了1%、5%和10%的显著性检验;OBS 表示观察值的个数。

根据如表 7-32 的回归结果可以发现,劳动密集型制造业的 R&D 人员全时当量和 R&D 经费投入均通过显著性检验,系数为正;外商投资未通过显著性检验,系数为负;其他技术活动通过 1% 的显著性检验,系数为负。该现象说明,加大 R&D 经费与人员的投入可以促进劳动密集型制造业新产品开发项目数的提升;而投入过多经费于其他技术活动则会对新产品开发项目数有负影响,表明过多的模仿创新不利于新产品的开发。与劳动密集型制造业相比,资本密集型制造业的 R&D 经费投入并未通过显著性检验;外商投资通过 1% 的显著性检验,且系数为正,说明资本密集型制造业应该积极引进国外资金来助推新产品的开发。与劳动密集型制造业相比,技术密集型制造业的其他技术活动同样通过 1% 的显著性检验,但是其系数为正,说明增加其他技术活动的投入会提升技术密集型制造业的新产品开发项目数。从整体来看,三种类型制造业中的 R&D 人员全时当量均通过显著性检验,说明加大研发人力投入对新产品开发项目数有正向影响。

(3) 分类制造业技术创新能力的实证结果

结合有效发明专利数和新产品开发项目数的回归数据,对劳动密集型制造业而言,R&D 人员全时当量和 R&D 经费投入对科技创新能力具有正影响,外商投资和其他技术活动对科技创新能力具有负影响。对资本密集型制造业而言,R&D 人员全时当量对科技创新能力具有负影响,R&D 经费投入反而对科技创新能力具有负影响,这是由资本密集型制造业技术装备多、资金周转慢、投资效果慢的特性所决定的。因此,资本密集型制造业不适合在其他技术活动上投入过多,而适合通过大力引进外商投资来推动科技创新能力的提升。对技术密集型制造业而言,加大R&D人员与经费的投入均能提升科技创新能力,但不适合通过引进外商投资来加强自身的科技创新能力,其他技术活动对技术密集型制造业科技创新能力的影响不明确。

7.4.4 结论与启示

本报告采用2005—2012年中国制造业行业面板数据(来自2006—2013年《中国统计年鉴》和《中国科技统计年鉴》)研究R&D人员全时当量、R&D经费支出、外商投资、其他技术活动经费等科技创新投入对科技创新产出的影响,得出下面的结论与启示。

1. 研究结论

其一,R&D投入对不同的科技创新产出成果的影响不同。首先,增加R&D人员全时当量对有效发明专利数和新产品开发项目数均有积极的促进作用,说明R&D人员对制造业整体的科技创新产出具有重要意义;其次,加大R&D经费支出可以促进有效发明专利数的提升,但是对新产品开发项目数无显著影响,说明一味地加大R&D经费的投入并不一定能加强制造业的科技创新能力。因此,对于不同的科技创新成果,投入的R&D人员和R&D经费应当有所偏重。

其二,外商直接投资对制造业整体科技创新能力的影响不能确定。外商投资对制造业有效发明专利数有负影响,对新产品开发项目数有正影响,总体来看,正负相抵,可以认为外商投资对制造业的科技创新产出并无显著影响。这说明我国已经走出依靠外商投资的先进技术溢出带动科技创新发展的阶段,我国制造业的科技创新已经有一定的基础,吸引外商投资对于促进我国制造业整体科技创新能力的作用已经不大。

其三,我国制造业的技术消化吸收能力亟待加强。其他技术活动对制造业整体科技创新能力具有显著负影响,而消化吸收经费对制造业整体科技创新能力具有显著正影响。这说明我国制造业其他技术活动的结构比例不合理,应该为技术引进、技术改造和消化吸收分配适当的资金投入比例,加大消化吸收经费的投入,从而由模仿创新向自主创新转变,提升自主创新能力。

其四,劳动密集型制造业其他技术活动经费支出的增加不利于科技创新能力的提升。从整体上看,劳动密集型制造业对R&D投入的增加会促进科技创新能力的提升,但是其中R&D人员的投入量对有效发明专利数无显著影响,原因在于对R&D人员的选拔或素质考核不够严格。不过,劳动密集型制造业在其他技术活动上的投入会对有效发明专利数和新产品开发项目数有负影响,说明劳动密集型制造业并不适合通过模仿创新来推进科技创新产出。

其五,资本密集型制造业应大力引进外商投资以促进科技创新能力。资本密集型制造业外商投资的回归结果与其他两类制造业有很大差别,结果表明外商投资对新产品开发项目数有显著的正向影响,因此大力引进外商投资对资本密集型制造业科技创新能力的提升具有积极作用。

其六,技术密集型制造业其他技术活动对不同的科技创新成果的影响不同。技术密集型制造业在其他技术活动中的投入对有效发明专利数有负影响,但是对新产品开发项目数有正影响。不同的技术密集型制造业企业进行科技创新活动的目的也不同,因此应该根据企业自身的需求对其他技术活动经费的投入进行合理的控制。

2. 政策启示

其一,引进高素质研发人员,加强专业人才培养。分析结果表明,对于某些类型的制造业行业,加大 R&D 人员的投入量对科技创新产出并无显著影响。其主要原因在于人力资源管理不当,一方面在于研发人员的素质不高,使得研发进程缓慢、研发成果不显著;另一方面在于缺乏相关的管理制度,使得研发人员的竞争意识不足、缺乏创新,从而造成科技创新投入产出效率低下。为此,我国的教育机构要积极发展职业技术教育,进行制造业基本技能的培训;企业也应开发对制造业在职人员职业发展和技术提升的培训,培养一批懂科技、会管理、善经营的企业家。建立合理的制造业培训体系,保证合理的人才结构;积极开发制造业的人力资源,提高我国制造业的科技含量和工作效率。因此,必须以人才引领科技创新、以科技创新促进制造业转型升级。

其二,提升引进技术的消化吸收能力,合理利用外商投资。投入大量资金用于技术引进以及技术改造并不能为制造业带来可持续的发展。技术引进和技术改造只是一种"短期"的科技创新活动,是一种外在的创新,很难形成制造业企业自身的竞争优势;而只有经过学习并对技术进行消化吸收,才能形成企业固有的科技创新能力。因此,制造业应该平衡技术引进、技术改造及消化吸收经费的投入比例,特别要重视技术的消化吸收。只有经过消化吸收,制造业才能摄取来自外部的"科技营养",并形成新的、自身的科技创新能力。同时,资本密集型制造业应该大力引进外商投资以弥补科技创新投入的不足,以此促进科技创新能力的提升;而劳动密集型和技术密集型制造业则应谨慎利用外商投资,以防对科技创新能力的提升产生负影响。

其三,适当发展技术外包及产学研合作,加强企业竞争与合作。不同类型的制造业应当采取不同的策略来促进科技创新能力的提升。对于劳动密集型制造业,其特征就是对技术和设备的依赖程度低,因此劳动密集型制造业不论是在硬件上软件上,还是在科技创新方面都存在劣势。其可以通过科技外包,把研发活动或其他技术活动外包给专业的第三方,既能取长补短,又能将精力集中于行业的核心竞争力。资本密集型制造业拥有较多的大型专业设备,技术密集型制造业拥有较多的研发经验,两个行业都有自己的长板与短板,也不可能拥有所有科技创新所需要的资源。因此,二者可以根据自身需求选择相互合作或者与大学、研发机构合作,各取所长,通过合作与竞争来创造良好的科技创新环境,从而提升科技创新能力。

7.5 制造业能源集约能力影响因素分析

随着我国经济的持续稳步发展,能源需求量大幅上升,能源消耗总量也随之增加,从2003年的94 918万吨标准煤增加到2012年的205 667万吨标准煤,增幅近1.17倍。中国已经成为世界第二大能源消耗国,经济发展面临更加严峻的能源制约。因此,从定量角度研究制造业能源集约能力的影响因素有重要的现实意义。

7.5.1 制造业能源集约能力影响因素研究综述

近年来,国内外学者对制造业能源消耗进行了大量的研究。关于制造业能源集约能力的影响因素主要集中在工业能源价格、技术进步、经济发展水平、行业开放程度等方面。

1. 工业能源价格对制造业能源集约能力的影响

关于工业能源价格对制造业能源集约能力的影响的研究证实,工业能源价格的提高对能源存在负效应。刘畅等(2008)利用中国29个工业行业的面板数据,在中观层面上对中国工业部门及其内部不同能耗特征的各工业行业的能源消耗强度变动及其影响因素进行实证分析,结果表明能源相对价格的提高对工业行业的节能降耗具有明显的促进作用。陈玲(2010)运用结构分解分析法(SDA)和计量经济模型,在编制的混合投入产出表的基础上对能源问题展开研究。其研究发现,生产技术进步和最终需求的结构变动在不同程度上都能够降低能源强度;能源价格对能源强度存在一个负效应;同时,能源价格不仅能够促进最终需求结构的优化,对于生产技术进步还存在引致效应。杭雷鸣和屠梅曾(2006)运用1985—2003年的时间序列数据,对我国制造业、能源价格和能源强度之间的关系作了实证研究,结果表明提高能源价格是改善能源效率的一个有效的政策工具。

2. 技术进步对制造业能源集约能力的影响

技术进步对制造业能源集约能力影响的研究证实,技术进步可以提高能源利用效率,但不会减少能源消费总量。李廉水和周勇(2006)以35个工业行业1993—2003年的数据为样本,利用面板数据研究技术进步对能源效率的作用,结果发现技术进步是工业部门能源效率提高的主要原因。王玉潜(2003)利用投入产出技术发现,我国1987—1997年的技术进步降低了能源消耗强度。张明慧和李永峰(2005)全面分析技术进步对能源消费的影响并认为,依靠技术进步可以减少能源的相对消费,但不会降低能源的消费总量,相反会带动能源消费总量的增加。因而,在致力于依靠技术进步降低能源密度的同时,必须通过技术进步大力发展新型能源、增加能源可采储量,才能从根本上解决我国的能源问题。

3. 经济发展水平对制造业能源集约能力的影响

研究表明,不同国家、不同地区或者不同的经济发展阶段,其内在的依存关系不尽相同,但是经济增长一定会导致能源消耗的增长。赵进文和范继涛(2007)认为,当 GDP 增长率不超过 18.04% 时,经济增长对能源消耗的影响具有相对稳定性,能源消耗对经济增长的弹性为 0.9592;当 GDP 增长率超过 18.04% 时,能源消耗较 GDP 有更快的增长速度,经济增长完全以能源的高消耗为代价。因此,应尽可能地避免经济的负增长和超高速增长,且 1977—2005 年的经济增长和能源消耗呈现明显的线性特征。李斌(2012)指出,改革开放以来,我国的经济发展主要是依靠能源的大量消耗而取得经济的快速发展;在经济增长加快的时期,能源消耗通常也会出现快速增加。朱友富(2007)采用协整与误差修正模型对我国 1978—2005 年 GDP 和能源消耗总量进行实证分析。其研究结果表明,我国能源消耗增长与 GDP 增长之间存在长期的协整关系。从长期来看,我国经济的持续增长对能源消费具有很强的依赖性,高消耗、高污染、粗放型扩张的能源发展现状必然成为我国经济发展的瓶颈因素。因此,必须建立资源节约型国民经济体系和资源节约型社会。

4. 行业开放程度对制造业能源集约能力的影响

由于商品的生产结构和贸易结构均直接影响能源消耗,因此行业开放程度对制造业的能源消耗是有影响的。现有研究结论分为两类,一类认为行业开放程度对制造业能源消耗具有反向作用。陈浪南和张少华(2009)采用 PCSE 稳健估计发现,经济全球化显著地提高了我国的能源利用效率,融入经济全球化可以帮助我国实现节能减排的目标。另一类认为行业开放程度对制造业能源消耗具有正向作用。理论上,中国出口的产品以能源密集型商品较多、技术密集型产品较少,因而行业开放程度越高、制造业的能源消耗程度也越大。张传国(2009)运用格兰杰因果关系检验以及脉冲响应和方差分解方法研究得出,出口贸易波动将对能源消费产生持续的、较大的影响,出口贸易对能源消费具有较强的依赖性。熊妍婷(2011)认为,中国出口会增加能源消耗,进口并没有降低能源消耗,在目前的贸易模式下,节能减排会降低出口扩张的速度。因此,中国能源政策的制定应该与贸易政策相互协调,从而保证对外贸易的稳步增长和能源利用的可持续性。

目前关于制造业能源集约能力影响因素的研究尚未得出一致的结论,还有待进一步研究。下面首先建立制造业能源集约能力影响因素的计量模型,然后报告实证结果并进行分析,最后是结论与政策建议。

7.5.2 制造业能源集约能力影响因素模型构建

1. 模型设定

本报告在 Fisher-Vanden(2004) 的研究基础上进行扩展,分析工业行业能源集约能力的影响因素。假设规模报酬不变,根据微观经济学的要素需求方程可以得出与柯布—道格拉斯生产函数相对应的成本函数,然后经过扩充,拟采用的估计模型设定如下:

$$\ln C_{it} = \alpha + \beta_1 \ln Rd_{it} + \beta_2 \ln Zr_{it} + \beta_3 \ln Open_{it} + \beta_4 \ln Ecl_{it} + Struc + \xi_{it}$$

其中,C 表示能源消耗总量,Rd 表示科研费用投入,Zr 表示主营业务收入,$Open$ 表示行业开放程度,$Ec1$ 表示能源消耗结构,$Struc$ 表示资源密集程度,α 表示常数项,ξ 表示随机干扰项。

需要说明的是,本节选取 2004—2012 年的最新数据进行研究。按照我国《国民经济行业分类》(GB/T4754-2011) 的划分标准,制造业总共有 31 个大类,剔除数据缺失严重的烟草制品业和废弃资源综合利用业;为统一制造业行业分类,将 2004—2011 年的橡胶制造业和塑料制造业合并成橡胶和塑料制造业,将 2012 年的汽车制造业和铁路、船舶、航空航天和其他运输设备制造业合并成交通运输设备制造业。本节的研究对象为 C 类制造业行业中的 27 个大类。

2. 变量说明

(1) 制造业能源消耗总量(C)

采用制造业中的 27 个行业的制造业能源消耗标准煤总量衡量制造业能源消耗总量。

(2) 科研投入费用(Rd)

日本学者 Dr. Phil. Niwa Fujio 曾提出,R&D 经费、科技人力资源、论文数量和专利数量在科技统计中都是绝对独立的指标,可以反映出一国的科技实力。为了方便分析,本节采用行业科研费用投入指标来衡量技术水平,并预期技术水平对能源消耗有正向作用。

(3) 主营业务收入(Zr)

众多学者的研究表明,经济增长和能源消耗存在双向因果关系。朱友富(2007) 从定量方面采用协整与误差修正模型对我国 1978—2005 年 GDP 和能源消耗总量进行实证分析。本节采用行业主营业务收入这个产业层面指标来对生产规模进行衡量,并预期我国现阶段的生产规模对能源消耗起正向作用。

(4) 行业开放程度($Open$)

行业开放程度也是影响能源集约能力的一个重要因素。一方面,行业开放程度越高,外商投资企业在我国内地的工业产值通常越高,产生的能源消耗也越大;另一方面,行业开放程度越高,我国企业生产大量的出口产品,可能导致能源利用效率偏低。由于缺乏各行业出口值与工业增加值的数据,无法用行业出口依存度来衡量行业开放程度,因此以外商投资企业工业总产值(FDI)作为其代理变量。

(5) 能源消耗结构(Ec1)

研究能源的消耗结构是有必要的,可以为制造业的转型升级提供依据。李金铠(2008)用煤炭、电力、石油、天然气和能源总量来研究能源消耗和各个产业之间的关系。刘畅等(2008)用石油、电力消耗占总能源消耗的份额来表示能源消耗结构(因为天然气所占份额非常少,所以忽略天然气的影响)。其没有使用煤炭份额,意味着石油、电力消耗占总能源消耗比例的增加被煤炭比例减少所抵消。由于资源的禀赋特性,我国的一次能源消耗将继续以煤炭为主,本节采用煤炭消耗总量来衡量能源消耗结构对能源消耗总量的影响。

(6) 资源密集程度(Struc)

行业的资源依赖程度对能源消耗会产生一定的影响。由于制造业行业对能源依赖方面存在巨大差异,因此引入行业的资源依赖程度的虚拟变量来获得不同行业之间的不可观测因素对制造业能源消耗的可能影响。参考《中国制造业发展研究报告2004》中的分类方法,本节将27个行业分为三类,即轻纺制造业、资源加工工业和机械电子制造业。资源加工工业取1,轻纺制造业和机械电子制造业取0。本研究认为,行业的资源依赖程度和制造业的能源消耗具有正向效应。

表 7-33　制造业按能源消耗形式分类

轻纺制造业	农副食品加工业
	食品制造业
	饮料制造业
	纺织业
	纺织服装、鞋、帽制造业
	皮革、毛皮、羽毛(绒)及其制品业
	木材加工及木、竹、藤、棕、草制品业
	家具制造业
	造纸和纸制品业
	印刷和记录媒介复制业
	文教体育用品制造业

（续表）

资源加工工业	石油加工、炼焦和核燃料加工业
	化学原料和化学制品制造业
	医药制造业
	化学纤维制造业
	橡胶和塑料制品业
	非金属矿物制品业
	黑色金属冶炼和压延加工业
	有色金属冶炼和压延加工业
机械电子制造业	金属制品业
	通用设备制造业
	专用设备制造业
	交通运输设备制造业
	电气机械和器材制造业
	通信设备、计算机和其他电子设备制造业
	仪器仪表和文化、办公用机械制造业
	其他制造业

主要变量数据特征的描述性统计如表 7-34 所示。

表 7-34 主要变量指标的描述统计

变量	样本量	均值	标准差	最大值	最小值
LnC	243	7.6352	1.4566	10.9965	4.7089
LnRd	243	12.4734	2.1943	16.1807	4.9558
LnZr	243	9.2240	1.0271	11.1782	6.8047
LnOpen	243	4.1821	0.9004	6.7895	2.3237
LnEc1	243	-1.8501	0.7526	-0.3589	-3.6680
Struc	243	0.2962	0.4575	1.0000	0.0000

7.5.3 实证结果分析

表 7-35 的方程 1、方程 2 和方程 3 分别报告了固定效应模型、随机效应模型、和系统 GMM 的估计结果。

表 7-35　回归结果

变量	方程1(FE)	方程2(RE)	方程3(系统GMM)
ln$C$			0.9848***
			(167.84)
lnRd	0.02178***	0.0194***	-0.0096
	(4.25)	(3.40)	(-1.94)
lnZr	0.2432***	0.2662***	0.0037
	(14.35)	(14.23)	(-0.25)
ln$Open$	0.0082	0.0175	0.0223***
	(0.39)	(0.76)	(3.72)
lnEcl	0.0524	0.2443***	0.0062
	(1.23)	(6.43)	(-1.38)
Struc		1.3648***	0.0279**
		(6.43)	(1.75)
α	4.7823***	3.0464***	0.1332***
	(16.08)	(11.25)	(3.39)
R^2	0.6528	0.8295	
AR(1)			0.000
AR(2)			0.469
OBS	243	243	216

注:括号内是 t 统计值;***、**和*分别表示通过了1%、5%和10%的显著性检验;OBS表示观察值的个数。

根据 Hausman 检验,chi-值为正数说明方程2的结果优于方程1。比较方程1和方程2的估计结果,两方程中的技术水平、生产规模、行业开放程度、煤炭消耗量和资源依赖程度都对能源总量起正向作用,并且技术水平和经济发展水平的系数均通过1%的显著性检验。在方程2中,除了行业开放程度,其他解释变量都通过了1%的显著性检验,说明结果的稳健性较高。为了保证结果的稳健性,这里进行了系统 GMM 分析以解决内生性问题。方程4是选取被解释变量的一阶滞后项作为工具变量的回归结果,计量模型变为如下的动态一阶自回归模型:

$$\ln C_{it} = \alpha + \delta \ln C_{it-1} + \beta_1 \ln Rd_{it} + \beta_2 \ln Zr_{it} + \beta_3 \ln Open_{it} + \beta_4 \ln Ecl_{it} + Struc + \xi_{it}$$

其中,$\ln C_{it-1}$ 是因变量的一阶滞后项。

结果显示,能源消耗具有一定的自相关性,即前期消耗会影响后期消耗;行业开放程度通过1%的显著性检验,且具有正效应;资源依赖程度对能源消耗也具有正效应。虽然其他变量不显著,但是生产规模、煤炭消耗量、资源依赖程度都对能源消耗起正向作用。综合上述方程界定,中国近期的技术水平、生产规模、煤炭消耗量和资源依赖程度都对能源消耗总量起正效应,可以认为行业开放程度对能源消耗也起正向作用。

7.5.4 结论与政策建议

本报告采用2004—2012年中国制造业行业面板数据研究制造业能源消耗的影响因素,得出以下结论与政策建议:

其一,技术进步对能源消耗总量起正向作用,技术进步增加了能源消耗并不意味着技术阻碍了能源的节约。一方面,技术进步使得能源应用到了更多的领域,增加了能源的使用量;另一方面,技术进步提高了能源的使用效率。因此,目前我国应继续进行技术研发,降低能源密度;同时,应致力于新型能源的开发,从根本上解决能源问题。

其二,生产规模对能源消耗总量起正向作用。任何一个国家的产业结构都会有特定的发展阶段,工业是中国目前经济发展的主导,并且仍然是粗放型的工业发展模式,随着生产规模的扩大,必然带动能源的消费需求。因此,我国应将部分制造业向高新技术产业、现代服务业等知识密集型产业转型,建立创新驱动的国家发展模式。

其三,资源依赖程度对能源消耗总量起正向作用。我国的不可再生资源占能源的大部分,这一结构决定了我国的能源消耗在很大程度上依赖于资源禀赋。因此,提高可再生资源的结构比例是减少能源消耗总量的重要方式。

其四,行业开放程度对能源消耗总量起正向作用,表明我国依然是能源出口大国。我国可以"走出去",对国外进行直接投资、以资本换技术来提高技术水平;也可以"引进来",加大对国外技术的引进力度,减少利用我国的资源禀赋、生产附加值低的产品。

7.6 制造业环境保护能力影响因素分析

随着人们对环境问题的重视,环境对经济发展的制约作用越来越强。改革开放以来,中国工业化和城市化进程加速,制造业的发展突飞猛进,极大地促进了中国经济的增长,为社会发展贡献了巨大力量。作为世界制造业第一大国,制造业是中国工业化的原动力和国民经济的核心,但制造业为中国经济发展作出巨大贡献的同时,对环境也造成严重的破坏。根据《中国环境统计年鉴》(2013)的统计数据,2012年中国工业废水排放量为221亿吨,占全国废水排放总量(684亿吨)的32.36%;工业废气排放总量为63万亿立方米;工业固体废物排放量为144.2万吨。这些污染排放在一定程度上导致中国大多数地区的水质不断恶化、空气质量迅速下滑、土壤重金属污染严重,环境牺牲代价不可估量。因此,为实现中国制造业的可持续发展,对中国目前的制造业环境保护能力及其影响因素进行研究,并为制造业发展中的污染治理问题提出相应的政策建议是非常重要的。

7.6.1 制造业环境保护能力研究综述

1. 经济发展对环境保护的作用

许多学者就经济发展与环境保护之间的关系进行研究。以 Grossman 和 Kreuger(1995)的研究为代表,一般认为经济发展与环境保护是辩证统一的关系,经济发展能从根本上解决环境污染的问题。Zeng 和 Zhao(2009)利用两国家两部门的空间经济模型对污染避难所假说进行研究的结果显示,制造业部门产生的跨国界污染降低了当地的农产品生产率和居民收入,导致对制造业产品的需求降低,从而阻碍了企业向那些实行宽松环境规制政策但缺乏比较优势的国家迁移。研究还认为,发达国家的制造业聚集能够减轻发展中国家的污染避难所效应。

我国学者对中国经济发展与环境保护的研究也逐步深入。陈迪(2008)通过 TOPSIS 法对中国制造业企业区域生态效益的整体情况进行排序,探讨中国制造业发展过程中所产生的经济效益及其对环境的冲击效应。董秋云(2009)则从西部中小企业集群的发展现状入手,提出资源消耗高和环境污染是其发展的主要问题;并根据环境库兹涅茨曲线揭示了环境变化与经济增长的关系,认为实现经济与环境和谐发展是西部中小企业集群发展的必然选择。

2. 科技进步对环境保护的作用

环境科学、生态科学、污染防治技术等科学技术的迅速发展,使人类对人与环境的关系有了更深的了解,为人类有效地控制环境污染及可持续发展提供了可能。Porter(1991)提出的"波特假说",即严格的环境保护政策能够引发创新、抵消成本,不但不会造成厂商成本的增加,反而可能产生净收益,使厂商在国际市场上更具竞争优势。虽然目前有关"波特假说"是否成立仍存在争论,但技术创新能够抵消成本,能提升厂商的环境保护能力是毋庸置疑的。Christoph 等(2012)采用面板数据对德国制造业进行分析,实证检验了环境投资、环境和能源消费的产出效应。结果证实了环境投资和生产增长具有正相关的关系,并提出环境规制中应当特别鼓励环保投资。

3. 产业结构对环境保护的作用

产业结构的调整与升级也会对环境保护产生一定的影响,通常随着产业结构不断的转型升级,对环境的污染会逐渐减少。Iwata 和 Okada(2011)使用 2004—2008 年日本制造业的数据,研究废物和温室气体排放对财务绩效的影响。其结果显示,废物排放对财务绩效并没有特别显著的影响,温室气体排放的降低会使制造业整体样本和清洁产业的财务绩效上升,对非清洁产业没有明显影响。Despeisse 等(2012)则建立一个制造业生态系统的概念模型作为推动环境绩效的基础,分析环境原理和产业实践,并在此基础上建立数量模型,为企业的低资源投入、高资源产出、少废物排放和低运行成本寻找综合解决方法。

众多学者也逐渐深入地研究我国产业结构对环境保护的作用。唐德才(2009)用面板数据模型研究产业结构对环境污染的影响。其结果显示,产业内部结构的变动会给环境污染密度带来不同的影响。Liang 和 Zhang(2011)则基于环境投入产出模型,采用结构分解分析方法研究了1997—2007年江苏省原材料效率增长、技术进步、消费结构变化,以及消费数量增长等因素对二氧化碳排放的影响,研究结论是消费结构的转型升级能够有效地减少二氧化碳的排放。

4. 对外开放程度对环境保护的作用

从20世纪70年代起,各种贸易协定的逐步制定使得国际贸易对环境保护的作用成为一个热门话题。环保主义者认为,自由贸易会使全球污染加重,特别是发展中国家的污染;而自由贸易倡导者则认为,环境会成为贸易保护主义者的幌子,阻碍贸易自由。其中,Walter 和 Ugelow(1979)提出的"污染避难所"假说(即在国际资本流动便利的情况下,发达国家严格的环境规制会使投资流向环境规制宽松的发展中国家,使发展中国家成为污染密集型产业的集中地)的影响最为广泛。一些学者认为,对外开放在给经济和技术欠发达的国家和地区带来经济收益的同时,也增加了它们的环境负担。Machado 等(2001)分析了国际贸易对巴西能源消耗和 CO_2 排放量的影响,发现1995年巴西出口的非能源产品中的能源和碳含量要明显大于进口产品的含量,单位产值出口商品的平均能源和碳消耗要比进口商品分别多40.00%和56.00%。Mukhopadhyay(2004)计算印度进出口商品中的能源和碳含量,发现在1993—1994年印度出口的所有商品中的能源和碳含量小于相应的进口商品。Ackerman(2007)则认为,全球化和贸易自由化只是转移了碳排放,并没有真正减少世界的碳排放压力。

5. 其他因素对制造业环境保护能力的影响

一般而言,政府须承担环境保护的责任,而公众则是环境资源保护的利益相关者,政府和公众的参与在环境保护中具有不可替代的作用。目前这方面的研究主要从法律的角度出发,探索环境保护的环境政策。各国政府在进行环境保护、污染治理时,通常采用法律法规或行政命令等方式监督或控制环境资源的利用,或采用税收、补贴、押金退款、经济刺激等方式激励企业采取环境保护措施。王逊(2011)和马进(2012)强调,要提高我国制造业的环境保护能力,拓宽公众参与的范围和渠道、提高环境保护领域的民主程度是缓解制造业发展与环境污染之间的矛盾的必由之路。

已有研究取得了一定的成果,但关于制造业环境保护能力影响因素的研究尚未得出一致的结论,还有待进一步研究。下面,首先建立制造业环境保护能力影响因素的计量模型,然后报告实证结果并进行分析,最后给出结论与政策建议。

7.6.2 制造业环境保护能力影响因素计量模型

1. 模型设定

影响中国制造业环境保护能力的因素很多,主要包括经济发展水平、科技发展水平、制造业产业结构、行业开放程度及政策因素等。为了能够较为精确地研究制造业环境保护能力的影响因素,同时考虑到行业面板数据的特性,本节将影响因素归结为生产规模、R&D 投入、产业结构和行业开放程度,计量模型设定为:

$$\text{Protec}_{it} = \alpha + \beta_1 \ln \text{Scale}_{it} + \beta_2 \ln \text{R\&D}_{it} + \beta_3 \text{Struc}_{it} + \beta_4 \ln \text{Open}_{it} + \varepsilon_{it}$$

其中,Protec_{it}、Scale_{it}、$\text{R\&D}_{it}$、Struc_{it}、Open_{it} 分别表示 i 行业 t 年度的环境保护能力、行业生产规模、R&D 投入、产业结构和行业开放程度,α 为常数项,β 为各变量系数,ε 为残差项。

需要说明的是,因为 2003 年以前的行业数据不具可比性,所以选取 2004—2012 年的最新数据进行研究。按照我国《国民经济行业分类》(GB/T4754-2011)的划分标准,制造业总共有 31 个大类;受数据资料限制,剔除统计口径无法统一的汽车制造业,铁路、船舶、航空航天和其他运输设备制造业,其他制造业,金属制品、机械和设备修理业和数据缺失严重的烟草制品业及废弃资源综合利用业,本节的研究对象为 C 类制造业行业中的 25 个大类。

2. 变量说明

(1) 制造业环境保护能力(Protec)

一般学者通常采用单一污染物的排放来衡量环境污染,反映环境保护能力。例如,Xing 和 Kolstad(2002)采用二氧化硫排放量,Hoffmann 等(2005)采用二氧化碳排放量,Dean 等(2009)采用氧化物排放量来测度环境保护能力。考虑到单一指标衡量制造业环境保护能力的片面性,为了更全面地衡量制造业行业的环境保护能力,本节选取制造业水环境保护能力(Water Protect,WP = 制造业行业主营业务收入/制造业废水排放量)、制造业大气环境保护能力(Gas Protect, GP = 制造业行业主营业务收入/制造业废气排放量)、制造业固体环境保护能力(Solid Protect, SP = 制造业主营业务收入/制造业固体废物排放量)三项指标,采用 Afonso 等(2006)的处理方法构建了一个测度制造业各行业环境保护能力的综合指标,计算方法如下:

首先,将制造业水环境保护能力 WP_{it}、制造业大气环境保护能力 GP_{it}、制造业固体环境保护能力 SP_{it} 三项指标除以各自的平均值来进行规范化处理 $\left(\text{Mean of 1}: x_i' = \dfrac{x_i}{\bar{x}}\right)$,以消除不同单位的影响,得到均值为 1 的无量纲指标 WP'_{it}、GP'_{it}、SP'_{it};

其次,针对各自规范化处理后的无量纲指标,运用 SPSS 软件并采用主成分分析法确定制造业水环境保护能力、制造业大气环境保护能力、制造业固体环境保护能力的权重分别为 α_1、α_2、α_3;

最后,加权平均得到各行业环境保护能力的综合指标,综合指标值越大,则制造业环境保护能力越强。综合指标的计算公式为:

$$\text{Protec}_{it} = \alpha_1 \text{WP}'_{it} + \alpha_2 \text{GP}'_{it} + \alpha_3 \text{SP}'_{it}$$

(2) 行业生产规模(Scale)

行业生产规模对行业的环境保护能力具有直接影响。一般来说,在一定阶段,随着生产规模持续扩大,污染排放量也逐渐增大,对环境造成持续的破坏,使环境保护能力逐渐减弱。考虑到数据的可获得性,选取制造业各行业主营业务收入来衡量行业生产规模,并预期生产规模对制造业环境保护能力有负影响。

(3) R&D 投入(R&D)

科学技术水平的进步能提高污染处理水平、减少污染产生,从而提高环境保护能力。已有研究也证实了科学技术能够促进生态环境保护,如张涤(2011)等。因此,选取行业 R&D 经费投入来衡量科技投入,并预期 R&D 投入对制造业环境保护能力有正影响。

(4) 产业结构(Struc)

产业结构的调整与升级对行业环境保护能力会产生一定的影响。由于制造业行业产业结构方面存在巨大差异,因此引入产业结构的虚拟变量来捕获不同行业之间的不可观测因素对制造业环境保护能力的可能影响。参考谢建国(2003)的方法,按照要素密集程度将 25 个行业分为三类[①],即劳动密集型行业、资本密集型行业和技术密集型行业。其中,资本密集型和技术密集型行业取 1,劳动密集型行业取 0。本研究认为,随着产业结构的不断升级,制造业环境保护能力通常会逐渐增强。

(5) 行业开放程度(Open)

行业开放程度是影响制造业环境保护能力的又一重要因素。一方面,行业开放程度越高,外商投资企业在我国内地的工业产值通常越高,产生的污染可能也越大,环境保护能力越差(如 Walter 和 Ugelow(1979)提出的"污染避难所"假说);

---

① 劳动密集型行业包括农副食品加工业、食品制造业、酒、饮料和精制茶制造业、纺织业、纺织服装、服饰业、皮革、毛皮、羽毛及其制品和制鞋业、木材加工和木、竹、藤、棕、草制品业;技术密集型行业包括化学原料和化学制品制造业、医药制造业、化学纤维制造业、通用设备制造业、专用设备制造业、电气机械和器材制造业、计算机、通信和其他电子设备制造业、仪器仪表制造业;资本密集型行业包括家具制造业、造纸和纸制品业、印刷和记录媒介复制业、文教、工美、体育和娱乐用品制造业、石油加工、炼焦和核燃料加工业、橡胶和塑料制品业、非金属矿物制品业、黑色金属冶炼和压延加工业、有色金属冶炼和压延加工业、金属制品业。

另一方面,行业开放程度越高,我国企业大量生产出口产品,可能导致严重的环境问题。本节选取行业外商投资额与主营业务收入的比值来衡量行业开放程度,并预期行业开放程度对制造业环境保护能力有负影响。

数据来自 2004—2013 年《中国统计年鉴》和《中国环境统计年鉴》,主要变量数据特征的描述性统计如表 7-36 所示。

表 7-36 主要变量指标的描述统计

变量	样本量	均值	标准差	最大值	最小值
Protec	225	1.0000	1.3304	8.6047	0.0335
lnScale	225	9.2283	1.0061	11.1800	6.8047
lnR&D	225	12.8924	1.4755	16.1800	9.8613
Struc	225	0.7200	0.4500	1.0000	0.0000
lnOpen	225	-4.7247	0.6482	-3.0962	-6.8603

7.6.3 实证结果分析

表 7-37 的方程 1、方程 2、方程 3 和方程 4 分别报告固定效应模型、随机效应模型、可行的广义最小二乘法和系统 GMM 的估计结果。

表 7-37 回归结果

变量	方程 1(FE)	方程 2(RE)	方程 3(FGLS)	方程 4(系统 GMM)
Protec				0.9299***
				(16.99)
lnScale	0.2352	0.1374	-0.3289***	-0.1126
	(0.78)	(0.50)	(-3.13)	(-0.68)
lnR&D	0.4619**	0.3726*	0.2233***	0.0315
	(2.08)	(1.90)	(3.03)	(0.29)
Struc		0.0521	0.3607***	0.1440
	(0.10)	(3.68)	(0.82)	
lnOpen	0.1609	-0.0371	-0.2647***	-0.0784
	(0.81)	(-0.20)	(-3.23)	(-0.68)
α	-6.3644***	-5.2846***	-0.6110	0.3932
	(-6.90)	(-5.45)	(-1.30)	(0.49)
R^2	0.0007	0.0013		
AR(1)				0.000
AR(2)				0.017
OBS	225	225	225	200

注:括号内是 t 统计值;***、**和*分别表示通过了 1%、5% 和 10% 的显著性检验;OBS 表示观察值的个数。

根据 Hausman 检验,chi-值(314.96)为正数说明方程 2 的结果优于方程 1。比较方程 1 和方程 2 的估计结果,两方程中的 R&D 投入系数为正,且分别通过 5% 和 10% 的显著性检验;但生产规模、产业结构、对外开放程度未通过统计意义上的显著性检验,有待进一步考察。以方程 2 的结果基本可以确定,R&D 投入是影响制造业环境保护能力的重要因素,且 R&D 投入越多,制造业环境保护能力越强,与预期一致。

方程 3 的估计结果显示,R&D 投入与产业结构的系数为正,生产规模与行业对外开放程度的系数为负,各解释变量的系数均通过 1% 的显著性检验,且 R&D 投入、产业结构、行业对外开放程度的符号方向与方程 2 一致。为确保解释结果的稳健性,采用系统 GMM 解决内生性问题。方程 4 是选取被解释变量的一阶滞后项作为工具变量的回归结果,计量模型变为如下的动态一阶自回归模型:

$$Protec_{it} = \alpha + \delta Protec_{it-1} + \beta_1 \ln Scale_{it} + \beta_2 \ln R\&D_{it} + \beta_3 Struc_{it} + \beta_4 \ln Open_{it} + \varepsilon_{it}$$

其中,$Protec_{it-1}$ 是因变量的一阶滞后项。

模型中 AR(1) 的检验结果表明,估计方程的残差项确实存在一阶序列相关,表明设立的模型是合理的。虽然方程 4 估计的解释变量系数没有通过统计意义上的显著性检验,但是方程 4 的生产规模、产业结构、R&D 投入及行业开放程度等解释变量系数的符号与方程 3 的符号是完全一致的,这也进一步佐证了方程 3 回归结果的稳健性。由于可行的广义最小二乘法能够在一定程度上消除可能存在的异方差性和序列相关性,因此本节以方程 3 的估计结果为依据,报告回归结果并进行分析。

观察方程 3 各解释变量的系数发现,各解释变量的符号与之前的预期完全一致。具体而言,生产规模的系数为 -0.3289,且在 1% 的水平下显著,这表明随着生产规模的持续扩大,最终对环境造成了持续的破坏,使得单位产出的污染排放量逐渐增大,环境保护能力逐渐减弱。R&D 投入的系数在 1% 的水平下显著为正,对环境保护能力的影响为 0.2233,说明 R&D 投入正向影响制造业环境保护能力。也就是说,R&D 投入促进科学技术的发展,减少污染的排放,提高了制造业的环境保护能力。产业结构的系数为 0.3607,也通过 1% 的显著性水平检验。这与前面的结论一致,即产业结构的优化有利于制造业环境保护能力的提高。行业开放程度的系数为 -0.2647,也通过 1% 的显著性检验,表明行业对外开放程度也是影响制造业环境保护能力的重要因素之一;且行业越开放,对环境的污染越严重,制造业的环境保护能力越差,这也验证了前述观点。

7.6.4 结论与建议

本节采用 2004—2012 年中国制造业行业面板数据研究制造业环境保护能力的影响因素,得出以下结论与建议:

其一，生产规模对制造业环境保护能力的影响为负，即随着生产规模的扩大，制造业环境保护能力会下降。其次，R&D 投入对制造业环境保护能力有正向影响，表明科学技术水平的进步对提高我国制造业的环境保护能力有着至关重要的作用；再次，产业结构对制造业环境保护能力的影响为正，说明产业结构的优化升级能够有效地提高我国制造业的环境保护能力；最后，行业开放程度对制造业环境保护能力的影响为负，说明对于制造业行业来说，行业开放程度越大，其环境保护能力越差。

其二，为了实现中国制造业的可持续发展，提高制造业的环境保护能力，应限制重污染企业的大规模扩张，通过排污费征收等手段促使其减少污染排放，提高其环境保护能力；其次，应该加大科技研发力度，提高企业的技术水平，减少企业的污染排放；再次，应该根据我国制造业发展的现实状况，加快制造业的转型升级，逐步推动我国制造业由劳动密集型向资本密集型和技术密集型转变，促进产业结构的优化；最后，应该改变招商引资的思路，鼓励技术水平高，污染程度低的外资企业发展，避免把中国变为发达国家的"污染避难所"。

7.7 制造业社会贡献能力影响因素分析

制造业的社会贡献（Social Contribution）主要体现在就业和税收等方面，本节主要从就业和税收两个方面研究制造业社会贡献能力的影响因素。

7.7.1 制造业就业影响因素研究

1. 模型设定

影响就业的因素很多，且诸多因素之间可能存在相互关系。从宏观角度来看，经济发展水平、行业投资、科技水平和行业工资水平等都是影响制造业就业的重要因素。为了能够较为精确地研究制造业就业的影响因素，同时考虑到行业面板数据的特性，本节将影响因素归结为行业产值、行业固定资产投资、行业外商直接投资、行业 R&D 投入和行业工资水平。由于就业人数可能受到前期就业人数的影响，模型中的就业与解释变量之间也可能存在相互影响关系，造成模型的内生性问题，因此在解释变量中应包含被解释变量的滞后项，据此将计量模型设定为如下形式：

$$\ln \text{Employ}_{it} = \alpha + \beta_1 \ln \text{Employ}_{it-1} + \beta_2 \ln \text{FAI}_{it} + \beta_3 \ln \text{FDI}_{it} + \beta_4 \ln \text{R\&D}_{it} + \beta_5 \ln \text{Wage}_{it} + \lambda_i + \mu_i + \varepsilon_{it}$$

其中，Employ_{it}、FAI_{it}、FDI_{it}、$\text{R\&D}_{it}$ 和 Wage_{it} 分别表示 i 产业 t 年度制造业就业人数、制造业固定资产投资、制造业外商直接投资总额、技术创新和制造业工资水平，Employ_{it-1} 表示 i 产业 $t-1$ 年度制造业就业人数，α 为常数项，β_i 为各变量系数，λ_i 和 μ_i 分别为产业和时间的虚拟变量，ε_{it} 为残差项。

2. 变量说明

(1) 固定资产投资(FAI)

固定资产投资对就业有直接和间接影响。作为生产性资本的主要来源,固定资产投资会促进就业的增加;同时,固定资产投资还会通过乘数效应间接地带动其他相关部门的投资,从而促进就业的增加。借鉴刘文超(2009)、涂坦和谢明雨(2010)、吴启和谢嗣胜(2010)等的做法,选取国内行业固定资产投资,即全社会固定资产总值减去外商部分后得到固定资产投资的净额,并预期国内固定资产投资对就业有正影响。

(2) 外商直接投资(FDI)

一般而言,外商直接投资的流入会对发展中国家的就业产生积极的影响,这种积极的影响主要体现在就业总量的增加、劳动力素质的提高以及劳动力市场的制度建设。外国资本通过在东道国建立新的企业或扩大原有企业的规模,会直接增加新的就业岗位。实际利用外资金额一般被认为能够真实客观地反映外商直接投资的真实水平。本节采用王剑和张会清(2005)的做法,采用实际利用外资金额作为外商直接投资的代理指标,并预期外商直接投资对就业有正影响。

(3) 技术创新(R&D)

技术创新对就业的影响复杂。技术进步可能产生"机器替代人"效应,然而技术进步却可能产生更多的高技术水平的岗位,促进高技术劳动力的就业。通常从创新的投入和产出来衡量技术创新。技术创新投入的指标包括 R&D 经费支出和 R&D 活动人员投入;技术创新产出的指标包括论文、专利、技术市场成交额和新产品产值等。根据数据的可得性及有效性,选取各行业申请专利数作为技术创新的指标;基于产业层面进行研究,并预期技术创新对就业人数的影响复杂。

(4) 工资水平(Wage)

关于工资对就业的影响,经典经济学一般认为工资是劳动力的价格,因此工资上涨必然会导致劳动力需求的下降。本节采用刘刚和胡立(2012)、杨华贵(2012)等的做法,以制造业年度名义工资表示年度平均工资。考虑到工人的实际工资受零售价格影响,因此对工资进行消费物价指数调整,转化为实际工资。这里预期工资上涨对就业人数有负影响。

3. 数据来源与处理

本节数据来自 2005—2013 年的《中国统计年鉴》、《中国工业经济统计年鉴》、《中国劳动统计年鉴》和《中国科技统计年鉴》。

按照《国民经济行业分类》(GB/T4754-2011)的划分标准,制造业总共有 31 个大类。根据数据的可得性和可延续性,本节剔除由于行业分类变化而无法统一数据口径的汽车制造业,铁路、船舶、航空航天和其他运输设备制造业,其他制造业,金属制品、机械和设备修理业,以及部分数据缺失的烟草制品业,废弃资源综合利用业等产业。因而本节的研究对象为 C 类制造业行业中的 26 个大类。

需要说明的是,2012 年前的行业划分旧标准中的橡胶制品业和塑料制品业为两个行业,而 2013 年行业划分新标准将橡胶和塑料制品业合并为一个行业。为了保证数据的前后一致性,在进行数据处理时,把 2012 年前的橡胶制品业和塑料制品业的数据合并加总。需要特别说明的是,在计算橡胶塑料制品业平均工资时,把两个行业的总工资额除以两个行业的总人数。即:橡胶塑料制品业的平均工资 =(橡胶制品业工资总额 + 塑料制品业工资总额)/(橡胶制品业就业人数总数 + 塑料制品业就业人数总数)。还需要特别说明的是,由于 2013 年《中国统计年鉴》没有 2012 年的就业人数,而 2004—2011 年就业人数非常齐全,因而本节采用 GM(1.1)灰色模型估算 2012 年的就业人数。

4. 制造业就业影响因素实证结果分析

对原始数据取对数进行处理,统计结果如表 7-38 所示。

表 7-38 模型变量的基本统计特征

变量	样本量	均值	标准差	最小值	最大值
LnFAI	234	6.9566	1.1090	3.7079	9.3856
LnFDI	234	4.4694	1.0170	2.0330	6.8429
LnR&D	234	7.3829	1.7070	3.6109	11.3194
lnWage	234	9.9892	0.5900	5.0181	12.6368

为了得出较为稳健的结论,本节采用系统 GMM 方法进行估计。表 7-39 的方程 1、方程 2、方程 3 和方程 4 分别报告固定效应模型、随机效应模型、可行的广义最小二乘法和系统 GMM 估计的解释变量系数和相关指标。

表 7-39 回归结果

变量	方程 1 (FE)	方程 2 (RE)	方程 3 (FGLS)	方程 4 (系统 GMM)
lnEmploy				0.8540 *** (11.75)
lnFAI	0.1330 *** (4.56)	0.1550 *** (5.18)	0.1320 *** (6.96)	-0.1160 * (-1.93)
lnFDI	0.0809 *** (3.93)	0.0983 *** (4.63)	0.0622 *** (4.62)	0.1150 *** (2.76)
lnR&D	-0.0166 (-1.21)	-0.0043 (-0.31)	-0.0340 *** (-3.59)	-0.0969 ** (-2.42)
lnWage	0.0024 (0.10)	0.0003 (0.01)	0.0074 (0.78)	0.0480 (0.71)

(续表)

变量	方程1 (FE)	方程2 (RE)	方程3 (FGLS)	方程4 (系统GMM)
Year	控制	控制	控制	控制
Industry	否	否	控制	控制
α	4.1080***	3.8470***	4.5070***	1.6240*
	(14.61)	(12.75)	(29.44)	(1.94)
Hausman test	28.09			
	(0.00)			
AR(1)				0.023
AR(2)				0.547
Hansen test				0.996
OBS	234	234	234	208
R-squared	0.788	0.788		
Number of id	26	26	26	26

注:括号内为 t 统计值;***、**和*分别代表1%、5%和10%的显著性水平;Hausman检验拒绝原假设,选用固定效应模型;为避免工具变量过多导致的估计偏差,在 xtabond2 命令中使用 collapse 选项对工具变量进行了控制,AR(1)和AR(2)检验的原假设为不存在自相关,这里汇报 P 值;OBS为观察值的个数。

从回归结果来看,根据Hausman检验,chi-值为正数,说明方程2优于方程1,即随机效应优于固定效应。比较方程1和方程2的结果,固定资产投资和外商直接投资的系数都为正数,且都通过1%的显著性检验;而技术创新和工资水平的系数都没有通过显著性检验,有待进一步考察。综合来看,可以认为投资与就业有重要的相关性。

方程3的结果显示,固定资产投资和外商直接投资与就业人数正相关,技术创新与就业人数负相关,并且都通过1%的显著性检验,且与方程(2)的符号相同。说明方程3可在一定程度上解决异方差性和序列相关性,因此方程3的结果较为稳健。为了解决内生性问题,采用系统GMM方法对方程进行估计,这种方法综合利用水平变化和差分变化的信息,其结果比普通最小二乘法和固定效应模型更为可靠。为了得到标准误差的无偏估计值,采用Windmeijer(2005)提出的方法对标准误差估计值进行修正,即STATA命令"xtabond2"进行两步GMM估计,同时,为避免工具变量过多导致的估计偏差,在"xtabond2"命令中使用"collapse"选项对工具变量进行控制。最终,本节以系统GMM估计结果作为基准,前文中的其他估计结果作为参照。

回归结果的工具变量有效性检验以及模型中的AR(1)和AR(2)检验表明,估计方程的残差项存在一阶序列相关,但不存在二阶序列相关;工具变量过度约束识别的Hansen统计值的伴随概率为0.9960,表明模型选择的工具变量是有效的。

这说明方程4解决了内生性问题,因此下面以方程4为依据进行分析。

① 就业人数的滞后一阶项与预期一致。从回归结果来看,就业人数的滞后一阶项的系数在1%的水平显著为正,这意味着初始就业人数会影响后期就业人数。因此,对于就业人数较多的劳动密集型产业,地方政府要大力扶持以增加就业人数,从而提高产业的社会贡献能力。

② 固定资产投资与预期相反。从回归结果来看,增加固定资产投资会显著降低就业人数,本报告认为这是典型的资本替代劳动力的效应。机器替代了部分劳动力,机械化程度得到提高,而劳动效率也得到提高。随着机械化程度的提高,对劳动力的素质要求也越高,因而要加大劳动力培训、提高劳动力素质、增加劳动力的就业机会。

③ 外商直接投资与预期一致。从回归结果来看,增加外商直接投资会显著提高就业人数。通常而言,外商在我国主要投资于劳动密集型产业,而劳动密集型产业可以吸纳大量的劳动力,因而增加外商投资有利于增加就业人数,吸引外商直接投资有利于提高产业的社会贡献能力。

④ 技术创新。从回归结果来看,技术创新的提高显著降低就业人数。本报告认为,这说明当前我国的机械化程度还不够高,机器仅替代了一部分劳动力。技术创新虽然会导致一部分低技术密集型产业的就业岗位的丧失,但是技术创新也会创造一部分高技术密集型产业的就业岗位,加强技术创新有利于提高技术密集型产业的就业水平。

⑤ 工资水平。从回归结果来看,工资水平对就业人数的影响不显著。

5. 政策建议

本节根据2004—2012年中国制造业行业面板数据,研究了固定资产投资、外商直接投资、技术创新和工资水平对就业的影响,提出以下政策建议:

其一,重视劳动密集型产业的发展。作为人口大国,就业问题是关系国计民生的重要问题,而劳动密集型产业可以大量吸纳我国庞大的劳动力大军。因此,在促进制造业转型升级的过程中,同样需要重视劳动密集型产业的发展。

其二,加大对人力资本的投入。由于固定资产投资与技术创新的双重效应,部分机器替代了劳动力,减少了部分就业岗位,但也为一些技术人员提供了更多的就业机会。因此,政府应加大对人力资本的投入,加强对就业人员的各种职业培训,提高劳动者素质,为劳动力就业增加更多机会。

其三,广泛吸引外商直接投资。外商直接投资对我国经济社会各方面产生了越来越深刻的影响,外商直接投资的流入创造了就业岗位,带来就业的增加。

其四,合理适度地进行技术创新。政府应加大科研投入,通过补贴、税收和贴息等政策鼓励有利于就业的技术创新,通过技术创新创造更多的就业岗位,为技术性人才就业提供更多的就业机会;政府还应大力支持科技型中小企业的发展。科技型中小企业既是技术创新的主力军,更为缓解社会的就业压力创造了诸多就业机会。因此,应合理、适度地进行技术创新,促进技术创新与就业的协调发展。

7.7.2 制造业税收影响因素研究

1. 研究综述

随着我国经济飞速发展以及经济体制改革和税收制度的不断完善,税收对经济的促进作用越来越明显。我国的财政收入主要来自税收,税收在我国国民经济中扮演着举足轻重的角色。一方面作为财政收入的重要组成部分,在实施国家宏观经济政策过程中担当重任;另一方面作为维持国家有效运转的经济基础,为国家公共投资提供有力的资金保障。

影响税收收入的因素有很多,如经济增长、公共财政需求、物价水平、税收制度的设计、税收政策因素等。

(1) 经济增长对税收的影响

影响税收收入的因素很多,经济增长是影响税收收入增长的最根本、最持久的因素。王荣义(1997)认为,在宏观税收政策及社会制度稳定的经济环境下,城市地方税收、地方财政收入与地方 GDP 呈正相关性。郝秀琴(2011)认为,河南省经济增长与税收收入存在稳定可靠的长期均衡关系。刘育红等(2010)的研究表明,陕西省的税收与 GDP 存在长期的协整关系,经济增长是税收增长的格兰杰原因。刘玲和武友德(2012)认为,国民生产总值每增加 1 元,税收收入增加 0.010376 元。

(2) 投资对税收的影响

投资分为国内投资和国外投资。投资对税收收入的影响是间接的,投资增长先引起经济增长、再影响税收增长,投资增长对经济增长和税收增长的影响通常有一定的滞后期。

陈雅英(2006)认为,固定资产投资增长对税收增长的影响借助中间环节——经济增长的传导作用来实现,而固定资产投资增长对经济增长和税收增长(考虑物价上涨)的影响有一定的滞后期。林筱文等(2007)认为,影响税收变化的主要因素是国民生产总值和全社会固定资产投资,不同期间一定规模的固定资产投资项目对税收增长所产生的影响程度不同。周志敏(2010)发现,在固定资产投资对地方税收的影响上,东部、中部和西部地区的差异是显著的,而且差异幅度比较大。李映照和王婷(2010)认为,企业所得税占税收总额的比重与固定资产投资增长正相关。

江小涓(2002)认为,外商投资企业税收的总体贡献,已经超过其对 GDP 的贡献;外商投资企业对中国净出口的贡献亦已由负转正,对净出口的贡献程度已经与国内企业持平,成为中国贸易盈余的重要贡献者。胡再勇(2006)认为,外商直接投资极大地促进了我国涉外税收、各项税收总额、关税的增长,但给予外资较高程度的税收优惠也在一定程度上侵蚀了我国的税基,减少了我国的税收收入。刘建民和张洪亮(2007)认为,外商直接投资在促进我国税收增长方面作用明显,但是外资企业对我国税收总额贡献增长的比例远低于对我国工业产业贡献及出口的比例。张庆君和孙雅静(2008)认为,外商直接投资对我国涉外税收确实发挥了显著的作用,无论在短期还是长期,外商直接投资都促进了外商投资企业所得税、关税和其他税收的增长,但是我国的税收优惠政策带来了高昂的成本。

(3) 工资对税收的影响

工资总额是影响税收收入的重要因素,工资、物价水平决定纳税人的纳税能力和消费能力。张鑫博(2014)认为,税收收入的主要影响因素是 GDP 和工资总额。经济的健康持续发展是保证税收收入的必要条件;工资总额也是重要影响因素,人民收入水平的提高可以使所得税收入增加,同时也可以带动消费、刺激经济增长。常学华和侯志宏(2007)在研究上海市税收影响因素时认为,工资不是影响税收的重要因素。

2. 模型设定

税收是国家为实现其职能,凭借政治权力、按照法定标准、强制性地参与国民收入再分配的一种手段。影响税收的因素很多,从宏观角度来看,经济发展水平、固定资产投资、外商直接投资、工资水平等都是影响制造业税收的重要因素。为了能够较为精确地研究制造业税收的影响因素,同时考虑到行业面板数据的特性,本节将影响因素归结为行业产值、行业固定资产投资、行业外商直接投资和行业工资水平。由于税收可能容易受到前期税收的影响,而模型中的税收与解释变量之间可能存在相互影响,因而模型可能产生内生性问题,那么在解释变量中应包含被解释变量的滞后项,据此设定计量模型为:

$$\ln Tax_{it} = \alpha_i + \beta_1 \ln Tax_{it-1} + \beta_2 \ln Wage_{it} + \beta_3 \ln FAI_{it} + \beta_4 \ln FDI_{it} + \beta_5 \ln Output_{it} + \lambda_i + \mu_i + \varepsilon_{it}$$

其中,Tax_{it}、$Wage_{it}$、FAI_{it}、FDI_{it}、$Output_{it}$ 分别表示 i 产业 t 年度税收、工资总额、国内固定资产投资、外商直接投资和主营业务收入;Tax_{it-1} 表示 i 产业 $t-1$ 年度税收;α 为常数项,β_i 为各变量系数,λ_i 和 μ_i 分别为产业和时间的虚拟变量,ε_{it} 为残差项。

3. 变量说明

(1) 固定资产投资(FAI)

理论上讲,固定资产投资对税收收入的影响是间接的,固定资产投资对税收收入的整体影响主要是通过拉动经济增长来实现的。按照常学华和侯志宏

(2007)等的做法,本节选取行业固定资产投资作为解释变量;根据数据的可得性,选取国内行业固定资产投资,并预期国内固定资产投资与税收正相关。

(2) 外商直接投资(FDI)

外商直接投资对我国税收的影响也是间接的,即外商直接投资促进我国的经济增长,而经济增长促进税收增长。采用刘建民和张洪亮(2007)、胡再勇(2006)等的做法,外国直接投资采用实际利用外资的金额。外商直接投资通过在东道国建立新的企业或扩大原有企业的规模,从而促进经济发展。本研究预期,外商直接投资与税收正相关。

(3) 工资水平(Wage)

工资水平是影响税收收入的重要因素。工资水平决定纳税人的纳税能力及消费能力,人民收入水平的提高既可以增加所得税收入,也可以带动消费、刺激经济增长。常学华和侯志宏(2007)采用地区工资总额作为变量,但是本报告认为行业平均工资水平可以更好地体现消费水平,因而选取行业平均工资作为变量;并预期行业平均工资水平与税收正相关。

(4) 经济发展水平(Output)

经济发展水平是影响税收的重要因素。经济整体增长是税收收入增长的根本源泉,经济发展水平越高则税收越高。根据常学华和侯志宏(2007)的做法,采用行业生产总值来衡量经济发展水平,但是由于无法得到2012年行业生产总值数据,因而本节采用行业主营业务收入来衡量经济发展水平;并预期经济发展水平与税收正相关。

4. 制造业税收影响因素实证结果分析

数据来自2005—2013年的《中国统计年鉴》、《中国工业经济统计年鉴》和《中国劳动统计年鉴》。对原始数据进行对数化处理后的统计结果如表7-40所示。

表7-40 模型变量的基本统计特征

变量	样本量	均值	标准差	最小值	最大值
LnFAI	234	6.9566	1.1090	3.7079	9.3856
LnFDI	234	4.4694	1.0170	2.0330	6.8429
lnWage	234	10.0090	0.4921	9.0550	12.6368
LnOutput	234	9.1799	1.0152	6.8048	11.1783

运用stata12.0软件,分别采用固定效应模型、随机效应模型、可行的广义最小二乘法和系统GMM方法对模型进行估计,回归结果如表7-41所示。

表7-41 回归结果

变量	方程1（FE）	方程2（RE）	方程3（FGLS）	方程4（系统GMM）
L.lnTax				0.5074***
				(5.90)
lnFAI	0.2236***	0.2518***	0.2402***	0.2773***
	(3.99)	(4.74)	(9.12)	(2.93)
lnFDI	0.1122***	0.0843**	0.0593***	0.1737***
	(2.90)	(2.28)	(2.92)	(4.32)
lnWage	-0.0040	0.0012	0.0071	-0.4303
	(-0.09)	(0.03)	(0.33)	(-1.57)
lnOutput	0.6008***	0.6415***	0.6376***	0.3795***
	(7.76)	(9.70)	(14.85)	(4.26)
Year	控制	控制	控制	控制
Industry	否	否	控制	控制
α	-1.6960**	-2.1387***	-2.2870***	
	(-1.40)	(-3.77)	(-5.83)	
Hausman test		9.94		
		(0.0512)		
AR(1)				0.024
AR(2)				0.358
Hansen test				0.932
OBS	234	234	234	208
R-squared	0.947	0.947		
Number of id	26	26	26	26

注：括号内为t统计值；***、**和*分别代表1%、5%和10%的显著性水平；Hausman检验拒绝原假设，选用固定效应模型；AR(1)和AR(2)检验的原假设为不存在自相关，这里汇报P值；OBS为观察值的个数。

表7-41的方程1、方程2、方程3和方程4分别报告固定效应、随机效应、可行的广义最小二乘法和系统GMM方法估计的解释变量系数和相关指标。

从回归结果来看，根据Hausman检验，chi-值为正数，说明方程2优于方程1，即随机效应优于固定效应。比较方程1和方程2的结果，固定资产投资、经济发展水平的系数都为正数，且都通过1%的显著性检验；外商直接投资的系数也为正数，且分别通过1%和5%的显著性检验；但是工资水平的系数都没有通过稳健性检验，说明稳健性不高还需要进一步考察分析。综合来看，可以认为投资与税收有重要的相关性。

方程3的结果显示，固定资产投资、外商直接投资和经济发展水平与税收正相关,并且都通过1%的显著性检验,说明方程3可在一定程度上解决异方差性和序列相关性,因此方程3的结果较为稳健。为了解决内生性问题,采用系统GMM方法对方程进行参数估计;为了得到标准误差的无偏估计值,采用Windmeijer(2005)提出的方法对标准误差的估计值进行修正,即STATA命令"xtabond2"进行两步GMM估计。最终,本节以系统GMM估计结果作为基准,前文中的其他估计结果作为参照。

回归结果的工具变量有效性检验以及模型中的AR(1)和AR(2)检验表明,估计方程的残差项存在一阶序列相关,但不存在二阶序列相关。工具变量过度约束识别的Hansen统计值的伴随概率为0.932,表明模型选择的工具变量是有效的。这说明方程4解决了内生性问题,因此下面以方程4为依据进行分析。

① 税收的滞后一阶项与预期一致。回归结果显示,税收的滞后一阶项的系数在1%的水平显著为正,说明后期税收会显著受到前期税收的影响。当年税收在很大程度上取决于前一纳税年度所完成的税收规模,这表明各产业的税收征收具有较大惯性。因而,对于纳税贡献较大的产业(如电气机械和器材制造业、纺织服装和服饰业、纺织业和非金属矿物制品业等),政府需要大力扶持使其增加社会税收,从而提高产业的社会贡献能力。

② 固定资产投资与预期一致。从回归结果来看,增加固定资产投资会显著增加税收。本报告认为这是固定资产投资税收增加间接影响的体现。随着固定资产的投资,经济会得到发展从而税收会得到增加。

③ 外商直接投资与预期一致。从回归结果来看,增加外商直接投资会显著增加税收。本报告认为,与固定资产投资类似,外商直接投资也间接影响税收的增加。随着外商直接投资的增加,社会经济得到长足发展,从而使税收也得到增加。

④ 经济发展水平与预期一致。从回归结果来看,经济发展水平与税收显著正相关。经济增长是税收收入的根本源泉,税收收入离不开经济的增长,经济的增长最终决定了税收能否长期保持增长态势,因而大力发展经济至关重要。

⑤ 工资水平。从回归结果来看,工资水平对税收影响不显著。

5. 政策建议

本节根据2004—2012年中国制造业行业面板数据,研究了固定资产投资、外商直接投资、经济增长和工资水平对税收的影响,提出以下政策建议:

其一,促进"纳税大户"产业的大力发展。对于纳税贡献较大的产业,政府需要大力扶持,增加社会税收从而提高产业的社会贡献能力。

其二,合理促进固定资产投资的增长。经济增长在很大程度上是靠固定资产投资来推动的,固定资产投资的波动与经济增长的波动有着直接的关系。当然,固定资产投资并不是增长越多越好,而是按照政府的调控目标合理配置社会资源,提高经济资源的使用效率。政府需要采取相应的税收优惠政策,引导固定资产投资投向优势产业和有发展潜力的产业。

其三,广泛吸收外商直接投资。外国直接投资极大地促进了我国经济的快速增长,我国还需要进一步吸引外国直接投资的进入。一方面,做好外资进入产业的引导,促进我国产业升级、经济结构优化;另一方面,做好各种招商引资的客观条件,吸引更多的外资,促进我国经济的发展。

其四,大力发展经济。税收收入受经济发展的影响,税收来源于经济,税收收入根本上还是依赖于经济的持续稳定增长。经济的健康持续发展是保证税收收入的必要条件,因而应促进经济健康持续地发展。

7.8 本章小结

本章对制造业的经济创造能力、科技创新能力、能源集约能力、环境保护能力和社会贡献能力五个方面的发展状况进行分析,并着重分析制造业总产值影响因素、产值增幅影响因素、科技创新能力影响因素、能源集约能力影响因素、环境保护能力影响因素及社会贡献能力影响因素,研究结果如下:

(1)制造业经济创造能力

从制造业经济创造能力的分析结果来看,主营业务收入排名前三的行业分别是黑色金属冶炼和压延加工业、计算机通信和其他电子设备制造业、化学原料和化学制品制造业;而产值增幅位居前三的行业分别是纺织服装服饰业、皮革毛皮羽毛(绒)及其制品和制鞋业、金属制品业。对制造业总产值规模有正影响的因素是物质资本投入、实际利用外商R&D经费的投入和对外开放程度。对制造业产值增幅有正影响的因素是固定资本投入和科技创新;对制造业产值增幅有负影响的因素是国有化程度;对制造业增长无显著性影响的因素是制造业劳动投入。

(2)制造业科技创新能力

从制造业科技创新能力的分析结果来看,计算机、通信和其他电子设备制造业是科技创新投入与产出最高的行业;电气机械和器材制造业、汽车制造业、通用设备制造业、黑色金属冶炼和压延加工业、化学原料和化学制品制造业、专用设备制造业、铁路船舶航空航天和其他运输设备制造业及医药制造业是科技创新投入与产出较高的行业;其他行业科技创新的投入与产出普遍不高,其中的仪器仪表制造业虽然在新产品开发项目数与有效发明专利数上占优势,但是其新产品产值仍然较低。影响制造业科技创新能力的主要因素有:R&D人员全时当量对有效发明专利数和新产品开发项目数有积极的促进作用;R&D经费投入可有效提升发明专利数,但是对新产品开发项目数无显著影响;外商投资对制造业科技创新产出并无显著影响;其他技术活动对制造业科技创新能力有负影响,但其中的消化吸收经费对科技创新能力有正影响;劳动密集型制造业其他技术活动经费投入对科技创新能力有负影响;外商投资对资本密集型制造业的科技创新能力有正影响;其他技术活动对技术密集型制造业有效发明专利数有负影响,但对新产品开发项目数有正影响。

(3) 制造业能源消耗状况

从制造业能源消耗状况的分析结果来看,能源消耗总量大的行业主要集中于黑色金属冶炼、非金属制造、石油加工等重工业领域;计算机、通信和其他电子设备制造业等行业的能源利用效率较高。影响制造业能源消耗的因素有:技术进步对能源消耗总量起正向作用;经济发展水平对能源消耗总量起正向作用;资源依赖对能源消耗总量起正向作用;行业开放程度对能源消耗总量起正向作用。

(4) 制造业环境保护状况

从制造业环境保护状况的分析结果来看,废水、废气(SO_2)、固体废弃物的排放主要集中在化学原料和化学制品制造业、黑色金属冶炼和压延加工、造纸和纸制品业、非金属矿物制品业、有色金属冶炼和压延加工业、石油加工炼焦和核燃料加工业。影响制造业环境保护能力的主要因素有:R&D 投入对制造业环境保护能力有正影响;产业结构对制造业环境保护能力有正影响;行业开放程度对制造业环境保护能力有负影响。

(5) 制造业社会贡献能力

从制造业社会贡献能力的分析结果来看,计算机、通信和其他电子设备制造业的就业人数最多,其次为电气机械和器材制造业和汽车制造业。主营业务税金及附加排名前五的行业分别是烟草制品业、石油加工炼焦和核燃料加工业、汽车制造业、化学原料和化学制品制造业、非金属矿物制品业。影响制造业就业的主要因素有:初始就业人数对后期就业人数有正影响;外商直接投资对就业人数有正影响;固定资产投资对就业人数有负影响;技术创新对就业人数有负影响。影响制造业税收的主要因素有:初始税收对后期税收有正影响;固定资产投资对税收有正影响;外商直接投资对税收有正影响;经济发展水平对税收有正影响。

总之,行业经济创造能力、科技创新能力、能源集约能力、环境保护能力和社会贡献能力五个方面的比较分析表明,电气机械和器材制造业、计算机通信和其他电子设备制造业、汽车制造业、通用设备制造业、专用设备制造业等行业的经济创造能力、科技创新能力和社会贡献能力强,资源消耗、环境污染相对较小,应该重点发展和大力支持这些行业。而黑色金属冶炼和压延加工业、造纸和纸制品业、非金属矿物制品业、化学原料和化学制品制造业、有色金属冶炼和压延加工业、石油加工炼焦和核燃料加工业、化学纤维制造业等行业的资源消耗、环境污染严重;其中尤其以化学纤维制造业、石油加工炼焦和核燃料加工业、造纸和纸制品业、金属制品机械和设备修理业等行业不但资源消耗、环境污染严重,其经济创造能力、科技创新能力和社会贡献能力也较弱,这是我国今后需要适当限制发展的行业。

参 考 文 献

[1] Ackerman F, Ishikawa M, Suga M. The carbon content of Japan-US trade[J]. *Energy Policy*, 2007,35(9):4455—4462.

[2] Afonso A, Schuknecht L,Tanzi V. Public sector efficiency: evidence for new EU member states and emerging markets[R]. ECB Working Paper No. 581. 2006.

[3] Arellano M.,Bover O. Another look at the instrumental variable estimation of error-components models[J]. *Journal of Econometrics*, 1995,68(23):29—51.

[4] Blundell, Richard, and Stephen Bond. Initial conditions and moment restrictions in dynamic panel data models[J]. *Journal of Econometrics*,1998,87(1):115—143.

[5] Branker K, Jeswiet J, Kim I Y. Greenhouse gases emitted in manufacturing a product——A new economic model[J]. *Manufacturing Technology*, 2011(60): 53—56.

[6] Cheung K Y, Lin P. Spillover effects of FDI on innovation in China:Evidence from the provincial data[J]. *China Economic Review*,2004(1):25—44.

[7] Christoph B, Ulf M, Ulrich O, Andreas Z. Clean and productive? Empirical evidence from the German manufacturing Industry[J]. *Research Policy*, 2012(41): 442—451.

[8] Dean J M, Lovely M E, Wang H. Are foreign investors attracted to weak environmental regulations? Evaluating the evidence from China[J]. *Journal of Development Economics*, 2009(1): 1—13.

[9] Despeisse M, Ball P D, Evans S, Levers A. Industrial ecology at factory level a conceptual model[J]. *Journal of Cleaner Production*, 2012(31): 30—39.

[10] Ehie I C, Olibe K. The effect of R&D investment on firm value: An examination of US manufacturing and service industries [J]. *Production Economics*, 2010(128):127—135.

[11] Grossman G M, Krueger A B. Economic growth and the environment[J]. *The Quarterly Journal of Economics*, 1995(2): 353—377.

[12] Hoffmann R, Lee C G, Ramasamy B, et al. FDI and pollution: A granger causality test using panel data[J]. *Journal of International Development*, 2005(3): 311—317.

[13] Ipek Kocoglu, Salih Zeki Imamoglu, Huseyin Ince, Halit Keskin. Learning, R&D and manufacturing capabilities as determinants of technological learning: Enhancing innovation and firm performance[J]. *Procedia-Social and Behavioral Sciences*,2012(58):842—852.

[14] Iwata Hiroki, Okada Keisuke. How does environmental performance affect financial performance? Evidence from Japanese manufacturing firms[J]. *Ecological Economics*, 2011(70): 1691—1700.

[15] K F V, Jefferson G H, Liu H M, et al. What is driving China's decline in energy intensity[J]. *Resource and Energy Economics*, 2004(26):77—97.

[16] Kim T, Park C. R&D, trade, and productivity growth in Korean manufacturing. *Review of World Economics*, 2003(139):460—483.

[17] Kuznets S. *Economic Growth and Structural Change in Taiwan : The Postwar Experience of the Republic of China*. London:Cornell University Press, 1979:15—131.

[18] Liang Sai, Zhang Tianzhu. What is driving CO_2 emissions in a typical manufacturing center of South China? The case of Jiangsu Province[J]. *Energy Policy*, 2011(39): 7078—7083.

[19] Machado G,Schaeffer R,et al. Energy and carbon embodied in the international trade of Brazil: An input-output approach[J]. *Ecological Economics*, 2001(3): 409—424.

[20] Mukhopadhyay K. Impact of Trade on Energy Use and Environment in India: A Input-output Analysis[C]. International conference "Input-output and General Equilibrium: Data, Modeling and Policy Analysis". Brussels, 2004(9).

[21] Peng Ru, Qiang Zhi, Fang Zhang, Xiaotian Zhong, Jianqiang Li,Jun Su. Behind the development of technology: The transition of innovation modes in China's wind turbine manufacturing industry[J]. *Energy Policy*, 2012(43):58—69.

[22] Porter M E. *America's Green Strategy*[M]. Scientific American, 1991.

[23] Ru P, Zhi Q, Zhang F, et al. Behind the development of technology: The transition of innovation modes in China's wind turbine manufacturing industry[J]. *Energy policy*, 2012(43):58—69.

[24] Soh Pek-Hooi, Annapoornima M. Subramanian. When do firms benefit from university-industry R&D collaborations? The implications of firm R&D focus on scientific research and technological recombination[J]. *Journal of Business Venturing*,2014, 29(6):807—821.

[25] Taegi Kim, Changsuh Park. R&D, trade, and productivity growth in Korean manufacturing[J]. *Review of World Economics*, 2003, 139(3):460—483.

[26] Tajul Ariffin Masron, Abdul Hadi Zulkafli, Haslindar Ibrahim. Spillover effects of FDI within manufacturing sector in Malaysia[J]. *Procedia-Social and Behavioral Sciences*, 2012 (58): 1204—1211.

[27] Tan Heng. The empirical analysis of enterprise scientific and technological innovation capability[J]. *Energy Procedia*,2011(5):1258—1263.

[28] Türker M. Volkan. A model proposal oriented to measure technological innovation capabilities of business firms—A research on automotive industry [J]. *Procedia-Social and Behavioral Sciences*,2012(41):147—159.

[29] Walter I, Ugelow J L. Environmental policies in developing countries[J]. *Ambio*, 1979: 102—109.

[30] Woodridge J. *Econometric Analysis of Cross Section and Panel Data*. Cambridge, MA:The MIT Press,2003.

[31] Xing Y, Kolstad C D. Do lax environmental regulations attract foreign investment? [J]. *Environmental and Resource Economics*, 2002(1): 1—22.

[32] Yam R C M, Lo W, Tang E P Y, et al. Analysis of sources of innovation, technological innovation capabilities, and performance: An empirical study of Hong Kong manufacturing industries[J]. *Research Policy*, 2011,40(3):391—402.

[33] Zeng X G. Environmental regulation, foreign direct investment and "Pollution Haven" hypothesis[J]. *Economic Theory and Business Management*,2010(11):65—71.

[34] 白重恩,杜颖娟,陶志刚等.地方保护主义及产业地区集中度的决定因素和变动趋势[J].经济研究,2004(4):29—40.

[35] 鲍林杰,王耀刚,陈欣等.我国科技创新主体及投入产出现况分析[J].科技管理研究,2012(12):8—11.

[36] 常学华,侯志宏.上海市税收收入影响因素的实证分析[J].世界经济情况,2007(9):11—14.

[37] 陈赤平,罗丽,谭富.技术创新对中国就业影响的实证研究[J].改革与战略,2012(2):162—165.

[38] 陈迪.中国制造业生态效益评价区域差异比较分析[J].中国科技论坛,2008(1):37—41.

[39] 陈浪南,张少华.经济全球化对我国能源利用效率影响的实证研究——基于中国行业面板数据[J].经济科学,2009(1).

[40] 陈磊.FDI、要素收入分配和制造业增长[J].苏州科技学院学报(社会科学版),2012(2).

[41] 陈玲.能源价格对能源强度影响的实证研究[D].浙江工商大学,2010.

[42] 陈雅英.固定资产投资与税收关系及对策研究[J].时代金融,2010(6):40—41.

[43] 陈仲常,丁加栋,郭雅.中国工业布局变动趋势及其主要影响因素研究——基于省际面板数据的实证分析[J].上海财经大学学报,2010(5).

[44] 储丽琴,陈东,付雷.全要素生产率与中国经济可持续增长再研究——与日本20世纪70年代TFP的比较[J].亚太经济,2009(1):73—76.

[45] 丁翠翠,郭庆然.外商直接投资对我国就业影响的动态效应与区域差异——基于动态面板数据模型的GMM估计[J].经济经纬,2014(1):62—67.

[46] 董秋云.从环境库兹涅茨曲线看西部中小企业集群发展[J].科技进步与对策,2009(6):26—29.

[47] 窦鹏辉,陈诗波.我国科技创新能力的绩效评估与影响因素分析[J].科技进步与对策,2012,29(7):133—138.

[48] 干春晖,郑若谷,余典范.中国产业结构变迁对经济增长和波动的影响[J].经济研究,2011(5):4—16,37.

[49] 高磊,曹春颖.投资对就业的产业效应实证分析——基于东北三省面板数据[J].学术交流,2009(2):85—87.

[50] 郭志仪,曹建云.人力资本和物质资本对我国东、西部经济增长及其波动影响的比较分析[J].中国人口·资源与环境,2008(1):133—138.

[51] 国家统计局工业统计司.中国工业统计年鉴2002—2013.

[52] 国家统计局科学技术部.中国科技统计年鉴2002—2013.

[53] 杭雷鸣,屠梅曾.能源价格对能源强度的影响[J].数量经济技术经济研究,2006:93—100.

[54] 郝华.吉林省制造业竞争力研究[D].吉林大学,2012.
[55] 郝秀琴.河南省经济增长、财政支出与税收收入的动态计量分析[J].经济经纬,2011(4):93—95.
[56] 何伟艳.我国制造业研发投入对技术创新绩效影响的实证研究[D].沈阳大学,2012.
[57] 胡小娟,刘姣.我国制造业进出口贸易与生产率增长研究——基于2002~2007年行业面板数据的分析[J].山西财经大学学报,2010(6):65—71.
[58] 胡再勇.外国直接投资对我国税收贡献及影响的实证分析[J].国际贸易问题,2006(12):78—81.
[59] 华海岭,高月姣,吴和成.大中型工业企业技术改造和获取投入产出效率的DEA分析[J].科研管理,2011,32(4):43—50.
[60] 黄旭平,张明之.外商直接投资对我国就业的影响:基于面板VAR的分析[J].中央财经大学学报,2007(1):71—75.
[61] 江小涓.向更多层面扩展——外商在华投资企业税收与净出口贡献[J].国际贸易,2002(2):40—47.
[62] 姜秀娟,赵峰.我国科技投入与经济增长的T型关联度分析[J].科技进步与对策,2010(11):4—6.
[63] 金涛.我国电子信息制造业技术创新效率评价研究[D].哈尔滨工程大学,2012.
[64] 雷辉.我国固定资产投资与经济增长的实证分析[J].对外经济贸易大学学报,2006(2):53—56.
[65] 李斌.国际产业转移对我国能源消耗影响的实证分析[D].山东财经大学,2012.
[66] 李从容,祝翠华,王玉婷.技术创新、产业结构调整对就业弹性影响研究——以中国为例的经验分析[J].科学学研究,2010(9):1428—1434.
[67] 李海舰.跨国公司进入及其对中国制造业的影响[J].中国工业经济,2003(5):15—21.
[68] 李金铠.产业结构对能源消费的影响及实证分析:基于面板数据模型[J].统计与信息论坛,2008(10).
[69] 李廉水,周勇.技术进步能提高能源效率吗:基于中国工业部门的实证检验[J].管理世界,2006:82—89.
[70] 李晓华,吕铁.中国工业高增长的行业因素:分布、特征与结构变动[J].改革.2008(8):55—61.
[71] 李新.高新技术产业集群及运行效应研究[D].西南交通大学,2009.
[72] 李映照,王婷.固定资产投资增长与税收的调节作用——基于广东省数据的实证研究.会议论文 Proceedings of the Conference on Web Based Business Management.2010:1080—1083.
[73] 李勇强,孙林岩,赵丽.电子及通信设备制造业升级的影响因素研究[J].现代管理科学,2009(9):75—77.
[74] 林筱文,方秋燕,张林洪等.福建省项目投资促进税收增长的分析与预测[J].福建农林大学学报(哲学社会科学版),2007,10(2):43—48.
[75] 凌晨,郑义,刘军.中国产业集聚驱动因素[J].系统工程.2013(8).99—105.

[76] 刘畅,孔宪丽,高铁梅.中国工业行业能源消耗强度变化及影响因素的实证分析[J].资源科学,2008(9):1290—1299.

[77] 刘刚,胡立.汇率、工资和经济增长对我国就业的影响(1994—2010)——基于制造业动态面板数据的实证检验[J].产业经济研究,2012(3).

[78] 刘建民,张洪亮.论FDI对我国的税收贡献[J].湖南大学学报(社会科学版),2007(11):46—49.

[79] 刘玲,武友德.我国税收增长的实证分析[J].对外经贸,2012(1):158—160.

[80] 刘文超.我国固定资产投资的就业效应研究[J].西安电子科技大学学报(社会科学版),2009(11):15—20.

[81] 刘育红,李忠民,张强.陕西省税收与经济增长关系的协整分析[J].统计与信息论坛,2010(5):70—74.

[82] 刘元春.经济制度变革还是产业结构升级——论中国经济增长的核心源泉及其未来改革的重心[J].中国工业经济,2003(9):5—13.

[83] 吕铁.90年代我国制造业增长的来源分析[J].中国工业经济,2000(12):45—50.

[84] 罗燕,陶钰.FDI对东道国就业的影响[J].重庆理工大学学报(社会科学),2010(3):67—71.

[85] 马进.公众参与环境保护法律制度研究——以各地反焚烧事件为例[J].人大研究,2012(12):31—34.

[86] 钱纳里.工业化和经济增长的比较研究[M].上海:三联书店,1989.

[87] 沈霞云.低工资国家出口对美国制造业结构变动的影响分析:1990—2005[D].厦门大学,2007.

[88] 苏红键,赵坚.经济圈制造业增长的空间结构效应——基于长三角经济圈的数据[J].中国工业经济,2011(8):36—46.

[89] 孙敬水,董亚娟.人力资本、物质资本与经济增长——基于中国数据的经验研究[J].山西财经大学学报,2007(4):37—43.

[90] 孙韬.东北装备制造业技术创新支撑体系研究[D].吉林大学,2011.

[91] 谭恒.河南省科技创新能力评价研究[D].武汉大学,2010.

[92] 汤二子、孙振.制造业企业污染排放与产出关系实证研究——企业层面是否存在环境库兹涅茨曲线?[J].财经科学,2012(8):67—74.

[93] 唐德才.工业化进程、产业结构与环境污染——基于制造业行业和区域的面板数据模型[J].软科学,2009(10):6—11.

[94] 唐国华.技术创新对我国就业影响的实证分析:1991—2007[J].人口与经济,2011(3):37—42.

[95] 涂坦,谢明雨.FDI、国内投资对安徽省就业影响的实证分析[J].经济视角,2010(3):46—47.

[96] 王聪.产业集群持续发展动因分析[J].山东省农业管理干部学院学报,2007(5):60—62.

[97] 王建华,李红涛.工资上涨对就业、物价及劳动生产率的动态影响——基于PVAR模型的实证分析[J].云南财经大学学报,2013(1):92—100.

[98] 王丽.科技创新提升制造业企业技术水平的实证研究[J].矿山机械,2010,38(14):1—4.
[99] 王苗,朱艳阳.政府资助对企业科技创新影响的实证研究——基于湖北上市公司的面板数据[J].商业经济,2012(12):16—17.
[100] 王千里.FDI、高端装备制造业与增长路径——基于在华FDI对我国装备制造业技术创新影响的实证分析[J].亚太经济,2012(5):85—90.
[101] 王荣义.城市地方税收与国内生产总值的相关性及影响因素[J].经济工作导刊,1997(10):15—18.
[102] 王万珺.FDI、装备制造业增长和地区差异——基于2001—2007年我国面板数据的实证分析[J].科学学研究,2010(3):365—373.
[103] 王威,潘若龙.公共投资的就业效应——基于VAR模型的检验分析[J].社会科学战线,2009(4):113—118.
[104] 王孝成,于津平.中国制造业行业就业影响因素研究[J].经济评论,2010(3):30—39.
[105] 王逊.公众参与环境保护的法律机制研究[J].青年文学家,2011(16):171—173.
[106] 王岩,熊娜,陈池波.固定资产投资对三次产业就业水平的影响[J].统计与决策,2012(10):93—95.
[107] 王勇.固定资本投资与中国经济增长的相关性分析[J].经济师,2004(11):21—23.
[108] 王玉潜.能源消耗强度变动的因素分析方法及其应用[J].数量经济技术经济研究,2003(8):151—154.
[109] 吴启,谢嗣胜.国内投资与外商直接投资就业效应的差异性研究——基于江苏省的数据分析[J].价值工程,2010(1):123—125.
[110] 吴芸.政府科技投入对科技创新的影响研究——基于40个国家1982—2010年面板数据的实证检验[J].科学学与科学技术管理,2014,35(1):16—22.
[111] 谢阿敏,罗掌华,谢文坚.广西工业企业科技投入与工业生产总值关系研究[J].广西民族大学学报(自然科学版),2010(1):81—84.
[112] 谢建国.外商直接投资与中国出口的竞争力——一个中国的经验研究[J].世界经济研究,2003(7):34—39.
[113] 熊妍婷.对外贸易与能源消耗:基于中国面板数据的经验分析[J].财贸研究,2011(3):70—75.
[114] 徐建荣.转型期中国制造业结构变动研究[D].南京航空航天大学经济与管理学院,2008.
[115] 徐旭川.我国公共投资对就业影响的实证分析[J].人口与经济,2006(2):28—32.
[116] 杨华贵.汇率、工资变动对我国制造业就业的影响[J].北京城市学院学报,2012(1):44—47.
[117] 叶娇,王佳林.FDI对本土技术创新的影响研究——基于江苏省面板数据的实证[J].国际贸易问题,2014(1):131—138.
[118] 殷醒民.21世纪初中美制造能力差距缩小的证据及战略含义[J].复旦学报(社会科学版),2009(2):93—102.
[119] 尹俊霞.环渤海地区科技创新中的金融支持研究[D].扬州大学,2013.

[120] 余永泽.政府支持、制度环境、FDI与我国区域创新体系建设[J].产业经济研究,2011(1):47—55.

[121] 张诚,唐琳.制造业和服务业外国直接投资对东道国就业影响的比较研究——以美国为例[J].人口与经济,2007(12):34—37.

[122] 张传国,陈蔚娟.中国能源消费与出口贸易关系实证研究[J].世界经济研究,2009(8):26—30.

[123] 张德茗,谭元发.我国国内工业总产值动态分析[J].矿冶工程,2005(4):89—92.

[124] 张涤.浅谈科技在环境保护中的作用[J].农业经济,2011(7):91—93.

[125] 张换兆,霍光峰,刘冠男.京津冀区域科技创新比较的实证分析[J].科技进步与对策,2011,28(2):43—48.

[126] 张卉.产业分布、产业集聚与地区经济增长:来自中国制造业的证据[D].复旦大学,2007.

[127] 张来武.科技创新驱动经济发展方式转变[J].中国软科学,2011(12):1—5.

[128] 张明慧,李永峰.技术进步与我国能源消费关系研究[J].山西财经大学学报,2005(4):91—98.

[129] 张茜茜.研发人力资本投入与技术创新成果关系研究[D].中南大学,2009.

[130] 张庆君,孙雅静.外商直接投资对我国涉外税收影响的实证分析[J].工业技术经济,2008(8):134—136.

[131] 张瑞.环境规制、能源生产力与中国经济增长[D].重庆大学,2013.

[132] 张鑫博.辽宁省税收收入影响因素的实证分析[J].中国连锁,2014(6):64—65.

[133] 张亚斌,王颖.对外贸易、FDI对就业影响的实证分析——以湖南省为例[J].软科学,2009(12):79—82.

[134] 张妍,姜含春.中国各省区茶叶加工业规模比较优势分析——基于规模以上茶叶加工企业[J].安徽农业大学学报(社会科学版),2013(4):54—57.

[135] 赵进文,范继涛.经济增长与能源消费内在依从关系的实证研究[J].经济研究,2007(8).

[136] 赵霞.流通与制造业增长——基于2000—2007年面板数据的实证分析[J].兰州商学院学报,2010(4):122—126.

[137] 郑若谷.产业聚集、增长动力与地区差距——入世以来我国制造业的实证分析[J].经济管理,2009(12):14—22.

[138] 中国国家统计局.中国能源统计年鉴2002—2013.

[139] 中国国家统计局.中国统计年鉴2002—2013.

[140] 中国社科院课题组,刘国光,王洛林,李京文,刘树成,汪同三,沈利生,万东华.中国经济形势分析与预测——2002年春季报告(节选)[J].中国经济快讯,2002(18).

[141] 周志敏.中国分地区固定资产投资对地方税收影响的计量研究[D].华南理工大学,2010.

[142] 朱有富.中国能源消费与GDP关系的实证分析[J].当代经济,2007(11):80—81.

[143] 朱钟棣,李小平.中国工业行业资本形成、全要素生产率变动及其趋异化:基于分行业面板数据的研究[J].世界经济,2005(9):51—62.

[144] 庄尚文,王永培.商品流通结构、效率与制造业增长——基于2000—2006年中国省际面板数据的实证分析[J].北京工商大学学报(社会科学版),2008(11):11—18.

[145] 邹华,曾文军,杨秀骞.辽宁装备制造业技术升级与科技创新纽合模型研究[J].沈阳工业大学学报(社会科学版),2011(6):206—210.

撰稿:刘 军 陈玉林 张泓波 钟 念 徐 瑞 谷晓芬 王佳玮 邵 青

统稿:李廉水 刘 军 张泓波 周彩红

第8章 中国制造业发展:企业研究

本章内容共分为三部分:第一部分主要从地区、行业分布两方面分析中国制造业上市企业的总体特征;第二部分构建最应受到尊敬的制造业上市企业的推选评价指标体系;第三部分评选最应受到尊敬的50家优秀制造业上市企业。

8.1 中国制造业上市企业发展的总体特征

本部分主要从地区、行业分布两方面对中国制造业上市企业的总体情况进行分析。

8.1.1 中国制造业上市企业地区分布

从中国制造业上市企业的地区分布来看(见表8-1),广东、浙江、江苏、山东四省位列前四,其制造业上市企业数量都在100家以上。其中,广东最多,有239家制造业上市企业,占全国的14.86%;浙江有187家,占全国的11.63%;江苏有184家,占全国的11.44%;山东有115家,占全国的7.15%;四省共有725家,占全国的45.09%。排名前十的依次还有上海、北京、四川、安徽、湖北、河南,前10个省份共有制造业上市企业1138家,占全国总数的70.77%。全国31个省份中,西藏的制造业上市企业数量最少,仅有5家,占0.31%;青海有8家,占0.50%;海南有8家,占0.50%;宁夏有11家,占0.68%。排名后十位的还有天津(19家)、黑龙江(18家)、内蒙古(18家)、云南(17家)、贵州(16家)和甘肃(15家)。

表8-1 2013年1608家中国制造业上市企业省(直辖市、自治区)分布

序号	省份	企业数(家)	所占比例(%)	累计比例(%)
1	广东	239	14.86	14.86
2	浙江	187	11.63	26.49
3	江苏	184	11.44	37.94
4	山东	115	7.15	45.09
5	上海	94	5.85	50.93
6	北京	93	5.78	56.72

（续表）

序号	省份	企业数（家）	所占比例（%）	累计比例（%）
7	四川	63	3.92	60.63
8	安徽	57	3.54	64.18
9	湖北	54	3.36	67.54
10	河南	52	3.23	70.77
11	福建	51	3.17	73.94
12	湖南	48	2.99	76.93
13	辽宁	39	2.43	79.35
14	河北	37	2.30	81.65
15	吉林	26	1.62	83.27
16	江西	24	1.49	84.76
17	新疆	24	1.49	86.26
18	陕西	23	1.43	87.69
19	重庆	21	1.31	88.99
20	广西	21	1.31	90.30
21	山西	21	1.31	91.60
22	天津	19	1.18	92.79
23	内蒙古	18	1.12	93.91
24	黑龙江	18	1.12	95.02
25	云南	17	1.06	96.08
26	贵州	16	1.00	97.08
27	甘肃	15	0.93	98.01
28	宁夏	11	0.68	98.69
29	海南	8	0.50	99.19
30	青海	8	0.50	99.69
31	西藏	5	0.31	100.00
总体		1608	100.00	—

资料来源：根据上海证券交易所（www.sse.com.cn）、深圳证券交易所（wwws.szse.cn）2013年度年报相关资料整理、计算得出。

从东中西部分布来看,东部的广东、浙江、江苏、上海、山东、北京、福建、河北、辽宁、天津、海南11个省份共有制造业上市企业1066家,占全国的66.29%;中部的安徽、湖北、河南、湖南、江西、吉林、山西、黑龙江8个省共有制造业上市企业300家,占全国的18.66%;西部的四川、内蒙古、云南、重庆、贵州、广西、新疆、陕西、甘肃、宁夏、青海、西藏12个省份共有制造业上市企业242家,占全国的15.05%。

8.1.2 中国制造业企业行业分布

根据《上市公司行业分类指引》（2012年修订），制造业上市企业共分为计算机、通信和其他电子设备制造业，化学原料和化学制品制造业，电气机械和器材制造业，医药制造业，专用设备制造业，通用设备制造业，汽车制造业，非金属矿物制品业，有色金属冶炼和压延加工业，橡胶和塑料制品业，纺织业，金属制品业，农副食品加工业，酒、饮料和精制茶制造业，铁路、船舶、航空航天和其他运输设备制造业，黑色金属冶炼和压延加工业，纺织服装、服饰业，造纸和纸制品业，仪器仪表制造业，食品制造业，化学纤维制造业，石油加工、炼焦和核燃料加工业，其他制造业，文教、工美、体育和娱乐用品制造业，木材加工和木、竹、藤、棕、草制品业，印刷和记录媒介复制业，皮革、毛皮、羽毛及其制品和制鞋业，家具制造业和废弃资源综合利用业29个行业。

从行业分布来看（见表8-2），计算机、通信和其他电子设备制造业上市企业的数量最多，共有213家，占全部制造业行业的13.25%；化学原料和化学制品制造业第2，拥有177家，占全部制造业行业的11.01%；电气机械和器材制造业第3，有160家，占全部制造业行业的9.95%。前三位行业共有制造业上市企业550家，所占比重为34.20%。制造业上市企业数量后三位的行业分别是皮革、毛皮、羽毛及其制品和制鞋业（6家，占比0.37%），家具制造业（6家，占比0.37%）和废弃资源综合利用业（1家，占比0.06%）。

表8-2　2013年1608家中国制造业上市企业行业分布

序号	行业	企业数（家）	所占比例（%）	累计比例（%）
1	计算机、通信和其他电子设备制造业	213	13.25	13.25
2	化学原料和化学制品制造业	177	11.01	24.25
3	电气机械和器材制造业	160	9.95	34.20
4	医药制造业	140	8.71	42.91
5	专用设备制造业	134	8.33	51.24
6	通用设备制造业	98	6.09	57.34
7	汽车制造业	83	5.16	62.50
8	非金属矿物制品业	74	4.60	67.10
9	有色金属冶炼和压延加工业	53	3.30	70.40
10	橡胶和塑料制品业	50	3.11	73.51
11	纺织业	43	2.67	76.18
12	金属制品业	41	2.55	78.73
13	农副食品加工业	37	2.30	81.03
14	酒、饮料和精制茶制造业	35	2.18	83.21

（续表）

序号	行业	企业数（家）	所占比例（％）	累计比例（％）
15	铁路、船舶、航空航天和其他运输设备制造业	33	2.05	85.26
16	黑色金属冶炼和压延加工业	31	1.93	87.19
17	纺织服装、服饰业	29	1.80	88.99
18	造纸和纸制品业	27	1.68	90.67
19	仪器仪表制造业	27	1.68	92.35
20	食品制造业	26	1.62	93.97
21	化学纤维制造业	24	1.49	95.46
22	石油加工、炼焦和核燃料加工业	18	1.12	96.58
23	其他制造业	16	1.00	97.57
24	文教、工美、体育和娱乐用品制造业	10	0.62	98.20
25	木材加工和木、竹、藤、棕、草制品业	9	0.56	98.76
26	印刷和记录媒介复制业	7	0.44	99.19
27	皮革、毛皮、羽毛及其制品和制鞋业	6	0.37	99.56
28	家具制造业	6	0.37	99.94
29	废弃资源综合利用业	1	0.06	100.00
	总计	1 608	100.00	—

资料来源：根据上海证券交易所（www.sse.com.cn）、深圳证券交易所（wwws.szse.cn）2013年度年报相关资料整理、计算得出。

8.1.3 中国制造业企业地区行业分布

表8-3反映的是省、自治区、直辖市及东中西三大经济地带的1 608家制造业上市企业的行业分布情况。从省级层面来看，制造业上市企业行业分布与表8-2的行业分布大体一致，但是广东在计算机、通信和其他电子设备制造业（75家），电气机械和器材制造业（35家）和食品制造业（7家）等行业的上市企业数量相比其他省份来说是最多的；江苏则在专用设备制造业（17家）、通用设备制造业（19家）和金属制品业（11家）等行业的上市企业数量是最多的；浙江在通用设备制造业（21家）、汽车制造业（34家）和纺织服装服饰业（9家）等行业的上市企业数量是最多的。

东部地区各个行业的制造业上市企业在数量上具有明显优势，占比超60.00％以上，其中的计算机、通信和其他电子设备制造业、化学原料和化学制品制造业、电气机械和器材制造业、医药制造业、专用设备制造业、通用设备制造业、汽车制造业和非金属矿物制品业等行业占比超70.00％以上。

表 8-3-1 2013 年 1 608 家中国制造业上市企业地区行业分布

单位：家

东中西地区	省、自治区、直辖市	计算机、通信和其他电子设备制造业	化学原料和化学制品制造业	电气机械和器材制造业	医药制造业	专用设备制造业	通用设备制造业	汽车制造业	非金属矿物制品业	有色金属冶炼和压延加工业	橡胶和塑料制品业	纺织业	金属制品业	农副食品加工业
东部地区	广东	75	16	35	15	16	6	6	5	3	7	2	5	5
	浙江	22	14	21	15	9	21	15	3	4	7	7	7	2
	江苏	24	20	26	7	17	19	8	5	6	9	8	11	0
	山东	6	22	9	9	11	9	9	5	3	4	5	4	5
	上海	9	11	13	8	6	6	6	4	0	5	4	1	1
	北京	26	4	4	10	13	1	2	8	3	1	0	2	2
	福建	8	2	5	1	5	3	2	3	2	1	3	0	1
	辽宁	1	3	5	1	8	5	3	0	0	0	0	1	1
	河北	2	8	2	3	5	1	2	1	0	1	1	2	1
	天津	3	0	3	6	4	0	2	0	1	0	0	0	0
	海南	0	0	0	3	0	0	1	1	1	0	1	0	0
	行业总计	176	100	123	78	94	71	56	35	24	36	31	33	18
中部地区	安徽	3	10	7	1	3	4	5	4	3	6	2	1	1
	河南	3	3	5	3	6	2	4	7	5	1	1	1	2
	湖北	12	8	4	6	6	2	3	2	0	2	0	0	0
	湖南	1	4	3	5	7	3	2	3	2	1	2	1	4
	江西	1	4	2	3	1	1	1	1	3	0	0	0	2
	吉林	1	2	2	6	0	0	3	3	2	0	0	0	0
	黑龙江	0	1	3	3	2	0	1	0	2	0	0	0	1
	山西	1	3	0	4	1	0	0	2	2	0	0	0	0
	行业总计	22	35	26	31	26	12	19	22	17	11	6	4	10

（续表）

东中西地区	省、自治区、直辖市	计算机、通信和其他电子设备制造业	化学原料和化学制品制造业	电气机械和器材制造业	医药制造业	专用设备制造业	通用设备制造业	汽车制造业	非金属矿物制品业	有色金属冶炼和压延加工业	橡胶和塑料制品业	纺织业	金属制品业	农副食品加工业
西部地区	广西	0	6	1	4	1	0	1	0	0	0	0	0	1
	贵州	2	3	1	3	0	1	1	1	0	1	0	1	0
	甘肃	1	1	1	2	1	0	0	3	0	1	1	0	0
	内蒙古	0	5	0	4	1	0	0	1	1	1	1	1	1
	宁夏	0	2	0	0	0	2	0	2	1	0	1	0	0
	陕西	3	1	4	1	5	1	0	2	2	1	0	1	0
	四川	8	15	1	2	5	7	2	2	1	1	2	2	3
	新疆	1	3	1	0	1	1	0	4	1	0	1	0	4
	青海	0	1	1	2	0	1	0	1	0	0	0	0	0
	西藏	0	0	0	2	0	0	0	0	1	0	0	0	0
	重庆	0	3	1	7	0	0	3	0	6	0	0	0	0
	云南	0	2	0	3	0	2	1	1	0	0	0	0	0
	行业总计	15	42	11	30	14	15	8	17	12	3	6	4	9

表 8-3-2 2013 年 1608 家中国制造业上市企业地区行业分布

单位：家

东中西地区	省、自治区、直辖市	酒、饮料和精制茶制造业	铁路、船舶、航空航天和其他运输设备制造业	黑色金属冶炼和压延加工业	纺织服装、服饰业	造纸和纸制品业	仪器仪表制造业	食品制造业	化学纤维制造业	石油加工、炼焦和核燃料加工业	其他制造业	文教、工美、体育和娱乐用品制造业	木材加工和木、竹、藤、棕、草制品业	印刷和记录媒介复制业
东部地区	广东	3	3	1	4	5	3	7	2	1	1	7	1	2
	浙江	1	1	1	9	3	6	1	6	0	6	2	1	0
	江苏	2	3	2	4	0	3	1	6	0	1	0	2	0
	山东	2	0	1	1	5	0	1	2	0	0	0	0	1
	上海	1	4	2	2	1	3	2	0	1	2	1	0	1
	北京	2	5	1	3	0	3	1	0	0	1	0	0	1
	福建	1	0	4	3	4	0	0	0	0	1	0	1	1
	辽宁	0	0	1	1	1	0	0	1	2	1	0	0	0
	河北	2	0	1	0	0	2	0	0	1	0	0	0	0
	天津	0	0	0	0	0	0	0	0	0	0	0	0	0
	海南	1	0	0	0	0	0	0	0	0	0	0	0	0
	行业总计	15	16	14	27	19	20	14	17	5	12	10	5	6
中部地区	安徽	2	0	1	0	1	0	0	1	1	0	0	0	0
	河南	0	0	1	0	1	2	2	2	1	1	0	0	0
	湖北	0	1	2	1	0	0	1	1	1	1	0	0	0
	湖南	1	2	2	0	1	1	2	0	0	1	1	0	1
	江西	0	1	2	0	0	2	0	0	0	0	0	0	1
	吉林	1	0	0	0	0	0	1	1	1	1	1	1	1
	黑龙江	0	2	0	0	0	0	0	0	2	0	0	0	0
	山西	1	1	2	0	2	1	0	0	4	0	0	1	0
	行业总计	5	7	10	1	5	6	5	5	10	3	0	1	0

（续表）

东中西地区	省、自治区、直辖市	酒、饮料和精制茶制造业	铁路、船舶、航空航天和其他运输设备制造业	黑色金属冶炼和压延加工业	纺织、服装、服饰业	造纸和纸制品业	仪器仪表制造业	食品制造业	化学纤维制造业	石油加工、炼焦和核燃料加工业	其他制造业	文教、工美、体育和娱乐用品制造业	木材加工和木、竹、藤、棕、草制品业	印刷和记录媒介复制业
西部地区	广西	0	0	1	0	1	1	2	1	0	0	0	1	0
	贵州	1	1	0	0	0	0	0	0	0	0	0	0	0
	甘肃	3	0	1	0	0	0	0	0	0	0	0	0	0
	内蒙古	0	1	2	0	0	0	1	0	0	0	0	0	0
	宁夏	1	0	0	0	1	0	0	0	0	1	0	0	0
	陕西	0	2	0	0	1	0	0	1	1	0	1	2	1
	四川	4	2	0	0	0	0	0	0	0	0	0	0	0
	新疆	3	0	1	0	0	0	2	0	1	0	0	0	0
	青海	1	0	0	0	0	0	0	0	0	0	0	0	0
	西藏	1	0	1	0	0	0	1	0	0	0	0	0	0
	重庆	1	4	1	0	0	0	0	0	2	0	0	0	0
	云南	0	0	0	1	0	0	0	0	0	1	0	0	0
行业总计		15	10	7	1	3	1	7	2	4	1	0	3	1

表 8-3-3　2013 年 1 608 家中国制造业上市企业地区行业分布　　　单位：家

东中西地区	省、自治区、直辖市	皮革、毛皮、羽毛及其制品和制鞋业	家具制造业	废弃资源综合利用业	行业总计
东部地区	广东	0	2	1	239
	浙江	1	2	0	187
	江苏	0	0	0	184
	山东	1	0	0	115
	上海	0	0	0	94
	北京	0	0	0	93
	福建	2	1	0	51
	辽宁	0	0	0	39
	河北	1	0	0	37
	天津	0	0	0	19
	海南	0	0	0	8
	行业总计	5	5	1	1 066
中部地区	安徽	0	0	0	57
	河南	1	0	0	52
	湖北	0	0	0	54
	湖南	0	0	0	48
	江西	0	0	0	24
	吉林	0	0	0	26
	黑龙江	0	0	0	18
	山西	0	0	0	21
	行业总计	1	0	0	300
西部地区	广西	0	0	0	21
	贵州	0	0	0	16
	甘肃	0	0	0	15
	内蒙古	0	0	0	18
	宁夏	0	0	0	11
	陕西	0	0	0	23
	四川	0	0	0	63
	新疆	0	1	0	24
	青海	0	0	0	8
	西藏	0	0	0	5
	重庆	0	0	0	21
	云南	0	0	0	17
	行业总计	0	1	0	242

资料来源：根据上海证券交易所（www.sse.com.cn）、深圳证券交易所（www.szse.cn）2013 年度年报相关资料整理、计算得出。

8.1.4 中国制造业企业规模分析

本节主要就主营业务收入和总资产两类指标的数据来分析中国制造业上市企业规模,反映中国制造业上市企业的规模结构和分布情况。

1. 中国制造业上市企业总规模结构

从主营业务收入来看,2013年中国制造业全部1608家上市公司总规模达到8.72万亿元,最高为5633.46亿元、最小为416.75万元、平均规模为54.25亿元,比上年增加3.02%。这说明,2013年中国制造业上市企业规模与上年相比有较明显的扩大。

从地区分布来看,按照主营业务收入总计排名,上海排第1,其94家制造业上市企业的主营业务收入达到13598.10亿元;广东排第2,其239家制造业上市企业的主营业务收入达到11300.50亿元;北京排第3,其93家制造业上市企业的主营业务收入达到8621.53亿元;其后三名依次为山东、浙江和江苏。按照主营业务收入平均规模排名,上海、江西、云南、北京及河北分别位列前五名,而福建、江苏、西藏、天津和宁夏分别位列后五名。

从东、中、西部地区来看,东部地区1066家制造业上市企业主营业务收入达到57141.10亿元,占全国的65.54%;中部地区300家制造业上市企业主营业务收入达到16905.60亿元,占全国的19.39%;西部地区242家制造业上市企业主营业务收入达到13138.70亿元,占全国的15.07%。由此可以看出,东部地区地区上市企业的规模总量最大,中部次之,西部最小。

从行业来看,计算机、通信和其他电子设备制造业的规模最大,2013年该行业213家上市企业的主营业务收入达到7560.83亿元,占8.67%;电气机械和器材制造业第2,2013年该行业160家上市企业的主营业务收入达到7280.53亿元,占8.35%;化学原料和化学制品制造业第3,2013年该行业160家上市企业的主营业务收入达到6087.35亿元,占6.98%。废弃资源综合利用业最小,2013年该行业1家上市企业的主营业务收入只有34.86亿元,仅占全部行业的0.04%。

2. 中国制造业上市企业总资产分布

国家统计部门以销售收入和资产总额2个指标为标准,将工业企业划分为特大型(50亿元以上)、大型(5亿元以上)、中型(5000万元以上)和小型(5000万元以下)四种类型;规模以上的门槛为500万元。本研究分别以总资产和主营业务收入为标准对2013年中国制造业1608家上市公司的规模进行统计。

表8-4是按总资产对制造业上市企业规模进行的统计。从中可以发现,我国制造业上市企业的总趋势是规模扩大的,规模以上企业几乎达到百分之百,特大型企业出现明显增长。特大型企业规模所占比例明显增加,增加比例达到1.43个百分点;特大型企业的规模也超过总规模的2/3,达到78.28%。2012年特大型企业平均规模为197.55亿元,2013年特大型企业平均规模上升到218.51亿元。

大型企业数量所占比例有所减少,减少了 0.27 个百分点;而特大型企业数量所占比例则上升 1.98 个百分点。2012 年 1 634 家制造业总资产的平均规模为 59.05 亿元,而 2013 年 1 608 家制造业总资产的平均规模上升到 68.57 亿元。2013 年平均规模的上升说明我国制造业出现了增长趋势。

表 8-4 2012—2013 年中国制造业上市企业规模比较(总资产)

类别	企业数(家)		所占比例(%)		规模(亿元)		所占比例(%)	
	2012 年	2013 年	2012 年	2013 年	2012 年	2013 年	2012 年	2013 年
特大型	369	395	22.58	24.56	72 894.20	86 312.10	76.85	78.28
大型	1 176	1 153	71.97	71.70	23 332.30	23 754.00	22.90	21.54
中型	75	58	4.59	3.61	251.87	2 008.87	0.25	0.18
小型	5	2	0.31	0.12	1.50	0.10	0.00	0.00
总计	1 625	1 608	99.45	99.99	96 479.87	110 267.07	100.00	100.00

注:2012 年数据中,9 家企业数据不详。
资料来源:根据中国制造业发展研究报告(2013)、上市公司 2013 年年度年报数据整理得出。

3. 中国制造业上市企业主营业收入分布

表 8-5 是按主营业务收入排序的制造业上市企业规模情况。2012 年主营业务收入 50 亿元以上的制造业上市企业有 281 家,2013 年有 286 家,企业数量所占比例上升 0.60 个百分点。2012 年,50 亿元以上企业的规模占全部制造业上市企业的 78.01%;2013 年,50 亿元以上企业的规模占全部制造业上市企业的 78.70%,其所占比例比上年增加 0.69 个百分点,主营业务收入比上年增加 5 101.30 亿元。从表 8-5 中数据可知,5 亿—50 亿元企业的规模占总数的 20.17%,比上年下降 0.48 个百分点,但平均规模却上升 0.43 亿元;0.5 亿—5 亿元企业的数量从上年的 359 家下降至今年的 313 家。

表 8-5 2012—2013 年中国制造业上市企业规模比较(主营业务收入)

类别	企业数(家)		所占比例(%)		规模(亿元)		所占比例(%)	
	2012 年	2013 年	2012 年	2013 年	2012 年	2013 年	2012 年	2013 年
50 亿元以上	281	286	17.20	17.80	63 515.70	68 617.00	78.01	78.70
5 亿—50 亿元	973	993	59.55	61.79	16 811.10	17 585.80	20.65	20.17
0.5 亿—5 亿元	359	313	21.97	19.48	29.37	978.45	0.04	1.12
0.5 亿元以下	19	15	1.16	0.03	3.88	4.07	0.00	0.00
总计	1632	1607	99.90	100.00	81 423.10	87 185.32	100.00	100.00
规模以上	1632	1607	99.90	100.00	81 423.10	87 185.32	100.00	100.00

注:2012 年数据中,有 2 家企业数据不详;2013 年数据中,有 1 家企业数据不详。
资料来源:根据中国制造业发展研究报告(2013)、上市公司 2013 年年度年报数据整理得出。

从主营业务收入来看,2013年中国制造业全部1 608家上市公司主营业务收入的平均规模为54.25亿元,所占比例相比2012年增加0.09%;中位数为13.45亿元,平均规模远远高于中位数。可见,全部1 608家上市公司的行业集中度较高。图8-1为按总资产排名的制造业上市企业分布情况,图8-2为按主营业务收入排名的制造业上市企业分布情况。主营业务收入分布图表明,前50强企业的主营业务收入占全部企业的46.75%,前100强企业的主营业务收入占全部企业的59.85%;总资产分布图表明,前50强企业的总资产占全部企业的39.89%,前100强企业的总资产占全部企业的52.94%;这也说明我国制造业上市企业的行业集中度较高。

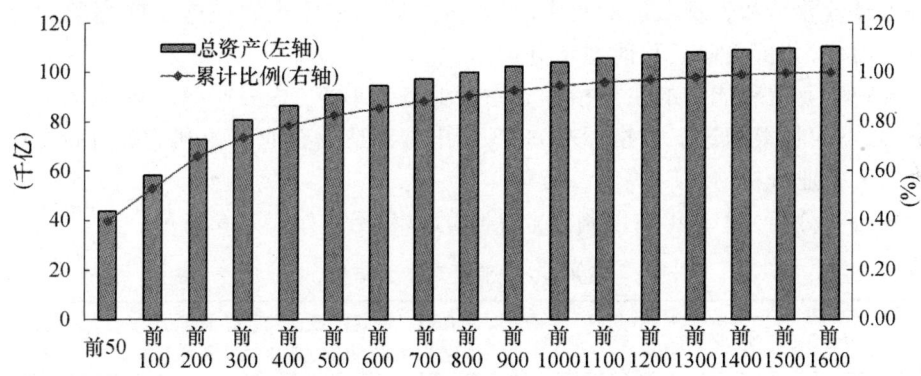

图8-1 中国制造业上市企业总资产分布

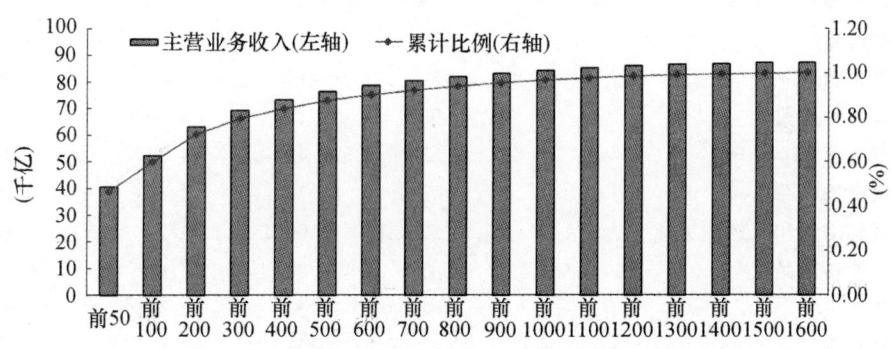

图8-2 中国制造业上市企业主营业务收入分布

8.1.5 中国制造业企业效益分析

经济效益是企业投入与产出的比例,它是企业一切经济活动的根本出发点,提高经济效益有利于增强企业的竞争力。由于企业是以盈利为目的而从事生产经营活动的组织,因此盈利能力是衡量企业经济效益好坏的最重要因素之一;同时,企业经济效益的衡量不仅要考虑企业的盈利能力,还需要考虑企业的偿债能力和营运能力。这三种能力共同决定企业投入与产出的比例,决定企业经济效益的好坏,因此下面将分别从盈利能力、偿债能力和营运能力三个方面对中国制造业效益进行分析和研究。

1. 中国制造业企业盈利能力分析

盈利能力主要反映企业经营业务创造利润的能力,较强的盈利能力为公司将来迅速发展壮大、创造更好的经济效益打下了坚实的基础。利润是企业内外有关各方都关心的中心问题,是投资者取得投资收益、债权人收取本息的资金来源,是经营者经营业绩和管理效能的集中表现,也是职工集体福利设施不断完善的重要保障。因此,分析企业盈利能力十分重要。

反映企业盈利能力的主要指标有主营业务利润率、总资产净利率和净资产收益率等,下面将根据这三个指标对2013年中国制造业企业的盈利能力进行分析。

(1) 行业分析

按行业分类,2013年中国制造业企业的盈利能力如表8-6所示。

表8-6 行业盈利能力指标

行业	企业数(家)	主营业务利润率(%)	总资产净利率(%)	净资产收益率(%)
计算机、通信和其他电子设备制造业	211	25.78	3.35	-2.08
化学原料和化学制品制造业	173	19.00	2.51	2.32
电气机械和器材制造业	159	25.04	4.50	7.40
医药制造业	137	48.19	7.51	10.39
专用设备制造业	134	29.10	3.77	4.40
通用设备制造业	97	23.18	3.24	5.08
汽车制造业	83	19.48	4.56	6.83
非金属矿物制品业	74	18.35	2.46	0.69
有色金属冶炼和压延加工业	52	10.93	2.21	4.84
橡胶和塑料制品业	47	20.30	4.60	6.65
纺织业	43	16.63	2.42	1.29
金属制品业	41	19.27	3.91	6.34
农副食品加工业	37	14.69	3.49	2.14
酒、饮料和精制茶制造业	35	43.27	6.93	10.38
铁路、船舶、航空航天和其他运输设备制造业	32	16.76	2.32	2.69
黑色金属冶炼和压延加工业	31	7.25	0.12	-3.35

（续表）

行业	企业数（家）	主营业务利润率(%)	总资产净利率(%)	净资产收益率(%)
纺织服装、服饰业	29	36.33	5.62	8.48
造纸和纸制品业	26	14.80	0.36	-0.53
仪器仪表制造业	27	42.11	7.76	10.58
食品制造业	26	31.73	6.73	9.50
化学纤维制造业	24	8.39	-0.44	-8.36
石油加工、炼焦和核燃料加工业	18	9.43	1.30	1.24
其他制造业	16	21.04	7.20	12.55
文教、工美、体育和娱乐用品制造业	10	25.32	5.79	7.76
木材加工和木、竹、藤、棕、草制品业	9	16.71	2.46	3.61
印刷和记录媒介复制业	7	31.73	8.42	11.52
皮革、毛皮、羽毛及其制品和制鞋业	6	24.78	5.64	7.42
家具制造业	6	30.41	5.27	6.95
废弃资源综合利用业	1	16.30	2.39	6.32
平均值	—	22.98	4.01	4.93

注:2013年1608家制造业上市企业中有17家企业的净资产收益率不详。
资料来源:根据上市公司2013年年度年报数据整理、计算得出。

2013年1608家制造业上市企业中有17家企业的净资产收益率不详,本次统计得到的制造业上市企业共有1591家,其平均主营业务利润率为22.98%、平均总资产净利率为4.01%、平均净资产收益率为4.93%。

2013年29个制造业行业的平均主营业务利润率为22.98%。其中,医药制造业的137家上市公司的平均主营业务利润率最高,为48.19%;黑色金属冶炼和压延加工业的31家上市公司的平均主营业务利润率最低,为7.25%。制造业中的计算机、通信和其他电子设备制造业,电气机械和器材制造业,医药制造业,专用设备制造业,通用设备制造业,酒、饮料和精制茶制造业,纺织服装、服饰业,仪器仪表制造业,食品制造业,文教、工美、体育和娱乐用品制造业,印刷和记录媒介复制业,皮革、毛皮、羽毛及其制品和制鞋业,家具制造业13个行业的平均主营业务利润率高于全行业平均水平,表明这13个行业的制造业上市企业从主营业务收入中获取利润的能力高于全行业平均水平。

2013年29个制造业行业的平均总资产净利率为4.01%。其中,印刷和记录媒介复制业的7家上市公司的平均总资产净利率最高,为8.42%;化学纤维制造业的24家上市公司的平均总资产净利率最低,仅为-0.44%。制造业中的电气机械和器材制造业,医药制造业,汽车制造业,橡胶和塑料制品业,酒、饮料和精制茶制造业,纺织服装、服饰业,仪器仪表制造业,食品制造业,其他制造业,文教、工美、体育和娱乐用品制造业,印刷和记录媒介复制业,皮革、毛皮、羽毛及其制品和制鞋业,家具制造业 13 个行业的平均总资产净利率高于全行业平均水平,表明这 13 个行业的制造业上市企业的投入产出水平较高,资产运营相比全行业平均水平更有效,成本费用的控制水平更高。

2013 年 29 个制造业行业的平均净资产收益率为 4.93%。其中,其他制造业的 16 家上市公司的平均净资产收益率最高,为 12.55%;化学纤维制造业的 24 家上市公司的平均净资产收益率最低,为 -8.36%。制造业中的电气机械和器材制造业,医药制造业,通用设备制造业,汽车制造业,橡胶和塑料制品业,金属制品业,酒、饮料和精制茶制造业,纺织服装、服饰业,仪器仪表制造业,食品制造业,其他制造业,文教、工美、体育和娱乐用品制造业,印刷和记录媒介复制业,皮革、毛皮、羽毛及其制品和制鞋业,家具制造业,废弃资源综合利用业 16 个行业的平均净资产收益率高于全行业平均水平,表明这 16 个行业的制造业上市企业的投资所带来的收益高于全行业平均水平。

(2)地区分析

按地区分类,2013 年中国制造业企业的盈利能力如表 8-7 所示。

表 8-7 地区盈利能力指标

省份	企业数(家)	净资产收益率(%)	总资产净利率(%)	主营业务利润率(%)
安徽	56	7.00	4.06	22.01
北京	93	5.88	4.42	30.62
福建	51	-19.28	2.83	24.44
甘肃	15	4.08	2.33	29.81
广东	237	7.52	4.79	27.38
广西	19	6.13	2.55	22.50
贵州	16	5.07	2.75	32.56
海南	8	5.09	3.27	29.88
河北	36	0.57	2.85	24.73
河南	52	2.63	3.60	23.57
黑龙江	18	4.11	2.27	22.60
湖北	51	3.67	2.74	22.00
湖南	47	5.16	3.52	27.67
吉林	26	0.73	3.77	30.31
江苏	184	5.61	3.86	22.50
江西	23	7.74	4.63	21.10
辽宁	38	-1.74	2.23	20.71
内蒙古	18	7.25	3.66	4.13

(续表)

省份	企业数(家)	净资产收益率(%)	总资产净利率(%)	主营业务利润率(%)
宁夏	11	-14.65	-4.28	18.82
青海	8	-1.83	2.47	35.57
山东	113	6.49	4.35	22.84
山西	20	-2.51	1.33	22.07
陕西	23	-3.64	1.44	21.95
上海	94	2.37	4.93	24.95
四川	62	3.21	2.33	22.23
天津	19	4.82	4.65	29.14
西藏	5	41.21	11.79	36.59
新疆	24	0.69	3.61	22.56
云南	17	1.90	1.83	16.47
浙江	187	7.51	5.17	26.18
重庆	21	2.70	3.33	24.60
平均值	—	3.40	3.33	24.60

注:2013年1608家制造业上市企业中有17家企业的净资产收益率不详。
资料来源:根据上市公司2013年年度年报数据整理、计算得出。

2013年全国31个省份制造业的平均总资产净利率为3.33%。其中,西藏的5家上市公司平均总资产净利率最高,为11.79%;宁夏的11家上市公司平均总资产净利率最低,仅为-4.28%。众多省份中,安徽、北京、广东、河南、湖南、吉林、江苏、江西、内蒙古、山东、上海、天津、西藏、浙江、重庆15个地区的平均总资产净利率高于整个行业的平均水平,表明这15个地区的制造业上市企业投入产出水平较高,资产运营相比全国平均水平更有效,成本费用的控制水平更高。

2013年全国31个省份制造业的平均主营业务利润率为24.60%。其中,西藏的5家上市公司的平均主营业务利润率最高,为36.59%;内蒙古的18家上市公司的平均主营业务利润率最低,仅为4.13%。31个省份中,北京、甘肃、广东、贵州、海南、河北、湖南、吉林、青海、上海、天津、西藏、浙江13个省份的平均主营业务利润率高于整个行业的平均水平,表明这13个省份的制造业上市企业从主营业务收入中获取利润的能力高于全国平均水平。

2. 中国制造业企业偿债能力分析

偿债能力是指企业用其资产偿还长短期债务的能力。企业有无现金支付的能力,是企业能否生存和发展的关键。企业偿债能力是反映企业财务状况和经营能力的重要标志,是企业偿还到期债务的承受能力或保证程度。

反映企业偿债能力的主要指标有资产负债率、流动比率和速动比率等,下面将根据这三个指标对2013年中国制造业企业的偿债能力进行分析。

(1) 行业分析

行业分类,2013 年中国制造业企业的偿债能力如表 8-8 所示。

表 8-8 行业偿债能力指标

行业	企业数（家）	资产负债率（%）	流动比率	速动比率
计算机、通信和其他电子设备制造业	212	35.91	4.19	3.57
化学原料和化学制品制造业	177	44.48	2.25	1.81
电气机械和器材制造业	160	40.92	2.84	2.31
医药制造业	139	33.85	4.33	3.65
专用设备制造业	134	37.73	3.61	2.94
通用设备制造业	98	43.63	2.19	1.61
汽车制造业	82	46.87	1.83	1.44
非金属矿物制品业	74	47.62	1.91	1.56
有色金属冶炼和压延加工业	53	50.31	1.98	1.38
橡胶和塑料制品业	50	40.85	2.85	2.24
纺织业	42	46.12	1.81	1.22
金属制品业	41	40.83	2.00	1.49
农副食品加工业	37	41.45	2.28	1.52
酒、饮料和精制茶制造业	35	33.32	2.76	1.75
铁路、船舶、航空航天和其他运输设备制造业	33	50.82	1.92	1.49
黑色金属冶炼和压延加工业	31	68.09	0.75	0.44
纺织服装、服饰业	29	32.12	3.16	2.27
造纸和纸制品业	26	51.90	1.40	1.00
仪器仪表制造业	27	25.31	5.80	4.95
食品制造业	26	37.46	3.17	2.64
化学纤维制造业	24	53.52	1.50	1.06
石油加工、炼焦和核燃料加工业	18	54.67	1.39	1.04
其他制造业	16	42.65	2.66	1.62
文教、工美、体育和娱乐用品制造业	10	22.79	16.13	13.50
木材加工和木、竹、藤、棕、草制品业	9	40.98	2.03	1.27
印刷和记录媒介复制业	7	37.19	1.69	1.15
皮革、毛皮、羽毛及其制品和制鞋业	6	27.44	2.90	1.63
家具制造业	6	34.37	2.15	1.65
废弃资源综合利用业	1	65.72	1.10	0.57
平均值	—	42.38	2.92	2.23

注:2013 年 1608 家制造业上市企业中有 1 家企业的净资产负债率不详,2 家企业的流动比率不详,5 家企业的速动比率不详。

资料来源:根据上市公司 2013 年年度年报数据整理、计算得出。

2013年1 608家制造业上市企业中有1家企业的净资产负债率不详、2家企业的流动比率不详、5家企业的速动比率不详。本次统计共有1 603家制造业上市企业,其平均流动比率为2.92,平均速动比率为2.23,平均资产负债率为42.38%。总体而言,中国制造业上市企业的平均流动比率较高,表明中国制造业上市企业的总体财务状况稳定可靠,除了满足日常生产经营的流动资金需要外,还有足够的财力偿付到期短期债务;同时,中国制造业上市企业的平均速动比率偏高,表明中国制造业上市企业的短期偿债能力很好,但是制造业上市企业拥有较多的货币性资产,可能因此失去一些有利的投资和获利机会;而中国制造业上市企业的平均资产负债率比较适宜,表明中国制造业上市企业的偿债能力较好、风险较低。

2013年29个制造业行业的平均流动比率为2.92。大部分行业的平均流动比率都比较合理,反映这些行业的财务状况稳定可靠,偿债能力较好;而仪器仪表制造业,文教、工美、体育和娱乐用品制造业这2个行业的流动比率较高,其数值都大于5,表明这些行业占用较多的流动资产,可能会影响其资金的使用效率和企业的获利能力。这可能是由于应收账款占用过多,以及产成品积压所造成的。

2013年29个制造业行业的平均速动比率为2.23,制造业整体速动比率偏高。其中,计算机、通信和其他电子设备制造业,医药制造业,仪器仪表制造业,文教、工美、体育和娱乐用品制造业这4个行业的速动比率都较高,其数值都大于3.00,说明这些行业拥有的货币性资产过多,这很可能会失去一些有利的投资和获利机会。

2013年29个制造业行业的平均资产负债率为42.38%。大部分行业的平均资产负债率都处于30%—50%,其资产结构都比较合理;而仪器仪表制造业,文教、工美、体育和娱乐用品制造业,皮革、毛皮、羽毛及其制品和制鞋业这3个行业的资产负债率略低。这些行业应在资本利润率、负债利息率、增加负债所提高的风险之间进行权衡,适当增加对债权人资金的利用,提高行业盈利水平。

(2)地区分析

按地区分类,2013年中国制造业企业的偿债能力如表8-9所示。

表8-9 地区偿债能力指标

省份	企业数(家)	资产负债比率(%)	流动比率	速动比率
安徽	57	43.65	2.12	1.70
北京	93	38.77	4.90	4.20
福建	51	38.46	2.84	2.15

（续表）

省份	企业数（家）	资产负债比率（%）	流动比率	速动比率
甘肃	15	45.20	1.89	1.34
广东	237	35.90	3.99	3.32
广西	21	53.68	1.79	1.33
贵州	16	42.40	1.94	1.42
海南	8	33.58	5.98	5.48
河北	37	47.55	2.85	2.15
河南	52	45.09	2.20	1.65
黑龙江	18	44.50	2.25	1.61
湖北	53	48.47	2.25	1.68
湖南	48	39.34	2.61	2.04
吉林	26	42.56	2.79	2.16
江苏	184	38.81	3.08	2.47
江西	24	43.83	2.79	2.15
辽宁	38	49.38	2.94	2.38
内蒙古	18	48.08	1.95	1.47
宁夏	11	55.69	1.28	0.87
青海	8	63.55	1.53	1.14
山东	114	43.20	2.22	1.71
山西	21	52.37	1.95	1.46
陕西	23	40.21	2.19	1.64
上海	94	39.28	3.40	2.82
四川	63	46.20	2.02	1.50
天津	19	36.94	3.02	2.38
西藏	5	38.22	7.52	6.88
新疆	24	52.61	1.45	0.99
云南	17	51.43	1.94	1.45
浙江	187	36.19	2.87	2.24
重庆	21	51.36	2.59	2.22
平均值	—	42.60	2.87	2.19

注：2013年1608家制造业上市企业中有1家企业的净资产负债率不详，2家企业的流动比率不详，5家企业的速动比率不详。

资料来源：根据上市公司2013年年度年报数据整理、计算得出。

2013年全国31个地区制造业的平均流动比率为2.87。其中，大部分地区的平均流动比率都比较合理，反映这些地区制造业上市企业的财务状况稳定可靠、偿债能力较好;海南和西藏这2个地区的平均流动比率较高,其数值都大于5.00,表明这些地区制造业上市企业占用较多的流动资产,可能会影响其资金的使用效率和企业的获利能力;而宁夏等省区的流动比率数值略小,表明该地区的偿债能力略显薄弱。

2013年全国31个省份制造业的平均速动比率为2.19,整体水平偏高。其中,大部分省份的平均速动比率都比较合理;北京、海南、广东和西藏这4个省份的速动比率较高,其数值都大于3.00,说明这些地区制造业上市企业拥有的货币性资产过多;宁夏等省份制造业上市企业的速动比率略低,表明该地区制造业上市企业的短期偿债能力略显不足。

2013年全国31个省份制造业的平均资产负债率为42.60%。其中,大部分地区制造业上市企业的平均资产负债率都处于30%—50%,资产结构都比较合理;广西、宁夏、青海、山西、新疆、云南和重庆7个省份的平均资产负债率略高,表明这些省份制造业上市企业的债务负担略重、资金实力不是太强。

3. 中国制造业企业营运能力分析

营运能力是通过企业生产经营资金周转速度的有关指标,反映企业资金的利用效率,反映企业管理人员经营管理、运用资金的能力。企业生产经营资金周转的速度越快,表明企业效率越高、资金利用的效果越好,企业管理人员的经营能力越强。

反映企业营运能力的主要指标有存货周转率、应收账款周转率、总资产周转率等,下面将根据这3个指标对2013年中国制造业企业的营运能力进行分析。

(1) 行业分析

按行业分类,2013年中国制造业企业的营运能力如表8-10所示。

表8-10 行业营运能力指标

行业	企业数(家)	存货周转率(次)	应收账款周转率(次)	总资产周转率(次)
计算机、通信和其他电子设备制造业	212	217.87	4.94	0.63
化学原料和化学制品制造业	177	6.80	593.00	0.73
电气机械和器材制造业	160	4.22	6.36	0.73
医药制造业	139	6.10	18.71	0.67
专用设备制造业	134	2.51	4.26	0.49
通用设备制造业	98	2.69	4.89	0.54
汽车制造业	82	5.80	18.01	0.81
非金属矿物制品业	74	5.26	19.67	0.51
有色金属冶炼和压延加工业	53	6.49	67.75	1.22

（续表）

行业	企业数（家）	存货周转率（次）	应收账款周转率（次）	总资产周转率（次）
橡胶和塑料制品业	50	5.06	10.56	0.78
纺织业	42	4.30	18.35	0.80
金属制品业	41	4.43	7.07	0.79
农副食品加工业	37	6.44	54.17	1.27
酒、饮料和精制茶制造业	33	1.42	337.23	0.59
铁路、船舶、航空航天和其他运输设备制造业	33	5.21	7.49	0.69
黑色金属冶炼和压延加工业	31	6.04	8 312.97	1.03
纺织服装、服饰业	29	3.02	9.91	0.66
造纸和纸制品业	26	4.96	8.22	0.55
仪器仪表制造业	27	2.72	5.64	0.50
食品制造业	25	5.55	31.15	0.84
化学纤维制造业	24	7.80	48.59	0.94
石油加工、炼焦和核燃料加工业	18	11.67	164.82	1.24
其他制造业	16	4.42	80.07	1.30
文教、工美、体育和娱乐用品制造业	10	3.93	19.57	0.69
木材加工和木、竹、藤、棕、草制品业	9	2.54	24.70	0.56
印刷和记录媒介复制业	7	2.72	6.62	0.54
皮革、毛皮、羽毛及其制品和制鞋业	6	2.21	8.82	0.76
家具制造业	6	5.37	13.82	0.83
废弃资源综合利用业	1	2.06	10.15	0.49
平均值	—	12.06	341.98	0.76

注：2013年1608家制造业上市企业中有5家企业的存货周转率不详，6家企业的应收账款周转率不详，1家企业的总资产周转率不详。

资料来源：根据上市公司2013年年度年报数据整理、计算得出。

  2013年1 608家制造业上市企业中有5家企业的存货周转率不详，6家企业的应收账款周转率不详，1家企业的总资产周转率不详。本次统计共有1 600家制造业上市企业，其平均存货周转率为12.06次，平均总资产周转率为0.76次，平均应收账款周转率为341.98次。总体而言，中国制造业上市企业的平均存货周转率较高，表明中国制造业上市企业的总资产由于销售顺畅而具有较高的流动性，存货转换为现金或应收账款的速度快，存货占用水平低；中国制造业上市企业的平均应收账款周转率非常高，说明中国制造业上市企业的收账速度快、平均收账期短、坏账损失少、资产流动快、偿债能力强；同时，中国制造业上市企业的平均总资产周转率比较适宜，表明中国制造业上市企业的营运能力较好。

  2013年29个制造业行业的平均存货周转率为12.06次。其中，计算机、通信和其他电子设备制造业的平均存货周转率远高于全行业的平均水平,表明该行业的制造业上市企业的销货成本数额较行业平均水平高,产品销量大,企业的销售能力较强;其余 28 个行业的平均存货周转率低于全行业的平均水平,表明这些行业的制造业上市企业的销售能力较弱。

2013 年 29 个制造业行业的平均应收账款周转率为 341.98 次。其中,化学原料和化学制品制造业、黑色金属冶炼和压延加工业这 2 个行业的平均应收账款周转率远高于全行业的平均水平,表明这些行业的制造业上市企业的收账速度快、平均收账期短、坏账损失少、资产流动快、偿债能力强;其余 27 个行业的平均应收账款周转率低于全行业的平均水平,表明这些行业的制造业上市企业资金使用率低于行业整体平均水平。

2013 年 29 个制造业行业的平均总资产周转率为 0.76 次。其中,汽车制造业,有色金属冶炼和压延加工业,橡胶和塑料制品业,纺织业,金属制品业,农副食品加工业,黑色金属冶炼和压延加工业,食品制造业,化学纤维制造业,石油加工、炼焦和核燃料加工业,其他制造业,家具制造业 12 个行业的平均总资产周转率高于全行业的平均水平,表明这些行业的制造业上市企业的总资产周转速度高于全行业的平均水平,其销售能力更强、资产利用效率更高;而其余 17 个行业的平均总资产周转率低于全行业的平均水平,表明这些行业的制造业上市企业周转速度较慢、资产利用效率较低。

(2)地区分析

按地区分类,2013 年中国制造业企业的营运能力如表 8-11 所示。

表 8-11 地区营运能力指标

省份	企业数(家)	存货周转率(次)	应收账款周转率(次)	总资产周转率(次)
安徽	57	5.74	36.74	0.84
北京	93	3.48	9.30	0.65
福建	50	4.35	5070.31	0.72
甘肃	15	4.04	40.25	0.67
广东	236	209.62	12.35	0.76
广西	21	11.69	27.37	0.68
贵州	16	3.51	212.54	0.66
海南	8	7.21	40.72	0.65
河北	37	4.47	184.49	0.68
河南	52	4.40	28.44	0.68
黑龙江	18	4.11	42.27	0.89

（续表）

省份	企业数（家）	存货周转率（次）	应收账款周转率（次）	总资产周转率（次）
湖北	53	3.70	23.38	0.60
湖南	48	4.85	82.65	0.78
吉林	26	3.79	24.66	0.55
江苏	184	4.66	13.56	0.69
江西	24	6.40	20.21	0.92
辽宁	38	4.55	38.55	0.64
内蒙古	18	5.38	42.44	0.58
宁夏	11	2.76	15.33	0.41
青海	8	2.79	149.96	0.45
山东	114	6.96	866.95	0.78
山西	21	4.84	50.49	0.70
陕西	23	3.16	6.53	0.47
上海	94	5.37	11.88	0.80
四川	63	4.50	35.20	0.67
天津	19	3.47	11.85	0.62
西藏	4	7.27	76.01	1.21
新疆	24	5.48	120.59	0.65
云南	17	4.65	27.83	0.86
浙江	187	4.47	12.96	0.75
重庆	21	5.31	89.85	0.62
平均值	—	11.52	239.54	0.70

注：2013年1608家制造业上市企业中有5家企业的存货周转率不详，6家企业的应收账款周转率不详，1家企业的总资产周转率不详。

资料来源：根据上市公司2013年度年报数据整理、计算得出。

2013年全国31个省份制造业的平均存货周转率为11.52次。其中，广东、广西等2个省份制造业上市企业的平均存货周转率高于全国平均水平，表明这些地区的制造业上市企业的销货成本数额较全国平均水平高，产品销量大，企业的销售能力较强；而其余29个省份的平均存货周转率低于全国平均水平，表明这些地区的制造业上市企业的销售能力较弱。

2013年全国31个省份制造业的平均应收账款周转率为239.54次。其中，福建、山东2个省份的平均应收账款周转率远高于全国平均水平，表明这些地区的部分制造业上市企业的收账速度快、平均收账期短、坏账损失少、资产流动快、偿债能力强；其余29个省份的平均应收账款周转率低于全国平均水平，表明这些地区的制造业上市企业的资金使用率低于全国平均水平。

2013年全国31个省份制造业的平均总资产周转率为0.70次。其中,安徽、福建、广东、黑龙江、湖南、江西、山东、山西、上海、西藏、云南、浙江12个省份的制造业上市企业的平均总资产周转率高于全国平均水平,表明这些地区的制造业上市企业的销售能力更强、资产利用效率更高;而其余19个省份的平均总资产周转率低于全国平均水平,表明这些地区的制造业上市企业的资产周转速度较慢,资产利用效率较低。

8.2 最应受到尊敬的企业评价指标

自2004年以来,本报告每年都进行中国制造业上市企业最应受到尊敬的评选活动,秉持开放、客观和公正的潜心探索精神,始终聚焦制造业上市企业,在评选最应受到尊敬的制造业上市企业时力求给予明确完整的诠释,期待构建出合理、可信服的评选体系。

8.2.1 国内外主要相关评选指标和方法

纵观国内外对最受尊敬企业评选的研究和实践,主要有美国《财富》杂志与合益集团(Hay Group)合作开展的"世界最受尊敬企业"、《巴伦周刊》杂志与Beta Research公司合作开展的"世界最受尊敬企业"、《福布斯》杂志和声誉研究会(Reputation Institute)联合发布的"世界最受尊敬企业"、英国《现代管理》杂志(Management Today)与伯明翰城市大学商学院(Birmingham City Business School)联合发布的"英国最受尊敬企业"、哈利斯互动公司(Harris Interactive)发布的"年度企业声誉指数报告"、普华永道(Price water House Coopers;PwC)的"澳大利亚最受赞赏公司"、《亚洲华尔街日报》(The Wall Street Journal Asia)、北京大学企业管理案例研究中心和中国制造业发展研究报告(2004—2013)等研究机构及其报告。这些评选机构都是围绕类似主题(即最受尊敬的企业排名)进行调查分析研究,其调查分析方法和评价指标体系虽然有多样的表述方式(见表8-12),但其主题内涵还是具有较多的共同特点。

表8-12 相关评选机构的最应受尊敬企业评选指标体系

评选机构	最应受尊敬企业评选指标体系
《财富》杂志	管理质量、产品/服务质量、创新、长期投资价值、雇员技能、财务合理性、社会责任感、公司资产的运用、全球业务反应的敏锐程度
《巴伦周刊》杂志	有力管理、收入和利润增长、讲道德的商业行为、竞争优势、稳健的经营战略
《福布斯》杂志	企业认知维度包括工作场所、治理、企业公民、财务绩效、领导力,产品认知维度包括产品与服务、创新

（续表）

评选机构	最应受尊敬企业评选指标体系
《现代管理》杂志	管理质量、产品/服务质量、创新能力、长期投资价值、吸引发展保留顶尖人才的能力、财务稳健性、环境质量、公司资产的运用、营销质量
哈利斯互动公司	产品和服务（高质量、创新、物有所值、保修保换），财务绩效（优于竞争对手、盈利记录、低投资风险、增长前景），工作环境（公平的员工奖励、良好的工作场所、优秀的员工），社会责任（支持公益事业、环境责任、社区责任），愿景与领导力（市场机会、优秀的领导力、清晰的未来愿景），情感吸引力（感觉良好、钦佩和尊重、信任）
普华永道	顾客满意度、高质量的产品和服务、创新、已知增长潜力、招聘发展保留人才的能力、对社区环境及道德问题的承诺、对新技术及公司资产的有效使用、强大的公司品牌形象
《亚洲华尔街日报》	管理、产品/服务、创新能力、社会责任感、工作场所、领导能力、业务表现
北大企业管理案例研究中心	管理质量、创新、发展潜力、人力资源、财务能力、社会责任感、公司形象、领导能力、国际竞争力
中国制造业发展研究报告(2004)	管理质量、产品服务质量、营销质量、创新能力、对公司资产的有效使用、环境质量、吸引解决就业水平、发展保留顶尖人才能力、雇员技能、顾客满意程度、公司品牌形象、社会责任感、全球业务反应的敏锐程度

这些指标体系的共同特点反映了对最应受到尊敬企业的概念和内涵的共识。廖秉宜和李海容（2014）通过对上述部分评价机构及其指标体系的分析，认为财务绩效、社会责任、创新、产品和服务以及管理质量是十分重要的评价指标。

在评选方法方面，多数采用了关键两步综合分析方法。第一步往往是依据关键指标筛选出候选企业；由于相关评选对象在初始时的数量较多，存在大量不符合最应受到尊敬的基本要素或者相对排名明显靠后的企业，无论是从时间、费用，还是效率和价值等角度来看都有必要缩小评选范围。第二步往往是设计指标体系并展开相应的调查统计，通过数理统计分析得到最后排名；其中，指标体系又是此阶段的关键部分，由于企业最应受到尊敬的概念是难以量化的，因此多角度多因素指标的考察方式是可信服也是可取的途径之一，既便于量化因素关系，又能作出比较一致收敛的评价。

虽然最应受到尊敬企业的基本评选过程类似，但过程中的具体操作却都有各自的特色，主要体现在三个方面。一是初始筛选方式。例如《财富》杂志以营业额大小排名和分产业方式挑选候选企业；《巴伦周刊》杂志以股市市值来筛选候选企业；而《福布斯》杂志和哈利斯互动公司是以企业声誉来选择候选企业；北大企业管理案例研究中心则在收集企业数据的基础上设置5项标准（如所在地区、主营业务、经营时间、企业类型和性质等)来筛选候选企业等。二是评选数据来源。大多评选机构主要以直接调查方式来获取评选信息,被调查对象主要是企业高管、财务分析人员(如《财富》杂志和北大企业管理案例研究中心)、投资者(如《巴伦周刊》杂志)、消费者(《福布斯》杂志)、普通大众及MBA和EMBA(北大企业管理案例研究中心)等。三是评选分析方法。大多采取基于直接问卷或在线调查和专家打分法,获得评价数据,并进一步通过简单加权或者平均方法来分析;有些为了克服指标问题或者数据问题的缺陷,而选取合适的方法进行综合评价来弥补。

综合各评选机构的评选特点,对如何开展最应受到尊敬企业的评选工作,本报告认为应视评选目的和对象的特点来设计,包括评选过程和指标体系的设计。本节继续对中国制造业上市企业进行年度最应受到尊敬的评选。由于制造业上市企业本身兼具经济、技术和社会等多种角色,还具有年度动态变化的特征,因此这里也采用两步综合评选方式。第一步,在候选企业筛选环节设计一些入选条件;第二步,主要解决排名指标体系的设计。基于往年报告对最受尊敬企业的评选经验和中国制造业上市企业的特点,考虑通过收集上市公司年度报告中的客观数据来直接揭示企业最应受到的尊敬,并将反映最应受到尊敬的内涵指标归集到三类指标(即经济、创新、社会责任)上。这样,一方面可体现出基于客观数据基础上的评选客观性;另一方面也可体现出制造业上市企业在经济、技术和社会等角色的履职状况,是企业在自身生存发展、行业认可,以及可持续发展等不同层面的需要应获得的尊重。

8.2.2 最应受到尊敬企业的入选范围

哪些企业才能有资格参与到最应受到尊敬企业的评选呢?在本年度最应受到尊敬的制造业上市企业的评选中,本报告设定一些入围条件:

① 参与本年度最应受到尊敬的制造业企业评选的应是从事制造业的上市企业。这主要是因为一方面上市公司各项数据的可信度相对较高,另一方面上市公司往往具有较高的社会知名度,所以更加贴近"最应受到尊敬"的主题。

② 参与本年度最应受到尊敬的制造业上市企业评选的制造业上市企业应该是财务状况健康,即近三年内不应出现亏损,同时保持当年同行业内较大经营规模水平以及持续的规模增长和效益增长态势。只有这样的企业才能真正经营好企业,为消费者所认知,也为股东创造出价值。

③ 参与本年度最应受到尊敬的制造业上市企业评选的制造业上市企业应该形象正面,即不应有负面的新闻报道。这种负面新闻主要是指产品质量和环境污染。如果企业的产品质量出现问题,表明其企业管理存在明显的问题,这样的企业不应受到人们的尊敬;同时,对于环境的保护越来越受到人们的关注,以污染环

境为代价换来企业的发展必将受到人们的批判,这样的企业理应不受人们尊敬。因此,产品质量和环境污染在评选年度最应受到尊敬的制造业上市企业时,应是一票否决的条件。

因此,从上述三个方面来筛选出符合条件的制造业上市企业,并在此基础上构建合理的、可信服的评价指标体系。

8.2.3 最应受到尊敬的企业评价指标体系的构建

什么样的企业最应受到人们的尊敬呢？基于最应受到尊敬的含义,一家值得尊敬的企业应具备三个条件：首先,最应受到尊敬的制造业企业需要有经济创造能力,即能够把企业经营好,为股东创造价值；其次,最应受到尊敬的制造业企业需要有科技创新能力,这说明一家企业要想受人尊敬,前提是企业是行业内的技术领先者,能够不断创新进而改变人们的生活；最后,最应受到尊敬的制造业企业需要有履行社会责任的能力,获得尊敬的前提是尊重别人,为员工、政府和全社会创造价值并且作出自己应有的贡献,这是企业是否尊敬别人的衡量标准之一。

基于上述原则,本报告将经济创造能力、科技创新能力及社会责任履行能力作为最应受到尊敬的制造业上市企业推选评价指标体系的目标层。在目标层之下,需要确定评价的维度,即确定评价指标体系的准则层和具体的评价指标。下面将分别讨论各目标层的评价维度及具体指标。

1. 经济创造能力

经济创造能力意味着,制造业上市企业如果要受到尊敬,就必须具备良好的财务状况,能够为股东创造最大的收益。因此,本报告使用财务指标分析方法,从盈利能力、成长能力、营运能力三个维度来评价制造业上市企业的经济创造能力,以此作为评价指标体系的准则层。具体到指标上,在财务指标分析方法中,企业的每一种能力都有许多评价指标,如果罗列全部指标会使得整个评价指标体系变得过于繁杂,而失去评价的核心目的。因此,本报告从每一个准则层中选择一个最重要的指标作为该准则层的评价指标,以此建立指标层。基于上述考虑,本报告分别从盈利能力、成长能力及营运能力三个准则层中各遴选出一个评价指标。

(1) 盈利能力

评价制造业上市企业盈利能力的财务指标有很多,如主营业务利润率、主营业务毛利率、资产利润率、净资产收益率、资本保值增值率等。其中,净资产收益率,又称净值报酬率或权益报酬率,是指企业一定时期内的净利润与平均净资产的比率。它可以反映投资者投入企业的自有资本获取净收益的能力,即反映投资与报酬的关系,因而是评价企业资本经营效率的核心指标。其计算公式为：净资产收益率＝净利润/平均净资产×100%。净资产收益率是评价企业自有资本及其积累获取报酬水平的最具综合性与代表性的指标,反映企业资本营运的综合效益。该指标通用性强、适用范围广、不受行业局限,在我国上市公司业绩综合排序中,该指标居于首位。通过对该指标的综合对比分析可以看出,企业获利能力在同行业中所处的地位,以及与同类企业的差异水平。一般认为,企业净资产收益率越高,企业自有资本获取收益的能力越强、运营效益越好,对企业投资人、债权人的保障程度越高。

(2) 成长能力

评价制造业上市企业成长能力的财务指标也有很多,如销售收入增长率、资本积累率、总资产增长率、固定资产成新率、三年利润平均增长率、三年资本平均增长率等。在这些指标中,销售收入增长率是指企业本年销售收入增长额同上年销售收入总额的比率,表示与上年相比的企业销售收入的增减变化情况,是评价企业成长状况和发展能力的重要指标。这里的企业销售收入是指企业的主营业务收入,其计算公式为:销售收入增长率 = (本年度销售收入 – 上年度销售收入)/上年度销售收入×100%。该指标是衡量企业经营状况和市场占有能力、预测企业经营业务拓展趋势的重要标志,也是企业扩张增量和存量资本的重要前提。不断增加的销售收入,是企业生存的基础和发展的条件。世界500强就主要以销售收入的多少进行排序。该指标若大于零,表示企业本年的销售收入有所增长,指标值越高,表明增长速度越快、企业市场前景越好;该指标若小于零,则说明企业或是产品不适销对路、质次价高,或是在售后服务等方面存在问题,产品销售不出去,市场份额萎缩。在实际操作该指标时,应结合企业历年的销售收入水平、企业市场占有情况、行业未来发展及其他影响企业发展的潜在因素进行前瞻性预测,或者结合企业前三年的销售收入增长率作出趋势性的分析判断。

(3) 营运能力

评价制造业上市企业营运能力的财务指标也有很多,如应收账款周转率、存货周转率、总资产周转率、固定资产周转率等。其中,总资产周转率是企业主营业务收入净额与资产总额的比率,可以用来反映企业全部资产的利用效率,是评价企业营运能力最重要的评价指标。其计算公式为:总资产周转率 = 主营业务收入净额/平均资产总额。平均资产总额应按分析期的不同分别加以确定,并应当与分子的主营业务收入净额在时间上保持一致。总资产周转率反映企业全部资产的使用效率,总资产周转率高,说明全部资产的经营效率高,取得的收入多;总资产周转率低,说明全部资产的经营效率低,取得的收入少,最终会影响企业的盈利能力。企业应采取各项措施来提高资产的利用程度,如提高销售收入或处理多余的资产等。

2. 科技创新能力

科技创新能力意味着,制造业上市企业想要受到尊敬,就必须成为行业内的技术领先者,能够不断通过创新进而改变人类的生活,提高消费者的福利水平。因此,本报告分别从科技创新的投入与产出两个维度来评价制造业上市企业的科技创新能力,以此作为评价指标体系的准则层。具体到指标而言,评价科技创新投入与产出的指标同样很多,因此这里也采用和评价经济创造能力一样的方法,即从每一个准则层中选择一个最重要的指标作为该准则层的评价指标,以此建立指标层。基于上述考虑,本报告分别从科技创新投入和科技创新产出两个准则层中各遴选出一个评价指标。

（1）科技创新投入

科技创新投入主要来源于两方面,一是研发经费的投入,二是研发人员的投入。其中,最重要的是研发经费的投入,有了足够的研发经费才能为研发人员从事研发活动提供资金保证。因此,这里选择研发经费投入强度作为评价科技创新投入的指标。研发经费投入强度是指研发经费投入的金额与企业销售收入总额的比值,用来反映研发经费投入在企业全部销售收入中的比重。其计算公式为：研发经费投入强度 = 企业研发投入/企业销售收入总额 × 100%。一般认为,研发经费投入强度不到1%的企业是缺乏创新能力的,说明该企业的研究发展活动仍处于初级阶段;研发经费投入强度在1%到2%之间,则说明该企业的研发正处于中级阶段;研发经费投入强度大于2%的,则说明企业的创新能力比较强。

（2）科技创新产出

研发经费投入占企业销售收入总额的比重是衡量企业科技创新能力的传统指标,但仅局限于反映科技创新投入,无法反映科技创新产出的情况,而专利指标是衡量科技创新产出的一个重要指标。投入指标和产出指标相结合,有效克服了科技创新指标的单一和失真,因此选取企业专利授权数量作为评价科技创新产出的指标。

3. 社会责任履行能力

社会责任履行能力意味着受到尊敬的制造业上市企业应为员工、政府和全社会创造价值。对国家而言,其主要以企业缴纳的税收来调控经济、解决就业及促进技术创新等,缴纳企业税收是评价企业是否"最应受到尊敬"的最基本的一种责任义务。对企业员工而言,其对于企业的"尊敬"程度来自企业支付给职工的工资或者为职工提供的福利及其设施建设等。对社会而言,企业对于社会公益事业的贡献度越高,社会就更有可能对其予以关注与尊敬,同样也给企业带来相应的荣誉。因此,本报告分别从国家、员工与社会三个维度来评价制造业上市企业的社会责任履行能力,以此作为评价指标体系的准则层。具体到指标而言,评价企业对国家、员工和社会贡献的指标同样很多,因此这里也采用和评价经济创造能力、科技创新能力一样的方法,即从每一个准则层中选择一个最重要的指标作为该准则层的评价指标,以此建立指标层。基于上述考虑,本报告分别从对国家的贡献、对员工的贡献和对社会的贡献三个准则层中各遴选出一个评价指标。

(1) 对国家的贡献

为了考核企业对国家所作出的贡献,财政部在1995年颁布的《财政部企业经济效益评价指标体系(试行)》中将社会贡献率列入其中,而社会贡献率中的一个重要组成部分就是政府所得贡献率。政府所得贡献率的含义是,企业使用一定数量的资产,为国家提供了多少税收贡献。因此,这里选择政府所得贡献率作为评价制造业上市企业对国家税收贡献的指标。使用同量的资产为国家提供的税收贡献越多,说明企业的经济效益和社会效益越好;反之则越差。但是综合各方面考虑,从理论上讲,上市公司对国家承担的真实社会责任(收付实现制条件下)相比对国家应该承担的社会责任(权责发生制条件下)更容易引起信息使用者的注意,因为它是以实际现金流来体现的,表明上市公司在既定的收入条件下已经对税收支付了多少现金,从而体现企业对国家已经履行的社会责任。政府所得贡献率的计算公式为:政府所得贡献率 = (支付的各项税费 - 收到的税费返还)/经营活动现金流入。该指标的经济含义是企业每一元的收入会将其中的多少以现金的形式支付给国家,体现了上市公司对国家的真实贡献。

(2) 对员工的贡献

制造业上市企业对员工的贡献主要体现在能最大限度地促进就业,解决更多民众的就业问题。该指标的经济含义是企业每10万元的资产会提供多少个就业岗位,体现了上市公司对员工的真实贡献。因此,这里选择资产就业贡献水平作为评价制造业上市企业对员工贡献的指标。资产就业贡献水平的计算公式为:资产就业贡献水平 = 在职员工人数/资产总计(资产总计以10万元为单位)。

(3) 对社会的贡献

制造业上市企业对社会的贡献主要体现在企业对社会的捐赠上,优秀的企业一般都制订了社会捐助计划,而且企业对社会捐助的力度一般与企业的净利成正比。这一方面反映了企业对社会的一种贡献,另一方面又为企业带来了巨大的声誉,因此这里选择捐赠收入比作为评价制造业上市企业对社会贡献的指标。捐赠收入比的计算公式为:捐赠收入比 = 捐赠支出/主营业务收入(主营业务收入以万元为单位),该指标可以反映企业的社会伦理责任,指标值越大反映企业承担的社会责任越多。

因此,最终的最应受到尊敬的制造业上市企业推选评价指标体系应包含经济创造能力、科技创新能力及社会责任履行能力三个目标层;盈利能力、成长能力、营运能力、科技创新投入、科技创新产出、对国家的贡献、对员工的贡献和对社会的贡献八个准则层;以及净资产收益率、销售收入增长率、总资产周转率、研发经费投入强度、专利、政府所得贡献率、资产就业贡献水平和捐赠收入比八个指标层。

8.2.4 最应受到尊敬的制造业上市企业评价指标体系

根据最应受到尊敬的制造业上市企业评价指标体系的构建分析，建立如表8-13所示的指标体系。

表8-13 最应受到尊敬的制造业上市企业推选评价指标体系

目标层	准则层	指标层	指标含义与计算方法
经济创造能力	盈利能力	净资产收益率	净利润/平均净资产
	成长能力	销售收入增长率	（本年度销售收入－上年度销售收入）/上年度销售收入
	营运能力	总资产周转率	主营业务收入净额/平均资产总额
科技创新能力	科技创新投入	研发经费投入强度	企业研发投入/企业销售收入总额
	科技创新产出	专利	专利授权数量
社会责任履行能力	对国家的贡献	政府所得贡献率	（支付的各项税费－收到的税费返还）/经营活动现金流入
	对员工的贡献	资产就业贡献水平	在职员工人数/资产总计（资产总计以10万元为单位）
	对社会的贡献	捐赠收入比	捐赠支出/主营业务收入（主营业务收入以万元为单位）

8.3 最应受到尊敬的50家优秀企业

根据制造业上市企业最应受到尊敬的推选要求内涵及其分析，本节对制造业上市企业进行推选。

8.3.1 样本选取和推选过程

本次制造业上市企业最应受到尊敬的推选活动分两个阶段来推选。第一阶段，根据最应受到尊敬的内涵从制造业上市企业中推选出"最应受到尊敬"的制造业上市企业候选企业；第二阶段，依据指标体系，采用客观数据从候选的制造业上市企业中得出最应受到尊敬的优先推荐次序。

第一阶段，推选出最应受到尊敬的制造业上市企业候选企业，主要推选条件及其过程为：

① 获取并初步分析截至2014年4月底上市公司公布的年报（2009—2013）及其相关数据的样本。

② 候选企业是在深圳证券交易所和上海证券交易所于2013年12月31日之前挂牌上市的制造业企业。根据新银监会行业分类选取了所属行业为制造业的1 656只A股和B股股票样本股（A股为1 597只、B股为59只），其中仅有1 608

家上市企业(48家企业既有A股也有B股,11家企业仅有B股),于2013年12月31日之前上市的企业有1 576家。

③ 最近五年内(2009年1月1日至2014年4月30日)被特别处理过的(ST)企业不被推选。此过程排除了111家曾经被特别处理过的制造业上市企业,余1 465家上市企业。

④ 最应受到尊敬的候选企业被要求具有持续较好的成长性。这一方面要求候选企业的经营表现出持续的正效益,以2011—2013年净利润为正来反映;另一方面还要求候选企业具有规模和效益的成长性,以2013年主营业务收入增长率为正及2013年净利润增长率为正来反映,而其中有负数的企业不应被推选。此过程排除了819家制造业上市企业,余646家上市企业。

⑤ 最应受尊敬的候选企业应该运营声誉良好、无重大负面影响消息,如违规、股权冻结、无标准保留审计意见以及产品和服务质量问题及环境问题等(具体考察时间范围为2009年1月1日至2014年4月30日)。此过程排除了违规83家、股权冻结13家及非标准保留意见10家等106家企业,余下540家候选企业;而通过对上述候选企业在产品服务质量问题和环境问题的查询,15家存在产品和服务质量问题和环境问题;经过上述几个步骤的筛选,最应受到尊敬的制造业上市企业候选企业余525家良性企业。

⑥ 在推选出的候选企业的基础上,考虑到推选出的最应受到尊敬的制造业上市企业候选企业在相同行业中具有更好的可比较性,其较大的规模以及其更好的成长性会得到更好的认同;同时,在上述525家制造业上市企业中,证监会有关上市公司行业分类中的医药制造业,计算机、通信和其他电子设备制造业,仪器仪表制造业,铁路、船舶、航空航天、其他运输设备制造业,专用设备制造业和通用设备制造业等大部分企业为高新制造业行业①(这里称为第一类行业),而其他行业(包括食品制造业)及化学原料和化学制品制造业等行业企业大多为传统制造业企业(这里称为第二类行业),相对而言第一类行业企业比第二类行业企业可能会有更大机会被认为是最应受到尊敬的。因此,这里进一步按照行业规模(采用主营业务收入)大小排序,选取第一类行业前15家企业和第二类行业前10家企业;然后在此基础上依据各行业成长性(采用2013年主营业务收入增长率)大小排序,选取第一类行业前10家企业和第二类行业前5家企业;最终选取进入第二阶

---

① 高新制造业行业根据《中国高技术统计年鉴2013》中附录1有关高技术产业(制造业)分类2013定义,即划分为医药制造,航空、航天器及设备制造,电子及通信设备制造,计算机及办公设备制造,医疗仪器设备及仪器仪表制造,信息化学品制造6大类。因此根据2012年证监会《上市公司行业分类指引》所列制造业大类划分情况,可将上市公司行业中的医药制造业,计算机、通信和其他电子设备制造业,铁路、船舶、航空航天和其他运输设备制造业(如航空航天及设备制造业等)以及部分通用设备制造业(如复印和胶印设备制造和计算器及货币专用设备制造等),部分专用设备制造业(如医疗仪器设备及器械制造等)和部分化学原料和化学制品制造业(如信息化学品制造业等)等行业归为高新制造业行业。

段评选的制造业上市企业。

经过上述环节，推选小组最后筛选并确认"最应受到尊敬"的制造业上市企业候选企业范围。其中，第一类行业中的医药制造业，计算机、通信和其他电子设备制造业，铁路、船舶、航空航天和其他运输设备制造业，通用设备制造业和专用设备制造业等行业各有 10 家（仪器仪表制造业只有 9 家）；第二类行业中的废弃资源综合利用业，黑色金属冶炼和压延加工业和石油加工、炼焦和核燃料加工业各 1 家，木材加工和木、竹、藤、棕、草制品业和皮革、毛皮、羽毛及其制品和制鞋业各 2 家，化学纤维制造业和印刷和记录媒介复制业各 3 家，造纸和纸制品业和其他制造业各 4 家，化学原料和化学制品制造业及其余 13 个传统制造业行业各选取 5 家企业。最终在第一阶段推选出 150 家企业作为最应受到尊敬的制造业上市企业的候选企业。

第二阶段，推选小组对候选企业展开详细的数据采集和调查，将评价指标进行定量化，为便于较客观地推选最应受到尊敬的制造业上市企业，这里采用主成分综合评价法进行分析。

8.3.2 最应受到尊敬的 50 家制造业上市企业推荐

根据第一阶段推选出的候选企业以及评选指标体系，通过上市公司年报、电话咨询和其他辅助调查工具查找分析推选过程中涉及的企业指标数据，最后运用主成分分析方法获得 150 家最应受到尊敬的制造业上市企业的推选次序，其中前 50 家最应受到尊敬的优秀企业名单如表 8-14 所示。

表 8-14 最应受到尊敬的 50 家制造业上市企业推荐

股票代码	股票名称	行业	省份	排名
000651.SZ	格力电器	电气机械和器材制造业	广东	1
000625.SZ	长安汽车	汽车制造业	重庆	2
000100.SZ	TCL集团	计算机、通信和其他电子设备制造业	广东	3
600438.SH	通威股份	农副食品加工业	四川	4
600332.SH	白云山	医药制造业	广东	5
000333.SZ	美的集团	电气机械和器材制造业	广东	6
601633.SH	长城汽车	汽车制造业	河北	7
600271.SH	航天信息	计算机、通信和其他电子设备制造业	北京	8
601299.SH	中国北车	铁路、船舶、航空航天和其他运输设备制造业	北京	9
600118.SH	中国卫星	计算机、通信和其他电子设备制造业	北京	10
002415.SZ	海康威视	计算机、通信和其他电子设备制造业	浙江	11
000938.SZ	紫光股份	计算机、通信和其他电子设备制造业	北京	12
002348.SZ	高乐股份	文教、工美、体育和娱乐用品制造业	广东	13
600535.SH	天士力	医药制造业	天津	14
002152.SZ	广电运通	通用设备制造业	广东	15
002241.SZ	歌尔声学	计算机、通信和其他电子设备制造业	山东	16
600422.SH	昆明制药	医药制造业	云南	17

（续表）

股票代码	股票名称	行业	省份	排名
000338.SZ	潍柴动力	汽车制造业	山东	18
002456.SZ	欧菲光	计算机、通信和其他电子设备制造业	广东	19
002475.SZ	立讯精密	计算机、通信和其他电子设备制造业	广东	20
002302.SZ	西部建设	非金属矿物制品业	新疆	21
600352.SH	浙江龙盛	化学原料和化学制品制造业	浙江	22
002236.SZ	大华股份	计算机、通信和其他电子设备制造业	浙江	23
600090.SH	啤酒花	酒、饮料和精制茶制造业	新疆	24
002050.SZ	三花股份	通用设备制造业	浙江	25
600309.SH	万华化学	化学原料和化学制品制造业	山东	26
002098.SZ	浔兴股份	其他制造业	福建	27
600267.SH	海正药业	医药制造业	浙江	28
600061.SH	中纺投资	纺织业	上海	29
600073.SH	上海梅林	食品制造业	上海	30
601313.SH	江南嘉捷	通用设备制造业	江苏	31
002203.SZ	海亮股份	有色金属冶炼和压延加工业	浙江	32
600056.SH	中国医药	医药制造业	北京	33
000789.SZ	江西水泥	非金属矿物制品业	江西	34
600741.SH	华域汽车	汽车制造业	上海	35
300043.SZ	互动娱乐	文教、工美、体育和娱乐用品制造业	广东	36
600584.SH	长电科技	计算机、通信和其他电子设备制造业	江苏	37
601515.SH	东风股份	印刷和记录媒介复制业	广东	38
600803.SH	威远生化	化学原料和化学制品制造业	河北	39
600587.SH	新华医疗	专用设备制造业	山东	40
600600.SH	青岛啤酒	酒、饮料和精制茶制造业	山东	41
002324.SZ	普利特	橡胶和塑料制品业	上海	42
002228.SZ	合兴包装	造纸和纸制品业	福建	43
300228.SZ	富瑞特装	专用设备制造业	江苏	44
002010.SZ	传化股份	化学原料和化学制品制造业	浙江	45
603008.SH	喜临门	家具制造业	浙江	46
000513.SZ	丽珠集团	医药制造业	广东	47
600038.SH	哈飞股份	铁路、船舶、航空航天和其他运输设备制造业	黑龙江	48
000423.SZ	东阿阿胶	医药制造业	山东	49
000404.SZ	华意压缩	通用设备制造业	江西	50

资料来源：通过整理150家沪深上市公司2012年度和2013年度年报数据并计算得到。

8.3.3 最应受到尊敬的50家制造业上市企业分析

表8-14所示的50家企业是从150家被筛选出来的2013年最应受到尊敬的中国制造业上市企业中评选出来，总体上相比其他制造业上市企业更应该受到尊崇敬重。下面主要就这50家最应受到尊敬的中国制造业上市企业进行地区分布、行业分布和企业状况的分析，以便更多地、更好地推荐这些优秀上市企业。

1. 地区分布

图8-3展示了50家最应受到尊敬的中国制造业上市企业的地区分布情况。

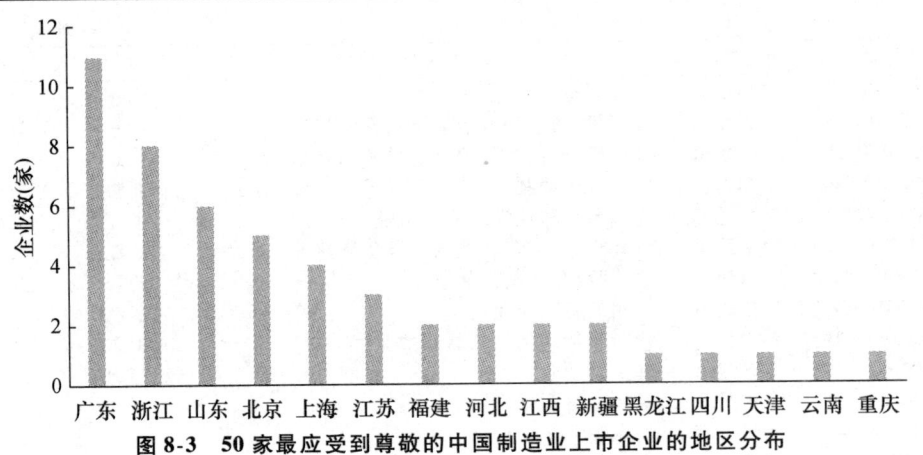

图 8-3　50 家最应受到尊敬的中国制造业上市企业的地区分布

从图 8-3 可以看出,最受尊敬的 50 家企业分布在 15 个省份。其中,广东有 11 家为最多,占 22.00%;浙江有 8 家,占 16.00%;山东有 6 家,占 12.00%;北京有 5 家,占 10.00%;上海有 4 家,占 8.00%;江苏有 3 家,占 6.00%;福建、河北、江西和新疆四个省份各有 2 家,各占 4.00%;黑龙江、四川、天津、云南和重庆五个省份各有 1 家,各占 2.00%。

2. 行业分布

图 8-4 展示了 50 家最应受到尊敬的中国制造业上市企业的行业分布情况。

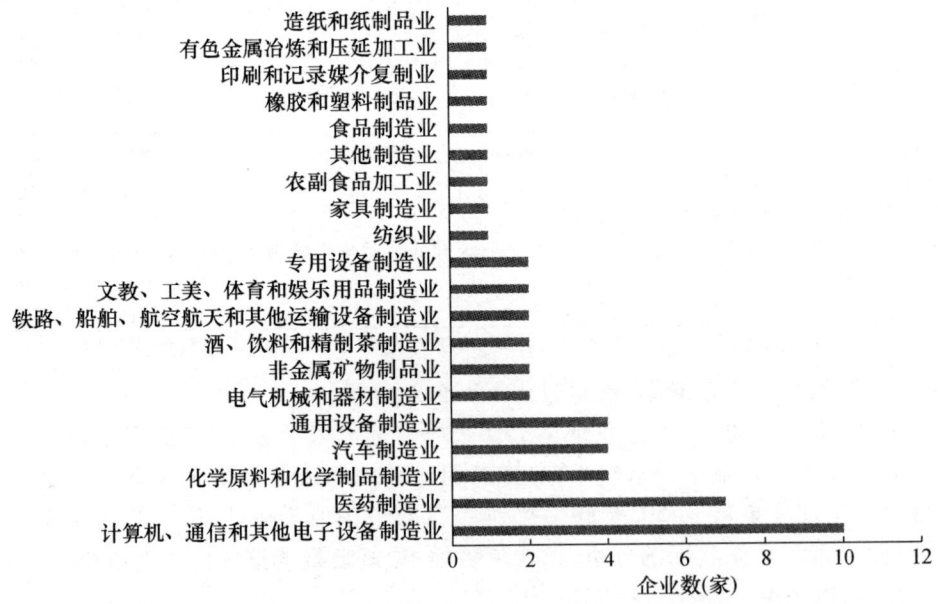

图 8-4　50 家最应受到尊敬的中国制造业上市企业的行业分布

从图8-4可以看出,50家企业分布在20个行业。其中,计算机、通信和其他电子设备制造业有10家上市企业进入到最应受到尊敬的优秀企业中,占20.00%;医药制造业有7家,占14.00%;化学原料和化学制品制造业、汽车制造业、通用设备制造业各有4家,各占8.00%;通用设备制造业,电气机械和器材制造业,非金属矿物制品业、酒、饮料和精制茶制造业、铁路、船舶、航空航天和其他运输设备制造业、文教、工美、体育和娱乐用品制造业,专用设备制造业7个行业各有2家,各占4.00%;纺织业、家具制造业、农副食品加工业、其他制造业、食品制造业、橡胶和塑料制品业、印刷和记录媒介复制业、有色金属冶炼和压延加工业、造纸和纸制品业9个行业各有1家,各占2.00%。

3. 企业分析

① 格力电器(000651.SZ)。格力电器是目前全国最大的集研发、生产、销售、服务于一体的国有控股专业化空调企业,是中国空调业唯一的"世界名牌"产品,其产品销量和市场占有率常年位居行业之首。凭借业务的高度专注、优秀的品牌印象与不断的产品创新,格力电器成为"中国制造"走向"中国创造"的典范,具有广泛的国际知名度和影响力。2013年公司的集团净利润约为109亿元,净利润增长率将近50.00%,其政府所得贡献率在电气机械和器材制造业行业中是最高的,其科技投入产出水平也处在行业前列。

② 长安汽车(000625.SZ)。长安汽车于1996年注册并成为极具竞争力的上市公司,其产品范围广,目前已形成多种低中高档、宽系列、多品种的产品谱系,拥有排量从0.8L到2.5L的发动机平台,是中国汽车行业最具品牌价值的公司之一,并积极发展节能与新能源汽车。在国家认定企业技术中心的评比中,长安汽车成为汽车行业第一名,其科研经费投入和专利数量较多,科研经费投入将近17.00亿元,发明授权的专利数量在汽车制造业行业居于首位,且远远超过其他的汽车制造业企业。

③ TCL集团(000100.SZ)。TCL集团是全球性规模经营的消费类电子企业集团之一,注重以用户为中心,积极推进"智能+互联网"的战略转型,已建立"产品+服务"的新商业模式。2013年,TCL集团的产品销售和市场占有率表现突出,TCL品牌价值639.00亿元,蝉联中国彩电业第一品牌;主营业务收入高达853.00亿元;其科技创新产出水平和营运能力处在入选计算机、通信和其他电子设备制造业的前列。

④ 通威股份(600438.SH)。通威股份是农业产业化国家重点龙头企业,并被中国饲料工业协会、中国水产协会和国家相关权威部门认定为全球最大的水产饲料生产企业及我国主要的畜禽饲料生产企业,也是我国农、林、牧、渔板块销售规模最大的农业上市公司。通威股份拥有雄厚的科研开发和自主创新实力,并成立

了"通威—希望工程奖励基金"与"通威水产教育奖励基金";其2013年的资产总计约为53.00亿元,员工总数约为1.20万人;其营运能力、科技创新产出及资产就业贡献水平等方面在入选农副食品加工业中表现最好。

⑤ 白云山(600332.SH)。白云山是我国制药行业最具实力的大型知名企业,是最早在国内树立药品制剂品牌的公司之一,其品牌的知名度和美誉度在全国消费者中具有强大的影响力。白云山专注制药业,通过了多项认证,科技创新力强,并坚持"爱心满人间"的经营理念,勇于承担社会责任,以关爱健康、奉献爱心为己任。2013年,企业的主营业务收入约为176.00亿元,资产总计约为122.00亿元,其销售收入增长率与总资产周转率较高,在医药制造业居于首位。

⑥ 美的集团(000333.SZ)。美的集团是中国最具规模和品牌影响力的家电制造商之一,拥有国内最大最完整的家电产品群,理性地追求企业的发展速度,授权经营和协作共享是美的电器得以成功的企业经营理念。2013年,美的集团的净利润将近83.00亿元;其科技创新产出水平在电气机械和器材制造业是最高的,也远远领先其他的制造业企业;其资产就业贡献水平也处在行业前列。

⑦ 长城汽车(601633.SH)。长城汽车是中国最大的SUV和皮卡制造企业,也是国内民营汽车企业的优秀代表,以"精心对车、诚心待人"为服务宗旨,在盈利能力、成长性、创新,以及政府贡献等方面都有不错表现。2013年,其支付的各项税费约为57.00亿元,政府所得贡献率在汽车制造业中最为突出。

⑧ 航天信息(600271.SH)。航天信息是一家集技、工、贸于一体的、具有现代化企业管理机制的高新技术企业,是国内唯一的防伪税控系统提供商。2013年7月23日,航天信息通过ISO9000质量管理体系以及ISO14000环境体系认证,并荣获中国环境标志产品认证证书;其营运能力和资产就业贡献水平在入选计算机、通信和其他电子设备制造业中排名第一。

⑨ 中国北车(601299.SH)。中国北车是世界轨道交通装备制造行业的领军企业,在规模经营、核心技术研发、生产工艺等方面处于国际领先地位。中国北车拥有两个国际领先的动车组技术平台,CRH5动车组已批量投入运营,CRH3动车组创造了时速394.30公里的"中华第一速",其铁路机车车辆和城市轨道车辆产品占国内市场份额的一半以上。2013年,其各项指标在所处行业都名列前茅。

⑩ 中国卫星(600118.SH)。中国卫星主营卫星及相关产品的研发、设计、制造、销售,以及卫星应用技术综合信息服务等业务。在卫星研制领域,公司新型小卫星平台的建设工作顺利推进,已形成完整的小卫星公用平台指标体系,为占领小卫星研制高点、抢占市场先机迈出了关键的一步。中国卫星凭借其科技创新能力走在计算机、通信和其他电子设备制造业的前列。

⑪ 海康威视(002415.SZ)。海康威视是中国领先的监控产品供应商,致力于

不断提升视频处理技术和视频分析技术,秉持"专业、厚实、诚信、持续创新"的理念,向全球提供领先的监控产品、技术解决方案与专业优质服务,为客户持续创造最大价值。2013年,海康威视荣获"中国智能公交行业十大优秀企业""中国电子警察行业十大优秀企业""中国城市智能交通企业优秀品牌建设团队"三大奖项。其2013年的研发经费投入约为9亿元,盈利能力、成长能力、科技创新投入和政府所得贡献水平等方面在入选计算机、通信和其他电子设备制造业中表现较好。

⑫紫光股份(000938.SZ)。紫光股份是一家主营信息产业的高科技上市公司,是清华大学为加速科技成果产业化而成立的全校第一家综合性校办企业,其扫描仪和光盘存储产品的产销量均为国内第一。2013年,该企业的主营业务收入为85.20亿元,主营业务增长率高达30.00%,营业收入净额在计算机、通信和其他电子设备制造业中最优,2014年入选中国梦50科技公司。

⑬高乐股份(002348.SZ)。高乐股份是我国玩具行业中拥有自主品牌、研发能力强、销售网络广泛、生产技术处于行业领先地位的企业之一。其专注于细分产品和细分市场的战略,电动火车、线控仿真飞机、磁性学习写字板等产品在国内玩具出口企业中名列前茅。2013年,高乐股份在深圳设立分公司,开展包括研发手游产品在内的各项业务,其在社会贡献方面也具有积极表现,捐赠收入比在所处行业排名第一,且远远高于其他企业。

⑭天士力(600535.SH)。天士力是我国中药现代化的标志性企业,紧紧围绕"以现代中药制造为核心,集药材种植、药物研发、中间提取、药品制造、市场营销及售后服务于一体"的现代中药产业链建设;在国内首家提出GAP中药材标准化种植概念,并形成行业标准;拥有国内最为完整、符合现代制药工业要求的现代中药产业链。2013年,企业的净利润将近11.70亿元,对外捐赠1 106.00万元,其净资产收益率较高,捐赠收入比也比较突出。

⑮广电运通(002152.SZ)。广电运通是一家以银行自动柜员机(ATM)、智能交通自动售检票系统(AFC)等自助设备产业为核心,自主研发、生产、销售及服务的现代化高科技企业,致力于为客户提供高品质的金融自助设备及其系统解决方案。该公司2013年的净利润7.11亿元,研发投入1.82亿元;并凭借其盈利能力和科技创新能力在入选的50家企业中居于通用设备制造业的榜首,目前已发展成为我国ATM行业经营规模最大、技术实力最强的龙头企业,并成功跻身全球ATM供应商前列。

⑯歌尔声学(002241.SZ)。歌尔声学专注于电声行业微型电声元器件和消费类电声产品的研发和制造,其产品广泛应用在移动通讯设备及其周边产品、笔记本电脑、个人数码产品和汽车电子等领域。公司凭借研发实力、生产工艺水平、成本优势和高素质的管理团队,赢得了大量的优质客户资源,在电声行业取得了

有利的竞争地位。歌尔声学坚持自主创新,专注声学科技,致力成为世界一流的声、光、电整体解决方案提供商。该公司2013年的净利润为13.24亿元,净利润增长率为43.20%。

⑰ 昆明制药(600422.SH)。昆明制药主要经营三七系列产品、蒿甲醚系列产品、天麻素、秋水仙碱、岩白菜等名、特、优、新天然药物产品;先后被云南省科委认定为"高新技术企业"、被国家科委认定为"重点高新技术企业";公司积极提倡技术创新和新产品开发,以开发云南独具特色的天然药物产品为主导发展方向,走出了一条独具特色的医药工业发展道路。该公司2013年的净利润为2.36亿元,主营业务收入为35.84亿元。

⑱ 潍柴动力(000338.SZ)。潍柴动力是中国综合实力最强的汽车及装备制造集团之一,是中国大功率高速柴油机领域的龙头企业,其产品在重型汽车、工程机械市场的占有率超过75.00%。2013年,"英致"品牌的发布开启了潍柴轻型车的战略布局,在科技创新方面也有不错的表现;另外,企业的研发经费投入强度在入选汽车制造业行业居于首位。

⑲ 欧菲光(002456.SZ)。深圳欧菲光科技股份有限公司是一家精密光电薄膜元器件制造商。公司拥有国内规模领先、工艺技术能力达到国际先进水平的精密光学光电子薄膜元器件生产线;公司已通过ISO9001-2000质量管理体系认证,并获得ISO14001:2004环境管理体系认证。该公司各项指标在计算机、通信和其他电子设备制造业中均位于中等水平,2013年的净利润为5.71亿元。

⑳ 立讯精密(002475.SZ)。立讯精密工业股份有限公司是一家专注于连接器的研发、生产和销售的公司,其核心产品为电脑连接器。公司业务范围广,覆盖电脑、汽车通讯和消费电子等领域,已确立了自身的竞争优势,赢得众多知名大客户的一致认可。在评选的指标中,公司的净利润指标最为突出,其2013年的净利润为4.62亿元。

㉑ 西部建设(002302.SZ)。西部建设是新疆地区最大的预拌混凝土生产企业。公司自成立以来,在新疆地区的市场占有率一直处于第一位,并且远远领先于竞争对手;与区域内的竞争对手相比,公司在管理、规模、技术等方面具有明显的领先优势;另外,企业2013年的主营业务收入净额约为86.00亿元,其成长能力和营运能力在入选非金属矿物制品业行业中排名第一,销售收入增长率在入选的50家企业中最高,且高出其他企业很多。

㉒ 浙江龙盛(600352.SH)。浙江龙盛是一家以染料化工为主业的国家企业,是国内染料行业唯一的上市公司,拥有自营进出口权。2010年,公司对世界染料龙头——德司达公司的全球业务实行完全控制,成为中国第一家拥有完善技术服务和产业标准、以染料为核心的世界级纺织化学用品生产服务商。2013年,企业

的主营业务收入为140.80亿元,其在成长能力、营运能力、科技创新产出,以及社会捐助等方面在入选化学原料和化学制品制造业中表现最好。

㉓ 大华股份(002236.SZ)。浙江大华技术股份有限公司是我国安防视频监控行业的龙头企业。公司作为国家火炬计划重点高新技术企业、2006年度国家规划布局内重点软件企业、浙江省高新技术企业和浙江省软件企业,建立了数字图形图像处理省级高新技术研究开发中心,拥有国家火炬计划项目2个、国家重点新产品2项、专利技术15项、软件著作权19项等。其盈利能力和科技创新能力在参评的指标中比较突出,其2013年的研发费用为5.00亿元,净利润为11.30亿元。

㉔ 啤酒花(600090.SH)。新疆啤酒花股份有限公司是一家主要经营啤酒制造、加工的公司,并涉足农产品加工、房地产等行业,其主要产品包括啤酒、房地产、番茄酱等。该公司拥有先进的生产设备、生产工艺、生产技术、管理经验和营销策略,所属子分公司均通过ISO9002国际质量体系认证。该公司的吨酒水耗、粮耗、能耗等消耗指标在全国同行业位居前列;并凭借其超高的净利润指标在酒、饮料和精制茶制造业中位居首位,2013年的净利润为1.92亿元。

㉕ 三花股份(002050.SZ)。浙江三花股份有限公司是一家主要生产、销售空调配件、冰箱配件及其他的公司,是世界产量最大、品种最齐全的截止阀生产基地之一。公司秉持"以品牌赢市场、以创新为动力、以人才为根本、以诚信图发展"的经营理念,在经济创造与科技创新方面也有不错的表现。2013年,公司实现的营业收入同比上升37.84%,归属于上市公司股东的净利润同比上升19.19%,成长能力和科技创新投入在所属行业中处于领先地位。

㉖ 万华化学(600309.SH)。万华化学作为中国聚氨酯行业的领导者之一,坚持以客户需求为先导、以创新为核心、以人才为根本、以优良文化为有力保障、以卓越运营为坚实基础,在高技术、高附加值的化工新材料领域实施国际化、相关多元化、精细化和低成本的发展战略,致力于发展成为全球化运营的一流化工新材料公司。2013年,公司的净利润将近38.00亿元,研发费用总额高达7.68亿元,其盈利能力、科技创新投入和政府所得贡献水平等方面在入选化学原料和化学制品制造业中居于首位。

㉗ 浔兴股份(002098.SZ)。福建浔兴集团公司是中国拉链行业规模最大的专业生产厂商之一,是中国拉链中心所在地。公司具有国际一流水准的拉链制造技术和1200多套先进机械设备,其产品销往全国各地以及欧美、中东、非洲、东南亚、中国香港和台湾等80多个国家和地区,主导产品SBS品牌拉链荣获"福建省名牌产品"称号。由于多年来致力于科技兴企、提倡以人为本、坚持科学管理,公司先后获得多项省部级以上荣誉,取得了良好的经济效益和社会效益。2013年实

现营业收入 10.06 亿元,同比增长 7.80%;净利润 6 061.04 万元,同比增长 67.30%。

㉘ 海正药业(600267.SH)。海正药业已成为中国领先的原料药生产企业,是中国最大的抗生素、抗肿瘤药物生产基地之一。海正共有约 3 000 名员工,其中超过 1/3 是科技人员;作为国家首批创新型企业,海正早在 2001 年就建立了国家认定的企业技术中心和博士后科研工作站,目前拥有专职研发人员 400 多名,技术中心设有 50 多个单元实验室,与国内 30 多家知名科研院校保持着密切的协作关系,在多所大学建有实验室。2013 年,公司销售规模大幅增长,实现主营业务收入 84.79 亿元,同比增长 48.62%;利润总额 6.62 亿元,同比增长 100.44%;研发投入和专利授权数量都处于所入选行业的前茅。

㉙ 中纺投资(600061.SH)。中纺投资作为一家以新材料为产业发展导向的上市公司,重视科技开发和科技创新工作,重视培养、引进各类专业技术人才;而作为国内少有的特种纤维生产企业,其高强 PE 纤维成功应用于"神舟五号"和"神舟六号"的打捞回收系统;公司于 2013 年成立业内第一家高性能纤维"院士专家工作站",为公司的产业结构调整转型升级创造条件,是唯一入选的一家纺织业企业。公司的营运能力和成长能力在入选纺织业行业中排名第一。

㉚ 上海梅林(600073.SH)。上海梅林是集养殖、屠宰和罐头生产为一体的著名食品加工企业,在国内食品市场中占有相当的份额,在国际食品行业中有一定的知名度。2013 年,公司业绩实现了组建以来的历史性突破,跨入光明食品集团百亿以上销售收入企业的行列;另外,其成长能力及营运能力都处于行业领先地位。

㉛ 江南嘉捷(601313.SH)。江南嘉捷以其经营规模、研发技术、产品质量而成为中国电梯行业的佼佼者,并在国际上获得普遍赞誉。其创新的理念、优质的服务、人性化的产品、完美的设计、精湛的制造工艺,以及一流的产品性能使其逐步成为具有国际化品质的一流企业,倍受全球各地客户的青睐。在创新研发的项目中,2 项被列为国家级火炬计划、4 项被列为省级火炬计划、1 项被国家科学技术部列为科技兴贸专项项目;自主研究开发的 16 个产品通过部、省级鉴定,其中有 5 项填补了国内空白、10 项达国际先进水平,另有 3 项被认定为国家重点新产品。2013 年,公司实现营业收入 24.20 亿元,较上年同期增加 21.63%;利润总额 2.28 亿元,较上年同期增加 23.85%;专利授权数量也位于同行业前列。

㉜ 海亮股份(002203.SZ)。海亮股份是铜合金管生产企业和国际知名的铜加工企业之一,具有较强的自主创新能力,在空调与制冷用铜管、精密铜棒的工艺、模具及新产品开发等方面取得了明显的技术突破。公司研发的技术和产品曾先后获得浙江省科学技术奖(7 项)、有色金属工业协会科学技术奖(15 项)等多项

国际、行业及省技术进步奖等奖项。2013年,公司被评为"中国铜管材十强企业""中国铜棒线材十强企业",其营运能力在有色金属冶炼和压延加工业行业中排名第一。

㉝ 中国医药(600056.SH)。中国医药集团是由国务院国资委直接管理的中国规模最大、产业链最全、综合实力最强的医药健康产业集团,是我国医药行业中与外资合作最早、最多和最成功的企业。公司秉持"关爱生命、呵护健康"的企业理念,承担着国家抢险救灾药品、生物技术产品、中药材、医疗器械的中央储备、调拨和供应任务。企业的收入与利润均能保持稳健、持续的增长,2013年的主营业务收入约为148.00亿元,资产总计约为128.00亿元,经济创造能力在其行业中具有不错的表现。

㉞ 江西水泥(000789.SZ)。江西水泥是以生产"万年青"等系列硅酸盐水泥及水泥熟料为主的建材企业。公司善用和整合人才、资金、市场、顾客、技术、合作伙伴和政府资源,最大限度地合理开发和节约使用自然资源,实现物质资源的可再生利用;公司以产业报国、科技兴国、人才强国为己任,服务建设、回馈股东,尽职环保,为员工提供职业发展和成功的舞台,实现了企业的健康发展。公司的盈利能力在所选50家企业里位居第三。

㉟ 华域汽车(600741.SH)。华域汽车是汽车零部件上市公司,从事独立汽车零部件的研发、生产及销售。公司始终秉承"零级化、中性化、国际化"的发展战略,紧跟汽车行业的技术发展趋势,重点关注与"节能环保"、"舒适便捷"和"智能安全"主题相关的技术研究和应用,通过与世界领先的零部件供应商的战略合作,为整车客户提供技术含量高、质量优异、具有成本优势的产品和服务。2013年,企业净利润约63.00亿元,其净资产收益率较高,居于汽车制造业首位。

㊱ 互动娱乐(300043.SZ)。星辉互动娱乐股份有限公司是一家致力于车模的研发、生产和销售的企业,其销售收入增长率和研发经费投入强度较高。2013年,在总体经营方面,公司营业利润、利润总额、归属于母公司所有者的净利润较上年同期分别增长25.09%、26.32%和25.17%;公司盈利能力、成长能力及营运能力在文教、工美、体育和娱乐用品制造业行业位居首位。

㊲ 长电科技(600584.SH)。长电科技专注于半导体封装测试业务,为海内外客户提供芯片测试、封装设计、封装测试等全套解决方案,2003年成为国内首家半导体封测上市公司,是中国著名的分立器件制造商、集成电路封装生产基地、中国电子百强企业之一、国家重点高新技术企业和中国自主创新能力行业十强(第一),其封装技术高端产品在国内一直处于技术领先地位。2013年,公司主营业务收入51.00亿元,是唯一进入世界封测行业企业规模排名前十的中国内地封测企业。

㊳ 东风股份（601515.SH）。东风股份是印刷行业中从事烟标印刷较早的企业之一，其销售能力较强，注重研究开发，同时又比较有社会责任感。2013年，公司围绕加大对技术研发的投入和销售团队的组建，通过并购、投资新设、推进募投项目等一系列举措，逐步从烟标印刷领域迈出，实现营业收入同比增长2.06%。东风股份是印刷和记录媒介复制业行业的唯一入选企业，在经济创造、科技创新，以及社会责任等方面都有突出表现。

㊴ 威远生化（600803.SH）。河北威远生物化工股份有限公司是集农药原料药及制剂的研发、生产和销售于一体的现代化企业，隶属于新奥集团五大业务板块之一，是河北省首家上市公司。公司拥有专业研发人员112人，总资产12.00亿元；2013年实现销售收入47.07亿元，比上年同期增加12.73%；盈利能力和成长能力在所属行业中有突出表现。

㊵ 新华医疗（600587.SH）。新华医疗是国内首家医疗器械生产企业，是中国最大的消毒灭菌设备研制生产基地，也是国内生产放射治疗设备品种最多的企业。公司的消毒灭菌、制药装备、放射治疗三类产品的规模、技术水平居全国第一，"新华牌"消毒灭菌设备被评为行业内唯一的"中国名牌"；2013年，其在营运能力和科技创新产出方面都有不错的表现。

㊶ 青岛啤酒（600600.SH）。青岛啤酒是中国内地第一家在海外上市的企业，产品远销美国、日本、德国、法国、英国、意大利、加拿大、巴西、墨西哥等世界70多个国家和地区；根据全球啤酒行业的权威报告（Barth Report），依据产量排名，青岛啤酒为世界第六大啤酒厂商。青岛啤酒2013年品牌价值连续十年居啤酒行业首位；其2013年对外捐款1 212.81万元，社会责任履行能力在行业中表现最佳。

㊷ 普利特（002324.SZ）。普利特主要从事电子材料、高分子材料、橡塑材料及其制品等高性能材料的生产和销售，已经成为上汽集团、一汽集团、东风汽车、上海大众、一汽大众等汽车公司的重要合作伙伴。据统计，2007年，"普利特"牌汽车用塑料复合材料在国内市场占有率达到5.83%，位于国内同行业前两位。2013年，公司高度重视和支持自主创新，持续加大研发投入，全年研发支出5 574.00万元，占到当期销售收入的3.26%；共获得91项发明专利授权、2项实用新型专利授权、1项软件著作权登记，另有81项发明专利在申请中。2013年，公司实现净利润1.97亿元，同比增长24.37%，继续保持较快的增长。

㊸ 合兴包装（002228.SZ）。合兴包装是一家集纸板、纸箱及缓冲包装材料等包装制品设计、制造、服务为一体的大型综合包装企业，先后获得"中国包装龙头企业""先进技术企业""AAA级资信企业""超千万元纳税大户""守合同重信用企业"等荣誉称号，是中国包装联合会的副会长单位。2013年，公司销售收入与净利润均创造了历史最高值，业务规模持续稳定增长，综合竞争力得到显著提升，进

一步巩固了公司在行业中的龙头地位。2013年,公司实现营业收入244 208.16万元,比上年同期增长15.47%;净利润9 465.41万元,同比增长57.30%,是造纸和纸制品业行业中唯一入选的企业。

㊹富瑞特装(300228.SZ)。富瑞特装是一家专业从事液化天然气(LNG)的液化、储存、运输及终端应用全产业链一站式整体解决方案的高新技术企业,主导产品有再制造油改气汽车发动机和LNG液化成套装置等高端能源装备。企业拥有大专以上学历的专业技术人员647名,其中中高级技术职称人员34名、研发人员68人;通过与上海交通大学、江苏大学、兰州理工大学及中国重汽研究院等科研院所进行技术合作,不断提高LNG产业装备制造技术,强大的技术研发力量使企业产品保持技术市场的优势地位;公司拥有申请并获得授权的专利有78项、申请受理的专利有53项,其中发明授权专利达到25项。2013年,公司实现营业利润2.59亿元,较上年同期增长104.78%;其资产状况和经营业绩持续保持较快增长,盈利能力在所选同行业中位居第一。

㊺传化股份(002010.SZ)。浙江传化股份有限公司是国内最大的纺织印染助剂制造商。公司自创业以来,一直十分注重科技方面软、硬件的投入,科技实力已具相当规模,拥有一支由200多人组成的科技人员队伍;为进一步充实科技力量,不断创造新的利润增长点,企业与国内一些著名科研单位、大专院校及国外著名公司进行广泛的合作,营造了强大的竞争优势,研发成果卓著。2013年,企业实现销售收入40.95亿元,同比增长22.12%;利润总额2.82亿元,同比增长37.16%;其营运能力在所选同行业中位居首位。

㊻喜临门(603008.SH)。喜临门是国内床垫行业的领军企业,始终以"致力于人类健康睡眠"为使命,专注于设计、研发、生产、销售以床垫为核心的高品质家具。2012年10月,公司员工人数突破5 000大关,其中研发人数800余人,具有极强的设计研发实力;公司是"国家火炬计划重点高新技术企业"和"浙江省高新技术企业",是国家轻工行业标准《木制宾馆家具》和《软体家具弹簧软床垫》的主要起草单位,已获得29项专利。2013年,公司实现营业收入102 189.42万元,比上年同期增长13.91%;归属于上市公司股东的净利润12 021.39万元,比上年同期增长18.16%;企业的研发投入、规模及捐赠支出均居所选同行业首位。

㊼丽珠集团(000513.SZ)。丽珠集团是集医药研发、生产、销售为一体的综合性企业集团。集团所属全资子公司12个、控股企业10个;现有员工5 000人,大中专以上文化程度的员工占集团总人数的83.00%;企业技术力量雄厚、装备优良、工艺先进,生产水平和质量水平处于行业领先地位。2013年,集团实现营业收入4 618.68百万元,同比增长17.12%;实现净利润523.99百万元,同比增长10.26%;其研发支出在所选同行业中名列前茅。

㊽ 哈飞股份(600038.SH)。哈飞股份是我国直升机和通用、支线飞机科研生产基地,已经发展成为一个拥有 Y12 轻型多用途飞机、Z9 系列直升机、EC120 直升机和转包国外航空产品四大系列产品的外向型航空骨干企业。历经五十多年的发展,公司构建了国内一流的制造体系,在复合材料、数控加工、铆接、锻造、铸造、热表处理等方面形成了独特的技术优势。2013 年,企业实现主营业务收入约 108.00 亿元,其成长能力在铁路、船舶、航空航天和其他运输设备制造业中居于首位,且远远领先于其他企业;在入选的 50 家企业中,其销售收入排名第二,与第一的西部建设相差甚微。

㊾ 东阿阿胶(000423.SZ)。东阿阿胶拥有中成药、保健品、生物药三大主导产业,连续三年居全国补益中药之首;在国内十大补血品牌中的第一提及率、最常服用率、尝试率、品牌忠诚度等 7 项指标高居榜首;其复方阿胶浆为全国医药行业十大名牌产品、全国十大畅销中药。2013 年,企业实现营业收入 40.16 亿元,同比增长 31.42%;归属于上市公司股东的净利润 12.03 亿元,同比增长 15.64%;公司经营规模、资产运行质量、盈利能力等各项经营指标稳步增长,盈利能力在所选行业中位列第二。

㊿ 华意压缩(000404.SZ)。华意压缩机股份有限公司专业生产用于冰箱、冷柜、饮水机、制冰机及除湿机等制冷电器的各类压缩机,是国内最先淘汰 R12 而采用 R134A 新制冷工质的企业,率先在中国举起环保大旗,并首家推出无氟制冷压缩机。2013 年,其总资产达到 60.00 多亿元,员工 6 000 多人,在营运能力及对员工贡献方面具有不错的表现。

8.4 本章小结

本章通过采集国家有关部门公布的权威数据资料,对中国制造业上市企业发展总体情况进行概括,构建出最受尊敬的中国制造业上市企业评选体系,分析中国最应受到尊敬的制造业上市企业排名,得到下面一些结论。

其一,从中国制造业上市企业的地区分布来看,上市公司主要集中在东部沿海地区。广东、浙江、江苏和山东四省依旧位列前四;从行业分布来看,计算机、通信和其他电子设备制造业上市企业的数量最多,化学原料和化学制品制造业第二,电气机械和器材制造业第三,而家具制造业及废弃资源综合利用业上市企业的数量最少;从地区行业分布来看,广东在计算机、通信和其他电子设备制造业(75 家)、电气机械和器材制造业(35 家)及食品制造业(7 家)等行业中的上市企业数量相比其他省份来说是最多的;江苏则在专用设备制造业(17 家)、通用设备制造业(19 家)及金属制品业(11 家)等行业中的上市企业数量是最多的;浙江在通用设备制造业(21 家)、汽车制造业(34 家)及纺织服装、服饰业(9 家)等行业中的上市企业数量是最多的。

其二,从规模情况来看,本报告对主营业务收入和总资产进行了分析,2013年中国制造业上市企业的规模相比2012年有较明显的扩大。从地区主营业务收入分布来看,上海排第一、广东排第二、北京排第三;从东、中、西部地区主营业务收入的分布来看,东部地区上市企业规模总量最大、中部地区次之、西部地区最小;从行业主营业务收入分布来看,计算机、通信和其他电子设备制造业的规模最大,电气机械和器材制造业排第二,化学原料和化学制品制造业排第三。从总资产角度来看,规模以上企业几乎达到百分之百,特大型企业出现明显增长,其规模也超过总规模的2/3。另外,分析还指出制造业上市企业行业集中度较高。

其三,从效益情况来看,本报告从营运能力、盈利能力、偿债的角度,对净资产收益率、总资产净利率、主营业务利润率、存货周转率、总资产周转率、应收账款周转率、资产负债率、流动比率和速动比率9个指标进行了分析。从盈利能力角度来看,医药制造业上市公司的平均主营业务利润率最高,黑色金属冶炼和压延加工业上市公司的平均主营业务利润率最低;印刷和记录媒介复制业上市公司的平均总资产净利率最高,化学纤维制造业上市公司的平均总资产净利率最低;其他制造业上市公司的平均净资产收益率最高,化学纤维制造业上市公司的平均净资产收益率最低;西藏上市公司的平均主营业务利润率和平均总资产净利率都最高,内蒙古上市公司的平均主营业务利润率最低;宁夏上市公司的平均总资产净利率最低。从偿债能力角度来看,大部分行业的平均资产负债率都处于30%—50%,其资产结构都比较合理;其中仪器仪表制造业,文教、工美、体育和娱乐用品制造业,皮革、毛皮、羽毛及其制品和制鞋业3个行业的资产负债率略低;而广西、宁夏、青海、山西、新疆、云南和重庆7个省份的平均资产负债率略高。从营运能力角度来看,中国制造业上市企业的营运能力较好,其中计算机、通信和其他电子设备制造业的平均存货周转率高于全行业的平均水平;化学原料和化学制品制造业、黑色金属冶炼和压延加工业2个行业的平均应收账款周转率远高于全行业的平均水平;汽车制造业,有色金属冶炼和压延加工业,橡胶和塑料制品业,纺织业,金属制品业,农副食品加工业,黑色金属冶炼和压延加工业,食品制造业,化学纤维制造业,石油加工、炼焦和核燃料加工业,其他制造业和家具制造业12个行业的平均总资产周转率高于全行业的平均水平;广东、广西2个省份制造业上市企业的平均存货周转率高于全国平均水平;福建、山东2个省制造业上市企业的平均应收账款周转率远高于全国平均水平;安徽、福建、广东、黑龙江、湖南、江西、山东、山西、上海、西藏、云南、浙江12个省份制造业上市企业的平均总资产周转率高于全国平均水平。

其四,本次最应受到尊敬推荐活动在制造业上市公司中推选出最应受到尊敬的前50家制造业上市企业。本次评选重新构建了评选体系,设立3个维度(经济创造能力、科技创新能力及社会责任履行能力)以及8个评价指标的指标体系,采取两步综合评选方法推选了50家最应受到尊敬的制造业上市企业(格力电器、长安汽车和TCL集团位于前三),分布在15个省份(主要是广东、浙江、山东、北京、上海、江苏等),以及20个行业(主要是计算机、通信和其他电子设备制造业,医药制造业,化学原料和化学制品制造业,汽车制造业及通用设备制造业等)。

参 考 文 献

[1] 李廉水,杜占元.中国制造业发展研究报告2004.北京:科学出版社,2004.
[2] 李廉水,周彩虹,刘军.中国制造业发展研究报告2013.北京:科学出版社,2013.
[3] 廖秉宜,李海容.国外企业声誉排名启示[J].董事会,2014(3):86—89.
[4] 上海证券交易所.上市公司2009—2013年度年报.http://www.sse.com.cn/disclosure
[5] 深证证券交易所.上市公司2009—2013年度年报.http://www.szse.cn/main/disclosure
[6] 中国证监会.上市公司行业分类指引(2012修订).http://www.csrc.gov.cn/pub/zjhpublic/G00306201/201211/P020121116552234060328.doc

撰稿:张慧明　盛济川　周飞雪
统稿:李廉水　周彩红

第三部分
专题研究篇

第9章 生态文明:中国制造业发展的污染防控

生态文明建设已成为中国重要的发展战略,中共十八大报告已提出具体的建设任务与目标。在生态文明建设的四大任务中,加大自然生态系统与环境保护力度尤为引人注目。作为国民经济基础行业的制造业,其对环境污染具有显著的影响。统计数据显示,2012年中国制造业废水、烟(粉)尘、二氧化硫与固体废弃物排放量占工业废水等污染排放量的比重分别是83.69%、71.24%、53.67%与31.59%。因此,如何控制制造业污染排放,进而提升该产业的竞争力已成为亟待解决的难题。考虑到美、日、德三个传统制造业强国在产业污染控制方面有着成熟的经验与教训,且三国情况与中国相同,均是先污染后治理。基于此,借鉴美、日、德污染防控政策,以此为前提来刻画中国制造业的生态足迹有着重要意义,研究结果对于其他发展中国家的污染治理也有一定的启示作用。

9.1 制造业污染治理的国际经验比较

纵向剖析美、日、德三国制造业污染防控政策的历史演变,以此为基础来构建政策工具分析框架并横向对比分析三国的污染治理政策工具。

9.1.1 美、日、德制造业污染防控政策演变

遴选典型国家制造业污染防控政策工具的前提是清晰掌握制造业污染防控政策的演变历程。目前缺乏针对美国的制造业污染防控政策演变的研究,有限的学者关注某一阶段或几个阶段环境政策。例如,茅于轼(1990)研究了第二次世界大战以后至20世纪90年代的美国污染治理政策;徐再荣(2013)探析了里根政府的环境政策;王昊(2005)分析了20世纪80年代以来的污染治理政策;张雯(2011)则探讨了20世纪70年代的污染治理政策;较之以上学者,张祯和张宏武(2006)研究的历史阶段较长,其将美国环境产业的发展阶段分为发展(1969—1989年)与成熟调整(1990年至今)两个阶段。总体看来,相关文献并没有结合制造业的发展进行分析,考虑到污染防控政策变化与美国不同总统执政理念的相关性,因而有必要将制造业污染治理政策重新划分。

1. 美国制造业污染防控政策演变

美国的制造业污染防控政策随不同总统的执政而有较大的差异性。因此,第

二次世界大战后至今的污染防控政策可分为六个阶段(见表9-1),即污染防控政策的初步发展期(第二次世界大战后至1969年)、污染防控政策的快速发展期(1969—1981年)、环境保守主义时期(1981—1993年)、环境安全战略时期(1993—2001年)、污染防控政策的单边主义时期(2001—2009年)、经济复苏—能源安全—气候变化统筹发展期(2009年至今)。其中,第一阶段污染防控的目标是对自然资源及荒野进行保护,该阶段以污染的末端治理为主。随着标志性的《国家环境政策法》(1969)的颁布,尼克松总统将美国带入环境污染治理的黄金十年,这也是污染防控政策的第二阶段。在该阶段,美国由以治为主转变为以防为主,污染治理的目标也转向减少污染物排放对人体健康的影响、增进大众福利;相当一部分法律[如《空气净化法》(1970)、《安全饮水法》(1974)、《资源保护与回收法》(1976)等)]均在该阶段颁布。由于第二阶段环境规制导致美国每年要花费400多亿美元,可能对经济发展造成一定的负面效应;加之20世纪70年代末美国经历了严重的经济危机,经济增长停滞与通货膨胀并存;于是在污染防控的第三时期,美国总统里根制定了较为保守的环境政策。第三阶段污染防控政策的显著特征是放松环境规制及突出环境保护效率,由此里根政府削减环保预算、进行机构调整、建立以"成本—效益"分析为核心内容的审核机制、向各州转移环境管制职能。同是属于污染防控治理的第三阶段,老布什政府虽然本质上仍然属于环境保守主义,即放松管制、实行"成本—效益"分析,但是较之里根政府,老布什政府对于环保方面的研发预算略有增加,通过了《清洁空气法》,注重市场的政策工具在污染治理中的运用,属于相对温和的环境保守主义。污染防控政策的第四阶段为克林顿执政时期,这一时期的环境政策已纳入国家安全战略的一部分,体现了克林顿政府对污染防控的重视。克林顿政府强调环境管制的经济、社会与生态的多目标平衡;重视环境信息的披露(如要各级政府通过互联网等技术工具披露包括环保在内的信息);为治理大气污染,制定了新的关于臭氧和空气微粒的标准;在安全饮用水、污染场所的清理等方面,实施了财政及拨款等优惠措施。在第五阶段,小布什政府实施了污染防控政策的新保守主义与单边主义。这一时期,小布什政府对《京都议定书》的签署采取不合作的态度,对二氧化碳减排实施自愿而非强制的政策;在2002年出台的《美国国家安全战略报告》中,环境战略在国家战略的地位较之克林顿政府时期有所下降。经历了2008年的国际金融危机,如何推进经济复苏成为新一届的奥巴马政府亟待解决的难题;而与此同时,气候变化与能源安全两大问题也成为全球关注的焦点。在此背景下,奥巴马政府实施了新政,将经济复苏—能源安全—气候变化统筹考虑,大力发展清洁能源、提高能效,在一定程度上可以应对能源安全、减少制造业污染排放。

表 9-1 美国制造业污染防控政策历史阶段划分

阶段划分	污染防控政策特征	执政总统
第二次世界大战后—1969年	污染防控政策的初步发展期;关注自然资源与荒野的保护	杜鲁门、艾森豪威尔、肯尼迪、约翰逊
1969—1981年	污染防控政策的快速发展期;制定与修订多部环境法律	尼克松、福特、卡特
1981—1993年	突出污染防控政策的效率;环境保守主义	里根、老布什
1993—2001年	将环境政策视为国家安全战略的一部分	克林顿
2001—2009年	污染防控政策的新保守主义与单边主义	小布什
2009年至今	经济复苏—能源安全—气候变化统筹发展	奥巴马

2. 日本制造业污染防控政策演变

日本的制造业污染防控政策演变与其制造业发展过程相一致,可以分为公害治理政策(20世纪50—60年代);环境保护与城市生活质量提升政策(70—80年代);循环经济推进政策(90年代);低碳与应对气候变化政策(2000年至今)。第一阶段,政府着力解决城市与生活公害、产业公害,后者涉及制造业生产导致的大气污染、恶臭、废液排放、土壤污染、地面沉降等。针对产业尤其是重化工业所造成的污染,日本政府于该阶段出台了一些法律法规,如《公害对策基本法》《大气污染防治法》《噪音规制法》等。第二阶段,日本的环境治理理念开始改变,变被动性的公害防治为主动性的环境保护,提升城市生活质量成为这一时期的战略重点之一。在主动性污染防控治理理念下,日本的环境政策对制造业产生了间接或直接的影响。间接影响的政策包括明确提出环境权、将环境确认为公共托管财产;直接影响的政策主要体现为建立环境影响评价机制,以及为提升城市生活质量而在产业布局上进行协调规划。第三阶段,政府关注的是循环经济推进政策,相继出台《再生资源循环利用法》《废弃物处理法》《容器包装循环利用法》等,并展开生态工业园区零排放推进工作。循环经济政策的制定大力推进了废旧电子产品、废旧家电等废弃资源的再制造。低碳与应对气候变化政策对日本制造业的影响是两方面的,一方面日本政府承诺的温室气体减排目标在一定程度上负向影响了制造业产值;但是另一方面,低碳化有助于提升制造业的环保技术创新能力。

3. 德国制造业污染防控政策演变

德国的制造业污染防控政策发展阶段与其制造业的历史演变不一致。在整个20世纪50年代,尽管化学、制药、钢铁等污染性行业带来了严重的环境问题,但并未引起德国的重视。德国自60年代中期以后才陆续出台污染防控政策,且对于环境治理的关注出现反复。总体来看,德国的污染防控治理可以分为五个阶段:污染"末端处理"阶段(1965—1974年);环境政策停滞阶段(1975—1978年);

污染治理巩固阶段(1979—1989年);循环经济推进与规制政策多样化阶段(90年代);环境政策国际化阶段(2000年以后)。在污染"末端处理"阶段,德国颁布的法律较少,以20世纪60年代中期制定的第一部环保法《保护空气清洁法》与1974年出台的《联邦污染防治法》最为重要。第一阶段,德国强调的是在有害物质排放至环境介质之前,行为人必须安装技术设备来减少污染。值得关注的是,德国提出了污染治理三原则,即预防为主、污染者付费与合作原则。第二阶段之所以被称为环境政策停滞阶段,是因为受石油危机及经济衰退的影响,环境政策并不是政府关注的焦点,该阶段并未通过新的立法建议。第三阶段,即污染治理巩固阶段(1979—1989年),德国对一些重要法案进行了修订,如《化学制品法》《刑法》《联邦污染防治法》等,严格执行了污染者付费原则。第四阶段,德国的污染防控着力于两方面:一是从无害化转向减量化和资源化,相继出台或修订了废弃物处理法案、条例;二是环境治理政策的多样化,即从环境影响评估、环境信息披露、环境审计、生态税等多方面治理环境。第五阶段,减少二氧化碳排放已为全球关注,德国的污染防控治理政策侧重于碳交易、保护臭氧层,政策的重要目标之一是应对气候变化。

9.1.2 制造业污染治理的政策工具分析框架

当前,学术界对于基本政策工具的分类尚未达成共识。国外学者Rothwell和Zegveld(1985)将基本政策工具分为供给、环境和需求三种类型;国内具有代表性的学者主要有张成福、陈振民与陶学荣等。例如,张成福(2001)依据政府介入程度将政策工具分为政府部门直接提供财贷与服务、签约外包、补助或补贴、抵用券、经营特许权、志愿服务与市场运作等;陈振民(2004)将政策工具分为市场化工具、工商管理技术与社会化手段三类;陶学荣(2006)则认为,政策工具包括经济性、行政性、管理性、政治性和社会性等五类工具;李晟旭(2010)将其分为命令控制型、经济刺激型和社会型,即政策工具分别指行政调整机制、市场调整机制和社会调整机制;而毛万磊(2014)认为,环境政策工具包括命令控制型、经济激励型和自愿型三类,后者主要包括信息手段、自愿协议、公民参与等方式。尽管名称不同,但毛万磊所提出的自愿型政策工具与李晟旭所提出的社会调整型政策工具的内涵是一致的。

显然,以上学者对于政策工具作了有益的尝试,但是总体来说,当前的政策工具分类或略显宽泛、或相互之间存在重叠、或忽略某一类政策工具。鉴于美国、日本、德国的制造业污染防控政策主要包括法规管制、损害补偿机制、政府资金投入、融资税收等市场化机制、绿色规划与产业布局、信息披露制度、污染治理协议、公众参与机制等,本报告将基本政策工具分为目标规划、命令—控制、市场化机制及自愿型四类(见图9-1)。其中,绿色规划与产业布局、政府资金投入属于目标规划政策工具;命令—控制是指规制性政策工具,该类政策工具包括具有惩罚性质的损害补偿机制以及非惩罚性质的法规管制政策工具;自愿型政策工具未涉及规制及市场化机制,属于自愿性质,主要包括公众参与机制、信息披露、污染治理协议等。

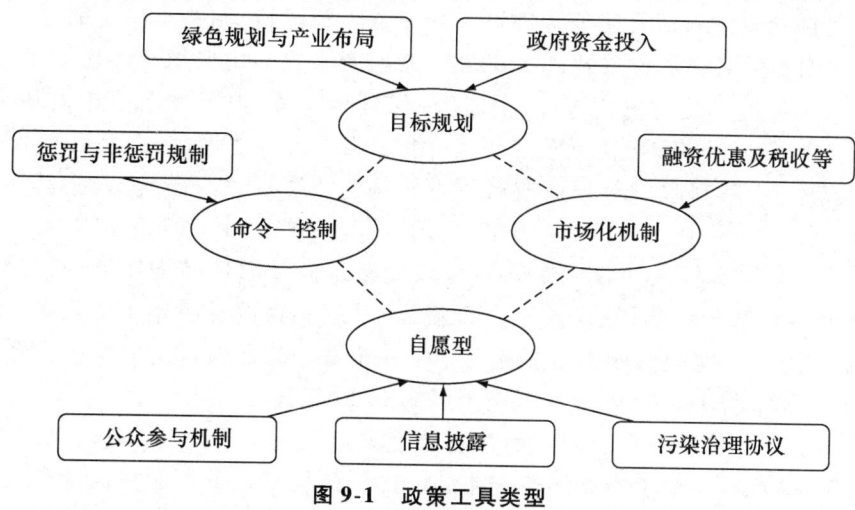

图 9-1　政策工具类型

9.1.3　美、日、德的制造业污染防控政策工具选择

1. 目标规划政策工具

（1）绿色规划与产业布局

在美国,绿色规划的政策工具主要应用于环境技术创新及环境正义计划。针对环境技术创新,联邦政府制订了综合性的环境技术创新计划、专门性环境技术创新计划、部门性重大环境技术创新计划等。此外,为推进部门研究的协调,联邦政府曾建立以美国环境保护署(EPA)为首的加强信息共享的合作计划。针对环境正义,奥巴马政府将其列为七大工作重点之一,制订了《环境正义计划:2014》。该计划首先识别环保局实施环境正义的工作领域;然后开发一些科技、信息与资源工具,为环境正义决策提供科技支撑;最后启动项目,包括局部气候与能源、城市用水等项目。

日本对于城市规划较为重视,于第二次世界大战后的复兴期制定了绿地规划标准,着眼于城市公园绿地建设。自 1973 年起,日本 6 次修订《城市公园整备五年计划》,并合并成《社会资本整备五年计划》;之后,日本的城市规划目标拓展到整个城市环境建设,相继制定《东京都绿色倍增计划》(1984)和《东京都环境管理计划》(1987)。城市规划在一定程度上影响了产业布局,通过城市规划,有效地调整了制造业空间布局,优化了区域产业结构。

德国的绿色规划主要包括单项规划与总体规划。其中,单项规划主要包括废弃物处理系统规划、空气质量或废弃物管理规划;总体规划包括区域总体规划、土地利用规划、城市发展规划等,其目标是协调不同需要,合理科学地规划土地。

(2) 政府资金投入

美国联邦政府对污染防控治理投入的资金逐年增长,相关支出是财政公共预算的一部分,占 GDP 的比重超过 2.00%。政府资金投入主要用于环保技术创新、清除事故性溢流或政府采购等。为推进环保资金管理,美国设立了超级基金,联邦政府每年投入 15.00 亿美元于该基金,用于清理污染地等;为提高环保产品的技术创新水平,联邦政府与企业或者研发机构达成协议,投入资金购买其环保创新产品。

日本政府资金投入的领域主要为基础设施建设及循环经济发展。针对运行费用高的环境基础设施,政府给予资金投入;对废弃物再资源化工艺设备生产者给予相当于生产、实验费的 1/2 的补助;对引进先导型合理利用能源的设备予以补贴,其补贴率为 1/3,补贴金额最高上限为 2.00 亿日元。

德国的资金投入着眼于废弃物管理和处置,其中中小型企业的废弃物排放是政府资助的重点,这对于中小制造企业的污染排放规制以及再制造企业的发展起到推动作用。与此同时,德国政府对积极承担环保责任的制造企业或环保项目给予补贴。

2. 命令—控制政策工具

(1) 非惩罚机制法规管制是非惩罚机制的一种重要形式

针对行业的污染防控,美国的法规管制主要出现在 20 世纪 70 年代的环保"黄金十年",涉及环境教育、水、空气、生产所产生的噪音等污染物防控以及资源回收与保护等。相关法律具体包括《环境教育法》(1970)、《环境质量改善法》(1970)、《安全饮水法》(1974)、《资源保护与回收法》(1976)、《净水法》(1972)、《资源保护和恢复法》(1974)、《有毒物质控制法》(1976)、《海洋保护、研究和庇护法》(1972)与《噪声控制法》(1972)等(见表 9-2)。显然,这一时期的法律从多个维度给予污染治理以重视。20 世纪 90 年代克林顿执政时期,虽然其法制建设要逊于 70 年代,但是仍然制定或者修订了《清洁水法》《安全饮用水法》《生物多样性条约》《电子化信息公开法》《超级基金法》《美国气候行动方案》等法案。区别于70 年代,克林顿时期法律关注的焦点是环境信息披露、污染场所清理与温室气体减排等。现任的奥巴马总统着力于经济增长—能源—气候变化的统筹发展,制定《清洁能源安全法案》,支持碳总量控制与交易立法,授权美国环境保护署起草更严格的燃煤电站二氧化碳排放标准,相关法律在推进经济增长的同时也有效减少了制造业的污染排放。在排污许可证方面,企业如果拟申请,一般要缴纳许可证费。

日本中央政府制定的与制造业污染直接或者间接相关的法规集中于 20 世纪 60 年代、70 年代,以及 90 年代。60—70 年代的法律着力解决公害问题,主要包括

《公共水域水质保全法》(1958)、《工厂排污规制法》(1958)、《烟尘排放规制法》(1962)、《公害对策基本法》(1967)、《大气污染防治法》(1968)、《噪音规制法》(1968)、《水质污染防止法》(1970)、《废弃物处理法》(1970)、《恶臭防止法》(1971)、《公害防止管理者法》(1971)、《自然环境保全法》(1972)、《城市绿地保全法》(1973)、《节能法》(1979)等(见表9-2);以上法律中以《公害对策基本法》与《自然环境保全法》最为重要。由相关法律可以看出,自20世纪50年代末,日本政府针对环境污染,从大气、水质、噪音、恶臭等方面均制定了规制法案;但60—70年代的法律对于污染多是以"浓度限制"为主,且对于公害立法过于松散,未能针对复合型环境污染提出规制政策。90年代的法律重点解决废弃物处理问题,如1993年颁布的《环境基本法》,重要目标之一即为减少环境负荷、实现循环社会。由于该法律是在《公害对策基本法》与《自然环境保全法》的基础上制定的,决定了其成为90年代最为重要的法律。在1993年前后,日本政府相继出台《再生资源循环利用法》(1991)、《容器包装循环利用法》(1996)、《废弃物处理法》(1997)、《气候变化对策推进法》(1998)。进入21世纪后所制定的法律相对较少,分别于2002年、2008年对《气候变化对策推进法》进行了修订。

除了中央政府制定的法规,日本地方政府积极参与规范性的制度建设。例如,东京都早在1949年就制定《工厂公害防治条例》;1969年又提出《公害防止条例》,明确"环境权"为居民的基本权利,并规定详细的保障都市居民健康生活的公害防止措施;1976年,川崎市率先制订了环境影响评估条例,推进环境影响的制度化建设。总体而言,日本地方政府制定的法规管制政策较之中央政府更有针对性,且部分条例制定的环境标准要高于中央政府,另有部分条例管制的领域属于国家法律尚未涉及的。

显然,日本两级政府制定的法规管制政策对制造业生产形成了环境约束力,其法规管制的特点为:政策涉及制造业的废气、废水、噪音、土地污染、人体健康等多形态的污染排放管制;政策给予废旧家电、电子产品的回收以关注,在推进再制造业的同时,减少了废弃物的污染排放;与中国不同,地方政府积极参与环境治理,颁布较为细化、有针对性的污染法律,极大地约束了制造业的污染排放。

1965—1989年,德国的相关法规管制集中于末端处理,涉及制造业对清洁空气、植物、动物、废水等污染的治理,具体包括《保护清洁空气法》《植物保护法》《汽油及铅法》《废弃物法》《动物保护法》《联邦污染防治法》《洗涤剂法》《联邦自然保护法》《废水收费法》等。如上所述,20世纪90年代德国的环境政策沿着两条主线展开,一是废弃物资源化。德国相继制定《包装条例》与《循环经济与废物管理法》,前者要求生产商和零售商回收利用用过的包装,进而减少包装废物的填埋与焚烧;后者规制的目标是减少经济源头的资源使用量和污染产生量,并对废旧包装物加以回收利用；当避免产生废弃物和回收利用均不能实现时，才允许将最终废弃物进行环境无害化处理。二是政策的多元化，即包括环境影响评估、环境信息披露、环境审计等，如《环境影响评估法》《环境信息法》《环境审计法》《土地保护法》《生态税改革法》。进入 21 世纪，德国环境政策的国际化体现在相当一部分法规是针对大气污染防治的，如《挥发性有机物排放的限制规定》《温室气体排放交易法》《化学制品——臭氧层条例》《化学制品——气候保护条例》等；与此同时，德国对于环境治理的公众参与及废弃物回收也高度重视，颁布了《公众参与法》《回收与清除证明条例》《垃圾场条例》等。

表 9-2　法规管制

国家	法规管制	政策评价
美国	《水污染控制法案》(1948)、《清洁空气法案》(1963)、《土地与水资源基金法案》(1964)、《水污染法》(1963)、《内部收益法典》、《谅解备忘录》(1996)、《国家环境政策法》(1969)、《空气净化法》(1970)、《生物多样性公约》、《海洋法公约》、《安全饮水法》(1974)、《资源保护与回收法》(1976)、《净水法》(1972)、《资源保护和恢复法》(1974)、《联邦杀虫剂、杀菌剂和杀鼠剂法》、《有毒物质控制法》(1976)、《海洋保护、研究和庇护法》(1972)、《综合环境资源补偿和责任法》(1980)、《环境教育法》(1970)、《环境质量改善法》(1970)、《噪声控制法》(1972)、《濒危物种法》(1972)、《安全饮用水法》(1974)、《清洁空气和水法》(1977 修订案)、《能源保护法》(1987 新修正案)、《紧急计划与公民知情权法律》(1986)、《能源政策法案》(1992)、《电子化信息公开法》(1996)、《安全饮用水法》(1996 修正案)、《清洁能源安全法案》(2009)	相关政策涉及制造业所产生的空气、水、土地污染等，较为全面；环境政策的反复波动与不同的在任总统相关。政策关注信息披露、能源政策环境、环境教育、污染治理技术创新；较少关注再制造业的发展
日本	《公共水域水质保全法》(1958)、《工厂排污规制法》(1958)、《烟尘排放规制法》(1962)、《公害对策基本法》(1967)、《大气污染防治法》(1968)、《噪音规制法》(1968)、《水质污染防止法》(1970)、《废弃物处理法》(1970)、《恶臭防止法》(1971)、《公害防止管理者法》(1971)、《自然环境保全法》(1972)、《城市绿地保全法》(1973)、《节能法》(1979)、《环境基本法》(1993)、《再生资源循环利用法》(1991)、《容器包装循环利用法》(1996)、《废弃物处理法》(1997 修订)、《气候变化对策推进法》(1998)	相关政策并未专门针对制造业污染问题，具有一定的普适性；政策涉及制造业污染排放的多种形态；政策给予再制造业及公众参与以关注；缺乏推进制造业技术供给与扩散的法规，可能导致未来制造业创新能力不足

（续表）

国家	法规管制	政策评价
德国	《保护清洁空气法》、《植物保护法》(1968)、《汽油及铅法》(1971)、《废弃物法》(1972)、《动物保护法》(1972)、《联邦污染防治法》(1974)、《洗涤剂法》(1975)、《联邦自然保护法》(1976)、《废水收费法》(1976)、《化学制品法》(1980)、《环境责任法》(1990)、《环境影响评估法》(1990)、《包装条例》(1991)、《环境信息法》(1994)、《环境审计法》(1995)、《土地保护法》(1998)、《生态税改革法》(1999)、《环境审计法费用规定》(2002)、《挥发性有机物排放的限制规定》(2004)、《温室气体排放交易法》(2004)、《公众参与法》(2006)、《回收与清除证明条例》(2006)、《环境上诉法》(2006)、《化学制品——臭氧层条例》(2007)、《化学制品——气候保护条例》(2008)、《水资源法》(2009)、《垃圾场条例》(2009)、《放射性物质污染条例》(2010)	政策注重污染排放的末端治理、制造业废弃物排放、公众参与机制建设,有利于制造业从产业链末端控制污染排放；政策具有多样性,涉及信息披露、审计、废水处理、土地保护等

较少有直接推进制造业污染防控的政策,鲜有法规管制条例直接针对推进制造业污染防控的技术创新与技术扩散。

（2）惩罚机制

损害补偿机制是惩罚机制的一种重要形式。美国通过建立污染损害赔偿基金以及排污交易机制来实施污染损害赔偿。前者以超级基金为代表,设立的重要目的之一是对自然资源损伤、破坏和灭失所造成的损害进行赔偿；后者实施的主体为环境非达标地区,在该地区新、扩、改建项目必须取得排污削减量以"抵消"或补偿其排放。排污削减量的获得是通过许可证交易市场或储存排放削减信用的银行购买。

对于污染所造成的损害进行补偿是日本重要的规制政策。日本曾颁布《公害防止事业企业负担法》《公害健康损害补偿法》,在世界上首次运用污染者负担原则消除蓄积性公害的问题,并加以制度化；依据特定地区、特定对象、疾病类型和居住条件等因素,设计不同等级的公害损伤补偿标准。损害补偿机制形成对制造业污染排放的有效约束,减小了制造业污染问题解决的不确定性。

早在环境政策制定的第一阶段,德国就构建了污染者损害补偿原则,并在环境政策的巩固阶段贯彻实施了这一原则。1990年,德国制定了《环境责任法》,对损害补偿的民事责任作出详细规定；另在《水法》中,德国规定了水体排污导致他人受害的损害赔偿诉讼期限。

3. **市场化机制政策工具**

融资税收等市场化机制。美国对于制造业污染防控采取税、费及排污交易多种措施,其中排污交易成为其污染防控的一大特色。环境税收方面,美国开征了破坏臭氧层化学品生产税、破坏臭氧层化学品储存税、危险化学品生产税等,并规定收益超过 200 万美元以上的企业法人应缴纳 0.12% 的环境收入税。美国一方面征收环境税,另一方面实施企业所得税减免优惠,对企业综合利用资源所得给予减免所得税的优惠。费用方面,美国制定了针对二氧化硫排放、固体废弃物排放的收费制度。其中,前者的收费标准是 30—200 美元/吨,后者的标准是 0.85 美元/吨。与德国类似,美国在饮料罐、轮胎、电池等固体废弃物排放方面也实施了押金制度。

为世界主要工业国家所推崇的是排污许可证及排污交易机制。该机制下,每个企业都需要一个排污许可证,设定排放污染量配额控制指标。国家环保局按许可证总量的 2.50% 进行拍卖;企业之间也可以将各自未用完的排污许可证配额之内的余量用于交易。

日本政府对旨在减少废弃物的产生、废弃物循环利用的研究开发或设备投资提供优惠贷款利率;对从事环保产业的企业单位简化贷款手续,特别是担保手续,并可延长偿还期限;与此同时,可以对这类企业实施减免固定资产税等税收优惠。

德国推进制造业环境污染治理的市场化激励机制主要包括生态税、非税收的环境收入、押金与退款制度。生态税在施罗德执政时期颇受重视,实施的目标是减少能源的消耗与环境污染,提高就业率。生态税的实施措施主要体现为提高汽油税、天然气税、低硫柴油税收等。非税收环境收入是指依据废弃物中必须处置的有毒有害物质的毒害程度而收取相关费用。该收入基本上用于支持、咨询和研究开发有毒废弃物的处置技术与方法,以及修复其带来的危害。

4. 自愿型政策工具

(1) 公众参与

公众参与成为美国污染治理的重要渠道之一。联邦政府通过的《国家环境政策实施程序条例》规定,公民可以自由参与并有权获取环境影响评价文件,持有异议者可提出意见。环境教育也是引导公众参与的主要途径之一,1970 年制定的《环境教育法》规定,政府可通过学校教育与新闻媒体宣传来推进公众参与污染治理。除了法律,联邦环保局通过信息化、重要文件制作、制定公民环境正义指南等机制与方法的创新提高公众参与度。

日本的制度性安排中,《环境基本法》《推进形成循环型社会基本法》《再生资源利用促进法》均规定了以培养民众环境责任意识与环境资源教育为目标的制度。除此之外,非制度性的安排也推进了公众参与制造业环境治理的积极性。例如,为保证民众的监督权,日本地方政府对与环境保护相关的信息都保持公开透明的态度,使公众可以及时了解环境政策的规定及执行情况;民众可以通过递交居民意见书、参加听证会来反馈意见。另外,日本政府还通过非制度性安排来引导民众使用绿色产品。

德国公众参与污染治理的机制是多维度的,除法律规定公民拥有环境知情权以及参与环境影响评价报告的评论权、建设权等具体权利外,德国成立环保资源协会,充分发挥非政府组织力量,积极向民众宣传环保知识,建立公民参政体制。在宣传教育方面,德国建立了多层次的教育体系。首先,环境教育被纳入国家教育体系,从幼儿园、中小学就开展环境保护教育;其次,许多公共机构和军事机构提供环境教育;最后,在新闻媒体上采取多形式的广泛宣传。

(2) 信息披露制度

早在 1969 年美国出台的《国家环境政策法》中,就规定了应依据《情报自由法》对外公开环境影响报告书及相关机构的意见;随后颁布的《国家环境政策实施程序条例》对信息披露进行了详细规定。20 世纪 80 年代,美国出台了《紧急计划与公民知情权法律》《有毒化学物质排放清单》,要求企业必须公布有毒物质排放量;并公布国家《毒物释放总览》,首次向公众披露进入空气、水、填埋场,以及运到企业外地点的 300 多种危险物质的排放处理信息;1996 年,美国颁布了《电子化信息公开法》,规定政府应该披露环保等行政信息。

日本环境信息披露的重点在于技术与数据、环境政策、环境行为及成效三方面。针对环境技术信息与环境政策的披露,日本政府在大气污染、水质改良、污染物处理等方面进行技术援助、技术交流与协作等,将技术信息部分公开化;通过互联网将环境技术与政策公开化;通过公告让民众及时了解环境政策和中央、地方政府、企业的环境行为与成效。

德国的环境污染信息披露在《环境信息法》中得到体现。该法明确界定了环境信息的概念,并规定公众的环境知情权、政府对环境信息披露的职责、环境信息披露的内容,以及公众申请获得环境信息的程序、经费等内容。信息披露涉及水域、空气、土壤等。

(3) 污染治理协议

美国《国家环境绩效跟踪计划》于 2001 年开始实施,该计划的实质是政府与企业之间的污染治理协议,明晰双方的责权利。参与企业在环境绩效得到计划认可时,会得到一定奖励。另一种污染治理协议产生的背景是环境法律制定了严格的环境标准或规定,且行政机构缺乏资金与人力来实施环境政策。于是联邦政府机构规定可由非公机构提交一份环境保护计划,在得到行政机构批准的情况下可执行该计划。显然,这种污染治理协议也有着一定的自主性。

德国行之有效的污染治理协议为自愿协议,通常是由政府和行业协会或企业签订,协议的内容是多方面的。企业作出达到一定节能和减少污染物排放目标的承诺,政府则许诺给企业提供财政援助、或放宽管制。在众多的资源协议中,德国工业界实施的降低二氧化硫排放的协议最为重要。

较之美国和德国,日本的污染治理协议并不是一种自愿协议,因地方政府与企业签订的污染管制协议具有法律约束力,对违反协定的企业,地方政府可以强制其履行义务。

9.2 中国制造业的污染防控政策及成效

清晰把握中国制造业的污染防控政策的前提是了解制造业的演变轨迹;以此为基础,探讨其与污染防控政策发展的非一致性;进一步地,分析制造业污染防控政策工具,并与美、日、德三国进行比较以挖掘现行政策的过溢与缺失;并采用面板数据模型检验现行政策的有效性。

9.2.1 中国制造业与污染防控政策的演变轨迹

新中国成立后,中国制造业大体经历了四个阶段:第一阶段优先发展重工业(1949—1978年),该阶段重要的政策包括1952年7月制定的《一九五三年至一九五七年计划轮廓(草案)》及其总说明,规定"工业建设以重工业为主,轻工业为辅";50年代末60年代初期,毛泽东提出在优先发展重工业的条件下发展工业和发展农业同时并举;1976年积极实施国家重点建设的120个重大项目。第二阶段(1979—1998年)的政策重点是加强轻工业,实现轻重协调发展。第三阶段(1999—2005年)为重工业再发展时期,期间确定了七大重点投资产业,具体包括第一产业、能源工业、交通运输业、石油化学工业与汽车工业;并于2005年出台《钢铁产业发展政策》,以及水泥、电解铝、焦炭、电石、铝合金、煤炭、铜冶炼等产业政策;此外,提高行业技术创新能力是这一时期的政策的另一重点。第四阶段(2006年至今)为新型工业化时期,该时期以"十一五"规划第一次明确提出的环境约束性指标为标志,强调制造业的新型化,即突出制造业的经济创造能力、科技创新能力与环境资源保护能力。

针对污染防控政策,吴荻和武春友(2006)认为中国政策演变具有的特征是,环境政策手段从政府直接管制向间接管制转变、环境政策作用机制从事后治理发展为全程监控等,其研究并未涉及演变阶段的划分。同样关注环境政策特征的还有Zhang等(2007)、Zhang和Wen(2008),以及孙宝乐和胡美灵(2014),但是与吴荻和武春友(2006)的研究不同的是,后者指出了中国环境政策的起始年份。周宏春和季曦(2009)将污染防控政策分为四个阶段,即中国环境保护的开创阶段(改革开放前)、中国环境保护的发展时期(1979—1991年)、环境保护的加快发展阶段(1992—2002年)、环境保护的深化发展阶段(2003年至今)。Wang(2010)认为,中国近三十年的环境政策经历了五个大的阶段,即环境保护基本国策至可持续发展战略阶段、由环境控制转向生态保护、由末端治理转向源头控制、由点源治理转向区域治理、由行政管理转向法律与经济手段调节。通过文献总结以及与制造业演变轨迹的比较可以看出，一方面，相关研究对于污染防控政策起始年份持有一致的观点，即为1973年；另一方面，从制造业演变轨迹来看，政府对于制造业污染排放问题的重视始于2006年，不同于我国污染防控政策的起始年份。这说明我国污染防控政策制定的初衷并不是为了提高制造业的竞争力、推进产业升级，而是基于末端治理的考虑。尽管如此，2006年以前的污染防控政策仍然可能对制造业产生一定的影响，有必要对其进行分析。

进一步地，结合相关研究与污染防控政策的实践，本报告认为中国污染防控政策阶段可以划分为初始阶段（1973—1982年）、基本国策阶段（1983—1991年）、可持续发展阶段（1992—2002年）、科学发展观阶段（2003年至今）。1973年以前，在重工业及"以钢为纲"等政策的影响下，中国重工业对环境造成了一定的破坏，发生1972年的大连湾污染、北京鱼污染等事件。为着力解决污染事件问题，国家计委于1973年召开环境保护会议，通过《关于保护和改善环境的若干规定》，为中国污染防控政策的制定奠定了基础。第一阶段制定了"三同时"制度、污染物排放标准、排污收费制度、环境影响评价等制度，并出台《关于进一步开展烟囱除尘工作的意见》《中华人民共和国防止沿海水域污染暂行规定》等规制政策，总体来看，这一阶段污染防控政策多侧重于规制。不同于以往学者的研究，本报告认为第二阶段的起始年份为1983年，因为该年份举行了第二次全国环境保护会议，将环境保护确立为基本国策，以及"预防为主、防治结合""谁污染谁治理""强化环境管理"三大环境治理理念。虽然这一阶段并未从根本上改变"先污染后治理"的格局，但是污染治理已开始转向预防控制。第三阶段为可持续发展阶段，其政策的核心是鼓励经济增长，推进经济增长与人口资源环境的协调。这一时期除了制定或修改《清洁生产促进法》《大气污染防治法》《环境与发展十大对策》等法律法规外，还出台了市场化的投资、财税、价格等污染防控政策，环境技术、环保产业支持以及污染许可制试点等政策。不同于可持续发展阶段，科学发展观阶段更强调以人为本，树立全面、协调、可持续的发展观。在此背景下，污染防控政策侧重于：强化相关部门的环境责任，将环保纳入官员政绩考核的范畴；对高污染的制造业在投资与信贷方面进行控制，推进产业结构的优化与升级；推动废弃物资源化利用，使废旧家电、电子产品的再制造得到一定发展；制定《环境影响评价公众参与暂行办法》，提高公众的环境参与意识。

9.2.2 中国制造业污染防控的政策工具选择

本节从目标规划、命令—控制、市场化机制与自愿参与机制四个维度分析中国制造业政策工具选择。

1. 目标规划政策工具

(1) 绿色规划与产业布局

自 1982 年开始,中国的环境保护已经纳入国民经济与社会发展计划,《国民经济和社会发展"九五"计划和 2010 年远景目标纲要》将环境保护纳入我国经济社会发展的整体加以统筹规划。近年来,中国的绿色规划政策主要包括《全国生态环境保护纲要》(2000)、《全国生态脆弱区保护规划纲要》(2008)、《国家环境保护"十二五"规划》(2011)、《重点区域大气污染防治"十二五"规划》(2012)等。此外,《国务院关于落实科学发展观加强环境保护的决定》(2005)、《节能减排工作性方案》(2007)等政策中的部分内容涉及污水与二氧化硫排放的规划。

(2) 政府资金投入

政府对工业污染治理的资金投入多以补贴或者专项资金的形式出现。污染治理投资占 GDP 比重在 2001 年为 1.06%;之后总体呈现攀升态势,2010 年污染治理投资占 GDP 比重达到最高,为 1.90%;2011 年和 2012 年下滑至 1.50% 和 1.59%。从资金投入的流向来看,21 世纪初以废水治理投资居多;从 2003 年开始,资金投入的重点转向治理废气;相对而言,治理固体废物的投资偏少。2012 年,在污染源治理总投资(500.50 亿元)中,废气、废水与固体废物治理投资的金额分别为 257.70 亿元、140.30 亿元与 24.70 亿元。

2. 命令—控制政策工具

(1) 非惩罚机制

中国的污染防控法规管制政策主要针对大气污染、水、重金属等,其内容包括对环境影响评价的规范、污染的防治、清洁生产的标准制定等。相关政策包括《中华人民共和国环境保护法》(1989)、《国务院关于环境保护若干问题的决定》(1996)、《中华人民共和国清洁生产促进法》(2012)、《中华人民共和国环境影响评价法》(2002)、《水污染物排放许可证管理暂行办法》(1988)、《水污染防治法》(1996)、《水污染防治法实施细则》(2000)、《大气污染防治法》(2000)、《生态环境质量评价技术规范》(2005)、《国家环境保护标准修订工作管理办法》(2006)等,以上法规包括非惩罚与惩罚两种政策措施。

除了法规与污染防控的标准制定,我国制造业污染防控的措施还包括制度建设,如环境影响评价制度、"三同时"制度、排污许可证制度、污染限期治理制度、污染总量控制制度、强制性信息披露制度等。其中,"三同时"制度为我国独创,指的是项目建设时,污染防控设施必须与主体工程同时设计、同时施工、同时投产;排污许可证制度主要针对水污染及大气污染两类污染物防治。

(2) 惩罚机制

相当一部分法规制定了环境损失的补偿制度。例如,《中华人民共和国民法通则》(1986)规定,对违反国家保护环境政策、污染环境造成他人损失的,应当依法承担民事责任;《中华人民共和国环境保护法》(1989)规定,造成环境污染危害的,有责任排除危害,并对直接受到损害的单位或者个人赔偿损失;进一步地,该法案对赔偿责任与金额纠纷处理也进行了清晰的诠释。随后的《中华人民共和国水污染防治法(修正案)》(1996)、《中华人民共和国环境噪声污染防治法》(1996)与《中华人民共和国大气污染防治法》(2000)分别对水、噪音与大气污染的损失补偿问题进行了详细的说明。

3. 市场化机制政策工具

市场化机制政策工具主要有融资税收等。早在 1995 年,中国人民银行制定了针对环境保护的信贷政策,提出把支持生态资源的保护和污染的防治作为银行贷款的考虑因素之一。2007 年,原国家环保总局、中国人民银行和中国银行业监督管理委员会联合发布《关于落实环保政策法规防范信贷风险的意见》,对环境违法的项目或企业进行信贷控制,扶持绿色环保项目。我国于 1978 年首次提出排污收费制度,之后 1982 年的《征收排污费暂行办法》正式确立排污收费制度。《环境保护法》《水污染防治法》也均对排污收费作出规定,即排污收费的执行原则遵从"排污收费、超标处罚",以应缴纳排污费数额作为计罚的依据。此外,目前排污费的征收主要以污染税的方式体现。较之发达国家,我国的排污权交易尚处于试点阶段,目前集中于大气排污权与水排污权交易。我国虽然于 90 年代中期在 6 个城市进行了大气排污权试点,并在以后的实践中有少数成功的案例,但总体来言,仍需要进一步完善排污权交易。

4. 自愿型政策工具

(1) 公众参与

当前的公众参与制度包括信访、举报投诉、听证等制度。中国自 1993 年开始出台环境评价及信访政策,以鼓励公众参与污染治理。例如,1993 年 6 月,国家发布《关于加强国际金融组织贷款建设项目环境影响评价管理工作的通知》,提出环评工作中公众参与的方式和途径主要是听证;2003 年 9 月出台《环境影响评价审查专家库管理办法》,明确专家挑选的随机机制,制定专家库的动态管理办法;2006 年制定《环境影响评价公众参与暂行办法》,明确公众参与环评的具体范围、程序、方式和期限。针对信访工作,中国于 2002 年出台《关于进一步加强信访工作的通知》,完善环境信访月报制度,加强信访信息的反馈和信访案件的督办。

(2) 信息披露制度

我国制造业污染排放的信息披露制度建立的时间较晚,且主要针对上市公司。2005 年,国务院出台《国务院关于落实科学发展观加强环境保护的决定》,指出企业要公开环境信息,对涉及公众环境权益的发展规划和建设项目,通过听证会、论证会或社会公示等形式,听取公众意见。需要指出的是,该决定对于企业公开环境信息的规定并不是强制性的。2007年,国家环境保护总局制定《环境信息公开办法》,从政府与企业两个维度规定信息公开的内容,并给予自愿公开环境信息的企业以奖励。其中,政府环境信息公开涉及公开的范围、程序与方式;企业环境信息公开包括环境信息内容与信息公开时间。2008年,国家环境保护总局出台《关于加强上市公司环境保护监督管理工作的指导意见》,规定国家鼓励上市公司定期自愿披露环境信息,推动企业主动承担社会环境责任。

9.2.3 中国制造业污染防控政策的成效

1. 制造业污染排放量及防控成效的初步判断

依据《中国环境统计年鉴》的数据,计算出1997—2011年制造业废水排量、烟/粉尘排放量、二氧化硫排放量,以及固体废物生产量(见图9-2)。

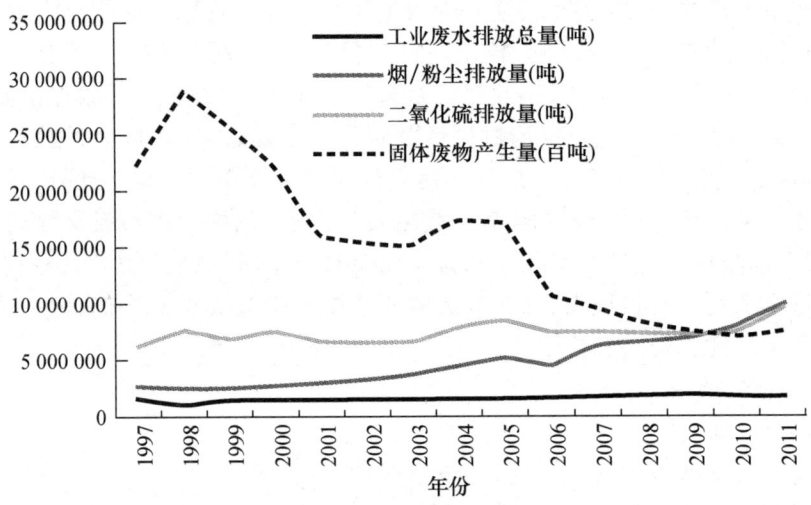

图9-2 制造业污染物排放量

由图9-2可以看出,1997—2011年,我国制造业的废水排放量趋势平缓,变化相对较小;烟/粉尘排放量在1998年和2003年有大幅度的上升,但总体呈下降趋势;二氧化硫排放量上下波动,2011年相比2010年有大幅度的上升;固体废物产生量则呈现上升趋势。污染物的排放总量指标并不能充分反映我国制造业污染防控的成效,需要进一步剖析污染排放的达标率。统计数据显示,我国制造业废水、烟/粉尘、二氧化硫的达标率以及固体废物的处置量在逐年提高,各项达标率均在90.00%以上。显然,污染防控取得了明显的效果。考虑到污染排放量与制造业产出的时间关系可能受污染防控政策的影响,因此采用Chow检验的方法对污染防控的成效进行再检验,以识别时间序列的断点。

2. 制造业污染防控成效的再检验

Chow 稳定性检验(Chow Test for Parameter Stability)由邹至庄提出。该方法是一种特殊的 F 检验,通过将时间序列数据分段,然后分别进行回归;并构造一个 F 统计量来比较各段残差平方和与总体残差平方和的差异来得到是否存在结构变化的结论。

假设需要建立的模型为:

$$Y = \beta_0 + \beta_1 x_1 + \beta_2 x_2 + \cdots + \beta_n x_n + \varepsilon \tag{9-1}$$

将原时序分成两个或多个连续的时间序列$(1-n_1)$与$(n_1+1-n_1+n_2)$等,相应的各阶段模型分别为:

$$Y_1 = \beta_{10} + \beta_{11} x_{11} + \beta_{12} x_{12} + \cdots + \beta_{1k} x_{1k} + \varepsilon_1 \tag{9-2}$$

$$Y_2 = \beta_{20} + \beta_{21} x_{21} + \beta_{22} x_{22} + \cdots + \beta_{2k} x_{2k} + \varepsilon_2 \tag{9-3}$$

为确保各阶段方程可解,必须使 n_1 和 n_2 大于 $k+1$。这样,原模型 $Y = x\beta + \varepsilon$ 可以被看作对分块模型施加约束后的结果,即约束系数向量$\beta_q = \beta_h$,表示参数没有改变、模型结构没有发生变化,因此将原模型叫作受约束模型。分块模型实质上是使用了 $n_1 + n_2$ 组数据,同时估算多个方程,每个方程的参数各不相同,因此称之为无约束模型。

模型结构稳定性的 Chow 检验步骤如下:

第一步,提出原假设 $H_0: \beta_q = \beta_h$,即参数前后保持一致没有变化。

第二步,分别计算估计原回归方程,以及前后各阶段的回归方程,并求得各方程的残差平方和。记原模型的残差平方和为 RSS,各分阶段的残差平方和为 RSS_1 和 RSS_2,其自由度为 $n_1 - k - 1$。

第三步,根据以上得出的各残差平方和构造 Chow 的 F 统计量:

$$F = \frac{RSS - (RSS_1 + RSS_2)}{RSS_1 + RSS_2} \cdot \frac{n-2}{k}$$

则 $F\sim F(k+1, n-2k-2)$。

第四步,给定显著性水平 α,查 F 统计分布表,得到临界值 $F_\alpha(k+1, n-2k-2)$。如果 $F > F_\alpha(k+1, n-2k-2)$,则拒绝原假设,说明模型(9-1)存在结构不稳定;否则接受原假设,认为模型(9-1)是稳定性结构。本报告通过1997—2011年中国制造业的总产值、废水排放量、烟/粉尘排放量、二氧化硫排放量,以及固体废物产生量构造回归模型:

$$Y = \beta_0 + \beta_1 x_1 + \beta_2 x_2 + \beta_3 x_3 + \beta_4 x_4 + \varepsilon \tag{9-4}$$

其中,Y 代表总产值,x_1、x_2、x_3 和 x_4 分别代表废水排放总量、烟/粉尘排放量、二氧化硫排放量和固体废物产生量。进一步地,对该模型作检验得到 Chow 检验结果曲线和 P 值曲线(见图9-3)。

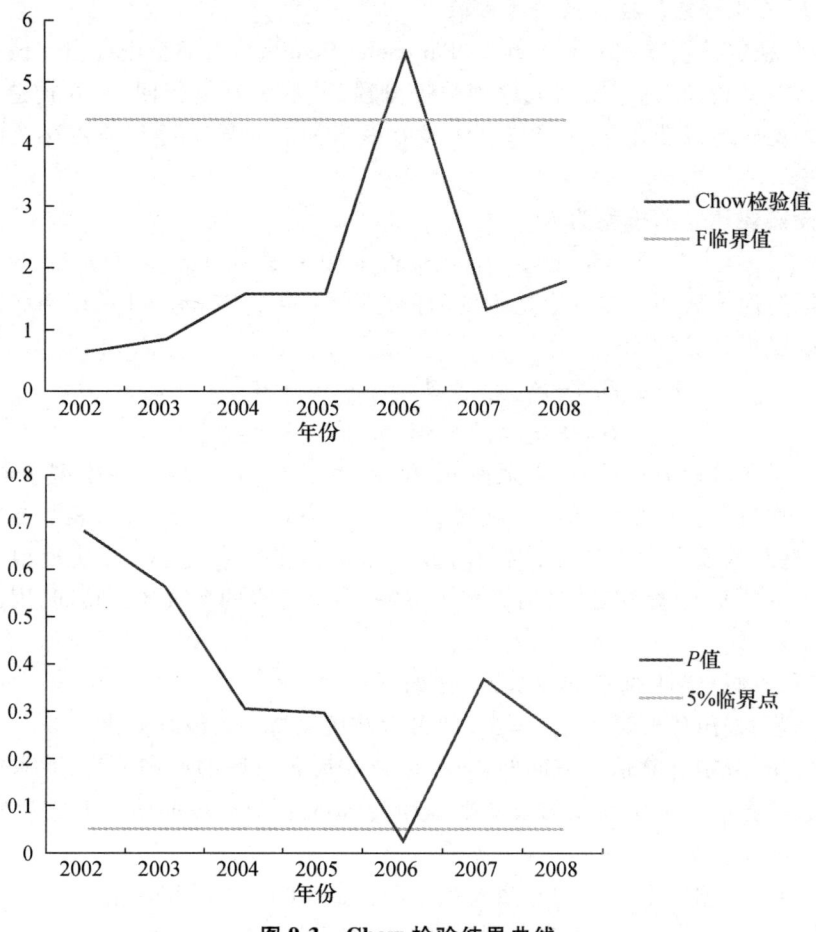

图 9-3 Chow 检验结果曲线

由图 9-3 可以看出，2006 年的 Chow 检验值为 5.46，大于 F 临界值 4.39，P 值为 0.03，这表明应该在 5% 水平拒绝没有结构转变的原假设，即制造业污染防控发生了结构转变。2006 年是我国制造业在防污防控上的一个结构转变点，验证了前文所述的中国政府对制造业环境的重视始于 2006 年。自 2006 年开始，制造业的新型化成为主题，环境资源保护能力的提升成为制造业发展的重要战略内容。2006 年是我国实施"十一五"规划的第一年，中央政府先后颁布《国民经济和社会发展第十一个五年规划纲要》《"十一五"期间全国主要污染物排放总量控制计划》《国家酸雨和二氧化硫污染防治"十一五"规划》《二氧化硫总量分配指导意见》，设定主要污染排放物排放总量减少 10% 的目标，并对酸雨、二氧化硫的排放进行规划与规制；国家环保总局发布实施《大中城市固体废物污染防治信息发布导则》，起草了《危险废物出口核准管理办法》《危险废物经营许可证审查细则》

《铬渣污染治理环境保护技术规范》等规制政策。这些政策规划的出台,有效地推进了我国制造业的污染防控。

9.3 本章小结

通过比较中、美、日、德四国制造业污染防控政策工具,并对中国的政策效果进行实证研究可知,中国制造业污染防控战略规划及管制政策在一定程度上成效显著。尽管如此,污染防控政策尚存在几点不足。

其一,污染防控规划的范围有待拓宽。当前中国污染防控的规划多是以水、大气、二氧化硫污染源控制为规划目标,而美、日、德三国的污染防控规划范围相对较广,涉及城市规划、环境信息分享、环保技术创新、环境正义等,多维度的污染防控规划可以为制造业的污染治理提供信息、技术等方面的支持。因此,建议政府拓宽污染防控规划的范围。

其二,污染防控资金投入及结构有待优化。美、日等发达国家的环保资金投入总量占 GDP 比重超过 2.00%,而中国的资金投入占 GDP 比重不足 2.00%;而且,发达国家污染防控资金投入重点在污染防控技术创新、废弃物处理、循环经济发展,有利于制造业的技术创新、废旧产品的再制造;相对而言,我国的污染防控资金对于技术创新、循环经济的支持力度稍弱,相关政策仍需要进行一定的调整。

其三,污染防控损害补偿机制亟待细化。现阶段中国针对大气、水与噪音等污染源构建了污染损害补偿机制,但政策仍然不够细化。可借鉴发达国家的做法,将损害补偿与损失对象、疾病类型、居住条件等挂钩,并考虑环境正义的因素;与此同时,创新损害补偿的方式。

其四,污染防控市场化政策有待创新。中国在排污费、绿色信贷、排污交易机制等市场化污染防控政策制定方面取得一定的进展;但总体来看,相关政策集中于产业链的中上游,对于产业链末端的消费者因素尚未给予足够的重视。建议考虑废弃制造产品或包装的押金返还制度。此外,现行的排污交易机制成效尚不明显,仍需要进一步完善。

其五,污染治理协议机制有待构建。政府、行业协会、企业是制造业污染防控的重要利益相关者,政府与行业协会或企业签订污染治理协议,并给予自愿实施污染防控方以财政援助或者奖励,将有效地提高制造业企业签订协议的积极性。

参 考 文 献

[1] Rothwell R, Zegveld W. *Reindusdalization and Technology*[M]. Logman Group Limited, 1985.
[2] Wang L. J. The changes of China's environmental policies in the latest 30 years[J]. *Procedia Environmental Sciences*, 2010（2）：1206—1212.
[3] Zhang K. M., Wen Z. G., Peng L. Y. Environmental policies in China：Evolvement, features and evaluation[J]. *China Population, Resources and Environment*, 2007,17（2）：1—7.
[4] Zhang K. M., Wen Z. G. Review and challenges of policies of environmental protection andsustainable development in China[J]. *Journal of Environmental Management*, 2008（88）：1249—1261.
[5] 陈振明. 政府工具研究与政府管理方式改进[J]. 中国行政管理, 2004（6）：43—48.
[6] 李晟旭. 我国环境政策工具的分类与发展趋势[J]. 环境保护与循环经济, 2010（1）：22—24.
[7] 毛万磊. 环境治理的政策工具研究：分类、特性与选择[J]. 山东行政学院学报, 2014（4）：23—28.
[8] 茅于轼. 美国政府的环境保护政策[J]. 美国研究, 1990（2）：93—110.
[9] 孙宝乐, 胡美灵. 我国环境政策的演变分析与改进研究[J]. 中南林业科技大学学报（社会科学版）, 2014, 8（1）：120—124.
[10] 陶学荣. 公共政策学[M]. 大连：东北财经大学出版社, 2006.
[11] 王昊. 20世纪80年代以来美国环保政策研究[D]. 华东师范大学, 2005.
[12] 吴荻, 武春友. 建国以来中国环境政策的演进分析[J]. 大连理工大学学报（社会科学版）, 2006（12）：48—52.
[13] 徐再荣. 里根政府的环境政策变革探析[J]. 学术研究, 2013（10）：118—125.
[14] 张成福, 党秀云. 公共管理学[M]. 北京：中国人民大学出版社, 2001.
[15] 张雯. 20世纪70年代美国环境政策研究——基于多源流理论的分析[D]. 华中科技大学, 2011.
[16] 张祯, 张宏武. 美国环境产业相关政策及启示[J]. 中国环保产业, 2006（11）：41—44.
[17] 周宏春, 季曦. 改革开放三十年中国环境保护政策演变[J]. 南京大学学报（哲学·人文科学·社会科学）, 2009（1）：31—40.

撰稿：张慧明
统稿：李廉水　周彩红

第10章 欧美"再工业化"对中国制造业战略布局的影响

目前,中国正处于工业化进程的中后期,制造业创造了 GDP 总量的 1/3,贡献出口总额的 90.0%,是中国高速成长的动力引擎,未来几十年制造业仍将是中国经济的立国之本(萧江,2010)。然而随着内部压力和外部挑战的日趋增大,中国制造业可持续发展的压力倍增。内部压力主要表现为国内经济形势不容乐观,如劳动力等要素成本不断攀升、环境污染严重、资源日渐短缺等;外部挑战主要表现为出口压力倍增、贸易摩擦加剧、实际利用外资缩减等。特别是在美国等发达国家面临"去工业化"带来的制造业增加值比重和就业率持续下降的局面后提出的"再工业化"政策,力图夺回和保持制造业的制高点。新一轮制造业争夺战在全球范围内打响,中国制造业的发展举步维艰。

本报告聚焦欧美"再工业化"这一视角,探索在欧美新一轮工业革命、全球分工重构的背景下,中国制造业将会受到怎样的影响?中国制造业应如何布局以应对挑战?为此,本报告首先解析欧美"再工业化"这一概念的来龙去脉,然后阐述欧美"再工业化"的背景、目标和主要内容,最后着重解析欧美"再工业化"对中国制造业战略布局的影响。

10.1 欧美"再工业化"的来龙去脉

一个亘古不变的规律是,产业革命决定一个国家的财富与竞争力,决定一个国家的经济发展未来。从工业化到"去工业化"再到"再工业化",产业革命不断发生、变化和发展,推动着社会进步。

10.1.1 工业化

工业化就是产品来源和资源去处从农业活动向非农业生产活动转移的过程(库兹涅茨,1989)。工业化是一个国家和地区国民经济中的工业生产活动逐步取得主导地位的发展过程,其具体表现是工业(特别是制造业)增加值在国民生产总值中的比重不断上升,工业就业人数在总就业人数中的比重不断上升。其本意是产业化,本质是专业化或生产组织方式的变化(杨成林,2012)。

工业化对于一个国家和地区的发展非常重要,特别是对于经济增长和收入水平的提高极其重要。尼古拉斯·卡尔多提出与制造业相关的三个著名的增长规律:制造业产出增长与 GDP 增长之间存在强正相关关系;制造业产出增长与制造业生产率增长之间存在强正相关关系(也被称为"维登规律");制造业产出增长与非制造业生产率增长之间存在强正相关关系。这三个规律被统称为卡尔多经济增长定律,它说明工业(即工业制造业)增长与经济发展之间的关系,特别是工业化进程本身的重要性。

19 世纪末至 20 世纪中后期,欧美国家先后完成工业化过程,经济得到快速增长,制造业成为其国民经济的支柱。在这一过程中,欧美国家先后都经历了严重的环境污染,如"雾都"伦敦、"著名的公害岛国"日本等。此外,要素成本不断上升与资本盈利能力下降也是这一时期面临的重要问题。

10.1.2 "去工业化"

在环境污染治理、资本逐利的本质等多重因素的作用下,20 世纪 80 年代,发达国家主要通过对外直接投资、工业经济转变为资源型经济等方式或途径,开始"去工业化"过程。劳动力迅速从第一产业、第二产业向第三产业转移,制造业占本国 GDP 的比重和占世界制造业的比重持续降低,制造业向新兴工业化国家转移,发展中国家尤其是中国制造业快速崛起,发达国家汽车、钢铁、消费类电子等以往具有优势的制造业不断弱化。

以美国为例,20 世纪 50 年代以来,美国经济出现发达经济体所具有的产业和就业结构的一般演变趋势,经历了"去工业化"过程,制造业增加值占 GDP 的比重呈逐年下降之势,服务业对 GDP 的贡献则逐年增加。1957 年,美国制造业占 GDP 的 27.00%,一度成为全球制造业规模最大的国家。在美国技术的帮助下,一些后起的国家或地区逐渐发展起来。80 年代,随着日本以质优价廉的产品打入美国市场,美国开始进行产业大调整,生产外包成为大趋势,本国只保留研发设计、高端制造、营销物流等环节,而把加工组装环节外包给其他国家或地区生产,转向以服务业为主的产业结构(蔡勇志,2013)。1980 年,美国制造业增加值占 GDP 的比重下降为 21.10%,制造业就业人数占总就业人数的比重为 21.60%;2010 年,美国制造业增加值占 GDP 的比重仅为 11.70%,制造业就业人数占总就业人数的比重仅为 8.90%(芮明杰,2013)。2008 年,美国服务业对 GDP 的贡献已经达到 77.35%,而制造业对 GDP 的贡献仅仅为 13.44%(杨成林,2012)。

发达国家在"去工业化"的过程中,利用发展中国家相对低廉的劳动力和资源成本,在获取收益的同时,扩大了产品市场,获得了巨大收益。与此同时,发达国家制造业对经济的贡献不断萎缩,并随着全球产业分工调整出现"产业空洞化",失业率上升、贫富差距扩大等问题动摇了经济和社会发展的基础(于建东,2013)。

10.1.3 "再工业化"

"去工业化"后,美国超过80.00%的经济总量转向服务业,金融服务业更是在美国主导的金融自由化浪潮中飞速发展。金融和房地产的利润约占美国企业利润的40.00%,标准普尔500强中25%—35%的企业利润来自这两大产业(蔡勇志,2013))。制造业对美国经济的贡献不断减弱,2010年美国制造业产值占全球制造业总产值的19.40%,已略低于中国的19.80%,丧失了多年来世界制造业产值第一的地位。

在这种经济发展模式下,2008年美国次贷危机爆发,引发全球金融危机。各国纷纷采取各种应对之策,其中美国提出了"再工业化"战略。美国总统奥巴马在2010年1月的国情咨文中表示,未来五年中,美国出口额将翻一番,并由此创造200万个国内就业岗位。也就是说,美国经济要摆脱以金融创新和过度消费为基础的增长模式,转向以出口带动和制造业增长为基础的可持续增长模式,使美国经济重新回归实体。由此,新一轮"再工业化"战略拉开帷幕。

"再工业化"并不是一个新的概念。早在1977年,美国学者阿米泰·埃兹厄尼(Amitai Etzioni)就提出此说法,其本意最初是指发达工业化国家的重工业基地(如美国东北部地区、德国鲁尔地区及法国洛林等)的改造和重新振兴;具体措施是加大对基础设施的投资,加快固定资产更新换代的速度,提供能够产生更大效能的新设备;等等。从时间上看,"再工业化"大体上与发达国家的"去工业化"作为一种经济"特征事实"逐渐引起人们注意是同时出现的。也就是说,经济的"再工业化"也出现在20世纪80年代,并逐渐进入人们的视野。

当今的欧美国家正在实施的"再工业化"战略不同于最初的"再工业化"概念,更有别于当年的工业化。如果说工业化是发达国家崛起与富强的基础,最初的"再工业化"仅仅是对老工业基地的改造和振兴,那么现今的"再工业化"则是向新的产业革命迈进。

新一轮的"再工业化"战略必然影响全球产业尤其是制造业活动的空间分布,以及各国经济结构调整。新一轮制造业争夺战涉及各国的政策取向、制度设计、科技研发、生产经营环境、劳动力素质、基础设施等诸多方面,竞争是全方位的。

10.2 欧美"再工业化"的内涵、目标和内容

10.2.1 "再工业化"的内涵

早在20世纪70年代,西方国家就出现了"再工业化"的概念,但不同的学者由于研究目的不同,分别从不同角度理解和概括"再工业化"的内涵。总的来说,"再工业化"通常被理解为一种工业政策,其可以是工业政策本身,亦可以是对工业政策的一种补充;其主旨是振兴制造业,不仅包括传统产业的改造和升级,还包

括高新技术引领的处于制造业价值链高端的新兴产业。

学者对"再工业化"的理解不尽相同。1980年,"再工业化"的首倡者阿米泰·埃兹厄尼对"再工业化"和工业政策之间的模糊性进行了澄清。他认为,"再工业化"并不要求具有任何国家计划性质的工业政策,但可以作为微观工业政策的补充。其主张运用加速折旧,采取鼓励储蓄和投资的税制等广泛的经济刺激措施,优先照顾经济中的两个部门,即支撑美国高标准消费和国防的基础设施和资本品生产部门;然而,"再工业化"并不要求回归到一个更加强大的特定产业基础设施和资本品生产部门的原有组合。因此,"再工业化"居于供给经济学和工业政策之间,它具有半针对性,并旨在形成一个更强的生产能力。

几十年来,"再工业化"概念的内涵不断演变。2008年国际金融危机后,工业在各产业中的地位不断降低、工业品在国际市场上的竞争力相对下降、大量工业性投资转移到国外而造成国内投资相对不足。发达国家政府重新制定"再工业化"战略,不是要实现传统工业的简单回归,而是要进一步增强本国在传统制造业优势环节的竞争力,尤其是创造出更高端的、具有更高附加值的新兴产业,抢占21世纪先进制造业的制高点,从而能够快速增强国内实体经济的实力,使经济的发展具有更加坚实的基础。

"再工业化"概念的演变反映了西方一些发达国家对过去那种"去工业化"发展模式的反思和重归实体经济的愿望。但如今的"再工业化"概念与"去工业化"概念有着本质的区别,"再工业化"并不是"去工业化"的简单的反向过程,而是向更高层次的工业回归。

10.2.2 "再工业化"提出的历史背景

虽然"再工业化"在20世纪80年代就已经提出,但由于当时主要发达国家的经济状况表现良好,制造业的衰落并未引发严重的经济和社会问题,因此"再工业化"战略并未受到重视。2008年国际金融危机之后,全球经济陷入低迷,在这特定的历史背景下,"再工业化"再次回到人们的视野。

1. 经济危机爆发,实体经济亟须发展

由美国次贷危机引发的国际金融危机,将全球经济带入低潮,尤其对发达国家的经济造成严重的影响,导致发达国家经济增长放缓甚至停滞、失业率居高不下。

2008年之前,世界主要发达国家的经济增长率虽然低于世界平均水平,但是基本维持在1.00%—3.00%;但2008年,除德国以外,美国、英国和日本的经济均为负增长;2009年,经济衰退的迹象更加明显,世界经济平均增长率为-2.25%,OECD成员国的平均增长率为-3.94%,各主要发达国家的经济增长率都维持在-5.00%——-3.00%的水平,其中日本经济衰退最为严重,达到-5.53%(金眹旼旼,2012)。虽然在 2010 年之后,各主要发达国家的经济增长率有所回升,但是经济形势依然不容乐观。

与此同时,疲软的经济对劳动力市场造成较大冲击,各发达国家的失业率居高不下。2010 年美国的失业率高达 9.60%;2005—2009 年,美国总就业人数减少 278 万人,其中制造业减少 235 万人;制造业就业人数减少成为美国失业率居高不下的重要原因(金旼旼,2012)。

一些经济学家认为,金融业和实体经济的这种本末倒置的关系是国际金融危机爆发的深刻根源。1970—2007 年,美国金融业占 GDP 的比重由 13.00% 上升至 20.00%,同期美国金融业利润占全部公司利润的比重却由 10.00% 左右蹿升至 40.00%。金融业对高利润的要求影响了美国等国家的经济增长,导致实体企业纷纷外迁、金融业急剧膨胀、产业发展失衡、产业工人减少。实体经济与金融业两者本末倒置的现象虽然让美国虚拟经济部门获得了暂时的暴利,却给金融危机的爆发埋下祸种,最终使整个国民经济遭受重创。实体经济是国民经济的基础,富有活力和具有前途的经济应该是实体经济和虚拟经济的协调组合。基于这样的认识,发达国家纷纷提出"再工业化"战略,希望通过重归实体经济、提升制造业竞争力来重新获得拉动经济繁荣、促进就业增长的动力。

2. 新一轮产业革命来势迅猛,新兴产业蓄势待发

西方学者认为,自工业革命以来,人类经历了机械化、规模化(以福特公司的流水线生产为代表)两次产业革命,目前正处于制造业数字化的第三次产业革命。数字化已经并且将继续给人类生产、生活方式带来深刻而广泛的影响。一方面,产业分工越来越细、越来越深;另一方面,制造业与服务业日益融合,一国产业竞争力不再取决于单一产业活动而是取决于产业链的综合竞争力。发达国家服务业的高效率在一定程度上可以弥补其劳动力成本过高的不足,保持其制造业的国际竞争力;与此同时,以新一代信息技术、新能源、新材料、生物技术等为代表的新技术革命正在孕育之中,主要发达国家正在为抢占新技术领域的制高点而谋篇布局。新一轮产业革命与新技术的突破,将重塑全球经济格局,对各国而言均是机遇与挑战并存。发达国家试图借助"再工业化"战略,在未来全球新技术、新产业竞争中占据有利地位。

3. 经济全球化不断深化,制造业分工格局出现重要变化

贸易投资自由化不断推进,数字与网络技术、集装箱运输技术的进步大幅度降低了信息、货物、服务跨境流动的成本,推动了生产模块化、个性化,跨境投资与产业转移规模空前。同时,制造业外包与服务外包方兴未艾,国际分工不断深化,产业内贸易、服务贸易快速发展,全球分工格局发生重大变化。新兴经济体在全球制造业中的份额快速上升,发达经济体的比重明显下降。发达国家在获取全球

化带来的诸多好处的同时,也面临着产业空洞化带来的失业压力。因此,发达国家试图通过"再工业化"战略重振本国工业,缓解就业压力,并创造收入更高的就业机会。

4. 新兴经济体迅速崛起,发达国家面临严重挑战

21世纪以来,新兴经济体开始在世界经济中扮演越来越重要的角色。21世纪头十年,新兴经济体平均经济增长速度超过6.00%,金砖国家整体平均经济增长率超过8.00%,远高于发达国家(2.60%)和世界平均增长率(4.10%)。国际金融危机虽然对新兴经济体也产生了一定冲击,但与发达国家相比,其程度相对较轻。2009年,全球经济增长率为-2.25%、OECD成员国为-3.94%,是国际金融危机之后全球经济最困难的一年,而这一年中国和印度的经济增长率分别达到9.20%和8.20%。随着新兴经济体的迅速崛起,其在世界经济中的地位也愈加突出,由此对发达国家在全球经济中的主导地位提出了挑战,尤其是在国际金融危机之后,这一趋势更加明显。新兴国家在国际货币基金组织中份额和投票权的增加、G20取代G8成为世界经济合作的主要论坛等是这一事实的最好印证。在这样的背景之下,发达国家紧抓"第三次工业革命"的重要机遇,积极推行"再工业化"战略,力图重塑制造业对新兴经济体的竞争优势,稳固和加强其在世界经济中的作用和地位。

10.2.3 "再工业化"的目标

1. 避免产业的"空心化",合理化配置经济结构和产业结构

20世纪中后期,发达国家基于比较优势的考虑开始将一些技术含量和附加值较低的产业向发展中国家转移,且规模逐年增大。国际金融危机之前,产业转移的范围和规模始终呈现不断扩大的趋势,导致发达国家实体经济弱化、产业"空心化"。

2008年全球金融危机爆发,世界各国进行反思,重新审视以往的经济增长模式。美国很多专家学者认为,实体经济才是一国经济的基础,忽视实体经济特别是曾具有经济"造血"功能的制造业的发展,而在过度依赖以金融业为代表的虚拟经济的道路上越走越远,出现产业的"空心化",是导致国际金融危机爆发的重要原因。中国科学技术发展战略研究院研究员赵刚认为:"过度依赖以金融业和房地产业为代表的虚拟经济使美国在危机中遭受沉重打击,市场大幅萎缩,以先进制造业为代表的实体经济的作用凸现出来。"

在此背景下,"再工业化"战略应运而生,发达国家开始积极引导本国企业陆续将在国外的生产移回国内,大力发展实体经济特别是制造业,重新调整经济结构和产业结构,避免产业的"空心化"。

2. 加速先进制造业和其他战略性新兴产业的发展，占领制造业制高点

发达国家以重振制造业为核心内容的"再工业化"，并不是简单的制造业回归，更不是简单的再度工业化，而是对制造业产业链的重构，是制造业的升级和以发展新兴产业为核心的结构转型。其目的是加速先进制造业和其他战略性新兴产业的发展，占领高端制造业。

例如，美国的所谓"再工业化"，其目的不是使美国经济返回劳动密集型和资源要素型的低端增长模式，而是要通过产业升级化解高成本压力，寻找像"智慧地球""高端制造合作伙伴"计划一样能够支撑未来经济增长的高端产业，通过创新发展新能源、新材料、生物技术等新兴产业，保持制造业世界创新领导者的地位。日本的"再工业化"着眼研发与新兴产业；法国的"工业振兴计划"中的七大战略产业主要是知识与技术密集的产业；德国的"再工业化"的实质是产业升级，是要发展能够支撑未来经济增长的高端产业。

由此可见，发达国家的"再工业化"，实际上是在走一条经济转型之路，力图夺回和保持制造业的制高点，推动经济结构和产业结构的合理化，推动科技创新和技术创新，创造新的产业，培养世界级人才，为经济和社会长远发展奠定基础。

3. 减少贸易逆差，实现经济可持续发展

"去工业化"过程中，传统制造业逐步转移，发达国家货物贸易开始丧失竞争优势，贸易逆差逐年增加，经济不可持续的趋势日益明显。发达国家开始意识到，服务贸易无法弥补货物贸易逆差，只有提高制造业的国际竞争力、推动货物贸易出口增加，才是解决贸易赤字问题的根本出路。因此，发达国家陆续推出以恢复和加强制造业竞争力为主要内容的"再工业化"战略，希望通过加强制造业国际竞争力来拉动货物贸易，同时以各种形式的贸易保护措施来减少外国同类商品的进口，鼓励本国商品的对外出口，缩减贸易逆差。

以美国为例，2009年前，美国货物贸易赤字基本稳定在8 000亿—9 000亿美元，服务贸易顺差占货物贸易逆差的比重始终低于20.00%；2009年，美国货物贸易逆差大幅下降，但货物贸易逆差依然是服务贸易顺差的3.90倍。2010年1月，奥巴马在国情咨文中表示，未来五年美国的出口额将翻一番，并组建了总统出口委员会，旨在加快推动制造业出口。之后，美国政府打出一系列组合拳：向国会提交《2010年总统贸易政策日程》，成立所谓"出口促进内阁"，与澳大利亚就"泛太平洋伙伴计划"举行首次磋商，与印度签署"贸易与投资合作框架协议"……由此，美国启动了一场以制造业出口拉动增长的国家行动。

4. 解决失业问题，实现社会稳定

发达国家经历了以制造业就业和产值份额不断下降而体现的"去工业化"，取而代之的是金融创新以及高度发达的虚拟经济。这减少了制造业工作机会；同

时,在高端服务业还没有占主导地位的阶段,传统制造业部门释放出来的工人自然会流向较为低端的服务业部门,但这些低端服务业部门具有极大的不稳定性。全球金融危机后,发达国家失业率居高不下。

能否有效改善民众就业状况,不仅关乎经济发展,更关乎社会稳定。制造业的1个工作岗位可以支撑其他经济部门的3个工作岗位(傅云威和刘洪,2010),制造业这种巨大的就业潜力使之成为各国政府攻克失业难题的关键。以美国为例,美国经济自2007年12月陷入衰退以来,失业率一路攀升,一度高达10.00%。据美国全国制造商协会估计,美国每生产1.00美元制成品就能产生价值1.37美元的额外经济活动,比任何其他经济部门的额外产出都高。制造业的这种特点当然有助于创造就业。美国劳工统计局预测,2008—2018年,美国制造业将有超过220万个生产性就业岗位空缺。

10.2.4 "再工业化"的主要内容

李大元等(2011)将"再工业化"的内容概括为重新认识制造业价值、直接扶持战略新兴产业、加大教育和研发投入、积极解决资源环境问题四大点;刘毅和周春山(2013)将"再工业化"的内容概括为重新确立实体经济的地位、直接扶持战略新兴产业、加大教育和研发投入、积极解决资源环境问题。崔日明和张婷玉(2013)、孟祺(2012)等众多学者着重分析美国"再工业化"的主要内容,认为美国"再工业化"战略的核心思想和措施主要集中于以下几点:呼吁美国制造业回归,扶植制造业本土化,重振中低端传统制造业;通过制定并完善技术创新政策,重点促进先进制造业和其他战略性新兴产业的发展,抢占全球科技制高点;提升制造业企业出口竞争力,促进出口,推动美国经济由债务推动型向出口推动型转变;加大对中小企业的扶植,为中小企业贸易融资提供便利;注重人才培养,提高就业率;加大基础设施系统建设。本报告认为,欧美"再工业化"的主要内容如下文所述。

1. 重新认识制造业价值,确定实体经济地位

全球金融危机爆发,主要发达国家开始重新认识制造业的价值,审视实体经济与虚拟经济的关系,重新拟定制造业和实体经济发展的战略规划。

例如,美国重新拟定实体经济的发展规划,在救市和财政刺激方案中加大对实体经济的援助力度,制订《国家出口计划》,加大对制造业的投资,积极开展对外出口(刘毅和周春山,2013)。英国政府和产业界开始重新认识制造业这一基础产业的重要性,改变"重金融、轻制造"的观念,制定新的战略目标以振兴制造业,提出制造业的五大竞争策略(姚永玲和石璐珊,2012)。日本将制造业作为产业政策核心,制订《制造基础白皮书》,提升制造业的竞争力,加强环境与能源、纳米与新材料、医疗与生物工程等领域的技术研究开发,拟将日本建成最尖端技术领域研究开发以及生产高附加值产品的据点(李大元等,2011)。法国的《法国新产业政策》则明确将工业置于国家发展的核心位置,提出了法国制造业产量的增长目标及具体措施(刘毅和周春山,2013)。

2. 扶持战略新兴产业,调整产业结构

国际金融危机爆发后,主要发达国家开始调整产业结构,回归制造业,培育和扶持战略性新兴产业,向高端制造业、先进制造业发展。

(1) 新能源产业

新能源产业是目前各国都非常重视的产业,其中以太阳能、风能、生物能和核能的利用较为成熟。2008年,美国公布新的"综合性能源计划",计划在2010年之后的未来十年投入1 500.00亿美元支持清洁汽车技术的研发和推广;2009年2月,奥巴马签署了《2009美国复苏与再投资法案》,总额为7 870.00亿美元的经济刺激方案中,用于新能源的就占了468.00亿美元,资助美国制造商和相关机构生产下一代插电式电动汽车和先进电池零部件的为24.00亿美元;《美国清洁能源安全法案》鼓励新能源相关技术的研究和应用(刘毅和周春山,2013)。英国发布《低碳产业战略远景》,采取措施打造英国的可再生能源、核能、碳捕获和储存技术、智能输电等未来低碳的基础设施;2009年7月15日,《英国低碳转型计划》方案提出,到2020年使40.00%的电力来自低碳领域,其中将风能、潮汐能等可再生能源在总能源中的构成增加到30.00%。2010年3月,日本经济产业省公布了《能源基本计划修正案》。2008年,欧盟制定了应对能源与气候变化的一揽子政策,致力于可再生能源项目。

(2) 三网融合

美国、英国、欧盟、日本、韩国等都在积极制订本国的物联网产业发展规划,加快"通信网""电视网""互联网"的三网融合。美国加大了对信息传感网、公共安全网、智能电网等现代化基础设施的建设;英国也投入资金升级和开发智能电网;德国则投入大量的人力、物力以增强其信息通信领域的国际竞争力;欧盟通过资金投入,开发大容量、高速数字网络系统,加快建设全民互联网(李大元等,2011)。

(3) 生物技术和产业

美国、欧洲和日本的新医药产业和生物育种产业最为发达,而欧洲在基础研究方面处于领先。这些发达国家抓住机遇、利用自身优势,加大对生物技术和产业发展的支持力度。例如,美国总统奥巴马提出,未来十年间要使国立卫生研究院的经费翻一番,《2009美国复苏与再投资法案》在总额为7 870.00亿美元的经济刺激方案中,用于生物医学领域的基础性投入占了100.00亿美元;美国联邦食品药品监督局放行干细胞临床实验和干细胞产品,拨给国家卫生研究所的100.00亿美元中很大一部分将会投入干细胞研究领域。英国计划十年内在癌症和其他疾病领域投入150.00亿英镑用于相关的生物医学研究,这比英国以往任何时候对生物医学研究的投入都要多。日本《制造业基础白皮书》强调在生命科学等领域中严格选择项目。欧盟刺激经济计划书则致力于生命科学与生物工程产业的研究（刘毅和周春山，2013）。

（4）纳米技术等新兴材料产业

新材料在美国、欧洲、日本等工业发达国家受到重视，这些国家在制订国家科技与产业发展计划时，将新材料技术列为关键技术予以重点发展。美国 2010 年的纳米技术研发投资达 16.00 亿美元；俄罗斯在 2009 年宣布投资 200.00 亿卢布发展纳米技术；日本《制造业基础白皮书》（2009）指出要在纳米技术领域严格选择项目，实行重点支持，运用纳米技术实现高效率的制造技术，包括纳米技术尖端零部件的实用化研究开发、高效三维光器件制造技术的开发、碳纳米管电容技术开发项目。

3. 增加教育和研发投入，重振科研实力

没有经济增长就不可能战胜经济危机，而科技创新是促进经济增长和增加就业的根本动力。国际金融危机后，主要发达国家均重视教育和研发投入，重振科研实力以促进经济增长。

美国政府的毕业生计划（American Graduation Initiative），投入 120.00 亿美元，利用 10 年时间增加 500 万名社区学院毕业生；另外还有岗位培训计划。《2009 美国复苏和再投资法案》安排 180.00 多亿美元用于资助研发；对研究与实验给予永久性税收抵免。英国除了投入资金支持绿色制造业研发之外，还通过减税政策推动研发和教育事业；提出 72 项建议，进一步支援商业创新和研究、增加知识交流、推进技术人员培养、促进公共部门创新；另外在低碳工业战略中，英国还提出一系列积极的政府干预措施，给予制造业资金投入、教育培训及研发支持，帮助企业培训员工，提高劳工技能，并在信息服务和咨询方面提供帮助。日本提出"技术革新战略路线图"，强化推进研发体制创新；同时提出"产业集群计划"促进"产官学"人力资本网络的形成。欧盟委员会于 2012 年 7 月 9 日公布了关于《欧盟第七框架计划》2013 年预算的提案，预算总额提高到创纪录的 81.00 亿欧元，用于应用科技领域的共有 48.00 亿欧元。

4. 解决资源环境问题，实现可持续发展

国际金融危机后，美国总统奥巴马一直倡导"绿色新政"。《2009 美国复苏与再投资法案》规定，将划拨约 500.00 亿美元用来开发绿色能源和提高能效，其中 140.00 亿美元用于可再生能源项目，45.00 亿美元用于改造智能电网等。英国将低碳经济作为第四次技术革命和未来发展的支柱产业，在 2009 年公布的《英国低碳转型计划》中，将 400.00 万英镑用于帮助制造业（包括核电制造业），力争到 2020 年创造 120 万个绿色就业机会；英国"联合城市计划"中，政府保证将提供

10.00亿英镑的贷款,以此来资助研制环保型汽车。日本则积极建立"逆向工厂"处理废料并把它作为资源,实现"制造业进化";此外,日本政府于2013年11月15日在华沙会议上决定,到2020年将二氧化碳排放量在2005年的基础上减排3.80%,这相当于在1990年的基础上增加3.10%。"欧盟2020战略"中提出,重点培育欧盟技术优势,尤其是在绿色产业领域,将基于信息技术的先进制造技术作为首要研究领域。

10.3 欧美"再工业化"对中国制造业战略布局的影响

随着欧美"再工业化"的深入,势必对中国新兴战略性产业的发展、对外贸易、吸引外商直接投资,以及对外投资等产生巨大的影响,从而影响中国制造业内部产业结构的调整及制造业的经济增长。

10.3.1 对中国制造业产业结构调整的影响

欧美"再工业化"的目标之一是发展先进制造业和其他战略性新兴产业,占领制造业的制高点。为此,主要发达国家纷纷出台政策措施。例如,美国通过出台《美国创新战略:保护我们的经济增长和繁荣》《重整美国制造业框架》《高端制造合作伙伴计划(AMP)》《先进制造业国家战略计划》等政策措施,促进生物工程、纳米、先进汽车等高端制造业及其他战略性新兴产业的发展。英国通过出台《低碳工业战略》《英国先进工程国际市场营销战略》,设立创新投资基金等措施,扶持先进制造业发展,以此向更高层次的工业回归,达到调整产业结构和经济结构,避免产业"空心化"。

中国工业化的起步较晚,主要依靠廉价的劳动力成本进行加工制造,走的是粗放式发展模式,较长时期处于产业链的中低端。随着中国劳动力成本上升,节能减排压力和环境压力加大等,中国制造业面临众多阻力,未来还将遇到更多更大的阻力。转型升级、调整产业结构、构建绿色工业体系、推动先进制造业和高端制造业崛起,成为中国制造业发展的必行之路。为此,中国相继出台了《关于加快培育和发展战略性新兴产业的决定》《"十二五"国家战略性新兴产业发展规划》,加快培育和发展战略性新兴产业,以此实现产业结构升级,促进经济发展模式的转变。

由此可见,新一轮的制造业竞争将十分激烈。中国在实施制造业产业结构调整时,将不可避免地与欧美"再工业化"战略目标发生正面冲突。这势必冲击中国制造业产业结构调整的步伐,中国制造业向先进制造业、高端制造业转型的进程将更加艰难。

10.3.2 对中国制造业出口的影响

鉴于统计数据的可获得性,对1990年来中国货物出口总额和进出口差额(出口减去进口)进行分析(见表10-1)。

表10-1 1990—2013年中国货物进出口总额　　　　单位:百万美元

年份	出口总额	进出口差额	年份	出口总额	进出口差额
1990	62 091.00	8 740.00	2002	325 596.00	30 430.00
1991	71 910.00	8 120.00	2003	438 228.00	25 468.00
1992	84 940.00	4 350.00	2004	593 326.00	32 090.00
1993	91 744.00	−12 220.00	2005	761 953.00	102 000.00
1994	121 006.00	5 400.00	2006	968 978.00	177 520.00
1995	148 780.00	16 700.00	2007	1 220 456.00	264 344.00
1996	151 048.00	12 220.00	2008	1 430 693.07	298 123.00
1997	182 792.00	40 420.00	2009	1 201 611.81	195 687.00
1998	183 709.00	43 470.00	2010	1 577 754.32	181 510.31
1999	194 931.00	29 230.00	2011	1 898 381.46	154 897.87
2000	249 203.00	24 110.00	2012	2 048 714.42	230 309.00
2001	266 098.00	22 550.00	2013	2 209 372.00	259 200.00

资料来源:中国人民共和国国家统计局。

从表10-1可知,1990年以来,中国出口总额一直呈明显的增长趋势,进出口差额则呈波动上升趋势,1998年(亚洲金融危机爆发)和2008年(国际金融危机爆发)为两个拐点,特别是2008年,中国的进出口差额高达298 123.00百万美元。国际金融危机爆发后,由于欧美经济疲软及"再工业化"战略的实施,中国出口减少,进出口差额下滑,从2008年的298 123.00百万美元跌至2011年的154 897.87百万美元;2012年才有所回暖,进出口差额开始上升。

1990—2011年,中国对24个发达国家的8个二分位数制造业净出口如图10-1所示。

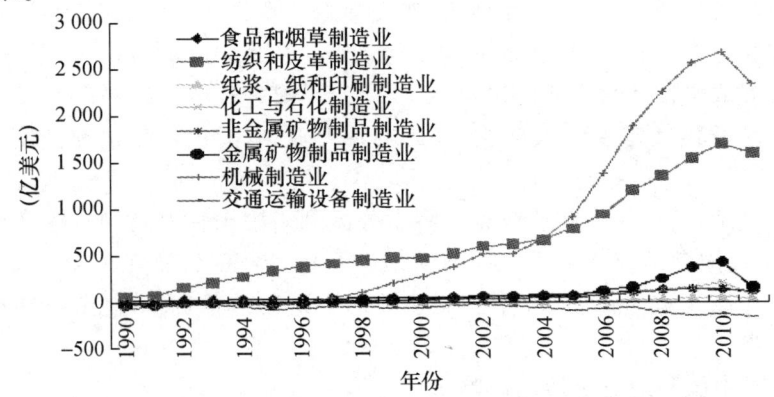

图10-1　1990—2011年中国对发达国家的8个二分位数制造业大类净出口额

从图10-1可知,中国对发达国家制造业出口存在明显的行业差异。其中,交通运输设备制造业是唯一净出口为负的制造业大类,其他7个制造业大类自1990年以来对发达国家的净出口额都有所增加,特别是加入WTO后,中国对发达国家的净出口额急剧增加。具体表现为:机械制造业是中国对发达国家的净出口增长速度最快的行业,其次是纺织和皮革制造业、金属矿物制品制造业、化工与石化制造业、非金属矿物制品制造业等。然而2008年国际金融危机后,在欧美"再工业化"战略的背景下,中国对发达国家制造业的净出口都出现了拐点,开始下滑。

由此可见,欧美实施"再工业化"战略,从虚拟经济(金融等服务业)向实体经济(主要是制造业)转变,振兴制造业,势必减少进口、加大出口,导致中国制造业出口压力倍增、贸易摩擦增多。

1. 中低端制造业出口竞争压力增大

中国对发达国家的出口主要集中在机械制造业(主要是处于"微笑曲线"低端的流水线组装后出口)、纺织和皮革制造业、金属矿物制品制造业,这些多为中低端制造业。国际金融危机后,美国明确表示制造业要占领国际市场,让95.00%的消费者能购买美国产品,对传统制造业实施"召回"以及对本土制造业企业给予政策优惠。为了扩大产品出口,美国出台出口倍增计划,拟定实现2014年出口总值比2009年翻一番;同时,推出跨太平洋伙伴关系协议(TPP),在全球尤其是亚太地区推销美国的产品,扩大美国产品的市场占有率。美国的这一系列举措使中国中低端制造业的出口压力增大。

2. 贸易摩擦增多

随着中国逐步升级价值链,无可避免地要冲击原有的国际分工体系,加之"再工业化"战略下各国加大了对本国产品的保护力度,中国与发达国家的贸易摩擦发生频次明显增加。以2012年为例,中国共遭遇21国发起的77起贸易救济调查,涉案金额高达277亿美元,比前一年增长369.00%。

美国作为中国的第一大出口国,频频发动对"中国制造"的贸易摩擦。连续十年,中国成为遭遇美国337调查案件数量最多的国家。2012年9月17日,美国就中国汽车及其零部件进行双反调查;同年10月10日,美国商务部公布对华光伏电池及组件的双反仲裁结果,将对中国输美的太阳能电池征收14.78%—15.97%的反补贴税和18.32%—249.96%的反倾销税(蔡勇志,2013)。近些年,欧盟也加大了对中国产品的贸易反救济措施。2010年9月16日,欧盟委员会宣布对中国产数据卡发起反补贴调查,这是继对中国出口的同一产品展开反倾销和保障措施调查后的第三种贸易救济调查;2013年,中欧光伏争端的影响最为重大。

10.3.3 对中国制造业吸引外商直接投资的影响

1997—2013年中国实际利用外商直接投资金额、制造业实际利用外商直接投资金额及其占比如表10-2所示。

表10-2 1997—2013年中国实际利用外商直接投资情况

年份	中国实际利用外商直接投资金额（万美元）	制造业实际利用外商直接投资金额（万美元）	制造业实际利用外商直接投资占比(%)
1997	4 525 700	2 811 983	62.13
1998	4 546 300	2 558 238	56.27
1999	4 031 900	2 260 334	56.06
2000	4 071 500	2 584 417	63.48
2001	4 687 800	3 090 747	65.93
2002	5 274 300	3 679 998	69.77
2003	5 350 500	3 693 570	69.03
2004	6 063 000	3 771 140	62.20
2005	6 032 500	4 245 291	70.37
2006	6 302 100	4 007 671	63.59
2007	7 476 800	4 086 482	54.66
2008	9 239 500	4 989 483	54.00
2009	9 003 300	4 677 146	51.95
2010	10 573 500	4 959 058	46.90
2011	11 601 100	5 210 054	44.91
2012	11 171 614	4 886 649	43.74
2013	11 758 600	4 555 000	38.74

资料来源：中国人民共和国国家统计局。

从表10-2可知，1997—2013年中国实际利用外商直接投资金额不断增加，其中制造业是中国利用外资最多的行业。2009年前，制造业实际利用外商直接投资金额的比重一直维持在50.00%以上，2005年这一比例高达70.37%；但2008年国际金融危机后，这一比例一直在下降，2013年仅为38.74%。

1997—2013年中国实际利用日本、英国、德国、法国和美国的直接投资金额如表10-3所示。

表 10-3　1997—2013 年中国实际利用主要发达国家外商直接投资　单位：万美元

年份	中国实际利用日本外商直接投资金额	中国实际利用英国外商直接投资金额	中国实际利用德国外商直接投资金额	中国实际利用法国外商直接投资金额	中国实际利用美国外商直接投资金额
1997	432 647	185 756	99 263	47 465	—
1998	340 036	117 486	73 673	71 489	—
1999	297 308	104 449	137 326	88 429	—
2000	291 585	116 405	104 149	85 316	—
2001	434 842	105 166	121 292	53 246	—
2002	419 009	89 576	92 796	57 560	—
2003	505 419	74 247	85 697	60 431	—
2004	545 157	79 282	105 848	65 674	326
2005	652 977	96 475	153 004	61 506	1 315
2006	459 806	72 610	197 871	38 269	1 071
2007	358 922	83 094	73 397	45 601	3 054
2008	365 235	91 401	90 049	58 775	6 245
2009	410 497	67 902	121 657	65 365	1 932
2010	408 372	71 032	88 840	123 820	663
2011	632 963	58 152	112 896	76 853	1 627
2012	735 156	40 960	145 095	65 242	2 863
2013	705 817	39 194	207 844	75 189	—

资料来源：中国人民共和国国家统计局。

从表 10-3 可知，日本是中国最大的外商直接投资国家，其次是德国，且这两国对中国的投资基本呈递增趋势；英国对中国的投资不断萎缩，从 1997 年的 185 756.00 万美元萎缩到 2013 年的 39 194.00 万美元，特别是 2008—2013 年，英国对中国的投资年平均下跌率为 4.89%；法国对中国的投资比较稳定，基本维持在 50 000.00 万—80 000.00 万美元；美国历来对中国的投资就很少，"再工业化"战略实施后，美国对中国的投资从 2008 年的 6 245.00 万美元下降为 2009 年的 1 962.00 万美元，2010 年仅为 663.00 万美元，后略有回升，但 2012 年也仅有 2 863.00 万美元，不足 2008 年投资额的一半。

综合上述数据发现，早期外商直接投资主要集中在中国的制造业，但欧美"再工业化"战略实施后，中国制造业利用外资越来越困难。出现这种现象的可能原因是："去工业化"过程中，欧美大量资本转向新兴经济体，而中国凭借劳动力资源禀赋优势，吸引了大量的外商直接投资，这些投资 50.00% 以上都集中在制造业，促进了中国制造业特别是劳动密集型制造业的发展，使中国成为"世界工厂"；随着中国劳动力成本的攀升、政策优惠的丧失等，在国际金融危机后，中国制造业的资本投资回报率下降，大量制造业企业回流或向东南亚转移，中国制造业利用外商直接投资开始萎缩。

10.3.4 对中国制造业对外直接投资的影响

中国对外直接投资活动起步较晚,投资存量与发达国家有较大差距。截至2012年年底,中国对外直接投资累计净额(存量)为5 319.40亿美元,仅相当于美国对外投资存量的10.20%、英国的29.40%、德国的34.40%、法国的35.50%、日本的50.40%。

随着中国国内经济下行压力的增大、国内投资机会的减少,以及欧美"再工业化"战略的实施,中国对外直接投资明显增多。《2012年度中国对外直接投资统计公报》显示,2012年在全球外国直接投资流出流量较上年下降17.00%的背景下,中国对外直接投资却创下流量878.00亿美元的历史新高,同比增长17.60%,首次成为世界三大对外投资国之一。2014年1月16日,商务部公布的最新数据显示,2013年中国对外直接投资达到901.72亿美元,同比增长16.80%。2007—2012年中国对外直接投资净额及其占比如表10-4所示。

表10-4 2007—2012年中国对外直接投资

行业	指标	2007	2008	2009	2010	2011	2012
采矿业	对外直接投资净额(万美元)	406 277	582 351	1 334 309	571 486	1 444 595	1 354 380
	对外直接投资净额占比(%)	15.33	10.42	23.60	8.31	19.35	15.43
制造业	对外直接投资净额(万美元)	212 650	176 603	224 097	466 417	704 118	866 741
	对外直接投资净额占比(%)	8.02	3.16	3.96	6.78	9.43	9.87
交通运输、仓储和邮政业	对外直接投资净额(万美元)	406 548	265 574	206 752	565 545	256 392	298 814
	对外直接投资净额占比(%)	15.34	4.75	3.66	8.22	3.43	3.40
批发和零售业	对外直接投资净额(万美元)	660 418	651 413	613 575	672 878	1 032 412	1 304 854
	对外直接投资净额占比(%)	24.92	11.65	10.85	9.78	13.83	14.86
金融业	对外直接投资净额(万美元)	166 780	1 404 800	873 374	862 739	607 050	1 007 084
	对外直接投资净额占比(%)	6.29	25.13	15.45	12.54	8.13	11.47
全国	对外直接投资净额(万美元)	2 650 609	5 590 717	5 652 899	6 881 131	7 465 404	8 780 353

资料来源:中国人民共和国国家统计局。

从表10-4可知:其一,2007年以来,中国对外投资迅速攀升,从2007年的

265.06亿美元上升到2012年的878.04亿美元,年平均增长率达15.00%;其二,中国制造业对外投资额净额一直较少,但2008年后呈稳步增加趋势。

中国对外直接投资存在明显的国别差异,2007—2012年中国对日本、英国、德国、法国和美国的直接投资净额如表10-5所示。

表10-5 2007—2012年中国对主要发达国家的直接投资　　单位:万美元

项目	2007年	2008年	2009年	2010年	2011年	2012年
中国对世界直接投资净额	2 650 609	5 590 717	5 652 899	6 881 131	7 465 404	8 780 353
中国对日本直接投资净额	3 903	5 862	8 410	33 799	14 942	21 065
中国对英国直接投资净额	56 654	1 671	19 217	33 033	141 970	277 473
中国对德国直接投资净额	23 866	18 341	17 921	41 235	51 238	79 933
中国对法国直接投资净额	962	3 105	4 519	2 641	348 232	15 393
中国对美国直接投资净额	19 573	46 203	90 874	130 829	181 142	404 785

资料来源:中国人民共和国国家统计局。

从表10-5可知,中国对美国的投资特多,2012年为40.48亿美元,同比增长123.50%,美国成为继中国香港之后的中国第二大直接投资目的地;其次是英国、德国、日本和法国。2013年,中国对美国投资倍增至140.00亿美元,投资增速高达125.00%。

10.4 主要结论与政策建议

10.4.1 主要结论

本报告聚焦欧美的"再工业化"对中国制造业战略布局的影响,从工业化到"去工业化"再到"再工业化",并解析"再工业化"这一概念的由来。欧美发达国家重新关注"再工业化"的历史背景是:国际金融危机的爆发,欧美亟须发展实体经济;新一轮产业革命来势迅猛,新兴产业蓄势待发;经济全球化不断深化,制造业分工格局出现重要变化;新兴经济体迅速崛起,发达国家面临严重挑战。"再工业化"的目标是:避免产业的"空心化",合理化配置经济结构和产业结构;加速先进制造业和其他战略性新兴产业的发展,占领制造业制高点;减少贸易逆差,实现经济可持续发展;解决失业问题,实现社会稳定。"再工业化"的主要内容是:重新认识制造业价值,确定实体经济地位;扶持战略新兴产业,调整产业结构;增加教育和研发投入,重振科研实力;解决资源环境问题,实现可持续发展。改革开放后,特别是加入 WTO 后,中国参与国际贸易活动增多,制造业发展迅速。

2008 年国际金融危机后,欧美"再工业化"战略的实施对中国制造业的发展产生了不利影响,具体表现为:使中国制造业向先进制造业和高端制造业的调整更加困难,制造业产业结构调整举步维艰;中低端制造业出口竞争压力增大;中国制造业的相关贸易摩擦增多;中国制造业实际利用外商直接投资额缩减,利用外商直接投资更加困难;为中国制造业走出去提供了机遇,中国制造业对外直接投资快速增长。

10.4.2 政策建议

基于上述分析,本报告认为,在欧美"再工业化"的背景下,中国应做好下面几点。

1. 提高劳动生产率,增强中低端制造业的竞争力

中低端制造业一般是劳动密集型产业,是解决大量人口就业的产业,具有重要的地位。目前,中国仍然有很多农村剩余劳动力,需要中低端制造业来维持就业。中国在中低端制造业的优势主要依靠廉价的劳动力来实现的,随着中国劳动力供求关系和劳动力再生产成本的影响,中国劳动力成本不断上涨,廉价劳动力这一优势正在丧失。2013 年广州经济蓝皮书显示,69.00% 的企业面临用工荒;除了广州这样的一线城市,内地一些二三线城市的用工情况也不容乐观。区域生活成本上升、外地务工人员返乡务农、就近就业等因素加大了劳动力供给的缺口。城镇单位就业人员平均工资从 2005 年的 18 200.00 元上升到 2013 年的 51 474.00 元,上涨了 82.82%;而美国因为高失业率,工资反而有所下降。2005 年中国劳动力平均成本是美国劳动力成本的 22.00%,但 2010 年这一数值达到 31.00%,中美两国劳动力成本的差距越来越小(蔡勇志,2013)。在当前形势下,中国中低端制造业必须通过生产过程的科学组织和管理、科学技术的应用等提高劳动生产率,以此实现中国中低端制造业的竞争优势。

2. 进行产业升级,发展先进制造业

新一轮产业革命来势迅猛,新兴产业和创新经济日新月异,中国固守中低端制造业固然能够解决就业等问题,但"微笑曲线"的低端地位决定了只能获得微薄的贸易利益。与此同时,欧美"再工业化"如火如荼,美国对全球产业分工体系进行重组,对海外制造业实行召回,呼吁企业在国内投资。因此,中国必须进行产业升级,积极发展先进制造业,才能在逐渐丧失劳动密集型产业的国际竞争力时抓住机遇。

3. 促进贸易自由,积极应对贸易摩擦

中国作为世界第一大出口国,已经成为世界贸易摩擦的重灾区,是受害最大的地区之一,从 1996 年起连续 18 年成为全球遭受贸易摩擦最多的国家。面对贸易摩擦,除了利用传统的商务部、地方商务部门、行业协会和企业的四体联动机制来有效地应对贸易摩擦、维护中国出口企业的合法权益外,中国须积极利用多边机制推动贸易自由化、限制贸易保护、改善贸易环境。与此同时,有必要使用"镜像策略"(鞠建东,2013),在损失对等与被动发动的原则下,进行合理的反制。

4. 鼓励对外投资,注意产业"空心化"

中国是吸引外资的大国,不过这一局面正在被扭转。目前,中国的外商直接投资缓慢增长,而国内资本充裕,应鼓励中国资本走出去。在鼓励中国资本走出去时,应注意引进外资和对外投资间的此消彼长的变化。防止大量资本流出进入他国的批发和零售业,采矿业,交通运输、仓储和邮政业等行业,而减少对国内制造业的资本投资,导致产业"空心化",为经济危机埋下伏笔。

参 考 文 献

[1] Amitai Etzioni. Re-Industrialize, Revitalize, Or What[N]?. *National Journal*, 1980-10-25.
[2] Kuznets, S. *Economic Development, The Family and Income Distribution. Selected Essays.* Cambridge: Cambridge University Press, 1989.
[3] 蔡勇志."再工业化"背景下中国产业转型的思考[J]. 发展研究,2013(11):61—65.
[4] 陈宪."再工业化"不是"工业化"[J]. 传承,2012(9):65.
[5] 崔日明,张婷玉. 美国"再工业化"战略与中国制造业转型研究[J]. 经济社会体制比较,2013(6):21—30.
[6] 傅云威,刘洪."再工业化"旗帜下的美国经济蓝图[N]. 经济参考报,2010-05-18C005.
[7] 金旼旼. 发达国家"再工业化"[N]. 中国质量报,2012-02-01001.
[8] 鞠建东,玗余心. 全球价值链固化 中国如何突围[N]. 经济参考报,2013-07-23005.
[9] 李大元,王昶,姚海琳. 发达国家再工业化及对我国转变经济发展方式的启示[J]. 现代经济探讨,2011(8):23—27.
[10] 刘毅,周春山. 再工业化背景下美国制造业发展变化及影响研究[J]. 世界地理研究,2013(4):13—24.
[11] 孟祺. 美国再工业化的政策措施及对中国的启示[J]. 经济体制改革,2012(6):160—164.
[12] 芮明杰. 欧美"再工业化"对我国的挑战与启示[N]. 中国社会科学报,2013-03-06B07.
[13] 萧江."再工业化"的缘由、含义及启示[N]. 浙江日报,2010-03-15007.

[14] 杨成林.去工业化的发生机制及影响因素研究——简论中国经济的去工业化问题及对策[D].南开大学,2012.

[15] 姚永玲,石璐珊.全球金融业与制造业的空间分布关系——基于《财富》500强企业的实证分析[J].世界地理研究,2012(3):50—57.

[16] 于建东."再工业化"指向重构转型[N].经济日报,2013-04-17009.

[17] 中国新闻网,应对贸易争端 学者建议中国使用"镜像策略"[EB/OL].http://finance.chinanews.com/cj/2013/06-26/4973881.shtml

撰稿：余菜花　郑　伟
统稿：李廉水　周彩红

第11章 跨太平洋伙伴关系协议(TPP)
——中国制造业的机遇与挑战

跨(泛)太平洋伙伴关系协议(Trans-Pacific Partnership Agreement, TPP)因美国的高调加入而一跃成为亚太地区倍受关注的区域自由贸易协定(Free Trade Agreement, FTA)。TPP以成员国全面零关税、知识产权保护、劳工和环保等议题为特点,提出建立高质量和高标准自由贸易区的战略目标,已吸引包括美国在内的众多亚太国家参与(刘中伟和沈家文,2012)。中国作为泛太平洋地区主要的对外贸易国,不得不思考其对自身的影响[①],尤其是对自身制造业的影响。那么,在TPP条件下,中国制造业将面临哪些机遇与挑战呢?这正是本报告要探讨和研究的问题。

11.1 TPP 概述

TPP是区域自由贸易协定的一种,起源于2005年澳大利亚、新西兰、新加坡和文莱签订的跨太平洋战略经济伙伴关系协定(Trans-Pacific Strategic Economic Partnership Agreement, TPSEPA)。一开始,TPP只是小国间的自由贸易协议,对区域经济发展的影响不大。2009年,这4个国家的人口总和约2465万人,GDP总和仅占全球的0.80%,对外贸易占全球的2.20%。无论从人口规模还是经济规模来看都很小。然而,在随后的几年里,TPSEPA经历了几个重要的发展阶段[②],如今已成为亚太地区拥有包含美国、加拿大、秘鲁等10余个成员的重要经济合作组织,其成员及分布如表11-1所示。同时,亚洲太平洋经济合作组织(APEC)和东南亚国家联盟(ASEAN)的众多成员也在积极参与对TPP的谈判。

---

① 中国应该积极主动研究参与TPP(何力,2011)。
② TPP的发展历程参见附表1。

表 11-1　TPP 成员及分布区域

区域	TPP 成员
东亚	文莱、马来西亚、新加坡、越南
大洋洲	澳大利亚、新西兰
拉丁美洲	智利、秘鲁
北美洲	美国、加拿大、墨西哥

注:不含正在谈判以及有参与意向的日本、韩国、中国台湾地区等。

战略上,TPP 有意识地突破传统的自由贸易协定模式,希望达成包括所有商品和服务在内的综合性自由贸易协议。与亚洲太平洋经济合作组织(APEC)、世界贸易组织(WTO)、东南亚国家联盟(ASEAN)等众多国际经济合作组织相比,TPP 不仅积极推进关税减免和零关税政策,还希望更深入、更全面地推进成员之间的相互合作,并逐步实现成员之间在贸易救济措施(第6条)、技术和技术性贸易(第8条)、知识和知识产权贸易(第10条)、服务贸易(第12条)以及行政和制度条款(第17条)等经济发展相关领域的深度合作。在内容上,TPP 是一个"高水准"、全面性的贸易自由化协议。按照该协议规定,成员之间原则上要取消所有贸易商品的关税及所有流向成员国家或地区市场的农产品出口补贴,并在服务贸易及其他相关部门和领域采取高水平的自由化政策和措施(顾静,2012)。因此,一些学者预测,TPP 将对亚太经济一体化进程产生重要影响,可能将整合亚太的两大经济区域合作组织(亚洲太平洋经济合作组织和东南亚国家联盟)所重叠的主要成员,发展成为涵盖亚洲太平洋经济合作组织大多数成员在内的亚太自由贸易区,成为亚太区域内的小型世界贸易组织。①

11.2　区域性深度贸易制度安排

事实上,TPP 最原始的四个国家都是 APEC 成员。也就是说,TPSEPA 当时是在 APEC 框架下缔结的一项区域贸易协定(Regional Trade Agreement,RTA)。② APEC 本身就是一个典型的 RTA,那么,为什么在 APEC 框架下还要通过缔结一个更小的 TPSEPA 来实现经济发展的目标呢?从更宽泛的范围来看,APEC 则是在

---

①　其实,这种说法并不准确。首先,TPP 的目标不是削减关税,而是将关税变成零,这意味着 TPP 希望将成员纳入一个统一的贸易体系,从而消灭经济意义上国界的概念,但 WTO 并不是这样。其次,TPP 框架内贸易对象除了商品以外,还包括服务、知识产权等,这也突破了 WTO 的约定范围。最后,TPP 还涵盖贸易救济措施、成员联动机制等,从可行性角度看,小范围的 TPP 比 WTO 更能实现这些战略性的目标。所以从严格意义上讲,TPP 并不是一个缩小的 WTO,而是一个与 WTO 内容部分重合、范围更小、目标更清晰、可行性更高的战略性及区域性贸易协定。

②　从 TPP 的产生来看,TPP 多少有点自发性,是几个国家在 APEC 框架下的一种更深层次的尝试,几个国家希望通过成员国之间的深度贸易合作,达到促进本国经济增长的目的。

WTO 框架下缔结的一项 RTA,这就衍生出一个类似的问题,存在于某一框架协议内的 FTA 为何会出现?其存在的原因和作用是什么?

一个简单的推论是:任何存在于某一 FTA 框架下(母 FTA,简称"FTAp")的次一级的 FTA(子 FTA,简称"FTAs"),都是为了解决 FTAp 无法解决的问题而产生的。换句话说,FTAs 的内容即使与 FTAp 有一定程度的重合,但一定有 FTAp 没有涵盖的内容,或有 FTAp 无法实现的功能。各级 FTA 内容(功能)的从属关系如图 11-1 所示。从这个角度来讲,之所以在 WTO 框架下会出现 APEC,在 APEC 框架下又会出现 TPP,都是这个原因。因此,TPP 的出现不是偶然的。因为无论是 WTO 还是 APEC,都没有包含 TPP 的所有条款和目标。那么,该如何看待 TPP?或者说 TPP 的本质是什么?这是首先要回答的问题。

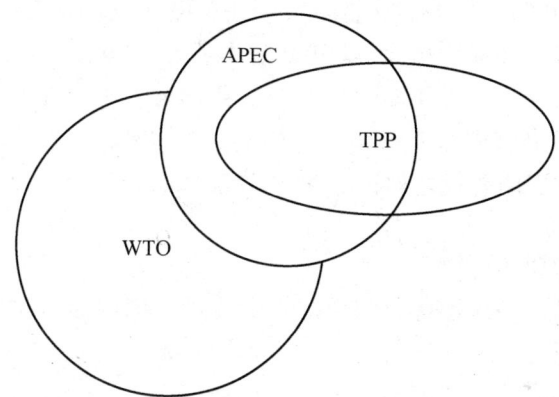

图 11-1　各级 FTA 内容(功能)的从属关系

前面提到,TPP 本是小国间的自由贸易协定,一开始对世界的影响很小,只不过是 APEC 框架下 4 个小国更进一步的贸易合作关系。然而,2009 年美国高调加入后,TPP 一跃成为世界关注的焦点。换句话说,TPP 是因为有了美国才受到重视的。实践也证明,美国的加入给 TPP 带来了巨大的变化:第一,短短数年间,TPP 的成员从 4 个增加到 12 个(截至 2011 年 12 月),覆盖约 8 亿人口,经济总量约占全球经济总量的 40.00%,一下子成为世界上最大的自由贸易区;第二,韩国、中国台湾地区等国家和经济体[①]也是 TPP 的潜在参与方,TPP 有继续扩大的态势;第三,TPP 跨太平洋之势逐渐形成,12 个国家和地区分布在太平洋的两岸,形成一个环太平洋的经济圈;第四,中国作为亚太区域的主要国家和巨大经济体,竟然没有被邀请加入 TPP,且更为重要的是,现有的 TPP 国家已经对中国形成包围之势。

---

① 台湾地区已公开表示要在 8 年内加入 TPP,未来两岸在台湾地区加入 TPP 问题上的互动,将成为观察和讨论两岸关系的新视角(顾静,2012)。

在全球战略上,美国急需一个由其主导的区域合作机制来维护其在亚太的经济和政治利益(陆建人,2011);APEC一度成为美国实施亚太战略的首选对象,但在APEC进程停滞后,TPP成为美国试图主导制定的新一轮贸易游戏规则的新平台(田海,2012)。TPP是美国把国际经贸规则制定权转为全球经贸霸权的跳板,是美国制约亚洲一体化进程的挡板(饶芸燕,2013),是一种美国主导的对华制衡手段(杜晓军,2012)。当然,站在美国的立场来考虑,这是一个显而易见的结论。美国有能力,也有意愿主导一个这样的区域合作机制来维护其在亚太的利益,制衡中国的发展。

对TPP本身,还应该注意其他两个重要信息:第一,中国不在美国主导的TPP邀请之列,美国为何不希望中国加入TPP? 第二,即使美国有强烈意愿主导TPP,但其他TPP国家为了自身的利益,也不可能任美国摆布。因为各国加入TPP的本质动机仍是为了维护自身利益,所以TPP的本质是区域性深度贸易制度的安排,是区域国家之间综合利益不断博弈的结果。虽然美国试图主导TPP,但对于TPP国家以及太平洋周边的潜在参与方来说,其考量TPP的主要依据仍然是自身利益。这一点是分析中国应该如何应对TPP的关键。

11.3 TPP对中国的影响

总的来说,TPP作为一种新形态的FTA,其对中国的影响主要分为三个方面,即出口、进口和投资。

11.3.1 TPP对中国出口的影响

图11-2显示了TPP国家占中国出口的比例,从中可以看出,在1998—2012年的大部分年份里,中国对TPP国家出口额的总和均占中国出口总额的35.00%以上,在有些年份(如1999年、2000年、2001年),这一比例甚至超过45.00%。也就是说,中国对TPP国家的出口额长期稳定地占据中国出口总额1/3以上的比例。

TPP要求成员国之间原则上取消所有贸易商品的关税及所有流向成员方市场的农产品出口补贴,并在服务贸易及其他相关部门和领域采取高水平的自由化政策和措施。从这个角度来讲,TPP将给中国的出口带来两个非常重要的影响。第一,如果中国加入TPP,中国的出口政策将会在很大程度上失去效用。由于TPP要求成员国之间原则上取消所有贸易商品的关税和农产品出口补贴,而TPP国家占中国出口总额的35.00%以上,这将对中国的出口产生巨大影响。中国的出口退税政策、农产品出口补贴政策将无法继续,中国也无法继续通过出口政策来引导和影响国内的经济。第二,如果中国不加入TPP,现有的出口政策也无法继续维持,至少需要调整对TPP国家的出口政策,这也是牵一发而动全身的事情。由于TPP国家进行了关税调整和贸易政策变更,势必影响TPP成员国重新考虑其商品

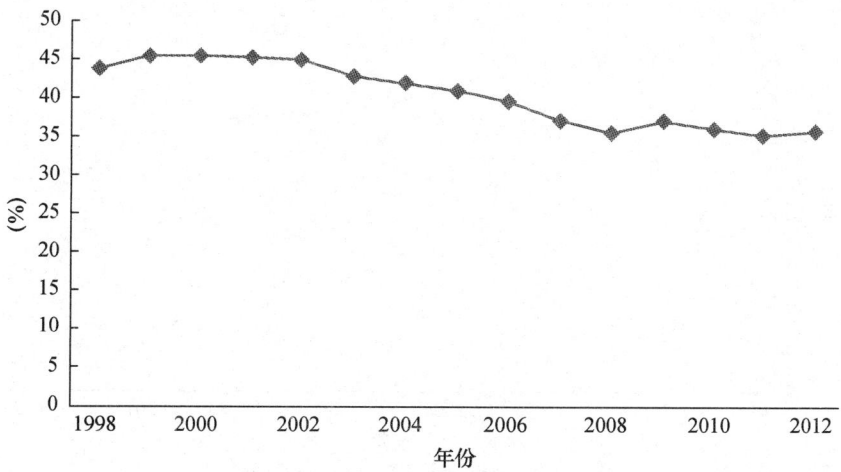

图 11-2 TPP 国家占中国出口比例

注：这里的 TPP 国家包括文莱、新加坡、美国、日本等 13 个国家和地区（具体参见附表1）。
资料来源：根据 1999—2013 年《中国统计年鉴》计算。

和服务进口国的问题。TPP 国家的进口量占中国出口总额的 35.00% 以上，这势必影响中国的出口政策，如果中国不相应地调整出口战略，TPP 国家很可能考虑弃中国而改从 TPP 成员国进口相关的商品或服务。因此，TPP 对中国出口的影响是巨大的，是中国必须注意的首要问题。不管 TPP 是否由美国主导，也无论中国是否加入 TPP，中国都无法回避这个问题。

11.3.2 TPP 对中国进口的影响

相对于出口来说，TPP 对中国进口的影响要略小一些。如图 11-3 所示，TPP 国家占中国进口的比例相比于出口来说略小一些，尤其近些年，中国从 TPP 国家进口的商品和服务总额基本处于中国进口总额的 30%—35%。

即便如此，TPP 国家对中国进口仍会产生非常重要的影响。中国一直是进口大国，而且中国一直通过提高进口关税的方式来保护国内自主产业。如果中国加入 TPP，这种方式将不复存在，中国从 TPP 国家进口的产品将是零关税的。即使中国不加入 TPP，中国也不得不调整其进口政策；否则，TPP 国家可能调整针对中国和 TPP 其他成员国之间的出口比例，以适应新政策的需要，实现国家利益最大化。因此，TPP 对中国进口的影响也是不可忽视的。

近年来，虽然中国与 TPP 成员国之间的进出口总额占中国进出口总额的比例呈现逐步下降的趋势，但 TPP 框架的形成，还是会对中国的进出口产生重要影响，对中国出口产品发起挑战，给国内发展水平较低的产品造成一定的压力。

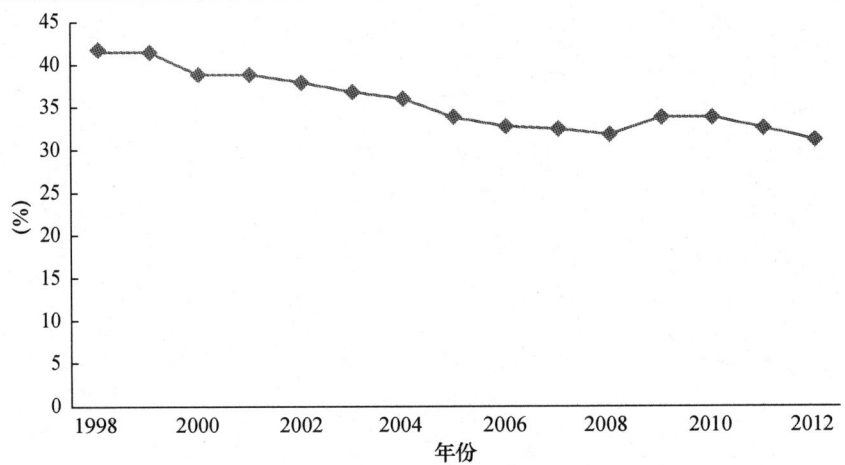

图 11-3　TPP 国家占中国进口比例

注：这里的 TPP 国家包括文莱、新加坡、美国、日本等 13 个国家和地区（具体参见附表 1）。
资料来源：根据 1999—2013 年《中国统计年鉴》计算。

11.3.3　TPP 对中国投资的影响

利用外资是改革开发以来中国发展经济的重要手段之一，尤其在改革开放的初级阶段，这一方式曾创造过辉煌的业绩。近年来，中国对外资的依赖程度虽然有所下降，但外资对中国经济依然存在重要的影响；而中国在利用外资的同时，也在逐步加大自身对外的投资。截至 2013 年，中国对外直接投资总额已超过 800 亿美元，接近中国利用外资的 80%。可以说，中国利用外资和对外直接投资，都处于较高水平。因此，TPP 对中国投资方面产生的影响是无法回避的。

表 11-2 列出了 TPP 国家占中国实际利用外商直接投资的比例，从中可以看出，TPP 国家对中国直接投资的比例在逐渐下降，从 1999 年的 26.51% 下降至 2008 年的 13.71%，近两年则略有提升。因此，无论中国是否加入 TPP，TPP 对中国投资都会产生一定的影响。

表 11-2　TPP 国家占中国实际利用外商直接投资的比例

年份	占比（%）	年份	占比（%）
1997	24.95	2005	22.11
1998	25.75	2006	18.28
1999	26.51	2007	14.73
2000	25.31	2008	13.71
2001	25.68	2009	13.78
2002	25.39	2010	13.50
2003	24.06	2011	14.05
2004	21.97	2012	15.82

资料来源：根据 1998—2013 年《中国统计年鉴》数据计算。

① TPP 成员国之间的投资渠道已打开,成员国之间的相互投资变得更加顺畅。例如,在 TPP 之前,美国对越南的投资面临三重障碍,即资本和技术的进入方式、产品和服务的销售、资本的退出;而在 TPP 框架下,同样是美国对越南投资,这三重障碍将不复存在,美国对越南的投资和产品销售将与在美国本土生产无异。因此,TPP 框架形成后,投往中国的外商直接投资可能会顺势转移到其他 TPP 国家(见图 11-4)。

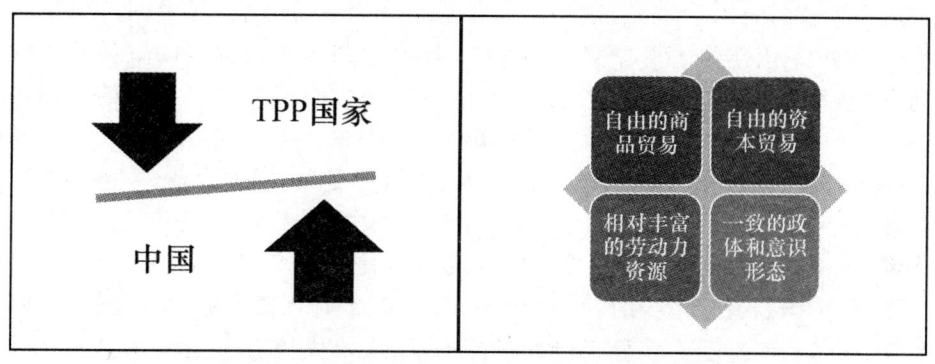

图 11-4 中国接受外商投资的优势被 TPP 削弱

② TPP 对中国的对外直接投资也会产生一定的影响,中国对 TPP 国家的直接投资,将由于 TPP 的存在而失去战略作用。例如,在 TPP 框架下,中国对马来西亚的直接投资将与美国对越南的直接投资在同一水平上竞争。中国对 TPP 国家的投资将失去屏障作用,要面对所有来自 TPP 国家投资的同台竞争。

③ TPP 国家之间的技术投资、知识产权贸易将变得更加顺畅,中国可能会失去直接接受外商技术投资的优势。总之,TPP 对中国投资产生的影响也是非常重要的,绝对不容忽视。

11.4 中国制造业的机遇与挑战

虽然 TPP 对中国的影响主要体现在出口、进口和投资三个方面,但从更深层次考虑,其对中国制造业的影响却是重中之重。

第一,中国是制造业大国,在出口的产品和服务中,制造业占主要比重。众所周知,中国是世界工厂,全球几乎一半的制成品来自中国。改革开放 30 年来,中国取得的一个重要成绩便是"Made in China"产品远销世界。也正因为如此,TPP 对中国制造业的影响才是巨大的。TPP 要求成员国之间消除关税,对于中国来说,如果中国加入 TPP,就等于中国的制成品在与 TPP 国家贸易时将失去关税保护屏障。同时,美国可以在很大程度上主导 TPP,与 WTO 相比,TPP 对中国制成品贸易的影响会更大。由于 WTO 国家众多,利益关系复杂,美国很难单方面主导;而 TPP

国家个体较少,且大部分与美国关系密切,形不成有效制衡;因此,TPP对中国制造业的影响不能与加入WTO的影响相提并论。

第二,TPP通过对关税、技术及知识产权贸易的影响,将对整个制造过程产生影响。TPP要求成员国之间实施零关税政策,同时还要全面开放技术和知识产权领域的贸易。从这个角度来看,TPP国家之间的产品和技术水平的融合速度将会加快,产品和制造流程的差别会越来越小,TPP国家的对外竞争力将增强,尤其对于技术实力较弱的国家来讲,这一点非常重要。当然,这也会对中国产生不利的影响。例如,越南作为TPP国家,与美国在技术和知识产权领域的贸易效率得到提高,越南利用美国技术的能力将会大大增强,其制成品与美国产品的差别也会大大缩小。在这种情况下,中国在国际市场上将不得不面临来自周边众多TPP国家的竞争(如马来西亚、越南等);同时,值得注意的是,中国的台湾、香港和澳门等经济体也是TPP的潜在参与者,而这些经济体对中国的影响也是特别大的。从长远考虑,中国将面对更多来自TPP成员的战略包围。

第三,中国制造业本身的问题会使中国在应对TPP新形势时处于被动地位。一方面,中国的制造业大多处于产业链的低端,成本优势有可能被TPP其他成员国所取代。改革开放之初,中国由于拥有大量的价格低廉的劳动力,使劳动密集型产业得到迅速的发展,尤其以沿海的加工业为最;随着改革开放的不断深入,逐渐形成外资出资本和技术、中资出劳动力和资源的产业模式。中国制造业总量虽然很大,但很低端。另一方面,中国产业工人大部分是由农民转移而来的。由于种种障碍,这些农民并未真正地成为产业工人,他们大多以兼业的形式在制造业中从事技术水平很低的体力工作,甚至在很大程度上不能被定义为工人,只能叫农民工。虽然这些农民工短暂地创造了中国制造业的"奇迹",使中国成为"世界工厂";但是,这种状况无法得到延续,也不能带来制造业的持续增长。农民工以兼业形式从事制造业,很难提高自身的综合素质;同时,由于流动性强的原因,工厂主也没有意愿为农民工提供培训和提高自身素质的机会。于是,中国制造行业人力资本积累缓慢,制造业本身提升困难。

第四,TPP将给中国制造业带来巨大的压力。图11-5列出中国对外直接投资和外商对中国直接投资的总规模和主要行业。从图中可以看出,中国对外直接投资的总规模已经接近外商对中国直接投资的总规模;但是,就投资的行业来看,却有很大差别。中国对外直接投资的主要行业是采矿业、租赁商务服务业和批发零售业,与制造业相比,这些行业都是技术含量较低、附加值较低且流动性和可持续性都较差的行业。在中国的对外直接投资中,制造业只占约10.00%的比例;但是,外商对中国的直接投资中,制造业占50.00%以上。值得注意的是,房地产业也是外商对中国直接投资的主要行业,约占投资总额的25.00%。也就是说,外商对中国的直接投资有75.00%以上的比例是制造业和房地产。这一差别将给中国制造业带来巨大的压力。设想一下，如果TPP国家取代中国成为新的接受外商直接投资的国家，那么将有大量的投资从中国撤走，而这些投资大部分是在制造业和房地产行业中，撤走这些投资将意味着对中国制造业的巨大打击。更有甚者，这些在制造业中的外商投资，很多是和制造技术融合在一起的专用性很强的技术投资，如果这部分投资转移出去，中国制造业必将面临新一轮的技术难题。就国家之间的竞争而言，中国对外的投资布局将很难与外商对中国的直接投资相平衡，虽然规模相当，但实际上却相差甚远。

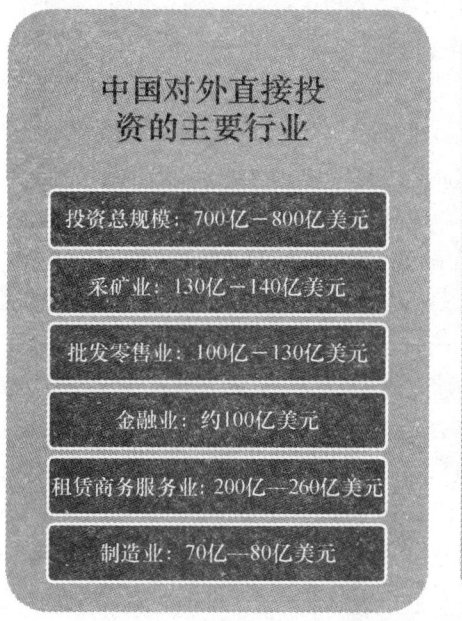
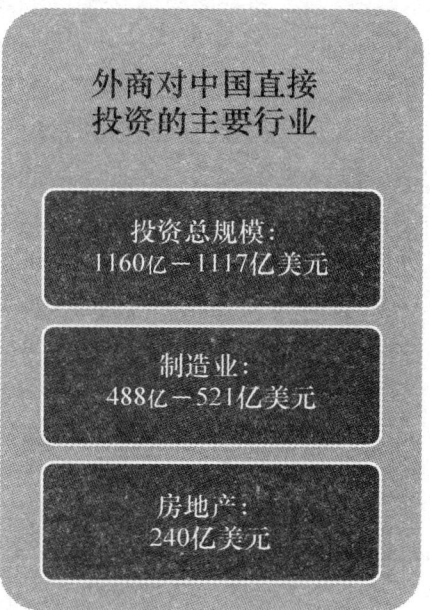

图 11-5　中国接受外资和对外投资的行业对比
资料来源：2012—2013年《中国统计年鉴》。

第五，中国到底该不该加入TPP？这是一个辩证的问题。从中美两国关系来看，中国加入TPP将在使自身获益的同时，促进美日两国的收益（彭支伟和张伯伟，2013）；但从中日两国关系来看，中日两国要么都加入TPP，要么都不加入，只有一方加入时对另一方不利（关权，2012）。同时，关于TPP的成本收益分析表明，经济小国或许能够从TPP中获益；但是对大国而言，TPP基本没有经济价值。TPP只是美国应对东亚合作、获得非传统经济利益的工具（沈铭辉，2012）。所以，中国应从对内和对外两个维度进行积极应对，以减少TPP带来的不良影响（邓海清，2013）。事实上，上述分析表明，中国是否加入TPP对中国的影响的差别似乎并不大。TPP作为一个FTA架构,其参与方与中国的关系太过密切,所以不管中国加入与否,其对中国的影响都是客观存在的,而且差别不大。

第六,中国制造业的机遇是什么? TPP的宗旨是在泛太平洋区域建立一个更深层次的自由贸易区,除了零关税以外,TPP还对知识产权、环保、技术贸易、制度建设等方面进行更深入的谈判和架构。也就是说,在TPP框架下,泛太平洋地区的竞争将更加充分、市场更加融合。在这种环境下,中国强有力的政策效用将被大大削弱,中国将不得不面临着来自泛太平洋区域其他国家和地区在制造技术、制度效率、劳动力和资源优势、金融市场等全方位的挑战。如果中国制造品的成本优势、品质优势得不到有效的提升,或许将失去在TPP国家和地区的市场,而这个市场占据着中国近1/3的出口。这是TPP给中国制造业带来的最大挑战和压力。

但是还应该看到,TPP也给中国制造业带来广泛的机遇。首先,美国虽然在尽力主导TPP的发展,但进展并不顺利,尤其是在针对日本的谈判中,压力很大。正如前面所述,各国加入TPP的最终目的肯定都是维护本国利益,而绝不是配合美国所谓的战略。从这个角度来讲,利益博弈是最终决定TPP事态发展的核心力量。其次,就美国而言,其主导TPP的目的也是从中获益。如果美国既想从TPP成员国获得收益,又想让TPP成员国服务于自身的战略,这便不是双赢的战略,其他国家也就没有动力来维护和促进TPP的发展。换句话说,如果美国不改变这一基本思维,作出适当牺牲的话,TPP谈判最终可能走向一个形式大于实质的僵局。再次,鉴于TPP的这种发展态势,中国作为泛太平洋领域的大国,有理由也有机会主导一个类似TPP的区域经合组织。如果可以这样,那么中国将在求同存异的基本原则下独辟蹊径,主导建立一个更适合中国制造业发展的区域贸易伙伴关系。这样,不管TPP能否像预估的那样发展,中国都不会受到实质性的影响。最后,无论从地缘角度还是从中国的外交风范来看,中国都有可能主导一个更好的泛太平洋合作伙伴关系,以适应中国更好地发展,这将是中国制造业发展最大的机遇。

11.5 结论

总的来说,中国应该对TPP持包容态度。虽然TPP已完成80%的谈判任务,但另外20%则主要集中在边境后问题(如环境标准、国有企业归置这些难度非常高的问题),它们被发展中经济体(如马来西亚、印度尼西亚)接受的难度很大。另外,日本的农产品开放问题也是难题。同时,美国国会对TPP并没有给予TPA(贸易推进授权,允许美国行政部门向国会提交最终的贸易协议,可不经修订而直接进行投票表决),这意味着即使美国与其他国家达成关于TPP的一致文本,在美国国会审议时也有遭到修改或否决的可能性。这些都使得TPP的未来还有很多的不确定性。在2014年北京APEC峰会上,中国着重提出落实推动建立亚太自贸区(FTAAP)的动议,并对 TPP 表示"乐见其成"的态度。不管是 TPP 还是 FTAAP,都是繁荣亚太经济的途径。由此可见,中国政府确实对 TPP 采取了开放和包容的态度,这充分显示了中国在区域发展中的自信心和控制力。

在 TPP 框架下,泛太平洋地区的竞争将更加充分、市场更加融合。在这种环境下,中国强有力的政策效用将被大大削弱,中国将不得不面临来自泛太平洋区域其他国家和地区在制造技术、制度效率、劳动力和资源优势、金融市场等全方位的挑战。但分析表明,中国是否加入 TPP 对中国产生的实际影响的差别并不是很大,所以中国没有必要过多地论证加入 TPP 与否的差别,而应该重视 TPP 框架的存在及其给中国带来的实际影响;同时,无论美国能否进一步主导 TPP 的发展,TPP 作为泛太平洋地区各经济利益体反复博弈的结果,中国都无法置身事外。因为泛太平洋地区各国(经济体)与中国关系密切,任何促使这些国家进行深度合作的制度安排,都会对中国产生不可忽视的影响。然而,作为泛太平洋地区主要的经济体之一,中国想要在不断发展的区域经济中占据主动,除了积极研究对策以外,从长远看,中国更应该做的是逐步提高自身产业的技术水平和综合竞争实力,以及提高制度的运作效率和市场环境等,只有这样,才能在不断发展的国际竞争中处于主动。中国主张建立亚太自贸区(FTAAP),从某种意义上也印证了这一观点。你做你的、我做我的,求同存异、共同发展是中国应对区域发展问题的一个长期性主题。

参 考 文 献

[1] 邓海清.从政治视角浅析美国的 TPP 霸权战略[J].太平洋学报,2013(5).
[2] 杜晓军.从 TPP 看野田内阁的外交政策[J].国际论坛,2012(1).
[3] 顾静.TPP 对两岸关系的影响刍议[J].亚太经济,2012(3).
[4] 关权.东亚经济一体化和 TPP——中日之间的博弈[J].东北亚论坛,2012(2).
[5] 何力.TPP 与中国的经济一体化的动向和对策[J].政法论丛,2011(6).
[6] 刘中伟,沈家文.跨太平洋伙伴关系协议(TPP):研究前沿与架构[J].当代亚太,2012(1).
[7] 陆建人.美国加入 TPP 的动因分析[J].国际贸易问题,2011(1).
[8] 彭支伟,张伯伟.TPP 和亚太自由贸易区的经济效应及中国的对策[J].国际贸易问题,2013(4).
[9] 饶芸燕.模板、跳板、挡板:美国战略视角下 TPP 功能的三位一体[J].世界经济研究,2013(8).
[10] 沈铭辉.跨太平洋伙伴关系协议(TPP)的成本收益分析——中国的视角[J].当代亚太, 2012(1).
[11] 田海.TPP 背景下中国的选择策略思考——基于与 APEC 比较的分析[J].亚太经济,2012(4).

撰稿:蔡银寅
统稿:李廉水　周彩红

附表1 TPP年表

时间	成员	议题
2005年5月28日	文莱 智利 新西兰 新加坡	1. 四国协议发起跨太平洋伙伴关系； 2. 签订并生效的经贸协议，成员之间彼此承诺在货物贸易、服务贸易、知识产权及投资等领域相互给予优惠并加强合作； 3. 最为核心的内容是关税减免，即成员国90%的货物关税立刻免除，所有产品关税将在12年内免除； 4. 协议采取开放的态度，欢迎任何APEC成员参与，非APEC成员也可以参与。该协议的重要目标之一就是建立自由贸易区
2006年5月1日	文莱、智利 新西兰、新加坡	1. 跨太平洋战略经济伙伴关系协定对新西兰和新加坡生效； 2. 对智利和文莱生效的时间分别为2006年11月8日和2009年7月1日
2008年2月	美国加入	2008年3月、6月和9月就金融服务和投资议题举行3轮谈判
2008年9月	澳大利亚 秘鲁受邀	美国总统奥巴马决定参与TPP谈判，并邀请澳大利亚、秘鲁等加入谈判
2009年11月	澳大利亚 秘鲁加入	1. 美国正式提出扩大跨太平洋伙伴关系计划，澳大利亚和秘鲁同意加入； 2. 美国借助TPP的已有协议，开始推行自己的贸易议题，全方位主导TPP谈判； 3. 跨太平洋战略经济伙伴关系协议更名为跨太平洋伙伴关系协议，开始进入发展壮大阶段
2009年APEC会议期间	日本	日本外相冈田克在2009年的新加坡APEC会议期间表示，日本对TPP架构也有着浓厚兴趣，对此日本内部有比较大的争论
2010年	马来西亚、越南	TPP成员数量扩大到9个
2010年3月15日	8个成员国	1. 跨太平洋伙伴关系协议首轮谈判在澳大利亚墨尔本举行，参与谈判的共8个成员，即美国、智利、秘鲁、越南、新加坡、新西兰、文莱和澳大利亚； 2. 此次谈判涉及关税、非关税贸易壁垒、电子商务、服务和知识产权等议题； 3. 美国较为强调的内容包括推动清洁能源等新兴行业的发展，促进其制造业、农业以及服务业的商品与服务出口，并强化对美国知识产权的保护
2010年11月14日		与会九国同意美国总统奥巴马的提案，将于2011年11月的APEC峰会上完成并宣布跨太平洋伙伴关系协议纲要
2011年11月11日	日本	日本首相野田佳彦宣布加入跨太平洋伙伴关系协议的谈判
2012年10月8日	墨西哥	墨西哥已完成相关手续，正式成为跨太平洋伙伴关系协议第10个成员国
2012年10月9日	加拿大	加拿大加入
2013年4月12日	日美协定	日美贸易协议

第12章 全球竞争:中国制造业企业的强盛之路
——基于华为的案例研究

12.1 引言

　　近三十年来,中国制造业的高速增长主要得益于两个因素:一是低成本优势,二是后发优势。低成本优势体现在我国廉价的劳动力成本和环境成本,后发优势则来自对国外成熟技术的引进与利用。这两种优势的结合使我国制造业增加值在2010年一度超过美国,跃居世界第一,实现这种增长的主体自然是制造业企业。2008年国际金融危机以来,全球低迷的经济形势造成外部需求萎缩,也使欧美等发达国家重新聚焦制造业。一方面,对于依靠大量出口的中国制造业企业来说,这无疑是一个较大的冲击,面临着更加激烈的竞争;另一方面,受制于劳动力成本上升和资源环境承载限度的压力,原有的低成本策略竞争模式已不再适用;更为严峻的是,技术来源也出现问题。随着中国制造业的迅猛发展,技术引进的层次越来越高,"中外的产业差距已经大大缩小,中国企业需要购买的技术往往是国外企业正在使用的技术,国外企业如果把正在使用的技术卖出去,它们自己就很难生存"(邵宁,2013),产生了大量"买不来的技术"问题。但是,先进制造技术将代表全球制造业发展的新趋势,先进制造业将成为制造业的未来发展方向(张峨喆和王俊沣,2013)。在这种现实状况下,中国制造业企业要想生存、发展、壮大乃至强盛,其增长方式亟须转型,必须从粗放型、投资推动型转向集约型、创新驱动型,从低附加值、劳动密集型模式转向高附加值、高技术含量模式。

　　事实上,我国政府早就关注自主创新的问题,并将其提升到国家战略的高度上。2006年,全国科技大会提出建设创新型国家的目标;2007年,党的十七大又进一步明确指出,提高自主创新能力、建设创新型国家是国家发展战略的核心;2012年,党的十八大报告再次强调,"要坚持走中国特色自主创新道路,以全球视野谋划和推动创新,提高原始创新、集成创新和引进消化吸收再创新能力,更加注重协同创新"。这既是对我国企业提出了要求,也为企业的发展指明了方向。在全球竞争的时代特征下,唯有自主创新,企业才能占得先机。

12.2 文献回顾

现有文献对于如何进行制造业企业自主创新的研究主要包含三个方面,即自主创新的概念辨析、自主创新的影响因素或动力机制、自主创新的实现路径或创新过程。本章按照此思路进行文献回顾。同时,考虑到国外关于自主创新方面的研究较少,理论回顾部分还扩展到创新或技术创新等相关研究结果。

12.2.1 自主创新的内涵

自主创新理论是创新理论的新发展,是具有中国特色的创新理论,国外没有自主创新的说法,较为接近的是本土创新(柳州等,2009)。对自主创新的概念,有狭义和广义两种理解。狭义的自主创新被视为自主技术创新,或是为制造新产品、提供新技术和新工艺所进行的研发活动(周亚虹等,2012)。广义的自主创新是指企业以自身的研究开发为基础,通过自身的努力和研究产生技术突破,实现科技成果的商品化、产业化和国际化,以此获取商业利益的创新活动(赵更申和雷巧玲,2006)。孙冰和王为(2010)也认同上述观点并指出,与技术创新相比,自主创新具有技术突破的内生性、知识与能力支持的内在性、技术与市场方面的率先性等特点。

针对自主创新的研究分为企业和国家两个层次。郭咸纲(2005)从企业角度提出,自主创新是一个体系的推进过程,包括理念创新、战略创新、组织创新、制度创新、管理创新、技术创新、市场创新等;并指出,理念和战略是先导、组织创新是载体、制度创新是保障、管理创新是基石、技术创新是关键、市场创新是目标。施培公(1996)认为,当用于表征企业创新活动时,自主创新是指企业通过自身努力,形成有价值的研究开发成果并完成技术成果的商品化,以获取商业利润的创新活动;当用于表征国家创新特征时,自主创新是指一国不依赖他国技术,而依靠本国自身力量独立研究、开发、创新的活动。宋河发等(2006)则概括性地指出,自主创新是创新主体通过主动努力获得主导性创新产权,并获得主要创新收益而进行的能形成长期竞争优势的创新活动。创新主体包括个人、企业、区域、产业和国家,创新产权主要指专利等技术类知识产权,创新收益包括创新获得的利润和技术进步。该定义涵盖了自主创新的主体、创新程度、创新地域范围、创新的完整过程,以及创新的自主性,是一个较为全面和完整的定义。万君康和李华威(2008)认为,自主创新在于创新主体通过自身主导的不同创新活动(行为、方式和资源整合)创造并拥有创新成果及相应的权利价值,强调创新主体的主导权和控制权。

国家统计局在大中型工业企业自主创新统计资料中将工业企业的自主创新活动定义为,企业开展的研究与试验发展(R&D)活动。而在《国家中长期科学和技术发展规划纲要》中,自主创新的内涵则包括三个方面:一是原始创新,以获取科学发现和技术发明为目的;二是集成创新,将多种相关技术有机融合,形成新产品、新产业;三是引进消化吸收再创新。经济合作与发展组织(OECD)定义,自主创新是产品的创新以及生产技术和生产过程的创新。学者们对自主创新的界定多是基于自主性,注重创新过程的自主,认为自主创新是企业运用自身的资源与能力来开发新产品或服务的实践(杨德林和陈春宝,1997;Lengnick-Hall,1991)。傅家骥(1998)则强调从攻克技术难关、形成有价值的研究开发成果,到创新技术成果的商品化并获取商业利润的过程中都"依靠自身的能力"。但另一些研究则强调对创新结果的自主,即拥有"自主知识产权"(洪银兴,2010)。吴贵生(2006)提出,在自主创新的内涵中,自主是前提、创新是目的、获取核心技术和知识产权是关键、提高创新能力是核心。这些概念为我们理解自主创新提供了有价值的参考。

12.2.2 自主创新的驱动力

在创新或技术创新的动力机制的研究方面,Schmookler在20世纪60年代末提出需求拉动说,认为市场导向是创造新产品最主要的驱动力,这一观点随后得到诸多学者(如Langerak等,2004;Narver等,2004;Atuahene等,2005)的肯定。国内也有众多学者从理论或实证的角度论证了市场需求对技术创新的正面作用(欧晓万,2007;周怀峰,2009)。范红忠(2007)提出了有效需求规模假说,认为扩大需求规模能够降低研发风险,提高技术创新的效率。除需求外,企业家精神也被视为创新的重要动力,因为企业家精神的实质和特征就是创新精神和冒险精神(Schumpeter,1934;Miller和Frzesen,1982;Drucker,2007)。杜靖(2011)认为,企业家是企业自主创新的决策者、引导者、组织者和实施者,企业家的创新精神决定着企业自主创新活动的发生和发展,决定着企业自主创新活动的努力程度与意志强弱。因此,企业家的创新精神是企业自主创新的核心驱动力,其驱动模式为:企业家的创新精神—自主创新—新产品—新市场—实现企业家价值。

政府采购作为企业自主创新的外部动力一直出现在学者的研究框架中。20世纪60年代,第三次科技革命的兴起促进了全球高技术产业的变革,主要发达国家(如美国、日本、芬兰等)都把科技创新作为基本战略,促进自主创新能力提升成为政府采购功能的重要取向。韩国作为后起的工业化国家,做法同样如此。英国萨塞克斯(Sussex)大学的科学政策研究所(Science Policy Research Unit,SPRU)在1977年通过研究得出,政府影响创新的最重要的途径是政府采购。Dalpe等(1992)对加拿大进行研究时发现,公共部门至少是25%的创新产品的第一个用户,是15%的专利的潜在用户,购买了10%以上的创新制成品。骆建文等(2009)认为,市场机制在技术创新方面是失灵的,单纯依靠市场调节难以保护创新者的利益和积极性,为了促进技术创新,政府必须给予技术创新者必要的补偿。他详细分析了政府采购促进高技术企业自主创新的动力机制,即作为促进高技术产业自主创新和产业升级的激励机制;加速高技术产业自主创新产品市场化的需求拉动机制;缓解高技术企业自主创新融资压力的风险分担机制。刘伟等(2009)也从降低自主创新风险和市场需求的不确定性等两方面阐述了政府采购所起的作用。

随着研究内容的丰富,学者不再仅仅从单一角度来阐明自主创新的动力,逐渐考虑多重因素,以更全面的视角剖析自主创新的动力来源。胡卫(2008)认为,由于知识产权能鼓励科技投资、优化资源配置、保护创新成果、维护竞争秩序,因此促进科技成果的转化和产业化是激励企业自主创新的根本动力;而由税收政策、直接资助政策、政府风险投资、政府采购政策等组成的技术创新财税金融政策是激励企业增加研发投入的重要政策工具。李刚(2008)则构建了企业自主创新动力的"车体"模型,认为企业自主创新的动力既有内部动力,又有外部动力,且两者具有互补性。内部动力主要来自企业家的创新精神和创新的利益驱动;外部动力主要来自政府政策引导力、市场需求拉动力、竞争压力,以及技术推动力。孙冰(2008)的观点与之类似,只是在内部动力中增加了企业文化、企业内部激励机制和企业创新能力等因素。在后续研究中,孙冰和王为(2010)进一步将企业自主创新动力系统分为资金动力子系统、人才动力子系统、技术动力子系统和环境动力子系统四个组成部分。杜靖(2012)将企业自主创新驱动力描述成"三环结构",即企业家的创新精神、创新的企业文化构成的"内环"是核心驱动力;创新的投资收益、创新的资源、创新的成功期望、创新的失败风险构成的"中环"是内部驱动力;科学技术的突破与发展、市场需求及其变化、市场竞争压力驱动力、政府政策激励驱动力构成的"外环"是外部驱动力。郭海和徐二明(2011)认为,企业开展自主创新不仅需要资金、人力资本和技术知识等各种资源的支持,同时也需要企业在快速变化的市场环境中抓住由技术变革和发展政策调整等带来的市场机会。他深入分析了不同战略导向通过影响组织学习进而影响企业自主创新选择的过程,将组织学习视为企业创新的重要驱动力,而资源导向产生的应用性学习方式和机会导向的探索性学习方式都有利于企业自主创新。机会导向为自主创新提供动力支持,而资源导向为自主创新提供资源支持,两者缺一不可。

12.2.3 自主创新的过程

由于国外关于自主创新过程的研究较少,本章主要对国内学者的看法进行回顾。郭铁成和吴未(2006)认为,自主创新的完整过程包括自主设定创新目的、自主控制创新过程、自主拥有创新成果。宋河发等(2006)进行了细分,认为我国自主创新的模式应当是:确立自主创新目标—自主创新设计—存量技术扫描—创新—获得自主知识产权—必要的知识产权引进—自主实施。李具恒(2007)认为,自主创新包含自主开展与控制、创新成果的率先性市场化实现和自主拥有两个环节。前一环节可细分为创新主体的主观努力、自我投入、独立创新、自主管理、自主知识产权形成等过程。同时他强调,对自主创新过程不同环节的聚焦存在差异,即使对同一环节,侧重也各有区别。胡卫(2008)认为,技术创新链可以被划分为研究、创新和商业化三个阶段。其中,研究包含发明思维、研发过程;创新包含技术蓝图、实验测试改良、工程、初步说明书、原型、设计测试、工作模型等过程;商业化则包含产业利用、开发规模经济需要的商业模型等过程。万君康和李华威(2008)将自主创新划分为两个系统性过程:一是知识化过程,即知识的转移、应用、新知识的产生;二是价值化过程,即通过知识的应用与生产,产生精神价值、经济价值、社会价值。也就是说,自主创新是一个学习、模仿、独创交汇,融渐进性创新与根本性创新,由低级到高级不断演进的过程。洪银兴(2010)认为,自主创新主要包括产生新思想、将新思想孵化为新技术、采用新技术、进入市场等阶段。毕克新等(2011)认为,制造业企业自主创新主要包含三个阶段,即探索阶段、开发评价阶段和执行阶段。其中,探索阶段包含创意的产生、评估、决策等子阶段;开发评价阶段包含设计、生产及运行、成果检测等子阶段;执行阶段则包含商业化生产应用、市场推广、自主知识产权保护等子阶段。周怀峰和郭玉杰(2011)将需求分为已有需求和潜在需求,对于两种不同的需求有相应的自主创新路径。对已有需求,路径为需求认知—行为(研发与生产)—结果;而对潜在需求,路径则调整为研发生产—需求诱导—检测。

已有文献阐述了自主创新的内涵、驱动力和大致的自主创新过程。但是,这些成果还有一定的局限性,主要表现在两个方面:一是对于驱动力的判断存在分歧;二是自主创新的过程阐述得比较笼统,缺乏可操作性。

12.2.4 自主创新理论框架的建立

案例研究有两种不同的路径,一种路径是根据已有研究先建立一个初步的理论模型或命题,再通过对样本公司的调查研究来修正理论模型,最终得出相应的结论(李飞等,2009)。其研究目的侧重验证或补充、修正理论命题;研究重点放在论文分析框架上,为支持论文分析框架或命题而收集企业案例的素材,通过单个或多个研究案例来验证或修正理论命题(欧阳桃花,2004)。另一种路径是没有理论框架的指引,发散地对企业案例进行研究,通过归纳调查结果得出结论,再对结论进行分析并形成具有理论框架的结论。其研究目的侧重发现新的客观事实或理论创新,研究重点放在研究案例本身。本报告采用前一种做法,即在文献回顾、建立理论框架的基础上,通过案例研究对理论框架进行补充、修正或是检验,最终得出结论。

1. 自主创新的动力机制

在自主创新的驱动力方面,尽管有一部分学者深入剖析某一动力源(如需求拉动、政府采购、知识产权等方面），但更多的学者则进行综合的分析，并把自主创新的驱动力划分为内部和外部。由于对自主创新的驱动力的界定不同，关于构成内外部驱动力的要素内容，学者们的看法并不完全一致。自主创新是一个逐渐积累、由低级到高级不断演进、循环的过程，创新的驱动力应该是"不断向该循环中输入信息的各类要素，而其他促进这些要素不断输入信息的机制或力量则属于创新的保障/支持机制"（李飞等，2010）。因此，需要重新界定自主创新的内外部驱动力。从内部来看，一方面，创新动力就在于保证创新成本得到补偿并得到创新收益，其制度安排就是明确并保障创新技术的厂商拥有垄断收益权（洪银兴，2010）。正是这种垄断收益的存在使得企业有动力去进行自主创新。另一方面，企业家精神对于自主创新的驱动也得到了研究者的肯定。从外部来看，自主创新主要是客户导向而不是技术导向，再先进的技术如果得不到市场的青睐，就丧失了重要的价值。这方面的惨痛教训就是苹果公司。该公司在20世纪90年代，过于追求技术的领先与完美而忽略了客户的实际需求，最终导致公司业务衰退、市场份额丢失。同时，竞争提供了企业连续创新的动力，只要存在现实或潜在的竞争，企业的创新步伐就不会停歇。此外，诸如政府采购、税收优惠等政策也直接刺激企业产生自主创新的动机。因此，借鉴前人的研究成果，本章将自主创新的驱动力分为外部驱动力和内部驱动力（见表12-1）。

表12-1　制造业企业自主创新的驱动力

类型	驱动力要素
外部驱动力	客户需求、竞争者、政府政策
内部驱动力	利润追求、企业家精神

2. 自主创新的支撑体系

企业进行自主创新时，仅有动力并不足以保证自主创新的成功，还需要有内外条件的支撑、协调和配合。这就要求企业内部拥有相匹配的资源、能力和良好的创新环境；同时在外部大环境中，要注重对知识产权的保护。

（1）资源

任何企业的发展乃至创新都离不开其拥有的资源，通俗地说就是"人、财、物"。"人"指的是公司的员工、团队或是人力资本；对于自主研发来说，尤其强调的是研发人员的数量和素质，公司人员要有意愿和能力进行有效的创新。"财"指的是自主研发往往需要大量的资金，这就要求公司有多样的筹资渠道和充足的资金来源。"物"指的是公司拥有的技术平台及技术基础。

（2）软环境

前面提到，促进驱动力要素不断输入信息的机制或力量是自主创新的支撑体系。根据文献总结,本章认为,公司技术发展战略应当属于自主创新的支撑要素;同时,企业文化、激励机制及风险控制策略等也应当属于自主创新的支撑要素。这样,自主创新实现的支撑体系主要包括:公司战略,即公司战略强调自主创新及其重要性;企业文化,即公司鼓励自主创新并具有把自主创新落实于行动的氛围;激励机制,即公司设计出有效的激励政策,保证自主创新的持续进行;风险控制策略,即公司拥有完善的风险应对策略,因为自主创新具有风险大的特点。以上四点主要涉及公司的内部环境。在公司外部环境中,对自主创新有支撑作用的主要是知识产权保护这一因素,因为知识产权使企业自主创新的成果不被侵占,从而保护企业自主创新的积极性。

3. 自主创新的开发过程

在自主创新的开发过程方面,已有文献将开发过程划分为不同的阶段,考虑到对企业实践的指导价值,这里主要阐述一个可操作的研发解决方案(Integrated Product Development,IPD)。早在1996年,IBM 董事长 Lou Gerstner 就表示:"IPD 是关键,我们必须更加规范地开发产品;在开始阶段便考虑情报和客户需求、确定所需资源、根据里程碑管理。"任正非也表示:"IPD 关系到公司未来的生存与发展,各级组织、各级部门都要充分认识到它的重要性。"IPD 包含完整的研发管理思想、模式和方法,涉及产品战略及规划、业务决策评审、研发组织平台、产品研发流程体系、研发人力资源管理体系等子系统。这里着重考察其产品研发流程体系。IPD 的产品开发完整流程包括概念—计划—开发—验证—发布—生命周期六个阶段。更进一步地,这六个阶段中分别包含若干子阶段。具体说来,概念阶段包含四个子阶段,即接受新产品要求(探索产品概念)—组建项目开发团队(PDT)—开发初始产品的建议及计划—概念决策评审;计划阶段包含五个子阶段,即开发最终产品的建议及计划—构建产品总体方案—产品概要设计—开发系统测试与验证计划—计划决策评审;开发阶段包含五个子阶段,即扩编 PDT 以开展开发阶段工作—产品详细设计与开发—系统设计验证—系统构造与测试(构造初始产品)—系统集成测试;验证阶段包含五个子阶段,即系统验证测试—用户验收测试以确保符合客户需求—认证和标杆测试—销售及客户支持准备—可获得性决策评审;发布阶段包含五个子阶段,即市场发布—启动量产—填充分销渠道—发布产品—正式销售;生命周期阶段包含五个子阶段,即管理产品运行—提供正常客户支持—销售监控与市场销售—生命终止决策评估—产品生命终止。

本章借鉴 Johnson 等提出的新服务开发流程图,将上面讨论的自主创新的驱动力、支撑体系等纳入该开发过程的模型之中,构成一个循环,从而提出制造业企业自主创新流程的理论框架(见图12-1)。

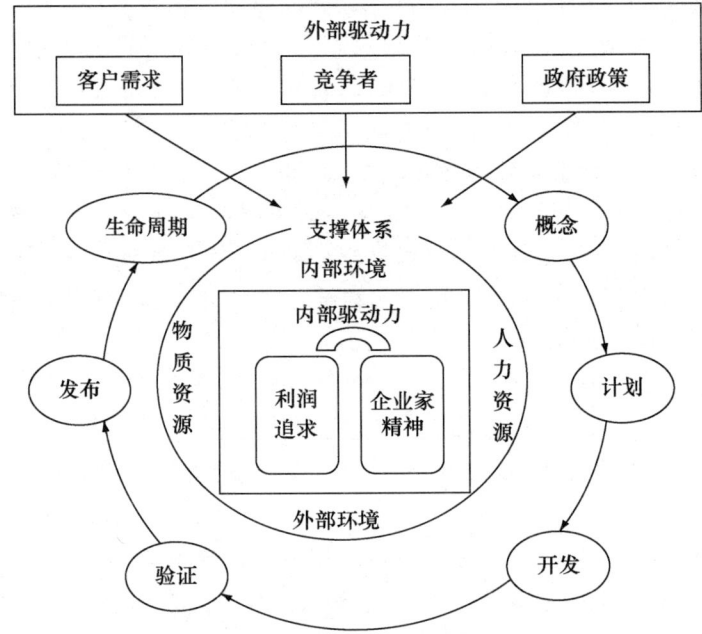

图 12-1 制造业企业自主创新理论框架

12.3 研究方法

本章采用单案例研究方法,旨在从自主创新过程的角度,探析我国制造业企业进行自主创新时所考虑的因素以及相应的开发过程,属于回答"是什么"和"如何做"的问题范畴。而在具体回答"是什么"、"为什么"和"如何做"的问题时,案例研究是行之有效的方法(Lee,1999;Yin,2004;欧阳桃花,2004;潘绵臻和毛基业,2009)。同时,单案例研究能更加深入地进行案例调研和分析(周长辉,2005)。因此,本章以单案例为基础进行分析。

12.3.1 案例选择

本研究遵循典型性原则(Patton,1987),选取华为投资控股有限公司(简称"华为")作为中国制造业企业自主创新的案例研究样本。华为成立于1988年,总部位于深圳,是一家致力于信息与通信解决方案的供应商,已由成立初的6名员工、2万元的注册资本发展到2013年的15万名员工和2390亿元的年营业收入,并在2007年进入《财富》世界500强。目前,华为的产品和解决方案已经应用于170多个国家和地区,服务全球1/3的人口,在电信网络、企业网络、消费者和云计算等领域构筑了端到端解决方案的优势,成为世界顶级的通信设备制造企业之一。选择华为作为制造业企业自主创新的研究对象,主要是基于华为在我国企业中的领先的创新理念和丰富的自主创新实践。

首先,就企业的发展历程而言,华为可以作为我国企业自主创新的代表。华为从成立之初就认识到自主研发的重要性,并将这一理念贯彻始终,经过25年的发展,已积累许多成功的经验。自主创新的一个重要测度是研发费用和申请专利数。2013年,华为研发费用支出为307.00亿元,占收入的12.80%,其近十年投入的研发费用超过1510.00亿元。截至2013年12月31日,华为累计申请中国专利44 168件、外国专利申请累计18 791件、国际PCT专利申请累计14 555件,共获得专利授权累计36 511件。华为的知名度和影响力也在进一步提升,2008年被《商业周刊》评为全球十大最具影响力的公司,2009年获英国《金融时报》颁发的"业务新锐奖",并入选美国Fast Company杂志评选的"最具创新力公司"前五强,并获英国《经济学人》杂志2010年度公司创新大奖。华为的自主创新实践有很大的研究价值,也很契合本研究所构建的中国制造业企业自主创新过程理论。

其次,就企业所在的行业而言,华为属于通信设备制造业,该行业具有资本密集型和技术密集型的特征,对企业自主创新能力的要求较高;而华为是我国通信设备制造业的"佼佼者",堪称行业标杆,其自主创新的过程具有更大的参考价值。

最后,就企业的产权性质而言,华为是一家非上市民营企业。与国有企业相比,受行政干预的程度较小;与上市企业相比,受财务业绩的压力较轻。因此,企业自主创新活动受不可观测因素的影响较小。

12.3.2 数据来源和分析策略

本章遵循案例研究的流程,即理论回顾—研究方案设计—案例数据收集—案例数据分析,并在后两个阶段中运用循环往复的策略(Yin,2003;崔淼等,2013)。

首先,在理论回顾阶段,收集并研读了创新、自主创新的相关文献,确定研究问题。其次,在研究方案的构思中,明确数据收集方法和分析策略。再次,在数据收集阶段以二手资料为主。二手资料的收集包括:① 华为公司网站上关于公司的介绍,包含其价值主张、财务概要、公司治理、研究开发、发展历程、公司年报等方面的阐述;公司内部刊物,如《营赢》《华为技术》《华为人》《ICT新世界》等期刊;② 外界观察家出版的关于华为的行业分析报告和相关新闻报道;③ 学术文献中关于华为的研究。最后,在数据分析中,主要采用归类方法对资料进行整理,对不同来源和不同方式获取的数据进行三角验证(Yin,2003),并选取其中能够得到多重来源支持的数据进行分析,保证数据的可靠性。

12.4 研究发现

通过对收集资料的详细分析发现,华为具有丰富的自主创新实践,不仅丰富了制造业企业的自主创新理论,也表明了案例选择的恰当性。在自主创新的内容上,华为不仅关注应用和产品的创新,在基础技术创新上也投入大量的资金和人力。没有基础技术的创新,很难保证在产品和应用上的持续领先地位(杨海峰,2013)。

12.4.1 自主创新的驱动力

1. 外部驱动因素

(1) 顾客需求一直是华为自主创新的根本动力

正如华为副总裁宋柳平所说,"创新也不能走向极端,研发和技术要紧密围绕如何帮助客户成功,要坚持商业和客户需求导向"(翟海丽和陈宝国,2013)。华为始终贯彻"为客户服务是华为存在的唯一理由,客户需求是华为发展的原动力"的理念,依靠市场需求驱动技术创新(侯媛媛等,2011)。它将了解客户需求和从客户那里获取创意作为制订创新活动计划的首要工作(王方,2013)。"围绕客户需求的持续创新作为华为的内在基因,促使华为创造了许多 LTE 行业的标准和架构,引领了一个又一个技术潮流。华为的创新并不是一个空泛的概念,基于客户的持续创新是华为坚持的方向。在华为看来,企业要发展就必须有利润,而利润来自客户,所以不管是产品的核心技术还是外表设计,以客户为导向是创新最根本的归属。只有满足用户的需求,实现技术商品化,才能为客户创造价值"(杨艳秋,2014)。华为的"客户创新中心"和"诺亚方舟实验室"是专门为客户量身打造的创新研究机构。通过对客户个性化需求的解读与研判,创造性地为客户进行"量体裁衣"式的个性化服务(余胜海,2013)。

(2) 竞争压力

任正非曾说"回顾华为的发展历程,我们体会到,没有创新,要在高科技行业中生存下去几乎是不可能的。在这个领域,没有喘气的机会,哪怕只落后一点点,就意味着逐渐死亡"(袁学伦,2007)。正是这种激烈的竞争驱使着华为自主创新,并使其夺得通信设备制造商全球第二的位置。

(3) 政府政策

华为成立之初,鉴于当时的政治条件和市场环境而挂靠在深圳市科技局创业中心,企业性质是"集体所有制企业",这给了华为很多帮助和便利,甚至解决了市场准入的问题,并且在融资政策、政府资源等方面也更易获得国家的认可和支持。华为的国际化进程同样少不了我国政府的支持。更重要的是,政府采购不仅在华为的发展历程中扮演着十分重要的角色,也是扶持其自主创新的重要政策工具。政府采购降低了华为自主创新所面临的风险,特别是来自市场需求的不确定。政府采购对技术创新形成强大的市场需求,这显著地增强华为适应市场和推出新产品的能力(刘伟等,2009)。

2. 内部驱动因素

（1）利润追求

华为的公司财务概要显示，2013年公司净利润达到210.00亿元，比2012年增加34.40%；同时，营业利润率高达12.20%，较2012年增加2.80个百分点。在我国制造业企业利润率普遍很低的情况下，华为能保持这样的业绩水平在很大程度上得益于其自主创新的水平。正是这种巨额的回报和丰厚的利润率使得华为不断增强对自主创新的投入，从而达到一个高利润—高研发投入—高利润的正循环。

（2）企业家精神

"不创新才是华为最大的风险。"华为总裁任正非的这句话浓缩了华为骨子里的创新精神。与大多数科技公司只盯着眼前利益的"技术机会主义"态度不同，华为的企业家对技术投资具有长远的战略眼光。例如，在"小灵通"火热时期，UT斯达康、中兴等企业因为抓住了机会，赚了不少真金白银；相比之下，华为在"小灵通"上反应迟钝，却把巨资投入还看不到"钱景"的3G技术研发，华为也因此被外界扣上"战略失误"的帽子。在任正非看来，"小灵通"是个落后技术，没有前景，而3G才代表未来主流技术的发展趋势。事实证明任正非的判断是正确的（余胜海，2013）。

12.4.2 自主创新的保障机制

1. 资源投入保障

① 自主创新需要大量的研发人员和资金的投入。在人力方面，华为15万名员工中有7万人是研发人员。华为要求企业的技术人才首先要具有高技术，这样才能在产品研发上有所突破，才能去冲击核心技术，才能在市场中具有核心竞争力；其次，企业的高技术人才还应具有敏锐的市场洞察力，抓住市场需求，迎合消费，这样才能生产更受消费者喜爱的产品；最后，高技术人才还应具有上进与忧患意识，企业所有员工是一个团队，大家都应该为企业的长远发展而奋斗（翟海丽和陈宝国，2013）。人才的获得和保持离不开华为有效的人才管理方式，主要有培训、导师制、沟通和轮岗制等。华为对新进员工进行严格的培训；将企业固有的知识以授课的形式传递给员工；同时，对新进员工采取导师制的培养模式以利于隐性知识的转移，从而使新员工快速获得经验性知识。华为对各级主管的考核方式之一即为沟通，华为注重各级主管与下属之间的良好沟通，在各层上下级主管之间建立定期的述职制度。这种考核方式有助于上下级之间理解和信任感的建立，有助于提高企业员工转移知识的意愿和建立良好的人际关系。华为的岗位制度为轮岗制，一般每个员工一两年就要换一个岗位，有的更为频繁。通过轮岗，员工对公司各方面的工作都有所了解，有助于员工获得各方面的知识，进而为跨部门

的沟通交流奠定基础(魏智卿和王伟,2013)。

在资金投入方面,华为确保将每年10.00%的销售收入投入研发。以2013年为例,其研发投入为307.00亿元,占收入比例高达12.80%。而过去的十年中,华为的累计研发费用投入已经超过1 510.00亿元。这些研发资金投入主要用于在欧美国家公司的成果上进行一些功能、特性上的改进和集成能力的提升,更多的是表现在工程设计、工程实现方面的技术进步,并在竞争的市场上逐步求得生存(王方,2013)。

② 在技术平台和技术合作方面,华为在德国、瑞典、美国、印度、俄罗斯、日本、加拿大、土耳其、中国等地设立了16个研究所,同时和来自工业界、学术界、研究机构的伙伴紧密合作,从研究到创新实施引领未来网络技术。华为还与领先运营商成立了28个联合创新中心,把领先技术转化为客户的竞争优势和商业成功。截至2013年年底,华为加入全球170多个行业标准组织和开源组织,包括3GPP、IETF、IEEE、ITU、BBF、ETSI、TMF、WFA、CCSA、GSMA、OMA、ONF、INCITS、OpenStack和Open Daylight等;在任185个职位,其中在ETSI、CCSA、OMA、OASIS和WFA等组织担任董事会成员。2013年,华为向各标准组织提交提案累计超过5 000件。华为已经在国内外设立了多个技术研发点,通过跨文化的团队合作,不仅实施了全球同步研发战略,也为华为输入了大量的高质量研发人才。持之以恒的技术研发为华为取得技术优势和产品核心竞争力奠定了坚实的基础(麦翠涛,2011)。

2. 软环境

① 在公司战略层面上,华为的标准战略以"金字塔"的形式展示出来。最底层是跟踪,跟踪最新标准进展,保证产品开发与标准制定同步;然后是防守,参与标准制定形成与友商间专利交叉许可;接下来是突破,争取主导和影响重要领域的标准进展;最顶层也是最值得称道的是分享,技术领先的同时,开拓并分享新的规模市场(宋柳平,2009)。

② 在企业文化方面,华为的核心价值观里明确提出开放创新这一要求。"为了更好地满足客户需求,我们积极进取、勇于开拓,坚持开放与创新。任何先进的技术、产品、解决方案和业务管理,只有转化为商业成功才能产生价值。我们坚持客户需求导向,并围绕客户需求持续创新。"与IBM等很多国际巨头一样,"开放式创新"不仅是技术路线,更成为企业的商业文化,成为指导员工行动的方法论与世界观。任正非最近重申的"封闭系统必然死亡,开放才有活力"的理念,实际上成为华为的经营哲学,渗透经营管理活动的方方面面(王子先,2013)。在华为内部,总裁任正非还主张各个部门要充分开放、充分利用各种资源,提倡知识共享、鼓励研发创新环境的自由性,有利于创造力的发挥。这种创新文化无疑为华为的技术创新组织带来精神动力,也在华为的技术创新组织中发挥着巨大的作用,使得华

为的技术创新组织成员能够团结一致、相互协作,大大提高了技术创新组织的运行效率(谭婉宁和康方,2013)。

③ 在激励机制方面,为了鼓励进行创新,华为在人才的激励方面可谓是不遗余力。为保持技术领先优势,华为在招揽人才时提供的薪资常常比很多外资企业还高。华为不仅有高薪酬以及良好的福利待遇,而且给员工提供较大的职位晋升空间、良好的培训体系、完备的资源共享学习平台,以促进其职业生涯的发展(刘越,2013)。这种激励机制呈现出"三位一体"的形态,即绩效管理体系、薪酬分配体系和任职资格评价体系,三者三位一体、互通互联,形成动态的结构。作为一家知名的非上市企业,华为很早开始实施内部股计划,以股权激励为核心的利益捆绑、以上升通道为桥梁的个人职业锻造,构成华为对人力资本控制的最大砝码(洪亮,2011)。在实际的工作实践中,为激发员工技术创新的积极性,华为出台"多阶段奖励政策"等一系列专利创新鼓励办法,保证发明人全流程地关注其专利申请,每项重大专利可获得 3.00 万—20.00 万元的奖励(麦翠涛,2011)。华为还实行"大建议只鼓励,小建议大奖励"的制度,即员工不断地归结、综合分析,一点点地改进工作,一旦工作有一点小改进,就会得到奖励(谭婉宁和康方,2013)。

④ 华为的风险监控体系。由于自主创新有很大的风险性,所涉及的企业资源投入较大,一旦出现风险不可控的状况,可能会给企业带来灭顶之灾。华为基于风险管理框架(COSO)模型,参考 ISO31 000 风险管理标准,结合自身组织架构和运作模式设计建立了企业风险管理体系,发布了企业风险管理政策及管理流程,完善了企业风险管理组织和运作机制。这种完善的风险管理体系,不仅包含自主创新方面的风险应对,其识别的风险更涵盖对公司实现经营目标带来不确定性的所有关键因素,这主要是从其战略规划、业务模式、外部环境及财务系统中识别而来。

3. 外部条件

只有尊重和保护创新成果,自主创新的过程才能够持续进行。这不仅需要国家在外部通过立法等形式保障自主创新主体的权益,也需要企业自身加强对知识产权的保护。华为轮值 CEO 胡厚昆表示:"科技创新者只有对创新成果拥有知识产权并获得合理回报,他们创新的积极性才能得到保护,创新的动力才可持续。保护知识产权是维护市场秩序、促进企业深度投资的必要手段。"(杨海峰,2013)

12.4.3 自主创新的开发过程

华为的自主创新更多的是一种"开放式创新"和"集成创新"。华为尤其注重研发流程管理,它率先引进美国公司常使用的集成产品开发流程(董洁林和李晶,2013)。早在 1998 年,华为与 IBM 的合作项目——IT 策略与规划正式启动,内容是规划和设计华为未来3—5年需要开展的业务流程和所需的IT支持系统,包括集成产品开发、集成供应链、IT系统重整和财务相互统一等项目。这使华为形成了从立项到开发、到将产品推向市场、再到量产的项目管理,实现了公司范围内的跨部门协作,为华为在技术和产品上的成功奠定了坚实基础(杨艳秋,2014)。

当然,华为的IPD研发流程并不是在公司内孤立地进行,而是需要相关制度、程序的配合和支撑,特别是组织方式的调整与创新。华为目前的创新活动组织方式是产品开发团队制(PDT)。华为的每个产品都有自己的PDT,每个PDT都由研发、市场、生产、人力、营销与服务等部门抽调的代表组成,从研发开始全程负责。这种组织方式可以使来自不同部门的成员面对面地交流,加强双方的信任感,有助于员工间隐性知识的传递和转移(魏智卿和王伟,2013)。依赖这种灵活的组织方式,IPD才能持续有效地进行,从而保证华为自主创新的实现。

12.5　结论与讨论

通过对华为自主创新的案例研究,可以归纳出研究结论,并发现本研究的贡献、相应的实践意义,以及研究的局限性和未来进一步研究的方向。

12.5.1　研究结论

本研究首先从文献回顾中先验地梳理出我国制造业企业自主创新的理论框架;然后选择在自主创新实践中最具代表性的华为公司作为研究对象,运用单案例研究方法,对"中国制造业企业如何进行自主创新"这一问题进行细致的分析和研究;最终得出以下研究结论:① 中国制造业企业自主创新的驱动力主要来自顾客需求、企业家精神及竞争者等要素,这三个驱动力在自主创新时最值得被考虑;② 中国制造业企业自主创新的保障或支持机制中最为关键的是公司研发人员和公司战略导向,而研发资金投入、技术平台、企业创新文化、激励机制及风险监控体系对企业自主创新也发挥着重要的作用;③ 中国制造业企业在进行自主创新时,会遵循科学的开发流程或程序,并且这一过程需要正式的制度予以保障。

12.5.2　研究贡献

本章的案例研究结论验证了在制造业企业自主创新的实践中,的确存在相应的驱动力和支撑要素,并对具体的驱动力和支撑要素进行了界定和划分。同时,企业自主创新遵循一定的开发过程,并发现在驱动力、支撑要素和开发过程这三个层面中各自相对重要的影响因素。这对补充和完善制造业企业自主创新理论有一定的意义。

12.5.3　实践意义

在激烈的国际竞争中,我国制造业企业想要赢得市场,就必须提高自主创新的能力,否则只能亦步亦趋,被贴上"山寨"的标签,给消费者以廉价低质的印象。这样不但只能获得极低的利润率,甚至会遭遇生存问题。而要增强提高自主创新的能力,就必须深刻理解顾客的真实与潜在需求,同时关注竞争者的创新态势,充分利用国家的相关政策,尤为重要的是不断激发企业家精神的发挥,这样企业才能保持源源不断的自主创新动力。在具有创新动力的基础上,还要保证研发人员、研发资金的投入,不断拓展技术平台,把自主创新提高到企业战略管理层面上来,孕育不断创新的企业文化;同时要注重完善创新的激励机制以及风险监控体系,这样才能支撑自主创新能力的形成。自主创新需要按照一定的科学的开发流程,依次进行自主创新的发现与识别、分析与评估、执行与实施、商业化与推广,从而使自主创新产生价值。

12.5.4 研究局限和未来研究方向

在研究方法方面,本研究虽然取得大量而丰富的资料,但只是二手资料,缺乏最直接的一手资料,可能会流失一些比较重要的信息;同时,本研究是通过文献综述先验地确定研究的理论框架,虽然便于系统地分析制造业企业的自主创新行为,但难免会遗漏一些重要要素;此外,本研究主要采用的是单案例研究方法,尽管选择的是我国最具自主创新能力和行为的华为公司,但是缺乏对照和比较,未能提出具有普遍性的理论命题。因此,研究结论也需要更多的案例研究进行检验。

在未来的研究中需要拓展研究的深度和广度,可以综合研究多家制造业企业的自主创新机制,挖掘自主创新过程的特点;同时,需要考虑行业间、企业规模间的差异,从而丰富自主创新的内容,为我国制造业企业的自主创新提供指引。

参 考 文 献

[1] Atuahene Gima K, Slater S F, Olson E M. The contingent value of responsive and proactive market orientations for new product program performance[J]. *Journal of Product Innovation Management*, 2005, 22(6): 464—482.

[2] Dalpé R, Debresson C, Xiaoping H. The public sector as first user of innovations[J]. *Research Policy*, 1992, 21(3): 251—263.

[3] Drucker P F. *Innovation and Entrepreneurship: Practice and Principles*[M]. Routledge, 2007.

[4] Langerak F, Hultink E J, Robben H S. The impact of market orientation, product advantage, and launch proficiency on new product performance and organizational performance[J]. *Journal of Product Innovation Management*, 2004, 21(2): 79—94.

[5] Lee T W. *Using Qualitative Methods in Organizational Research*[M]. Sage Publication, Inc, 1999.

[6] Lengnick-Hall C A. A conceptual framework for evaluating designs for corporate innovation[J]. Journal of Engineering and Technology Management, 1991, 7(3): 197—227.

[7] Miller D, Friesen P H. Innovation in conservative and entrepreneurial firms: Two models of strategic momentum[J]. Strategic Management Journal, 1982, 3(1): 1—25.

[8] Narver J C, Slater S F, Maclachlan D L. Responsive and proactive market orientation and new-product success[J]. Journal of Product Innovation Management, 2004, 21(5): 334—347.

[9] Patton M Q. How to Use Qualitative Methods in Evaluation[M]. Sage Publication, Inc, 1987.

[10] Schmookler J. Invention and economic growth[M]. Harvard University Press, Cambridge, Mass, 1966.

[11] Schumpeter J A. The Theory of Economic Development: An Inquiry into Profits, Capital, Credit, Interest, and the Business Cycle[M]. Harvard University Press, Cambridge, Mass, 1934.

[12] Yin R. K. Case Study Research: Design and Methods[M]. Sage Publications, Inc. 2003.

[13] Yin R K. The Case Study Anthology[M]. Sage Publication, Inc, 2004.

[14] 毕克新,陈大龙,王莉静. 制造业企业自主创新与知识管理互动过程研究[J]. 情报杂志, 2011(1): 125—129.

[15] 崔淼,欧阳桃花,徐志. 基于资源演化的跨国公司在华合资企业控制权的动态配置——科隆公司的案例研究[J]. 管理世界, 2013(6): 153—169.

[16] 董洁林,李晶. 企业技术创新模式的形成及演化——基于华为、思科和朗讯模式的跨案例研究[J]. 科学学与科学技术管理, 2013(3): 3—12.

[17] 杜靖. 企业自主创新驱动力的"三环结构"研究[J]. 未来与发展, 2012(1): 82—85.

[18] 杜靖. 企业自主创新驱动力模式研究[J]. 山西财经大学学报, 2011(S3): 123—124.

[19] 范红忠. 有效需求规模假说,研发投入与国家自主创新能力[J]. 经济研究, 2007(3): 33—44.

[20] 傅家骥. 技术创新学[M]. 北京:清华大学出版社, 1998.

[21] 郭海,徐二明. 战略导向、组织学习方式与自主创新关系[J]. 经济管理, 2011(6): 49—58.

[22] 郭铁成,吴未. 关于自主技术创新的对话[J]. 新华文摘, 2006(20): 121—125.

[23] 郭咸纲. 企业创新驱动模式[M]. 北京:清华大学出版社, 2005.

[24] 洪亮. 华为推动自主创新的人力资源开发与管理[J]. 中国培训, 2011(9): 11—13.

[25] 洪银兴. 自主创新投入的动力和协调机制研究[J]. 中国工业经济, 2010(8): 15—22.

[26] 侯媛媛,刘文澜,刘云. 中国通信产业自主创新体系国际化发展路径和影响机制研究——以华为公司为例[J]. 科技促进发展, 2011(11): 32—40.

[27] 胡卫. 自主创新的理论基础与政策研究[J]. 中共中央党校学报, 2008(2): 17—22.

[28] 李飞,陈浩,曹鸿星等. 中国百货商店如何进行服务创新[J]. 管理世界, 2010(2): 115—126.

[29] 李飞,王高,杨斌. 高速成长的营销神话——基于中国10家成功企业的多案例研究[J]. 管理世界, 2009(2): 138—151.

[30] 李刚. 企业自主创新的动力模型与机制研究[J]. 科技管理研究, 2008(10): 4—6.

[31] 李具恒. 自主创新新解:"概念硬核"视角的集成[J]. 科学学与科学技术管理, 2007, 28(7): 43—49.

[32] 刘伟,曹建国,蔡卫星. 国外政府采购扶持自主创新的经验及对中国的启示[J]. 管理现

[33] 刘越. 华为持续技术创新能力探究——基于研发人员激励投入视角[J]. 特区经济, 2013(9): 211—212.

[34] 柳洲, 王洁, 陈士俊. 自主创新研究的现状与展望[J]. 科技进步与对策, 2009(12): 156—160.

[35] 骆建文, 顾晓雯, 彭鸿广. 政府采购促进高技术产业自主创新策略研究[J]. 科技管理研究, 2009(7): 17—19.

[36] 麦翠涛. 华为的创新力[J]. 商场现代化, 2011(18): 17.

[37] 欧晓万. 异质型人力资本, 市场需求对技术创新的影响——基于跨省的面板数据实证检验[J]. 上海经济研究, 2007(4): 83—90.

[38] 欧阳桃花. 试论工商管理学科的案例研究方法[J]. 南开管理评论, 2004, 7(2): 100—105.

[39] 潘绵臻, 毛基业. 再探案例研究的规范性问题——中国企业管理案例论坛(2008)综述与范文分析[J]. 管理世界, 2009(2): 92—100.

[40] 邵宁. 自主创新与中国企业未来的发展[J]. 研究与发展管理, 2013(6): 1—3.

[41] 施培公. 自主创新是中国企业创新的长远战略[J]. 中外科技政策与管理, 1996(1): 44—47.

[42] 宋河发, 穆荣平, 任中保. 自主创新及创新自主性测度研究[J]. 中国软科学, 2006(6): 60—66.

[43] 宋柳平. 华为的价值观与标准战略[J]. 标准生活, 2009(7): 9—10.

[44] 孙冰. 企业自主创新动力机制的构成及运作研究[J]. 生产力研究, 2008(12): 127—129.

[45] 孙冰, 王为. 企业自主创新动力仿真分析[J]. 商业经济与管理, 2010(8): 28—33.

[46] 谭婉宁, 康方. 华为的软实力系统创新[J]. 现代营销(学苑版), 2013(12): 43.

[47] 万君康, 李华威. 自主创新及自主创新能力的辨识[J]. 科学学研究, 2008(1): 205—209.

[48] 王方. 华为的开放式创新[J]. 高科技与产业化, 2013(5): 106—111.

[49] 王子先. 华为: 开放式创新打造世界一流高科技型跨国公司[J]. 全球化, 2013(3): 102—112.

[50] 魏智卿, 王伟. 隐性知识转移对技术创新的影响研究——以华为为例[J]. 郑州航空工业管理学院学报, 2013(01): 87—90.

[51] 吴贵生. 创新与创业管理(第2辑): 自主创新专辑[M]. 北京: 清华大学出版社, 2006.

[52] 杨德林, 陈春宝. 模仿创新、自主创新与高技术企业成长[J]. 中国软科学, 1997(8): 107—112.

[53] 杨海峰. 冰山不倒: 华为如何用创新确保核心竞争力[J]. 通信世界, 2013(20): 19—20.

[54] 杨艳秋. 华为: 用不断创新为客户创造价值[J]. 中国品牌, 2014(2): 42—43.

[55] 余胜海. 创新力铸就华为传奇[J]. 企业管理, 2013(7): 30—31.

[56] 袁学伦. 华为相机而动的创新力[J]. 经理人, 2007(11): 40—42.

[57] 翟海丽, 陈宝国. 华为的技术创新管理模式研究[J]. 福建农机, 2013(4): 43—45.

[58] 张嵎喆, 王俊沣. 全球制造业新变局对自主创新的影响及建议[J]. 科学管理研究, 2013(5): 33—36.

[59] 赵更申, 雷巧玲. 我国企业自主创新的制约因素及对策研究[J]. 科技进步与对策, 2006(3): 129—131.

[60] 周长辉.中国企业战略变革过程研究:五矿经验及一般启示[J].管理世界,2005(12):123—136.

[61] 周怀峰,郭玉杰.基于国内市场需求的企业自主创新路径[J].软科学,2011(4):27—30.

[62] 周怀峰.市场需求发展阶段对企业技术创新的影响[J].科技进步与对策,2009,26(23):80—83.

[63] 周亚虹,贺小丹,沈瑶.中国工业企业自主创新的影响因素和产出绩效研究[J].经济研究,2012(5):107—119.

撰稿:季良玉
统稿:李廉水　周彩红